职业教育“产教融合项目”创新成果教材

电子商务专业“互联网+”新形态教材

淘宝开店

组　编　厦门一课信息技术服务有限公司

主　编　邵永方　王源庆

副主编　刘　颖　孙参运　周　浩

参　编　杨　峰　孙　喆　周锦荣　许奕彬

陈小聪　赖世文　陈昌龙　陈凤娥

机械工业出版社

本书由企业优秀电商运营人员与具有多年教学经验的老师通力合作，为中高职院校编写的一本电商淘宝必备岗位基础教材。

本书分为4个项目：项目1简要介绍店铺开设准备；项目2讲解了店铺经营与维护，包括店铺管理与经营、订单管理；项目3深度解析商品营销技巧、店铺活动、站内引流、淘宝特色市场等几种店内促销和引流方法；项目4讲解了店铺数据的分析及优化技巧。

本书可与资源库结合进行信息化教学。资源库提供大量教学与配套材料，借助微课技术，是校企共建校本教材的又一范例。

图书在版编目（CIP）数据

淘宝开店/邵永方，王源庆主编．—北京：机械工业出版社，2020.8（2024.1重印）
职业教育“产教融合项目”创新成果教材　电子商务专业“互联网+”新形态教材
ISBN 978-7-111-66335-5

Ⅰ．①淘…　Ⅱ．①邵…　②王…　Ⅲ．①网店—商业经营—职业教育—教材
Ⅳ．①F713.365.2

中国版本图书馆CIP数据核字（2020）第149669号

机械工业出版社（北京市百万庄大街22号　邮政编码100037）
策划编辑：李　兴　　责任编辑：李　兴
责任校对：张莎莎　　封面设计：鞠　杨
责任印制：常天培

固安县铭成印刷有限公司印刷

2024年1月第1版第4次印刷

184mm×260mm・20印张・441千字

标准书号：ISBN 978-7-111-66335-5

定价：49.90元

电话服务　　网络服务

客服电话：010-88361066　　机　工　官　网：www.cmpbook.com
010-88379833　　机　工　官　博：weibo.com/cmp1952
010-68326294　　金　书　网：www.golden-book.com

机工教育服务网：www.cmpedu.com

前言

如今网购的人数越来越多，已经遍及全国。大家都离不开淘宝网购，习惯于网购的便捷，慢慢地形成了依赖，可见淘宝的商机属于黄金时期，因为它给人们带来了便利，留存率和用户黏性都越来越高。想要开设淘宝店铺的人，就更需要学习和掌握淘宝开店的知识和技巧。

本书的内容主要有以下特点：

1．内容全面，案例丰富，实战性强

本书针对电商运营岗位，全面详细地介绍了从事淘宝运营岗位所需掌握的知识与技能。书中以项目为载体，采用“任务分析－情境引入－教师点拨－学生演练－考核评价”的结构，让学生能够学练结合。书中案例丰富、实用，学生可以借鉴书中的案例进行演练，也可以在此基础上进行拓展提升，从而快速理解和掌握岗位技能。

2．教学资源丰富，附加值高

书中延伸阅读的文章、案例、视频、动画等资源都是与淘宝开店有关的知识和技能，有兴趣的读者可以扫描其中的二维码阅读。本书还提供了 PPT 课件、素材、教案、习题、实训指导书等丰富的教学资源，附加值极高，辅助读者更好地掌握所需的知识与技能。

本书设计了 4 个项目，10 个任务，全书的具体内容和学时安排如下表所示。

序号	教学任务	教学内容	教学目标	课时
项目 1　店铺开设准备				
1	开通淘宝店铺	1. 认识店铺及支付宝 2. 熟悉淘宝店铺市场定位 3. 掌握淘宝店铺货源选择 4. 掌握淘宝店铺开通流程	1. 认识淘宝店铺 2. 认识支付宝与第三方支付 3. 认识淘宝店铺市场 4. 掌握淘宝市场 6 个定位流程	4
2	掌握淘宝店铺的装修技巧	1. 认识淘宝旺铺 2. 学会使用淘宝图片空间 3. 掌握装修 PC 端首页和详情页 4. 学会装修无线端店铺 5. 了解自定义菜单	1. 了解淘宝旺铺 2. 认识并了解淘宝图片空间 3. 掌握淘宝装修技巧 4. 学会自定义菜单技巧	6
项目 2　店铺经营与维护				
1	网店管理	1. 制作与上传宝贝详情页 2. 优化淘宝搜索 3. 优化宝贝标题	1. 掌握文字基础排版 2. 掌握文字优化和创意排版 3. 掌握创意云文字的制作方法	4
2	订单管理	1. 认识千牛卖家工作台 2. 设置千牛工作台常用模式 3. 设置 7 种常用的千牛旺旺聊天模式 4. 了解并掌握订单操作流程和物流优化技巧	1. 掌握常见图片处理工具的使用方法 2. 掌握图片处理的技巧 3. 熟悉常见的图片方式	4

（续）

序号	教学任务	教学内容	教学目标	课时
项目 3　学会店铺的促销和引流				
1	了解店内商品营销技巧	1. 认识秒杀活动 2. 认识店铺红包活动 3. 认识收藏送红包、淘宝卡券 4. 认识满就送活动、满件优惠 5. 掌握单品宝 6. 学会套餐搭配	1. 认识店内营销活动 2. 掌握单品宝技巧 3. 掌握套餐搭配方法	4
2	掌握店铺活动	1. 认识店铺活动 2. 制订天猫粉丝节活动策划方案 3. 制订淘宝双十一活动策划方案	1. 认识并了解店铺活动 2. 掌握店铺活动常用方法 3. 实际掌握店铺活动策划方案	6
3	认识淘宝站内活动	1. 认识天天特价 2. 认识聚划算 3. 认识阿里试用 4. 认识淘金币营销	1. 认识并了解天天特价 2. 了解聚划算 3. 了解阿里试用 4. 掌握淘金币营销	4
4	掌握站内引流	1. 玩转淘宝论坛 2. 学会直通车推广 3. 认识钻展（钻石展位） 4. 加入淘宝客推广 5. 开通阿里 V 任务	1. 了解淘宝论坛 2. 熟悉直通车推广、钻展、淘宝客、阿里 V 任务	4
5	认识淘宝特色市场	1. 认识时尚爆料王 2. 认识品质生活家 3. 认识特色玩味控	熟悉并了解各大淘宝特色市场	4
项目 4　掌握店铺数据的分析及优化技巧				
	认识淘宝数据	1. 认识生意参谋 2. 掌握数据优化单品	1. 认识并了解生意参谋 2. 学会使用数据优化产品	4
建议总课时				44

本书是由厦门一课信息技术服务有限公司组织编写的“职业教育‘产教融合项目’创新成果教材”“电子商务专业‘互联网 +’新形态教材”，由全国职业院校众多一线电子商务教师承担具体编写任务。本书由邵永方、王源庆担任主编，刘颖、孙参运、周浩担任副主编，参与编写的还有杨峰、孙喆、周锦荣、许奕彬、陈小聪、赖世文、陈昌龙、陈凤娥。

在编写本书的过程中，编者参阅了诸多同行的著作文献，在此一并表示衷心感谢。由于编者水平有限，书中难免有不足之处，恳请各位专家、读者批评指正并提出宝贵意见，以便本书得以不断完善。

编　者

二维码索引

目录

项目 1 店铺开设准备

当成为一名电商运营岗位的工作者时，需要学会开通店铺及做好店铺开设前的准备—— 淘宝中的买家，也就是消费者。他们的品位不同、追求不同，看商品的角度也就不同。那么作为一名运营人员应该把店铺开设准备作为运营淘宝店铺的第一任务。了解淘宝店铺运营是电商运营岗位工作者的必备技能。

项目分析

本项目主要从店铺开通、店铺装修两个方向来介绍店铺开设的准备，使学生了解电商运营的相关岗位，以及从事该岗位需要具备的基本知识和技能。

项目目标

- 了解店铺开通的整体情况。
- 学会店铺装修的基础知识并应用到店铺装修中。

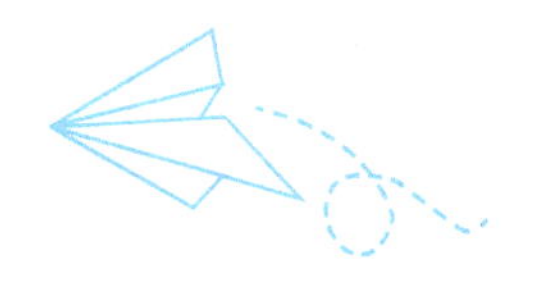

任务1 开通淘宝店铺

任务分析

本任务重点讲解淘宝店铺的开通流程，包括支付宝、市场定位、选择货源、开店流程等。以实际操作开通店铺的方式，来学习个人或企业如何开通一家淘宝店铺。

情境引入

目前，我国网民的大部分网络购物交易集中于平台式购物网站，而其首选购物网站则是淘宝网。淘宝网用户市场份额处于绝对领先地位。从用户对购物网站的忠诚度看，淘宝网用户的忠诚度最高，可见淘宝无论在市场份额还是在客户忠诚度上都拥有绝对的优势。

教师点拨

分任务1 认识淘宝店铺及学会使用支付宝

一、认识淘宝店铺

淘宝店铺（Taobao shop）指所有淘宝卖家在淘宝所使用的旺铺或店铺。在淘宝新开的店铺都使用系统默认产生的店铺界面，就是常说的普通店铺。而淘宝旺铺（个性化店铺）服务是由淘宝提供给卖家，允许卖家使用淘宝提供的计算机网络技术，实现区别于淘宝一般店铺展现形式的个性化店铺页面展现功能的服务。简单地说，就是花钱向淘宝买一个有个性、全新的店铺门面。淘宝店铺广义上可以分为淘宝商城店铺（现更名为天猫商城）、企业店铺、淘宝集市店铺。淘宝集市店铺是淘宝免费向淘宝用户开放的C2C购物平台，淘宝对集市店铺不收取技术服务费。

二、认识支付宝与第三方支付

支付宝（中国）网络技术有限公司是国内领先的第三方独立支付平台，由阿里巴巴集团创办。支付宝（https://www.alipay.com）致力于为中国电子商务提供“简单、安全、快速”的在线支付解决方案。支付宝主要提供支付及理财服务，包括“网购担保交易”“网络支付”“转账”“信用卡还款”“手机充值”“水电煤缴费”“个人理财”等许多功能。在进入移动支付领域后，其为零售百货、电影院线、连锁商场、超市和出租车等多个行业提供服务，还推出了余额宝等理财服务。

第三方支付指具备一定实力和信誉保障的独立机构，采用与各大银行签约的方式，提供与银行支付结算系统接口的交易支持平台的网络支付模式。在第三方支付模式中，买方选购商品后，使用第三方平台提供的账户进行货款支付，并由第三方通知卖家货款到账、要求发货。买方收到货物，检验商品并确认后，就可以通知第三方付款给卖家，第三方再将款项转至卖家账户上。第三方支付作为目前主要的网络交易手段和信用中介，最重要的是在网上商家和银行之间建立起连接，实现第三方监管和技术保障的作用。

分任务 2　定位淘宝店铺

一、认识淘宝店铺市场

有了自己的店铺后，就需要对自己的店铺进行定位。

1．淘宝市场定位

淘宝市场定位是指在淘宝市场细分的基础上，根据不同地区、不同人口特征的消费者或用户对产品的不同需求，对市场范围的选择。

2．淘宝市场细分

淘宝市场细分是指淘宝通过市场调研，依据消费者的需求、人口特征、地理因素、季节因素、购买行为和购买习惯等方面的差异，把市场整体划分为若干消费者群体的市场分类过程。每一个消费者群体就是一个细分市场，每一个细分市场都是由具有类似需求倾向的消费者群体构成的。

3．产品定位

市场定位直接决定了产品定位，产品定位又关系到店铺装修风格、店铺营销方式的选择、产品详情页的特征、产品主图的风格。确定了市场定位，就大致决定了以后要怎样运营店铺，也就是为店铺运营找准了方向。如果没有做市场定位，则很容易在店铺运营过程中迷失方向。这很有可能就决定了你在竞争激烈的淘宝市场的存活时间。

4．阿里指数

阿里指数是一款淘宝卖家和买家们能够查询的社会化大数据分析平台。阿里指数是以淘宝平台为数据基础的大数据平台。

二、掌握淘宝店铺市场的 6 个定位流程

流程 1：确立市场范围

步骤 01：打开浏览器，在地址栏输入 https://alizs.taobao.com，按 <Enter> 键打开网页，如图 1-1 所示。

图 1-1　打开阿里指数网页

步骤 02：单击“了解更多”进入数据页面。

在“贸易往来”页面，选择对应的省市和输出省市，可以查看该地区通往另一个地区的贸易热门类目。如图 1-2 所示为浙江省销往黑龙江最热门的是皮草、羽绒服、皮衣。如图 1-3 所示为浙江省销往海南最热门的是毛呢外套、卫浴用品、裤子。查看输出到相近城市及交易热度高的城市最热门的类目，并记录。

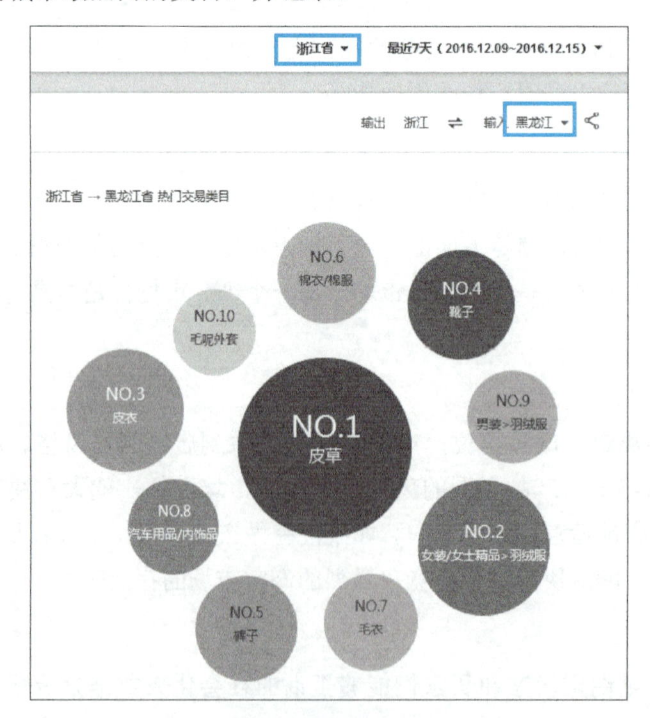

图 1-2　浙江省销往黑龙江省的热门交易类目

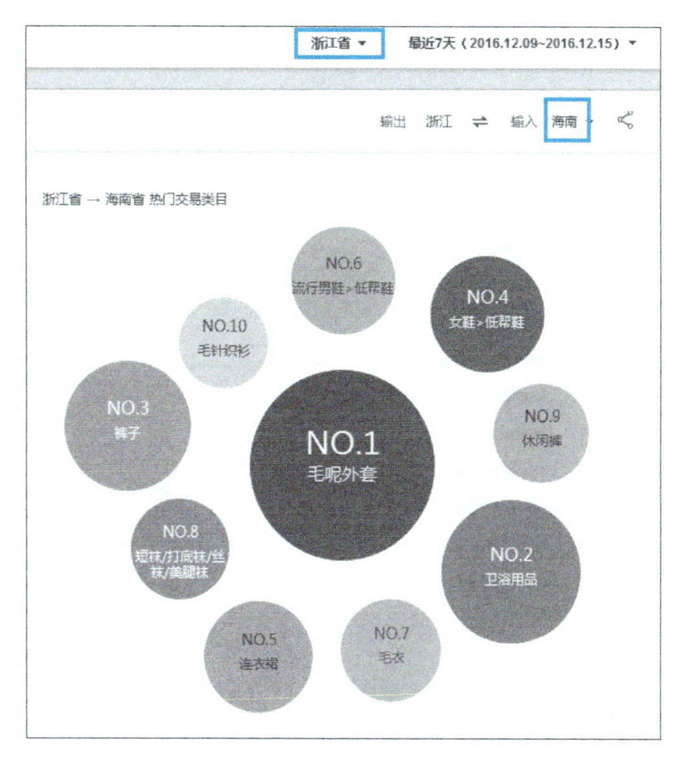

图 1-3　浙江省销往海南省的热门交易类目

步骤 03：通过搜索词排行榜，可以知道近段时间内一些热门的关键词，通过搜索关键词排行及涨幅，可以知道一些类目的热度，如图 1-4 所示。

搜索词排行榜　　搜索榜　涨幅榜

排名	搜索词	搜索指数	搜索涨幅	操作
1	羽绒服	34,002	22.56% ↑	
2	毛衣	32,816	1.48% ↑	
3	棉衣	25,071	17.12% ↑	
4	毛衣女	24,089	4.93% ↑	
5	毛呢外套	23,739	9.80% ↓	
6	羽绒服女	23,716	9.12% ↑	
7	圣诞节礼物	22,963	60.43% ↑	
8	打底裤	22,130	9.75% ↑	
9	羽绒服男	21,490	22.39% ↑	
10	手机	21,420	5.25% ↑	

图 1-4　搜索词排行榜

步骤 04：通过卖家概况，可以了解不同产品间的竞争关系，如图 1-5 所示。

步骤 05：通过以上的数据分析，选择目标类目，并分析要选择的目标类目。

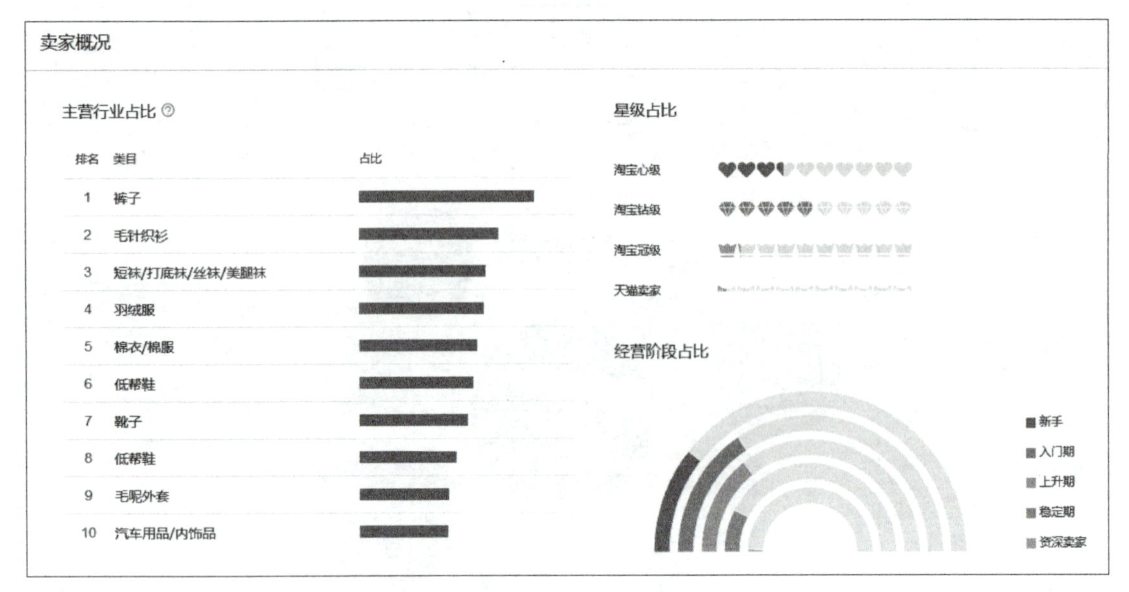

图 1-5 卖家概况

选择结果：毛呢外套。对选择的类目进行分析，见表 1-1。

表 1-1 类目分析

判断依据	选择原因
季节因素	毛呢外套属于当前季节产品
地理因素	当前城市输出到相近城市，以及交易热度高的城市最热门的类目是毛呢外套
搜索情况	第 5 名
竞争占比（卖家数量）	第 9 名

原因分析：

（1）毛呢外套是当前季节的产品。

（2）其属于从当前城市输出到相近城市，以及交易热度高的城市最热门的类目。

（3）其搜索情况排名高于卖家数量排名，竞争情况相对于其他类目较低。

流程 2：市场范围再细分

步骤 01：单击阿里指数页面左上角的“行业指数”，如图 1-6 所示，进入行业指数界面。

图 1-6 行业指数

步骤 02：在左上角的搜索框输入先前选择的类目，如图 1-7 所示，按 <Enter> 键。

图 1-7　输入类目

步骤 03：在如图 1-8 所示的行业概况中，可以查看毛呢外套相关关键词的搜索情况。

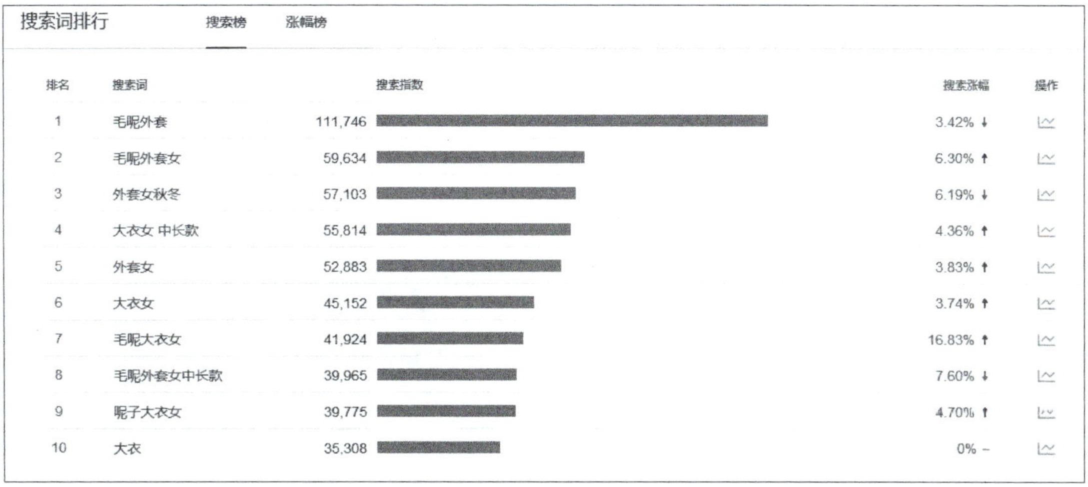

搜索词排行　搜索榜　涨幅榜

排名	搜索词	搜索指数	搜索涨幅	操作
1	毛呢外套	111,746	3.42% ↓	
2	毛呢外套女	59,634	6.30% ↑	
3	外套女秋冬	57,103	6.19% ↓	
4	大衣女 中长款	55,814	4.36% ↑	
5	外套女	52,883	3.83% ↑	
6	大衣女	45,152	3.74% ↑	
7	毛呢大衣女	41,924	16.83% ↑	
8	毛呢外套女中长款	39,965	7.60% ↓	
9	呢子大衣女	39,775	4.70% ↑	
10	大衣	35,308	0% ~	

图 1-8　类目热搜榜

步骤 04：在如图 1-9 所示的热门地区中，可以看到哪几个城市对毛呢外套的购买量比较高，从而进一步确定地理市场范围。

步骤 05：在如图 1-10 所示的买家概况中，可以知道买毛呢外套的主要是女性年轻阶层。

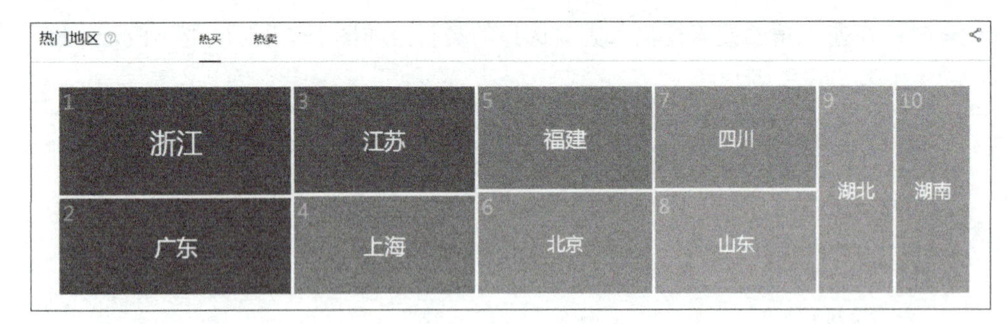

图 1-9　热门地区

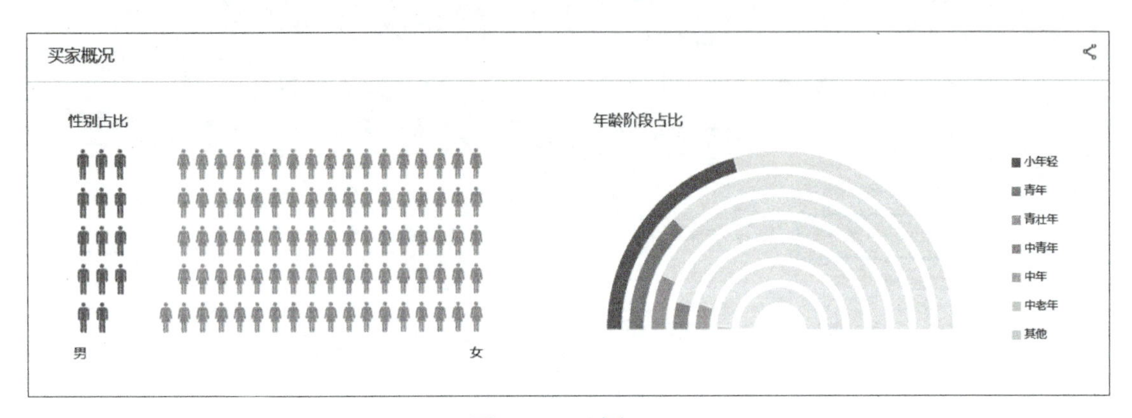

图 1-10　买家概况

步骤 06：通过如图 1-11 所示的卖家概况，可以知道毛呢外套的主要竞争情况是淘宝的钻级和皇冠级卖家。

卖家概况

星级

淘宝心级

淘宝钻级

淘宝冠级

天猫卖家

经营阶段

新手

入门期

上升期

稳定期

资深卖家

图 1-11　卖家概况

步骤 07：通过数据分析来选择目标群体，见表 1-2。

表 1-2　分析目标群体

目标市场	目标范围
性别	女
年龄	小年轻、青年
地区	浙江、江苏、广东、上海、福建

原因分析：

（1）女性在对于毛呢外套的选择上处于主要地位。

（2）毛呢外套的购物主力军主要集中在小年轻和青年上，有较大的市场份额。

（3）浙江、江苏、广东、上海、福建是毛呢外套主要的购买地区。

流程 3：风格定位

步骤 01：根据选择好的人群，在淘宝搜索框中输入“毛呢外套 女”，然后单击“搜索”按钮。

在“选购热点”中会显示“毛呢外套”这个类目一些热门的衣服风格，如图 1-12 所示。根据目标范围，选一些适合该人群的风格来做定位选择。例如，在小年轻和青年中，学生有很大的一部分群体，那么学院风就是定位选择之一。

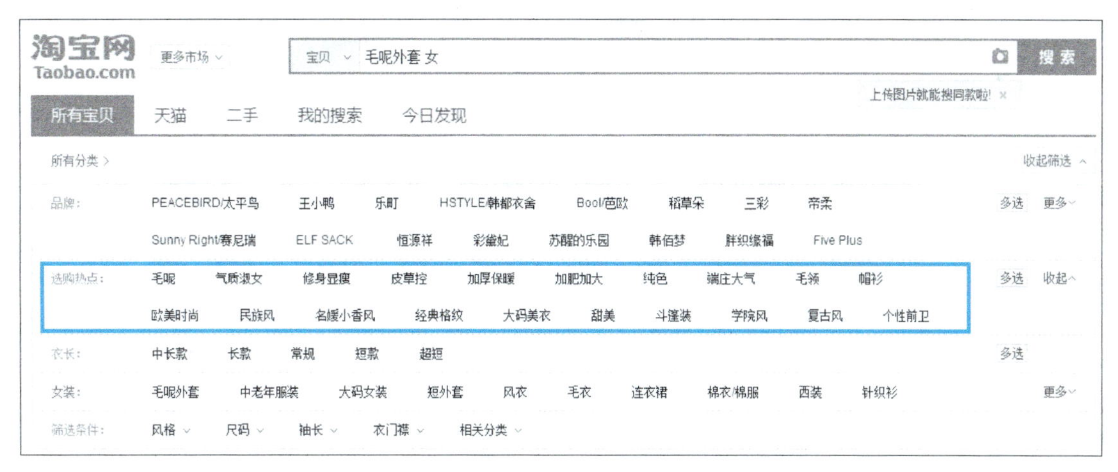

图 1-12　风格定位

步骤 02：单击选好的风格定位“学院风”，并选择销量优先，如图 1-13 所示。

品牌: PEACEBIRD/太平鸟　王小鸭　乐町　HSTYLE/韩都衣舍　Bool/芭欧　稻草朵　三彩　帝柔　多选　更多
Sunny Right/赛尼瑞　ELF SACK　恒源祥　彩缇妃　苏醒的乐园　韩佰梦　胖织缘福　Five Plus
选购热点: 毛呢　气质淑女　修身显瘦　皮草控　加厚保暖　加肥加大　纯色　端庄大气　毛领　帽衫　多选　收起
欧美时尚　民族风　名媛小香风　经典格纹　大码美衣　甜美　斗篷装　学院风　复古风　个性前卫
衣长: 中长款　长款　常规　短款　超短　多选
女装: 毛呢外套　中老年服装　大码女装　短外套　风衣　毛衣　连衣裙　棉衣/棉服　西装　针织衫　更多
筛选条件: 风格　尺码　袖长　衣门襟　相关分类
您是不是想找: 毛呢外套女中长款　羊绒大衣女　毛呢外套女短款　韩版格子毛呢外套　斗篷毛呢外套　风衣女　t恤女　茧型毛呢外套　cs毛呢外套　长袖毛呢外套　女毛衣
综合排序　人气　销量　信用　价格　发货地　1/100

图 1-13　学院风

步骤 03：查看第一页和第二页的销量情况，并算出第一页和第二页的销量总和，如图 1-14 所示。多次选择其他的风格，并依次记录销量数据。

图 1-14　产品销量

步骤 04：由于不同风格可以同时存在于一件衣服上，如学院风可以有欧美学院风、韩版学院风等，因此在查看风格时，也可以用多选的方式查看多重风格的销量情况，如图 1-15 所示。

风格：☑韩系　☐休闲　☐欧美　☑学院　☐复古　☐OL　☐优雅　☐简约　☐文艺　☐民族
☐淑女　☐可爱　☐森女　☐街头
提交　取消

图 1-15　选择多重风格

步骤 05：通过数据分析，选择风格定位，见表 1-3。

表 1-3　风格定位

女毛呢外套的风格类别	前两页大致销量统计
学院风	12.5 万
甜美风	4 万
欧美风	3.5 万
韩版风	35 万
韩版学院风	9.5 万
韩版甜美风	2.3 万

分析：通过以上数据可知，韩版风的市场份额最大，韩版学院风又占韩版风较大的市场份额。经过风格再细分，把风格定位在“韩版学院风”。

流程 4：价格定位

步骤 01：在淘宝搜索框中输入“韩版毛呢外套女”，然后单击“搜索”按钮，并在“选购热点”中选择“学院风”。在文本框中输入 3 个不同的价格，如图 1-16 所示，并把第一页的销量相加。

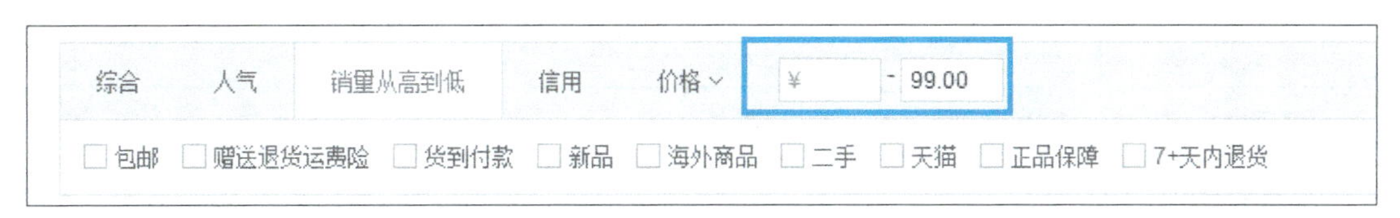

图 1-16　输入价格

步骤 02：通过数据分析，选择价格区间，见表 1-4 所示。

表 1-4　分析数据

价格区间	销量
0 ～ 99 元	7.2 万
100 ～ 199 元	3 万
200 元以上	0.7 万

分析：从表 1-4 可知，0 ～ 99 元的销量最高，是 100 ～ 199 元的两倍多，200 元以上的市场份额最低。

根据价格定位的相关知识，正常情况下 0 ～ 99 元的利润最低，100 ～ 199 元的利润适中，200 元以上的利润最高。

（1）有大量资金和货源的情况下可以选择 0 ～ 99 元的产品，因为 0 ～ 99 元占了大份额的市场，容易出现爆款的现象。如果没有充足的资金或货源，容易出现库存问题，而且利润会较低。

（2）对于新手或普通卖家来说，比较合适 100 ～ 199 元的产品。从数据上可以看出 100 ～ 199 元的产品还是大部分消费者能接受的范围，有一定的市场份额。正常情况下有一定的利润空间，操作难度较低。

（3）对于想追求高利润或品牌的卖家来说，可以选择 200 元以上的价格定位。200 元以上的产品有较高的利润空间，容易培养忠实客户，但是市场份额会较低，客户对产品品质要求高，操作难度比较高。

步骤 03：对于刚毕业或还没毕业的学生，选择 100 ～ 199 元的价格定位会比较合适。

流程 5：竞争定位

在淘宝搜索框中输入“韩版毛呢外套女”，在“选购热点”中选择“学院风”，并在价格区间输入 100 ～ 199 元。

在查找的产品中，根据“产品参数、销量、价格”取其中的一些变量来做竞争分析。见表 1-5，列举了几个参数，在实际操作过程需选择更多的案例和参数做分析。分析的参数根据不同产品进行选择。

表 1-5　竞争定位分析

产品样式	销量（件）	价格（元）	材料成分	服装板型	袖型	帽子
	1618	109	聚酯纤维 95%	直筒	常规	连帽
	4691	159	聚酯纤维 94.7%	斗篷型	插肩袖	连帽
	1476	128	涤纶 81%（含）～ 90%（含）	斗篷型	常规	连帽
	4074	179	聚对苯二甲酸乙二酯（涤纶）	直筒	常规	连帽

分析：根据竞争定位的原则，关注市场中消费者是如何看待产品的，从销量的角度，可以判断出销量高的也就是消费者喜欢的。从上述 4 个案例的参数得出“连帽冬季女毛呢外套”为市场接受度比较高的类型。

流程 6：市场定位结果

市场定位结果见表 1-6。

表 1-6　市场定位结果

市场定位目标	定位结果
类目	毛呢外套
性别	女
地区	浙江、江苏、广东、上海、福建
年龄	小年轻、青年
风格	韩版学院风
价格	199 元以下
样式	连帽

分任务 3　选择货源

货源是开店前必须考虑的问题，优质的货源才能使网店在网上长久地生存下去。

一、选择最佳货源

找到最佳的货源就等于成功了一半，所谓最佳货源就是除了质量好、价钱公道等最基本的要求外，还应适合在淘宝上出售，有市场需求，且是自己熟悉并感兴趣的。

1. 适合在淘宝上出售

（1）附加值高，即投入产出比较高的产品。其技术含量和文化价值等比一般产品要高出很多，因而市场升值幅度大，获利高。

（2）具备独特性或时尚性的商品更能吸引顾客的眼球。

（3）价格较合理。如果同样的价格在其他的店或实体店铺也能买到，就会减少买家在本店购买的概率。

（4）通过网站了解就可以激起浏览者的购买欲，如果需要亲眼见到商品才可以达到购买的信任度，这样的商品不适合在网上销售。

（5）线下没有，只有网上才能买到，如外贸订单产品和海外代购等。

（6）信誉度较高，被普遍接受和认可的商品。这样的商品质量和性能易于鉴别，具有较高的可靠性，又已经得到认可，所以商品的可信度较高，便于销售。

（7）体积小，运输成本低的商品。如果邮费比商品价格还高，有几个人会买？所以选择货源时要选择体积小且方便运输的商品。

2. 有市场需求

市场有需求，那就是商机。对于网络市场而言，网上需求不同于线下需求，例如：

（1）成人用品。成人用品属于特殊商品，由于受传统观念的影响，人们更愿意在网上购买。这样不仅避免了各种尴尬，同时也保护了消费者的隐私。

（2）收藏品。收藏品往往会分布在不同的地区，网络的便捷使消费者足不出户便能淘到自己心仪的宝贝。

（3）全球购、代购。海外商品受到很多人追捧。若自己身在海外则可以开一个商品代购店，利用价格差异，来赚得利润。

3. 自己熟悉并感兴趣

选择货源时要考虑包括自己的兴趣爱好和经济实力等多个方面的因素。

（1）对产品有兴趣，才能掌握其优点与卖点，而这些正是买家想要了解或咨询的信息。

（2）根据自己的经济实力来选择货源，避免承担较大的风险与压力。

二、认识多种进货渠道

许多网上开店的人，最大的困惑就是无法找到合适的货源，下面介绍几个进货的渠道及其优缺点。

1. 批发市场

优点：更新快，品种多。

缺点：容易断货，品质不易控制。

2. 品牌代理商

优点：货源稳定，渠道正规，商品不易断货。

缺点：更新慢，价格相对较高。

3. 代销式供应商

优点：简单省事，鼠标一点，连发货都不用自己管，坐收佣金。风险低，资金投入最小。

缺点：商品不经过自己的手，品质难以控制，可能会出现对商品了解不够，与客户沟通较复杂，操作不好容易产生中差评。

4. 网店代理货源网站

优点：专业，可选择的货源较多，一般各类商品货源都有。

缺点：通常以代理类型为主，货源虽多但无法保证质量，需要仔细甄别。

5. 买入库存积压或清仓产品

优点：成本相对较低。

缺点：具有很多不确定因素，如进货的时间、地点、规格、数量和质量等都无法控制。

6. 阿里巴巴等 B2B 网站

这类网站的代表有阿里巴巴和生意宝，它们作为网络批发交易的平台，充分显示了其优越性，为很多小地方的卖家提供了很大的选择空间，不仅查找信息方便，也专门为小卖家提供相应的服务，并且起拍量很小。下面介绍其优势。

（1）成本优势。可以省去往返批发市场的时间成本、交通成本、住宿费和物流费等。

（2）选购的紧迫性较少。亲自去批发市场选购时，由于时间有限，不可能长时间慢慢挑选，有些商品也许并不满意，但迫于进货压力不得不赶快选购，网上进货则可以慢慢挑选。

（3）批发数量限制优势。一般的网上批发基本上都是 10 件起批，有的甚至是 1 件起批，这样在一定程度上增大了选择余地。

（4）其他优势。网络进货能减少库存压力，还具有批发价格透明及款式更新快等优势。

三、掌握网店进货技巧

网店进货分为线下进货和网络进货，两种进货方式所需的技巧不同。

1. 线下进货技巧

线下进货渠道包括从厂家直接进货和从批发市场进货。线下进货的好处是可以看到实物，了解产品的做工和面料等详细信息，不容易被骗。

（1）进货穿着。进货是个体力活，因此穿着切忌过于时尚端庄，建议着随意的休闲装。

（2）进货工具。进货的制胜法宝就是进货工具，批发商会根据你所携带的工具而给出不同的价格。小批量进货，带个黑色塑料袋。大规模进货，拉一个两轮的小车。

（3）进货术语。进货术语是行家之间交流必需的语言，行家和外行的批发价钱也是有差异的。你可以问：拿货价多少、怎么拿、这个怎么批、拿多少还能优惠，但是千万不要外行地说：“这个怎么卖啊？”。

（4）进货预算。根据自己开店的情况，明确每次服装进货或补货的资金、种类和数量，这样哪怕超支也做到心里有数。

（5）进货调研。每个城市大大小小的批发市场都不少，所以想好进货种类后，就选择几家综合指数靠前的批发市场开始调研，对于感兴趣的服装货源要索要名片或用纸笔记录，比较各批发商的商品价格、质量、最少拿货数量、退换货、包装及补货的方便程度等。把自己收集的资料进行整理比较。

（6）确定进货。调研后就能确定进货了，进货需要注意以下几点。

第一，事先谈好退换货的要求。

第二，进货数量、价格的清单要保留，便于记录进货情况，同时也是退换货的凭证。

第三，关系维护，不论是开网店还是实体店，将来都需要不断补货和进货。因此，在进货过程中与批发商多沟通交流，这样不仅能保持良好的关系，也方便谈论日后价格的优惠。

2. 阿里巴巴进货技巧

尽管都知道到厂家或是批发市场实地拿货是最好的方式，但毕竟淘宝上大多数的卖家，尤其是相对较小的卖家，周边满足不了这种条件，于是网上进货就成了他们最后的选择。网上进货只要做好了保障工作，同样也能赚得较好的利润。

（1）尽量找诚信通会员交易。阿里巴巴上的诚信通要收取一定的费用，一般正规的、大型的、诚心要做网上交易的，通常都会申请诚信通会员。申请后，阿里巴巴会进行核实，如果已核实，在该公司（或个人）的供应图片介绍后会出现已核实。这算是阿里巴巴帮我们证明了这家公司的存在，至少有了第一手准确的信息，为什么不利用呢？

（2）挑选诚信通指数高的会员。诚信通指数的作用就相当于淘宝上的“好评”，这是我们相信这家公司的必要条件。

（3）务必使用支付宝交易。使用支付宝交易是网上安全交易的最大保障。

（4）大批进货前先看样品。在网络上不能见到实物，很容易进到仿品或残次品等，因此在批量进货前，一定要少量看样。

（5）无论是第几次合作，都不要一次进太多的货。“一回好、二回差、三回不见人”这样的例子在现实社会中都在不断上演，在网络上就更容易出现了。所以，为了保险起见，不要一次性进太大款项的货。

（6）务必与批发商沟通后，再下单。决定下单前，务必同批发商沟通，要多联系，多问问题，才能避免上当吃亏。

分任务 4　开通淘宝店铺的流程

一、掌握淘宝店铺的注册流程

步骤 01：打开淘宝首页，或在搜索框中输入淘宝网域名（https://www.taobao.com），单击“免费注册”，在打开的页面阅读注册协议，单击“同意协议”按钮，如图 1-17 和图 1-18 所示。

步骤 02：填写个人手机号码，并用鼠标拖动滑块完成验证，单击“下一步”按钮，如图 1-19 所示。

亲，请登录 免费注册 手机逛淘宝
我的淘宝 购物车0 收藏夹 商品分类
淘宝网
Taobao.com
宝贝 天猫 店铺
宝宝教育从小开始
搜索
高级搜索
新款连衣裙 四件套 潮流T恤 时尚女鞋 短裤 半身裙 男士外套 墙纸 行车记录仪 新款男鞋 耳机
更多

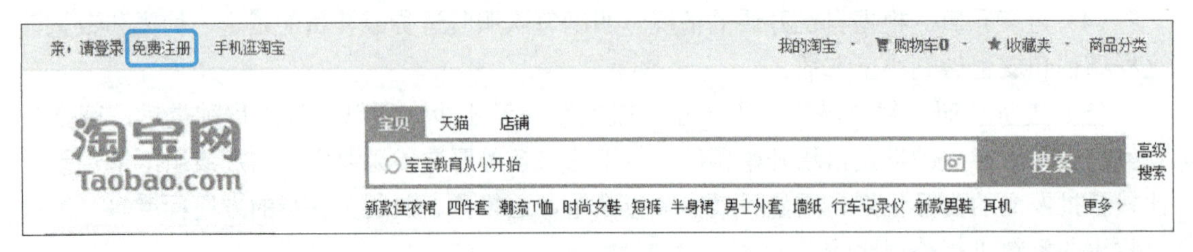

图 1-17 免费注册

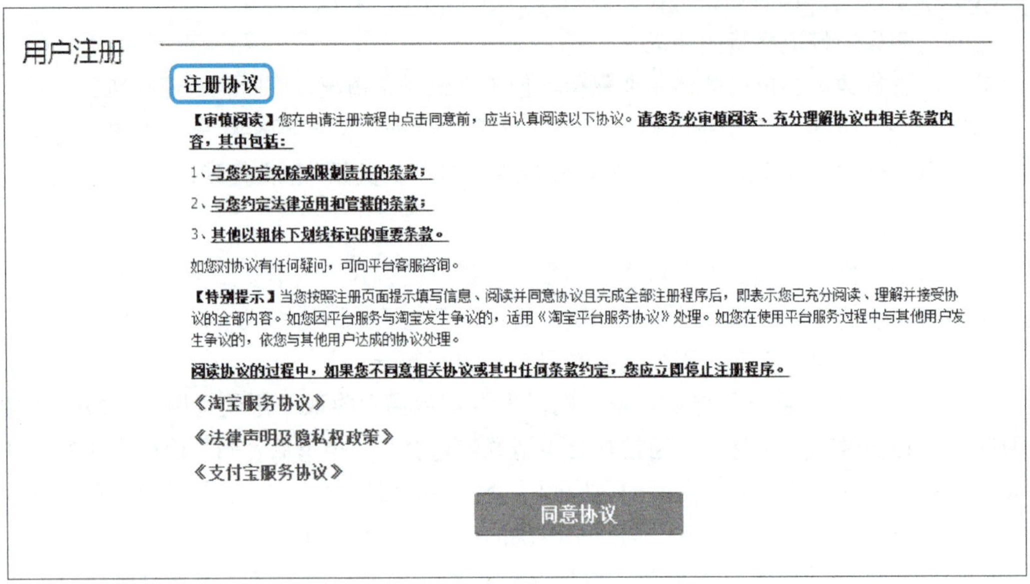

用户注册
注册协议
【审慎阅读】您在申请注册流程中点击同意前，应当认真阅读以下协议。请您务必审慎阅读、充分理解协议中相关条款内容，其中包括：
1、与您约定免除或限制责任的条款；
2、与您约定法律适用和管辖的条款；
3、其他以粗体下划线标识的重要条款。
如您对协议有任何疑问，可向平台客服咨询。
【特别提示】当您按照注册页面提示填写信息、阅读并同意协议且完成全部注册程序后，即表示您已充分阅读、理解并接受协议的全部内容。如您因平台服务与淘宝发生争议的，适用《淘宝平台服务协议》处理。如您在使用平台服务过程中与其他用户发生争议的，依您与其他用户达成的协议处理。
阅读协议的过程中，如果您不同意相关协议或其中任何条款约定，您应立即停止注册程序。
《淘宝服务协议》
《法律声明及隐私权政策》
《支付宝服务协议》
同意协议

图 1-18 注册协议

用户注册
1 设置用户名
2 填写账号信息
3 设置支付方式
注册成功
手机号
中国大陆 +86
请输入你的手机号码
验证
请按住滑块，拖动到最右边
下一步
切换成企业账户注册

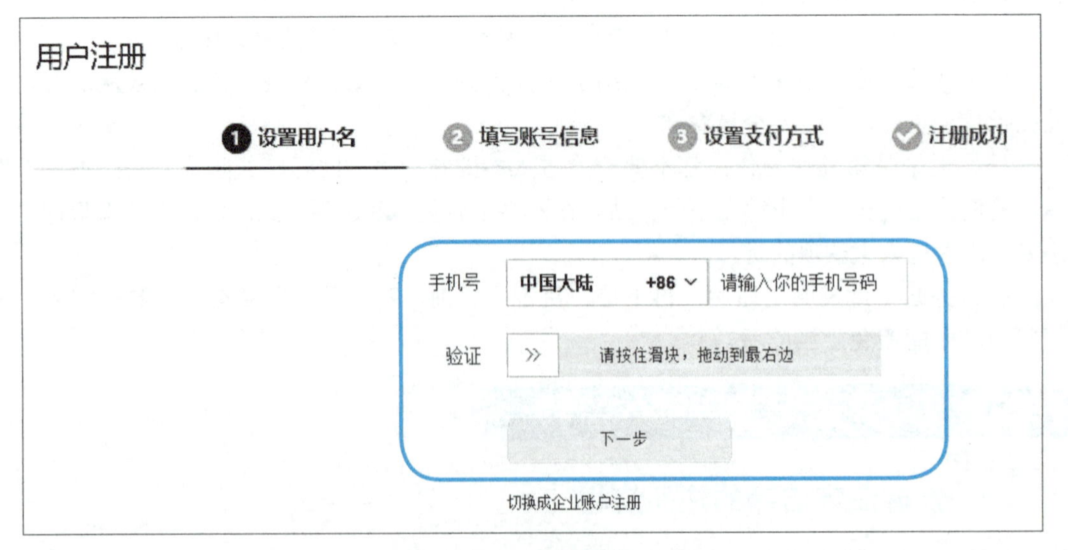

图 1-19 手机验证

步骤 03：填写淘宝发送的验证码，单击“确认”按钮，如图 1-20 所示。

步骤 04：设置登录密码及会员名，单击“提交”按钮，如图 1-21 所示，这样就完成注册了。

设置密码时，需要英文、数字相混合来作为密码，会员名的设置，可以使用与产品的相关词语来作为会员名。

图 1-20　填写验证码

图 1-21　设置登录密码及会员名

二、熟悉企业账号的注册

步骤 01：打开注册页面，单击下方的“切换成企业账号注册”，如图 1-22 所示。

步骤 02：填写邮箱地址，如图 1-23 所示，单击“下一步”按钮。

用户注册

❶ 设置用户名　❷ 填写账号信息　❸ 设置支付方式　注册成功

手机号　中国大陆 +86　请输入你的手机号码

验证　请按住滑块，拖动到最右边

下一步

切换成企业账户注册

图 1-22　企业注册

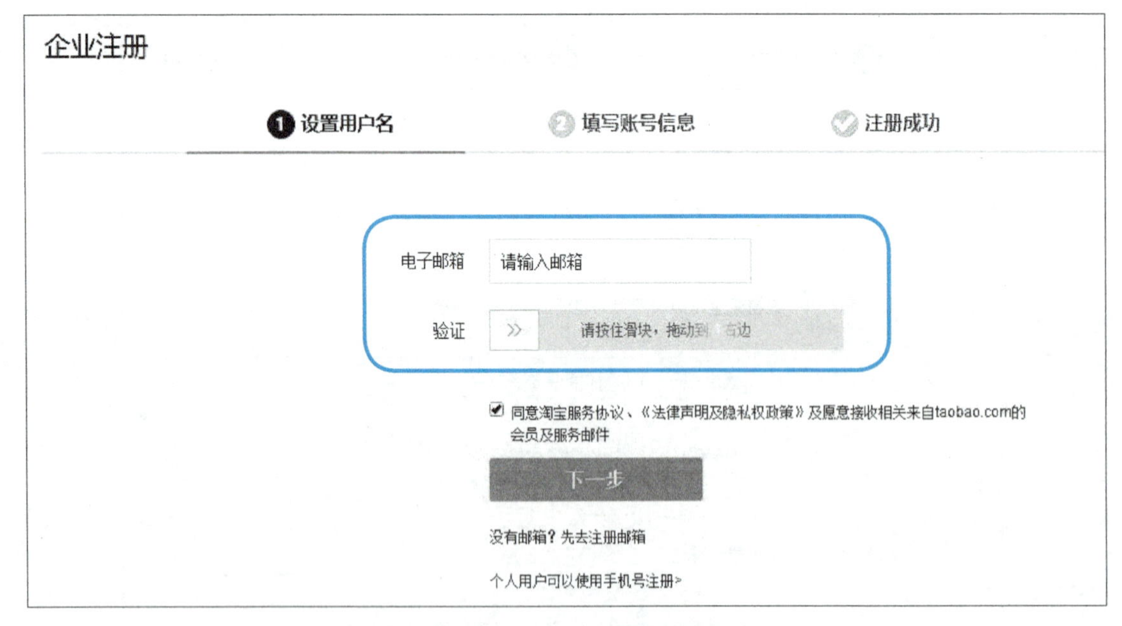

图 1-23　填写邮箱地址

步骤 03：登录已填写的邮箱，在 24 小时内单击激活链接完成注册。

步骤 04：填写企业注册信息，如图 1-24 所示，单击“确认”按钮后就完成注册了。

图 1-24　填写企业注册信息

三、学会申请开店（以个人店铺为例）

步骤 01：注册完成后，登录淘宝网，找到“卖家中心”，选择下拉列表中的“免费开店”选项，如图 1-25 所示。

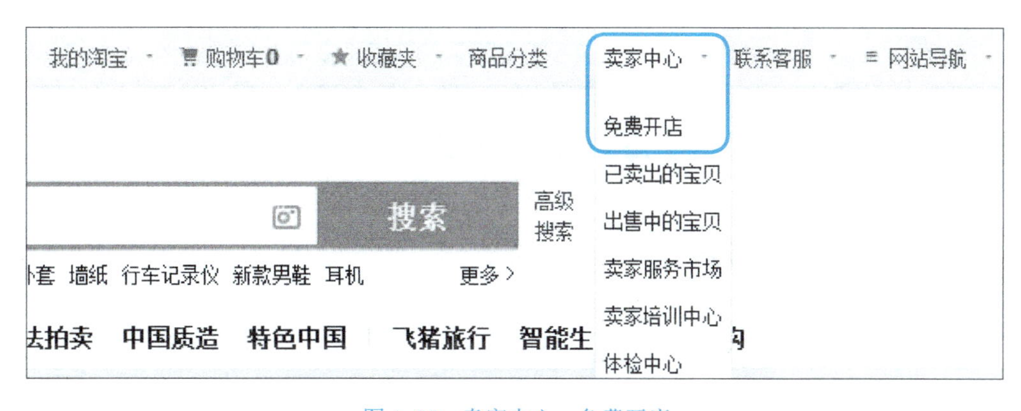

图 1-25　卖家中心－免费开店

步骤 02：在打开的页面，选择“个人店铺”，阅读开店须知，单击“我已了解继续开店”进行开店条件认证，单击“立即认证”验证支付宝信息，如图 1-26 ～图 1-28 所示。

图 1-26　选择个人店铺

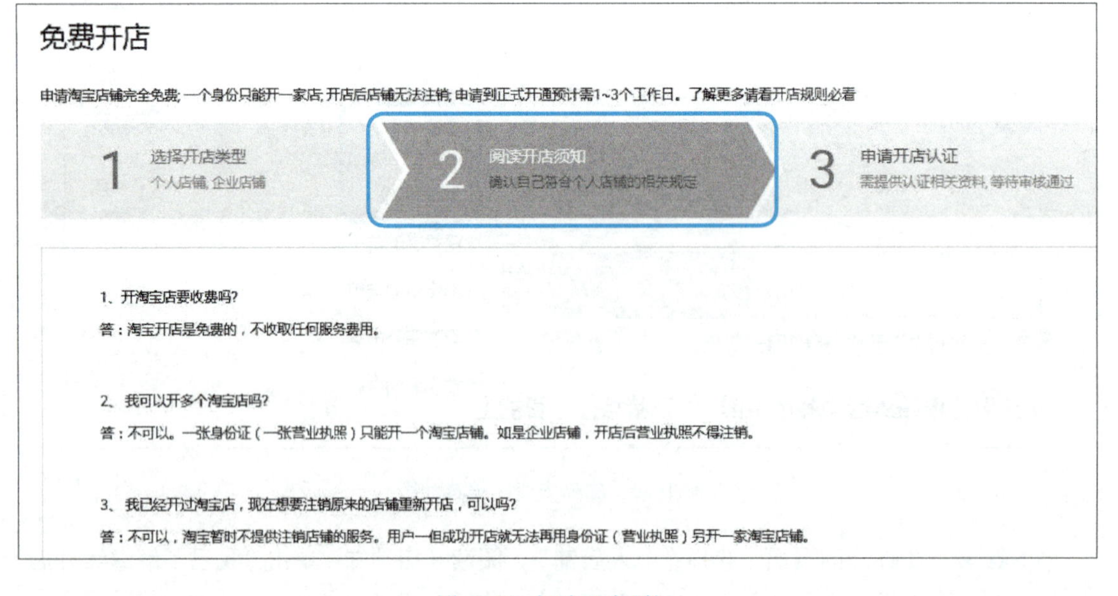

图 1-27　阅读开店须知

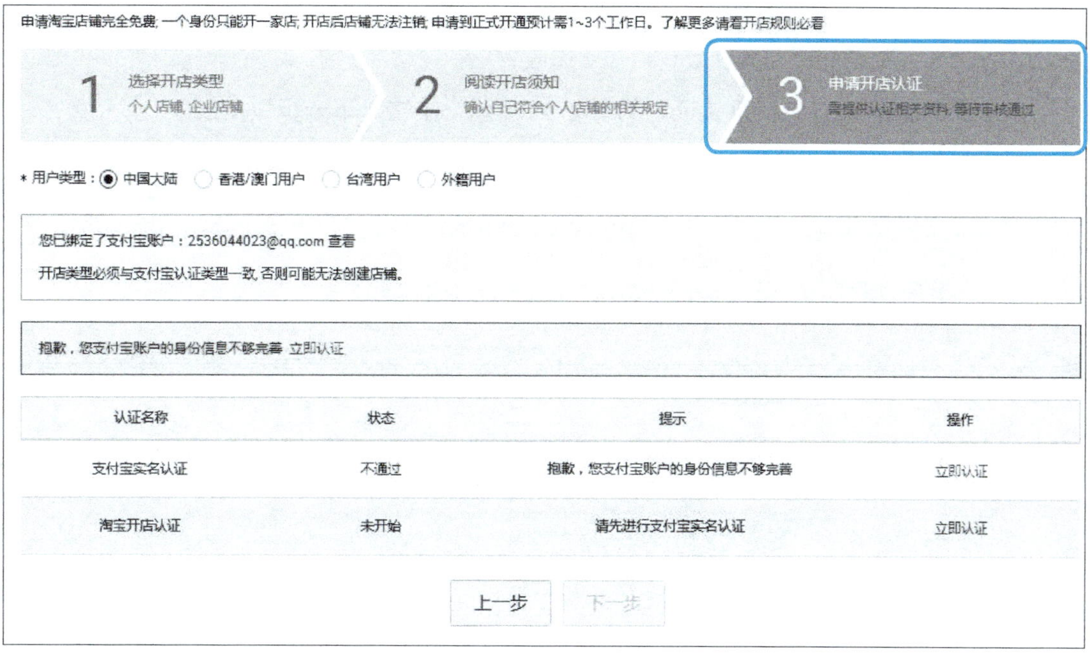

申请淘宝店铺完全免费，一个身份只能开一家店，开店后店铺无法注销，申请到正式开通预计需1~3个工作日。了解更多请看开店规则必看

1 选择开店类型 个人店铺，企业店铺
2 阅读开店须知 确认自己符合个人店铺的相关规定
3 申请开店认证 需提供认证相关资料，等待审核通过

* 用户类型：◉ 中国大陆 ○ 香港/澳门用户 ○ 台湾用户 ○ 外籍用户

您已绑定了支付宝账户：2536044023@qq.com 查看
开店类型必须与支付宝认证类型一致，否则可能无法创建店铺。

抱歉，您支付宝账户的身份信息不够完善 立即认证

认证名称	状态	提示	操作
支付宝实名认证	不通过	抱歉，您支付宝账户的身份信息不够完善	立即认证
淘宝开店认证	未开始	请先进行支付宝实名认证	立即认证

上一步　下一步

图 1-28　申请开店认证

步骤 03：单击“支付宝实名认证”。

支付宝实名认证是在已有支付宝的基础上完成的，需要填写真实姓名、身份证号和支付宝支付密码，如图 1-29 所示，填写完后单击“下一步”按钮。

设置支付密码 交易付款或账户信息更改时需输入（不能与淘宝或支付宝登录密码相同）

支付密码

再输入一次

设置身份信息 请务必准确填写本人的身份信息，注册后不能更改，隐私信息未经本人许可严格保密
若你的身份信息和快捷支付身份信息不一致，将会自动关闭已开通的快捷支付服务。

真实姓名
查找生僻字

性别 ◉ 男 ○ 女

身份证号码

有效期 2027-03-17 □ 长期

职业 - - - - - - - -请选择- - - - - - - -

常用地址 福建省　厦门市　请选择

图 1-29　支付宝实名认证

步骤 04：填写身份证信息，并将身份证的正、反面照片上传，然后单击“确认提交”按钮。

步骤 05：进行银行卡信息认证，如图 1-30 所示，单击“下一步”按钮。

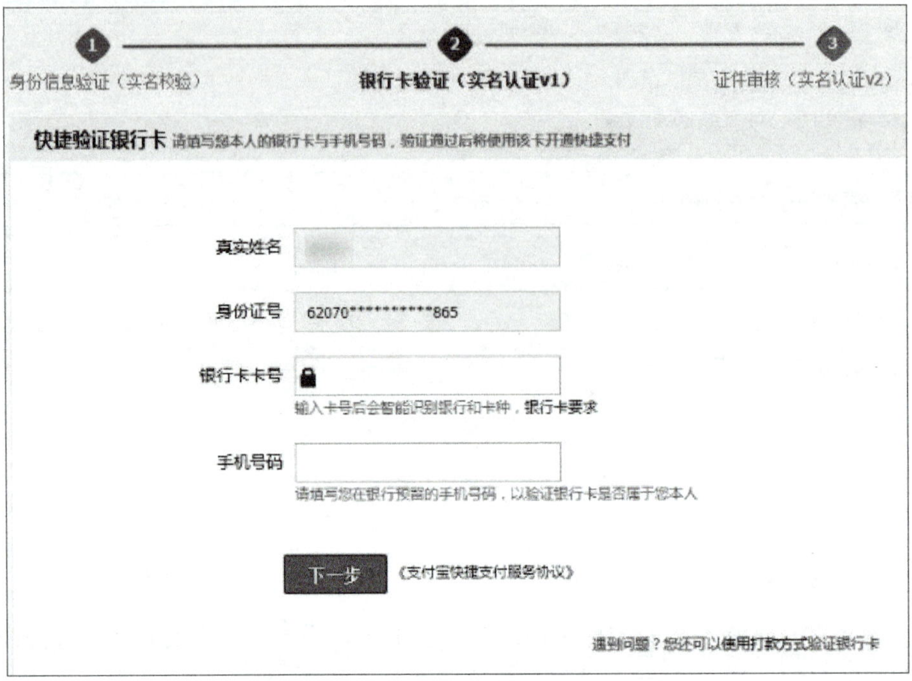

身份信息验证（实名校验） 银行卡验证（实名认证v1） 证件审核（实名认证v2）

快捷验证银行卡 请填写您本人的银行卡与手机号码，验证通过后将使用该卡开通快捷支付

真实姓名

身份证号 62070***********865

银行卡卡号

输入卡号后会智能识别银行和卡种，银行卡要求

手机号码

请填写您在银行预留的手机号码，以验证银行卡是否属于您本人

下一步 《支付宝快捷支付服务协议》

遇到问题？您还可以使用打款方式验证银行卡

图 1-30　银行卡信息确认

步骤 06：输入系统发送至手机的校验码，如图 1-31 所示，单击“下一步”按钮。

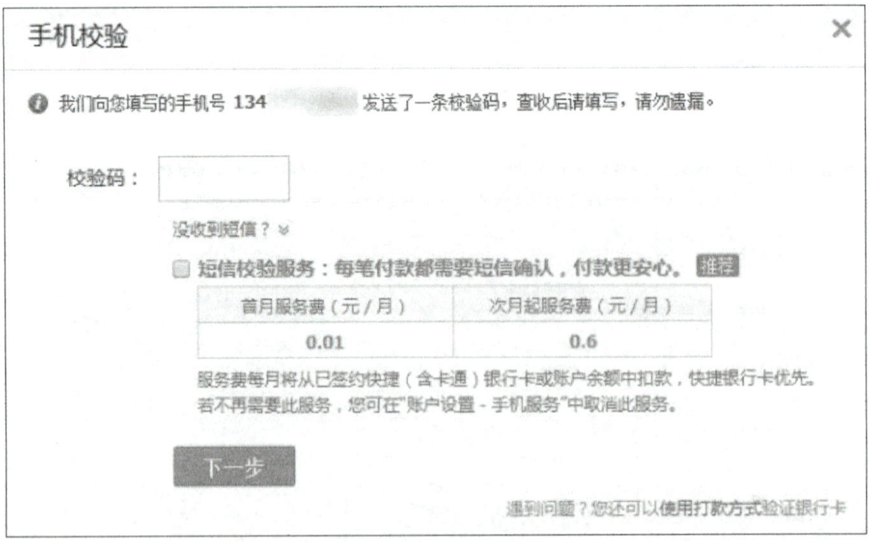

手机校验

我们向您填写的手机号 134 发送了一条校验码，查收后请填写，请勿遗漏。

校验码：

没收到短信？

短信校验服务：每笔付款都需要短信确认，付款更安心。推荐

首月服务费（元 / 月）	次月起服务费（元 / 月）
0.01	0.6

服务费每月将从已签约快捷（含卡通）银行卡或账户余额中扣款，快捷银行卡优先。
若不再需要此服务，您可在"账户设置 - 手机服务"中取消此服务。

下一步

遇到问题？您还可以使用打款方式验证银行卡

图 1-31　短信校验

步骤 07：支付宝实名验证后，进行淘宝开店认证，单击“立即认证”，如图 1-32 所示。

申请淘宝店铺完全免费，一个身份只能开一家店；开店后店铺无法注销；申请到正式开通预计需1~3个工作日。了解更多请看开店规则必看

1 选择开店类型 个人店铺，企业店铺
2 阅读开店须知 确认自己符合个人店铺的相关规定
3 申请开店认证 需提供认证相关资料，等待审核通过

* 用户类型：中国大陆　香港/澳门用户　台湾用户　外籍用户

您已绑定了支付宝账户：2536044023@qq.com 查看

开店类型必须与支付宝认证类型一致，否则可能无法创建店铺。

抱歉，您支付宝账户的身份信息不够完善 立即认证

认证名称	状态	提示	操作
支付宝实名认证	不通过	抱歉，您支付宝账户的身份信息不够完善	立即认证
淘宝开店认证	未开始	请先进行支付宝实名认证	立即认证

上一步　下一步

图 1-32　淘宝开店认证

步骤 08：进行身份认证，单击“立即认证”，如图 1-33 所示。

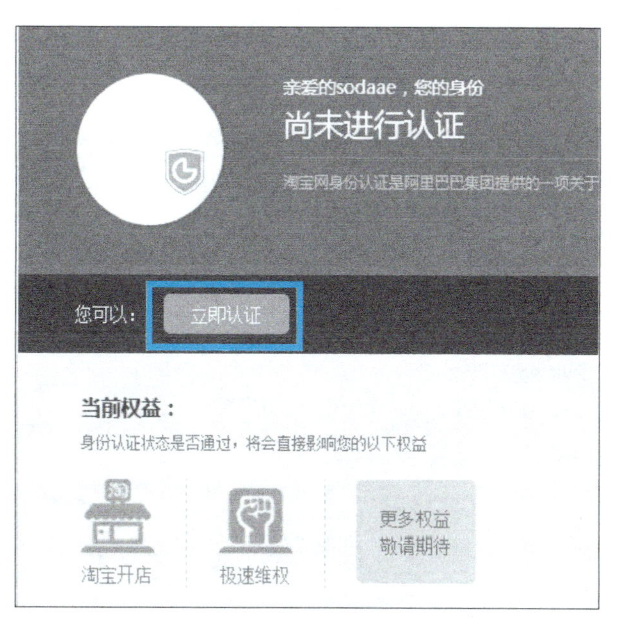

图 1-33　立即认证

新版的淘宝开店认证需要在手机上下载阿里钱盾，通过扫描二维码的方式，在手机端上完成验证操作，如图 1-34 所示。

步骤 09：等待淘宝官方认证，认证时间为 2 个工作日，如图 1-35 所示，验证成功后即可拥有自己的淘宝店铺。

图 1-34　二维码认证

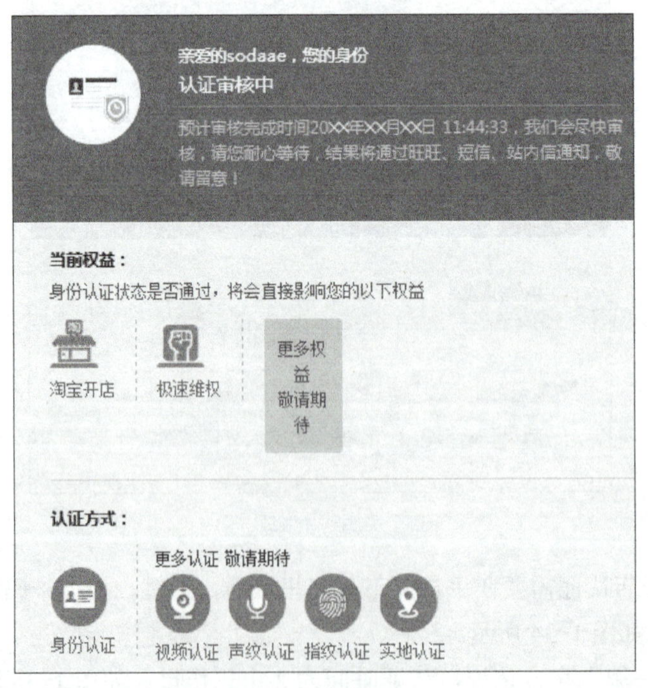

图 1-35　等待认证审核

学生演练

根据课程中学到的知识，请同学们从市场和产品两方面进行分析，确定自己的店铺定位，并整理成文档。

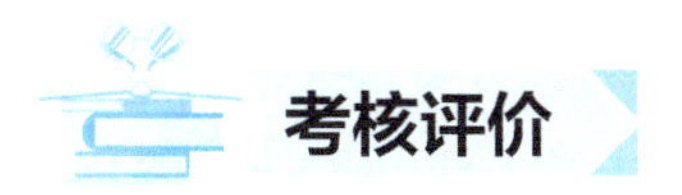

考核评价

表 1-7　开通淘宝店铺任务考核评价表

序号	评价内容	得分 / 分			综合得分 / 分
		自评	组评	师评	
1	了解支付宝的认证流程				
2	学会如何选择合适的货源				
3	了解淘宝开店的流程，并学会如何开店				
合计					

任务 2　掌握淘宝店铺的装修技巧

任务分析

本任务重点讲解淘宝店铺的装修页面，包括认识淘宝旺铺的 3 个种类、淘宝图片空间、首页、详情页、无线端和自定义菜单等。本任务以实例操作的方式来学习淘宝店铺的装修页面，掌握电商运营岗位的必备技能。

情境引入

没有装修的店铺不仅毫无美感，且在很大程度上拉低了店铺及商品的档次，不能给人以信任感，也不会有人光顾这样一间没有任何装修的店铺。

而装修漂亮的店铺不仅能体现店铺的特色和专业性，还能起到视觉营销的作用。因此，店铺装修势在必行。

教师点拨

分任务 1　认识淘宝旺铺

淘宝旺铺是淘宝网开辟的一项增值服务功能，是一种增加店铺个性化页面展示的必备工具，使顾客的购物体验更好，更容易产生购买欲望。

一、认识旺铺的 3 个种类

目前，旺铺有两个版本，即旺铺基础版和旺铺专业版。

1. 旺铺基础版

旺铺基础版无须订购，所有用户都可以使用。

2. 旺铺专业版

旺铺基础版可以升级为专业版，订购费用为 50 元 / 月，一钻以下会员可以免费使用旺铺专业版。

3. 旺铺智能版

旺铺专业版可以升级为智能版，订购费用为 99 元 / 月。旺铺智能版在旺铺专业版的基础上，提供了更丰富的无线装修功能和营销玩法，提升卖家的装修效率和数据化运营能力。

二、学会使用免费的旺铺专业版

由于淘宝网对新手卖家的扶持，一钻以下的店铺可以免费使用旺铺专业版。

步骤 01：登录淘宝网，进入卖家中心页面，在页面左侧单击“店铺管理 – 店铺装修”，如图 1-36 所示。

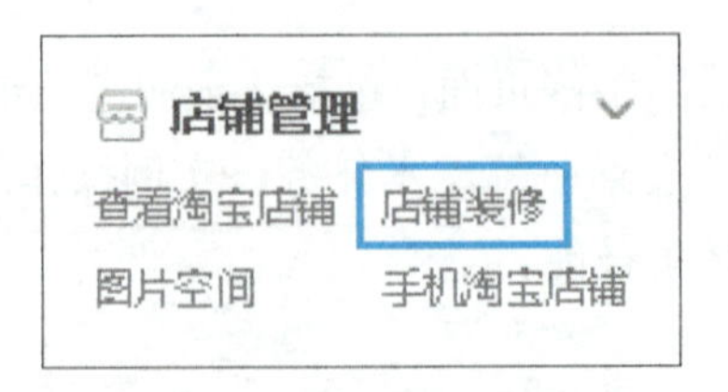

图 1-36　店铺管理 – 店铺装修

步骤 02：进入“淘宝旺铺”主页面，目前还是旺铺基础版，将鼠标指针移到基础版的位置，会显示“免费升级专业版”的提示，单击“免费升级专业版”按钮，如图 1-37 所示。

图 1-37　免费升级专业版

步骤 03：升级为专业版后，还是可以按照同样的方法切换为基础版，只要还是在一钻以下，专业版和基础版可自由切换，如图 1-38 所示。

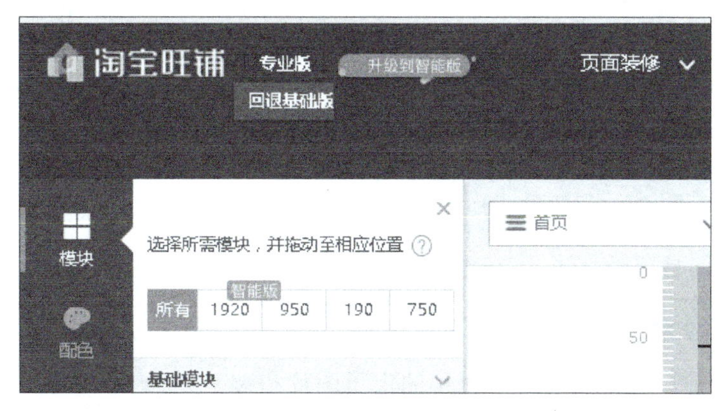

图 1-38　升级为专业版后

步骤 04：切换到旺铺专业版之后，就可以运用该界面上的各个功能并根据店铺的需求对店铺的各个模块进行装修了，如图 1-39 所示。

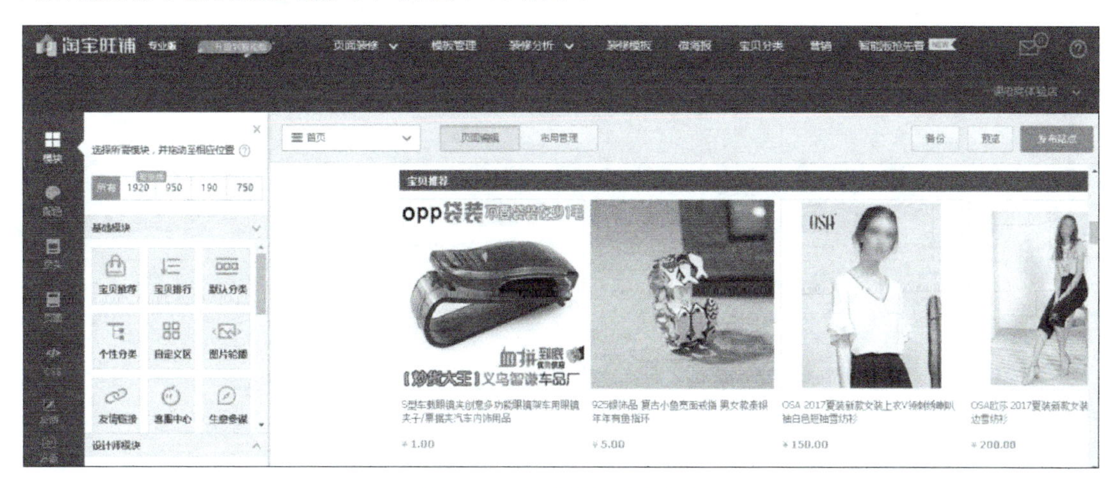

图 1-39　切换到旺铺专业版

步骤 05：若是想要升级到智能版，也可以单击专业版右侧的“升级到智能版”按钮，进入“服务市场”界面进行订购，如图 1-40 所示。

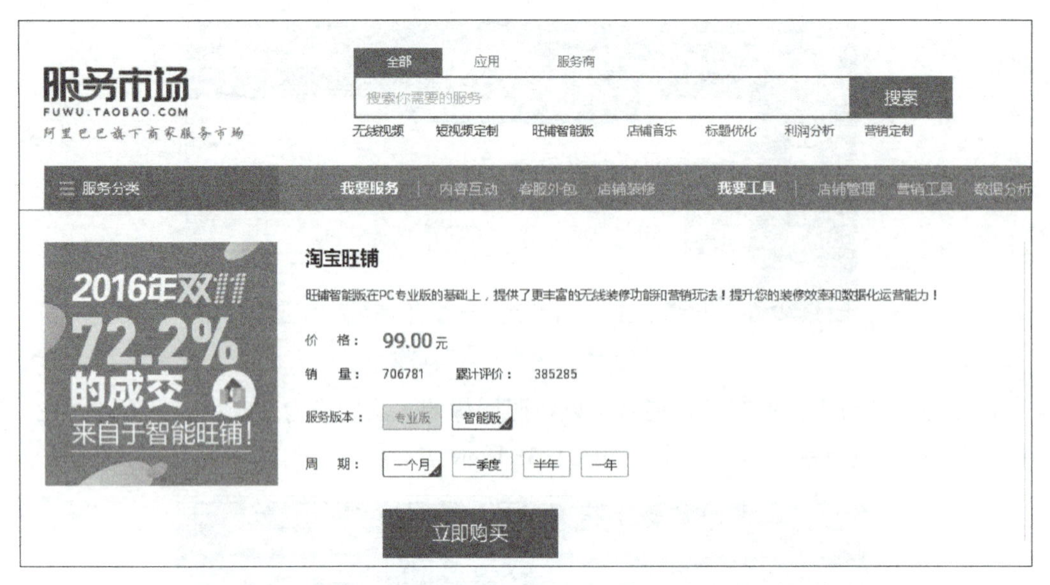

图 1-40 升级到智能版

分任务 2 学会使用淘宝图片空间

淘宝图片空间是用于存储、管理宝贝详情页图片和店铺装修图片的地方。

一、上传与查看图片

在店铺装修前，通常需要将使用到的宝贝图片和装修图片上传到图片空间中。

步骤 01：登录淘宝网，进入卖家中心页面，在页面左侧单击“店铺管理 - 图片空间”，如图 1-41 所示。

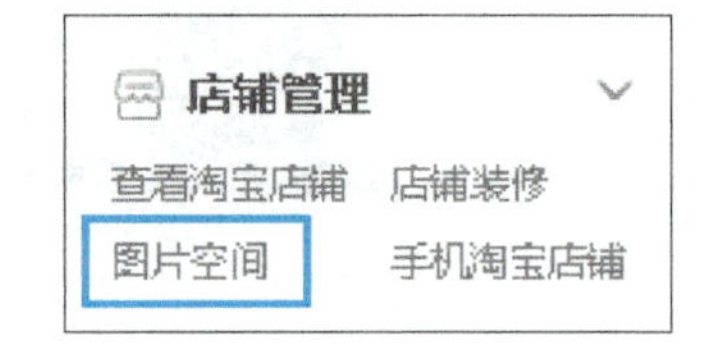

图 1-41 店铺管理 - 图片空间

步骤 02：进入“图片空间”首页，单击“上传”按钮，如图 1-42 所示。

图 1-42 上传图片

步骤 03：在打开的“上传图片”对话框中，了解图片上传的小提示，并选择上传的方式。我们以通用上传为例，单击“点击上传”按钮，如图 1-43 所示。

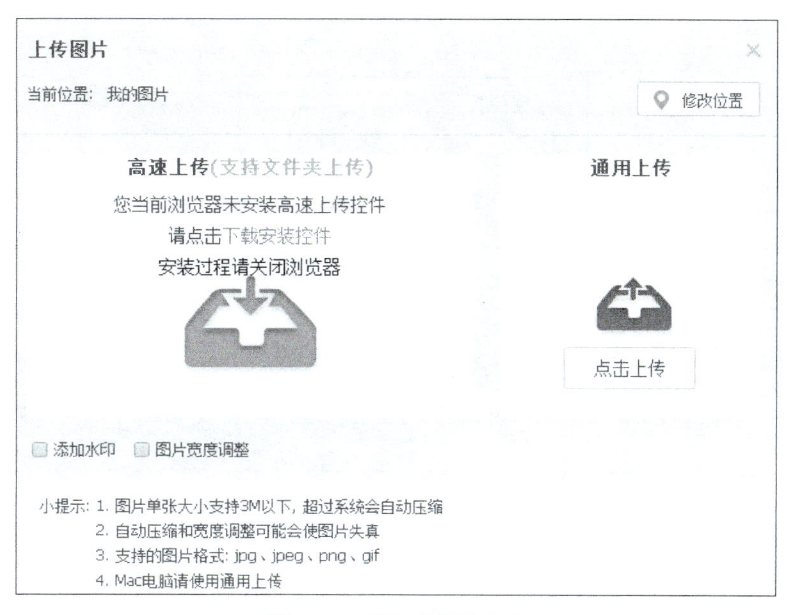

图 1-43　选择上传的方式

步骤 04：在打开的“打开”对话框中选择需要上传的图片，单击“打开”按钮，等待图片上传，如图 1-44 所示。

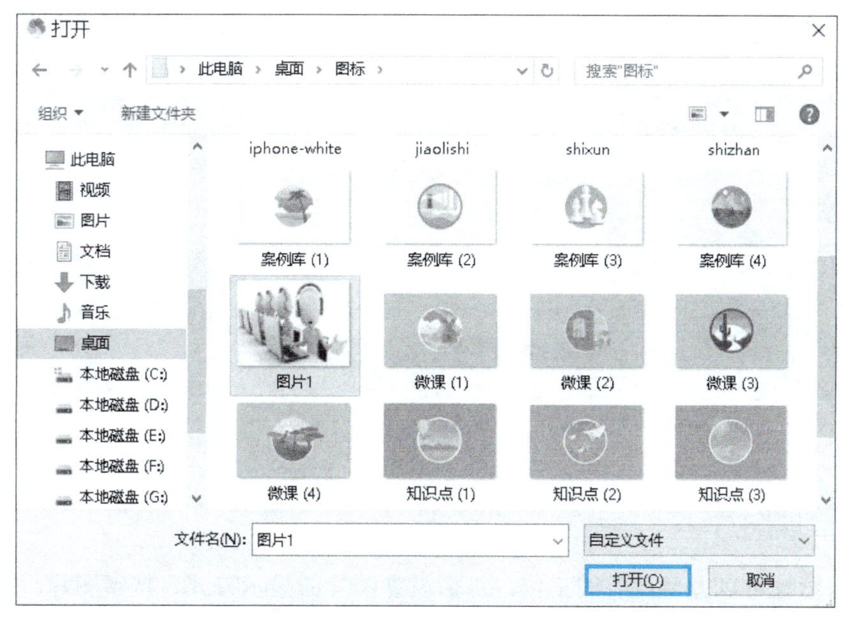

图 1-44　选择上传的图片

步骤 05：上传完成后，页面底部右侧会提示“全部上传完成”，且图片空间中显示了上传的图片，如图 1-45 所示。

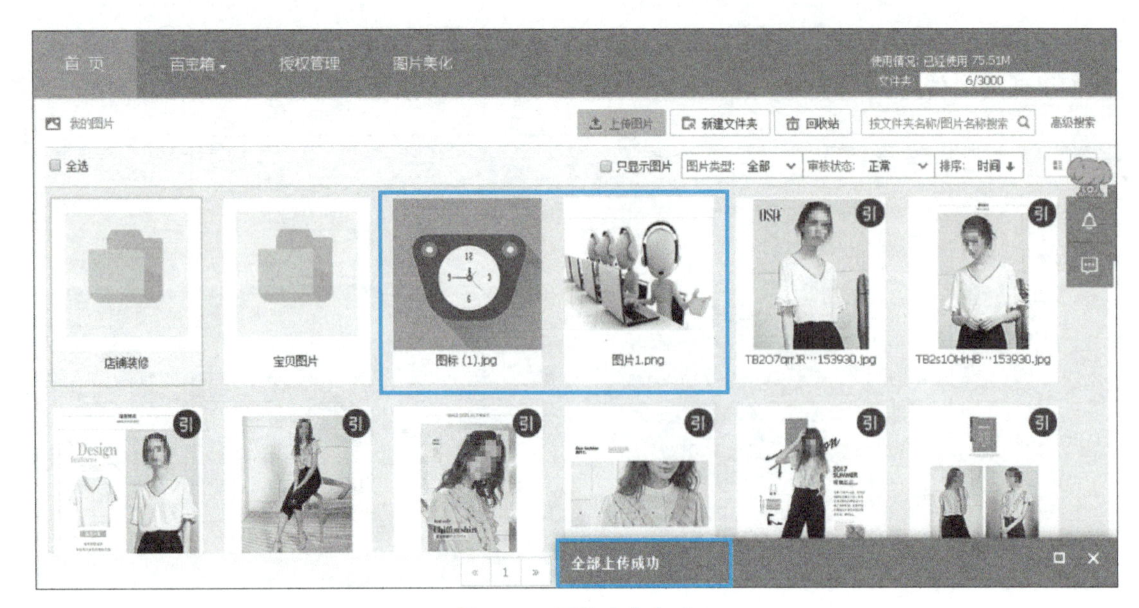

图 1-45　图片上传完成

步骤 06：查看图片。把鼠标指针移到需要查看的图片上双击，可在打开的页面中查看图片及图片的属性和尺寸等相关信息，如图 1-46 所示。

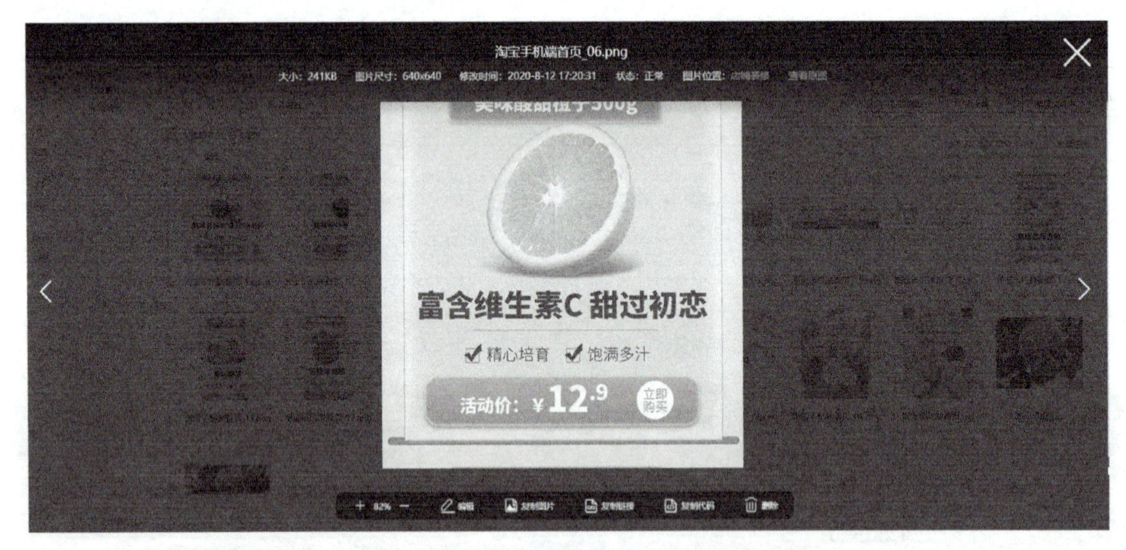

图 1-46　查看图片

二、管理图片

图片的管理可以方便日后的工作，包括设置图片的显示方式、搜索图片、新建或删除文件夹等。

1．图片的显示方式

对图片以不同的显示方式排列，便于查看。

步骤 01：选中图片空间页面上的“全部图片”复选框，在图片空间中则只显示图片而不显示文件夹，如图 1-47 所示。

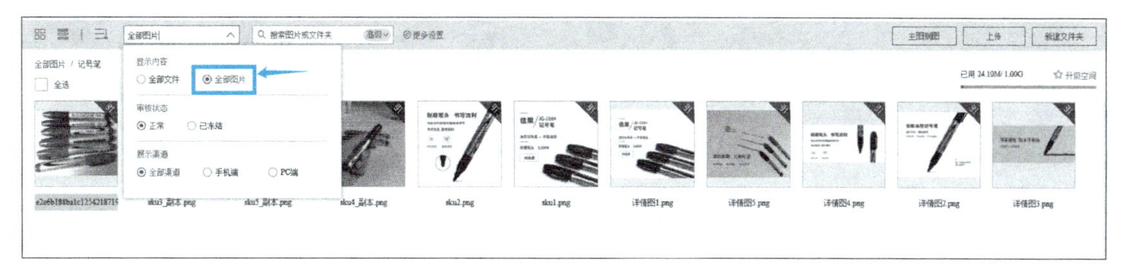

图 1-47　全部图片

步骤 02：在“排序”的下拉列表中可以选择图片排列的方式，如时间、大小和名称等，如图 1-48 所示。在每种排序方式后都标记了上下箭头，向下的箭头表示顺序排列，向上的箭头表示倒序排列。

图 1-48　选择图片排列的方式

步骤 03：单击“列表模式”按钮，如图 1-49 所示，图片以列表的方式显示。

我的图片　上传图片　新建文件夹　回收站　按文件夹名称/图片名称搜索　高级搜索

全选　只显示图片　图片类型：全部　审核状态：正常　排序：时间 ↓

名称	类型	尺寸	大小	是否引用	更新时间
图标 (1).jpg	jpg	200x200	18.47k	否	2017/06/09 09:55
图片1.png	png	456x334	105.96k	否	2017/06/09 09:54
TB2O7qrrJR···153930.jpg	jpg	790x1027	434.75k	是	2017/05/19 09:48
TB2s1OHrHB···153930.jpg	jpg	790x1298	540.23k	是	2017/05/19 09:47
TB2q.CDrS8···153930.jpg	jpg	790x838	256.46k	是	2017/05/19 09:47

图 1-49　图片以列表的方式显示

步骤 04：单击“大图模式”按钮，如图 1-50 所示，图片以缩略图的方式显示。

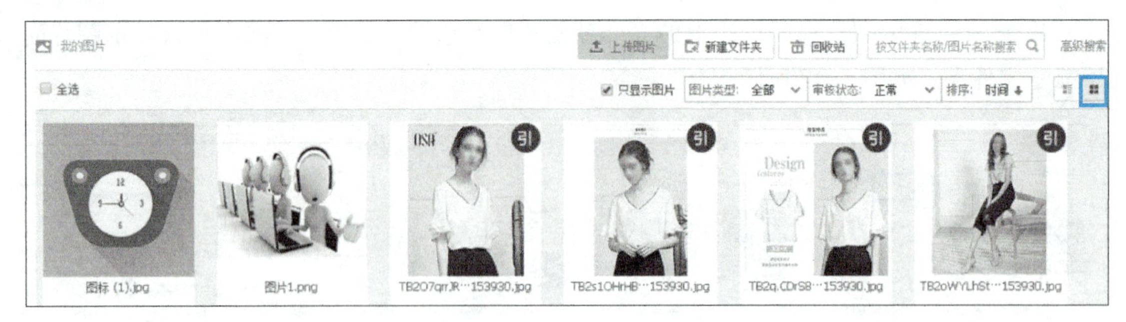

图 1-50　图片以缩略图的方式显示

2. 搜索图片

当图片空间的图片过多时，为了方便查找，可以使用搜索功能搜索图片。

步骤 01：在搜索框中输入“中性笔”，单击“搜索”按钮，搜索结果如图 1-51 所示。

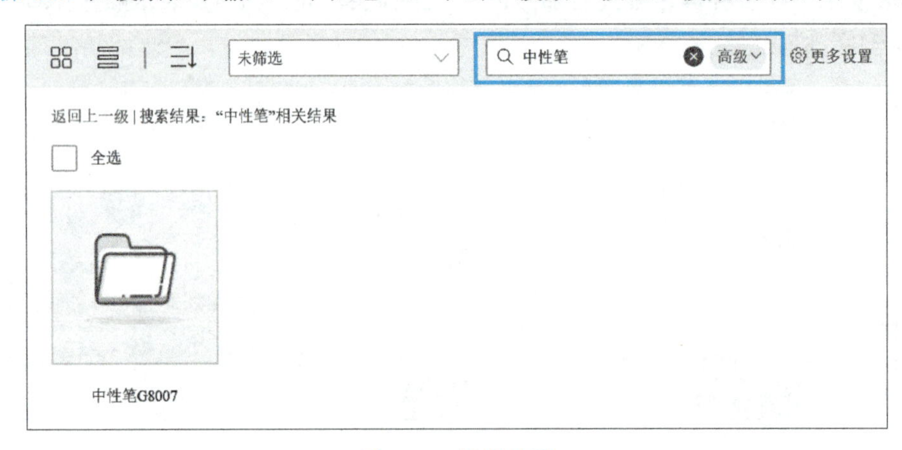

图 1-51　搜索结果

步骤 02：单击“高级搜索”按钮，在展开的对话框中设置搜索的类型、关键字和上传日期，如图 1-52 所示。

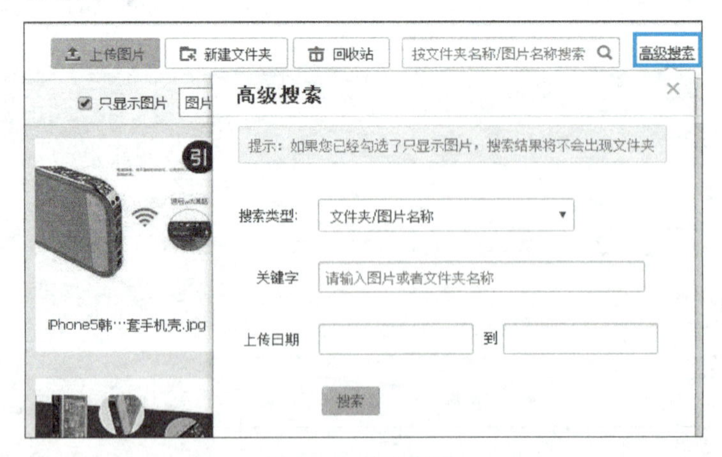

图 1-52　高级搜索

步骤 03：设置完条件后，单击“确定”按钮，搜索结果如图 1-53 所示。

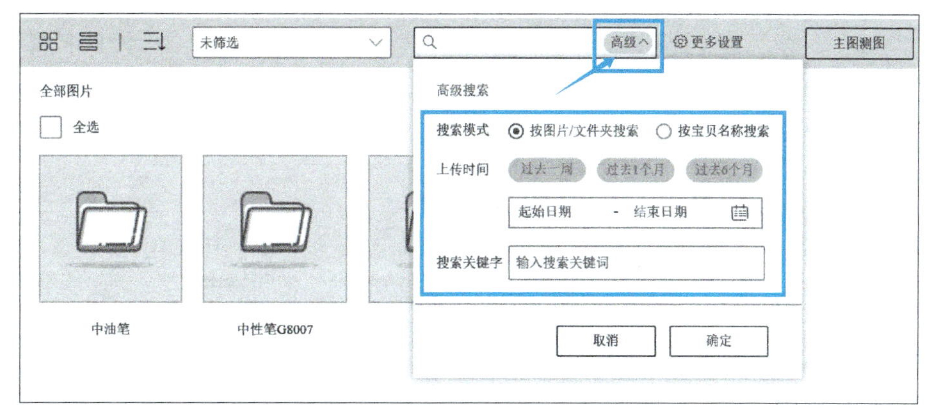

图 1-53　高级搜索的结果

3. 文件夹的新建和删除

新建文件夹可以方便整理不同的图片。

步骤 01：单击图片空间首页页面上的“新建文件夹”按钮，如图 1-54 所示。

图 1-54　“新建文件夹”按钮

步骤 02：在打开的“新建文件夹”对话框中输入文件夹名称，然后单击“确定”按钮，在图片空间左侧的图片目录下，以及右侧的显示界面都显示了新建的文件夹，如图 1-55 所示。

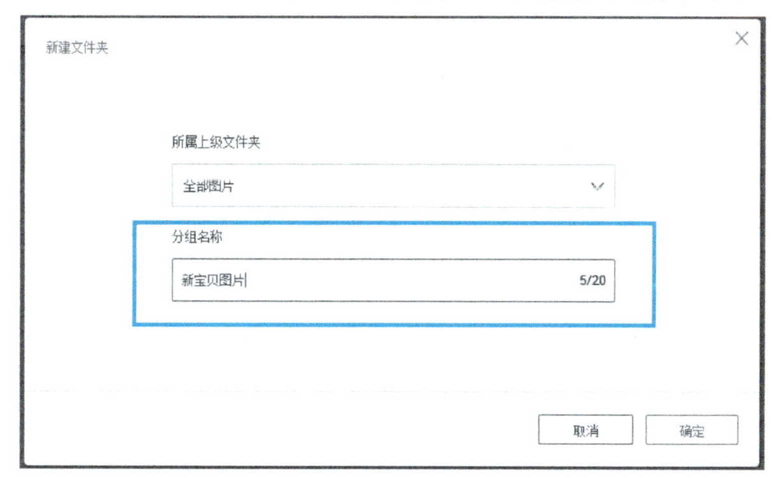

图 1-55　新建的文件夹

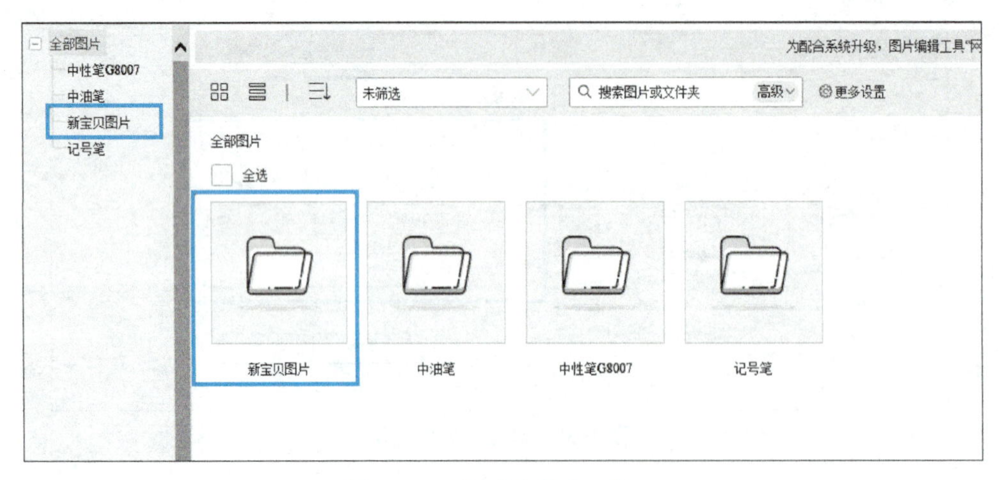

图 1-55　新建的文件夹（续）

步骤 03：在其他分类下选择一张图片右击，在弹出的快捷菜单中执行“移动”命令，如图 1-56 所示。

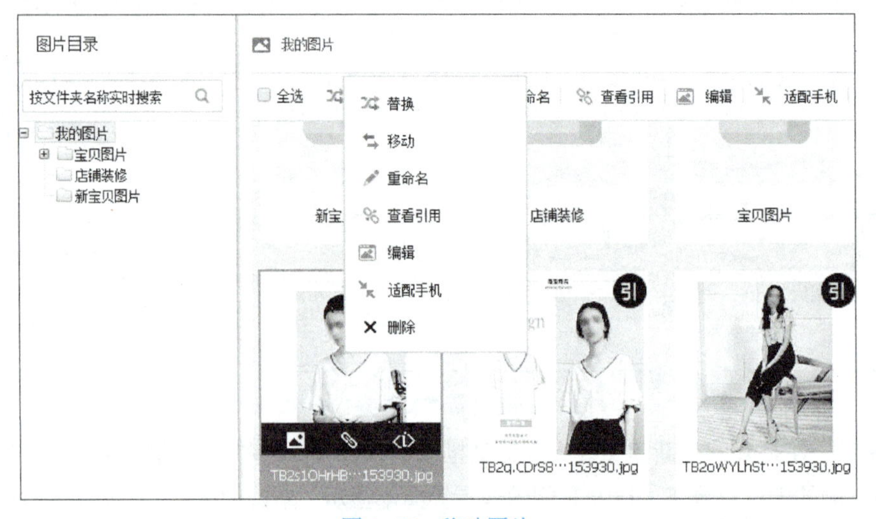

图 1-56　移动图片

步骤 04：在打开的“移动到”对话框中选择要移动到的目标文件夹，如图 1-57 所示，然后单击“确定”按钮，即可移动图片到目标文件夹。

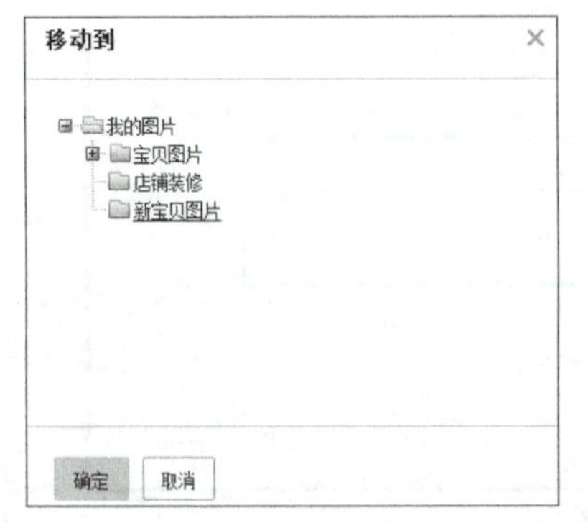

图 1-57　移动图片到目标文件夹

步骤 05：若不需要该文件夹，则在文件夹上右击，在弹出的快捷菜单中执行“删除”命令（删除文件夹有 3 种方式，如图 1-58 所示）。

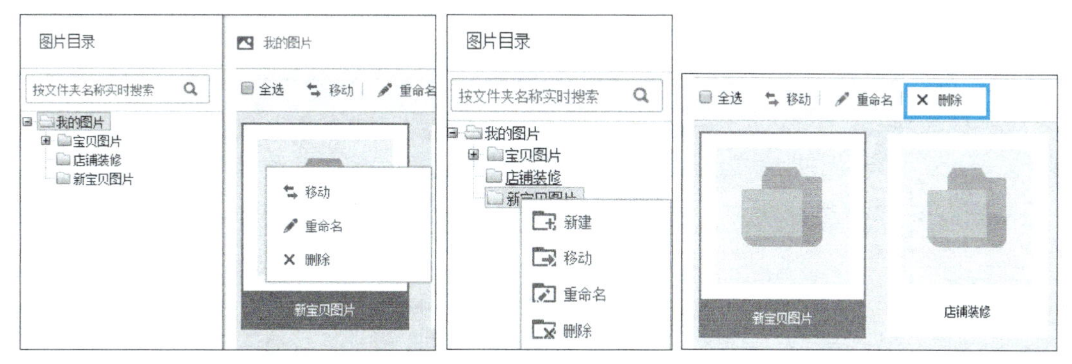

图 1-58　删除文件夹的 3 种方式

步骤 06：在弹出的“删除文件”对话框中，单击“确定”按钮，如图 1-59 所示，即可删除文件夹。删除的图片 7 天内可以在回收站内还原。

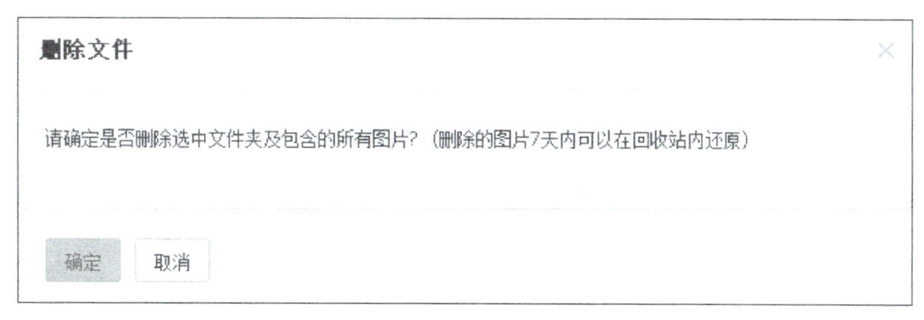

图 1-59　删除文件夹

步骤 07：单击图片空间页面上的“回收站”按钮，进入回收站，单击需要删除 / 还原的图片，在页面的左上角会出现“还原 / 永久删除”按钮，如图 1-60 所示，然后便可以对删除的图片进行再处理了。

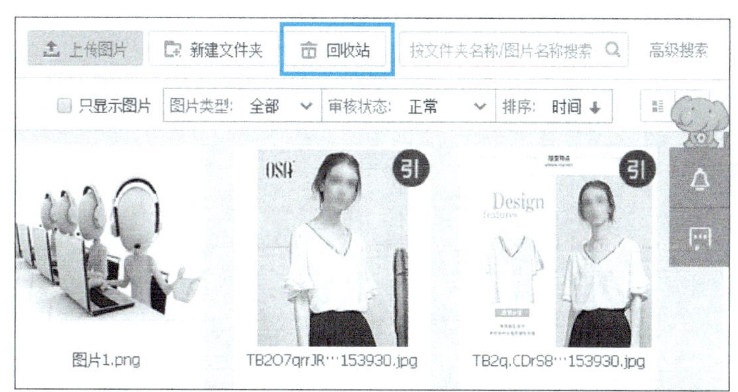

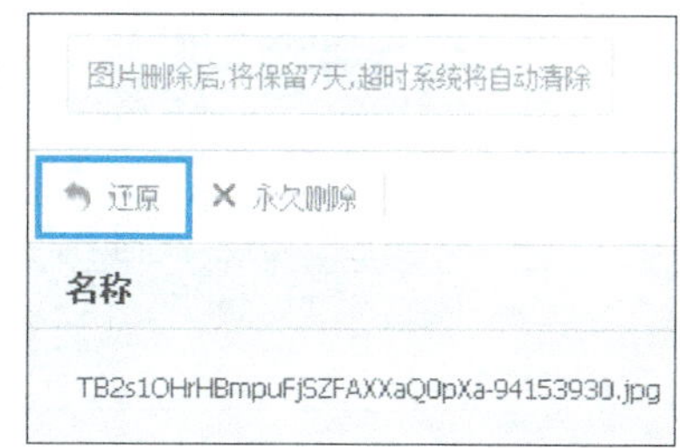

图 1-60　还原 / 永久删除

三、批量添加图片水印

在图片空间中的“图片水印”功能，能批量为宝贝添加店铺标志和水印。

步骤 01：单击图片空间导航栏上的“百宝箱 - 设置水印”，如图 1-61 所示。

步骤 02：在打开的“水印参数设置”网页中，可以添加文字水印，也可以添加图片水印，如图 1-62 所示。

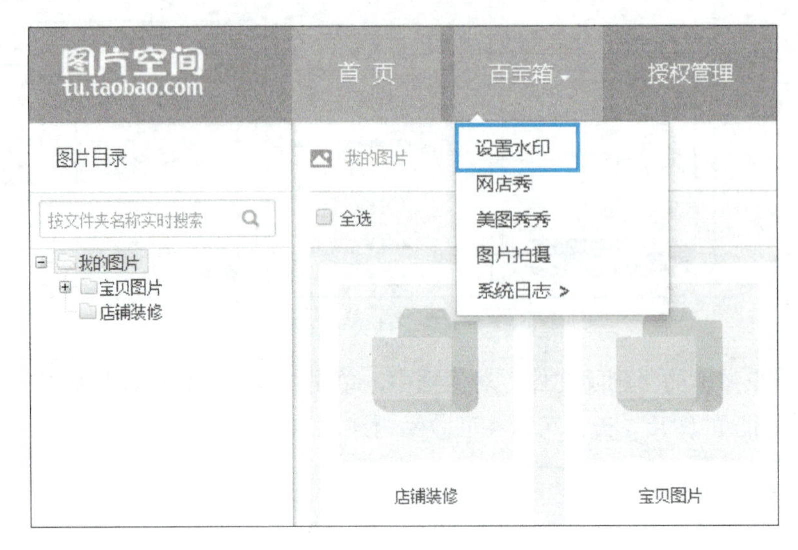

图 1-61　设置水印

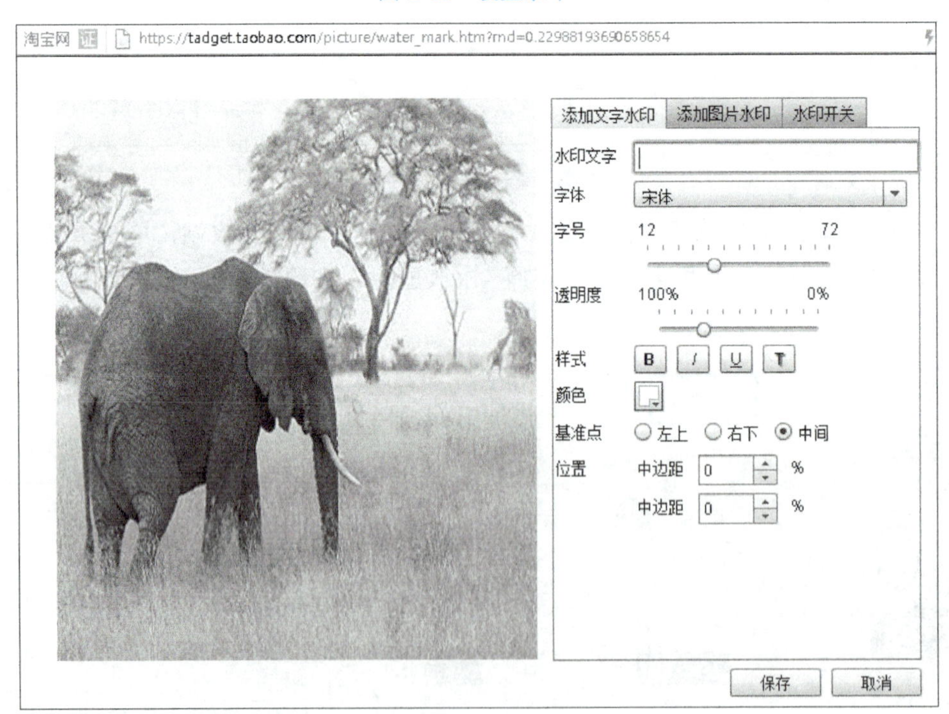

图 1-62　添加水印

步骤 03：添加文字水印。

在打开的页面右侧设置水印的文字内容、文字格式、位置等，设置的效果会显示在页面左侧，如图 1-63 所示，设置完后单击“保存”按钮即可。

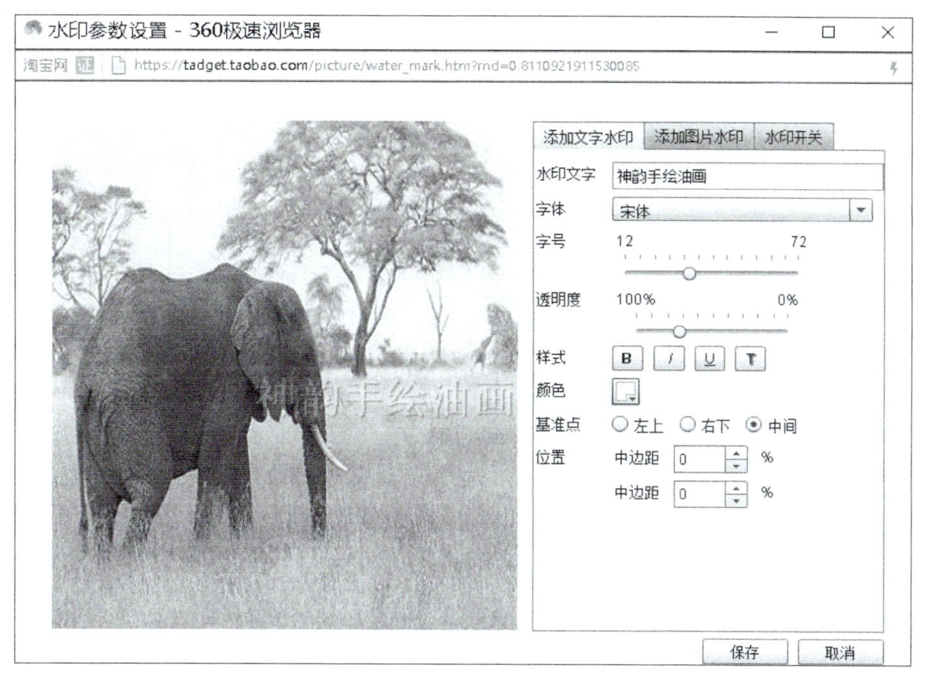

图 1-63　添加文字水印

步骤 04：添加图片水印。

在打开的页面中，选择“添加图片水印”选项卡，切换到添加图片水印页面，在页面右侧上传提前做好的水印或标志，并设置水印图片的透明度、位置等。设置的效果也会显示在页面左侧，如图 1-64 所示，设置完成后，单击“保存”按钮即可。

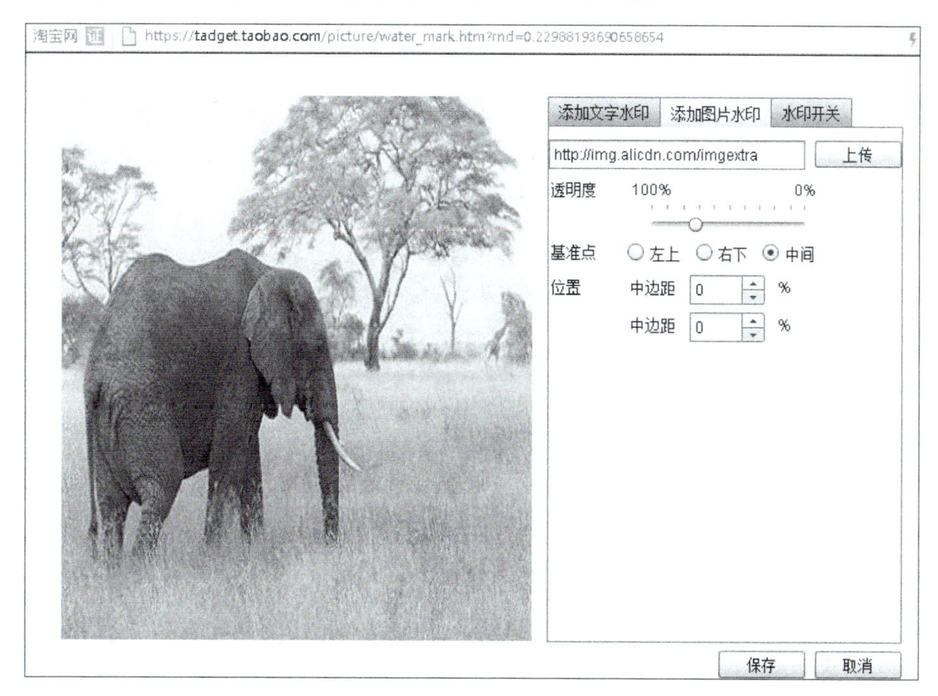

图 1-64　添加图片水印

步骤 05：在图片空间首页，单击“上传图片”按钮，在打开的“上传图片”对话框中，选中“添加水印”复选框，如图 1-65 所示，然后单击“点击上传”按钮并选择要上传的图片。

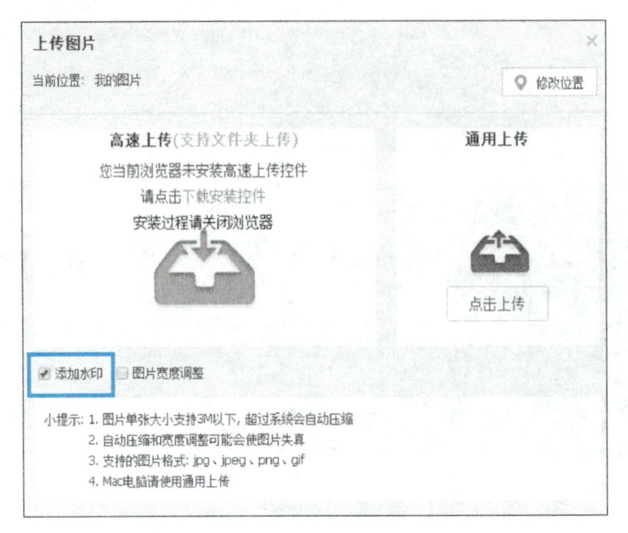

图 1-65　上传图片

步骤 06：上传完成后，在空间上显示的图片则是已经自动添加了水印的，效果如图 1-66 所示。

图 1-66　添加水印的图片

分任务 3　掌握装修 PC 端首页的要点

首页装修体现了一个店铺的品质和特色。店铺首页的装修空间很大，包括页头、页尾、背景及中间模块的装修等。

一、装修页面背景

默认的淘宝店铺是没有背景的，用户可以在装修中对店铺的背景进行设置。

1. 背景的分类

首页的背景分为纵向平铺背景、全平铺背景和全屏固定背景 3 种。

（1）纵向平铺背景。纵向平铺背景即整个店铺的页面背景是由一小块背景竖向平铺而成的。纵向平铺背景常用于设置花边和阴影，如图 1-67 所示。

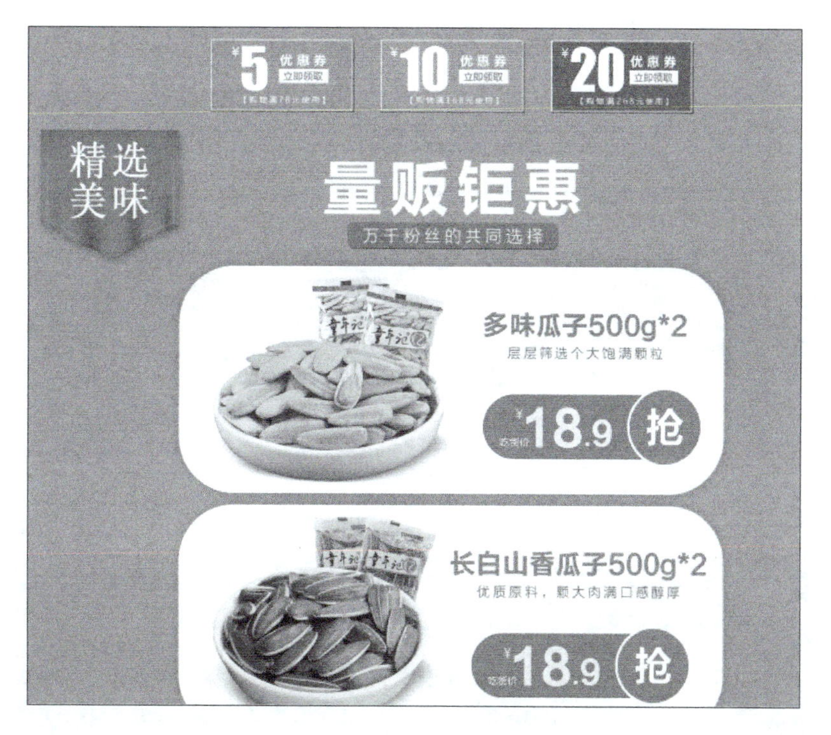

图 1-67　纵向平铺背景

（2）全平铺背景。全平铺背景即通过对一张图片进行横向和纵向平铺而生成衔接自然的背景图。全平铺背景常用于花纹、砖墙和布料等各种纹理效果，如图 1-68 所示。

（3）全屏固定背景。全屏固定背景通常是一张照片或在背景中添加几列文字，如店铺优惠信息和二维码等，全屏展示在网页中，这页面下拉时背景不会移动，这种背景的实现需要借助代码。全屏固定背景的制作技巧在于不能使用过大的背景图，以免影响网页加载与运行的速度，如图 1-69 所示。

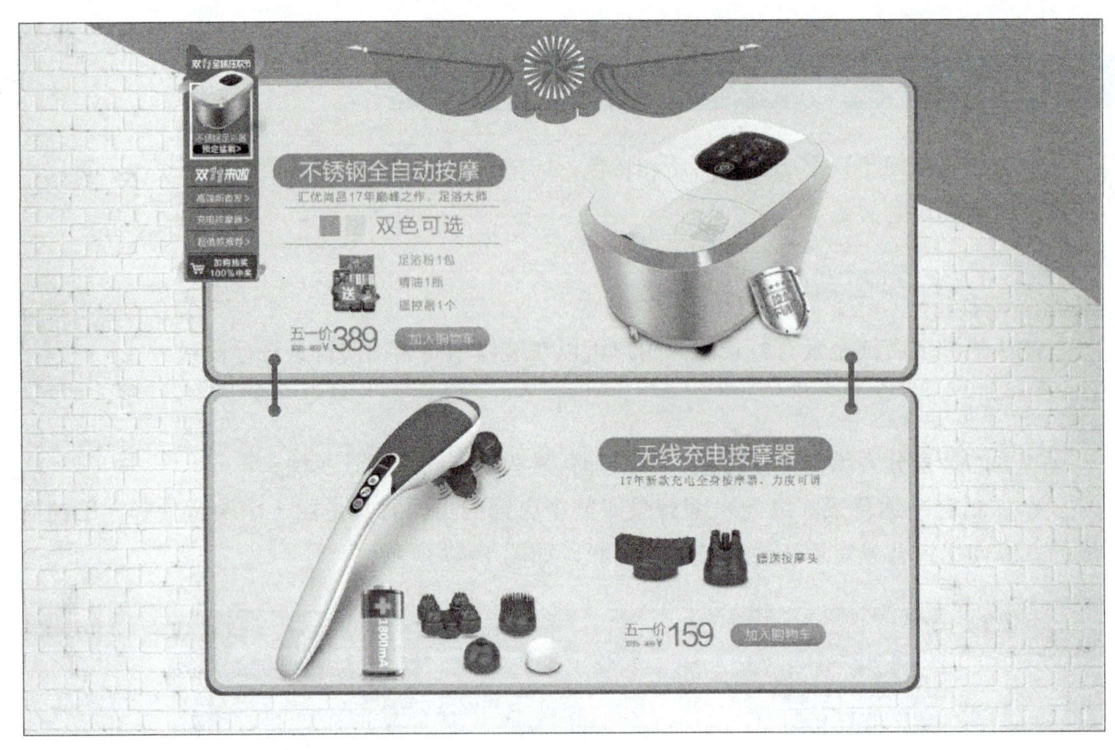

图 1-68　全平铺背景

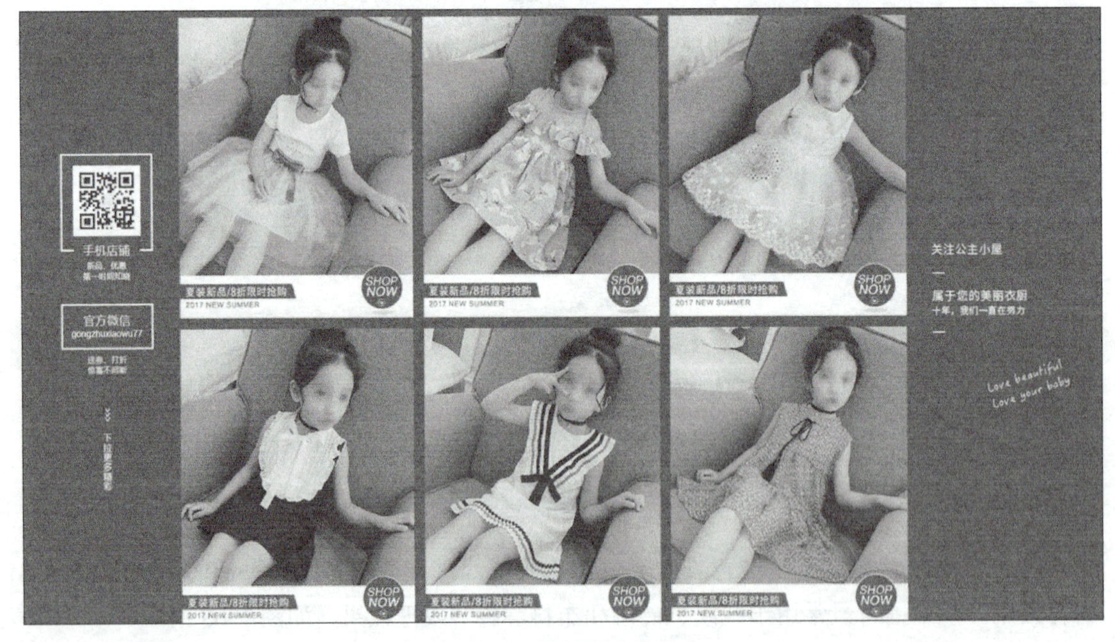

图 1-69　全屏固定背景

2. 平铺式背景的装修

在不确定网页高度的情况下，使用背景平铺是最常见的一种方法。下面介绍背景平铺的装修。

图 1-70　背景图

步骤 01：在网上下载或使用 PS 制作好的背景图，如图 1-70 所示。

步骤 02：登录淘宝，单击“卖家中心 - 店铺管理 - 店铺装修”，进入“淘宝旺铺”首页，单击页面左侧的“页面”，打开页面背景色和背景图的设置页面，如图 1-71 所示。

步骤 03：单击“更换图片”按钮，选择准备好的背景图，设置背景显示为“平铺”、背景对齐“居中”，如图 1-72 所示。

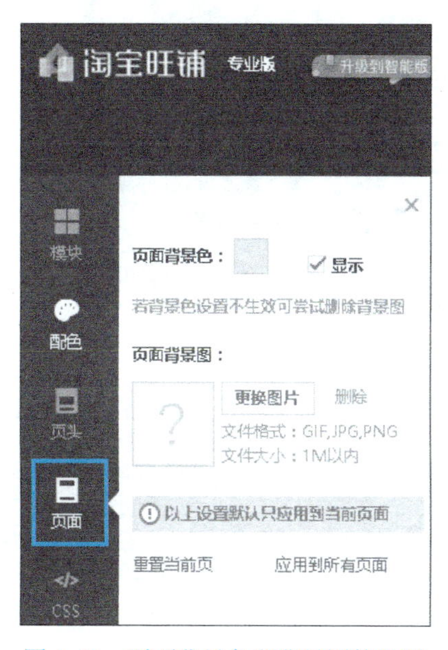

图 1-71　页面背景色和背景图的设置

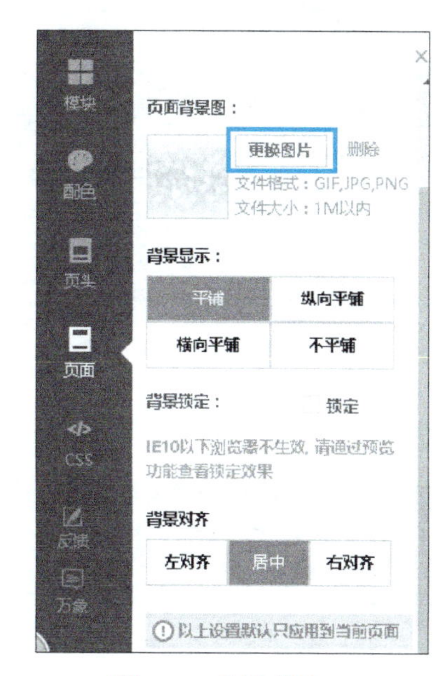

图 1-72　更换图片

步骤 04：背景设置完成后，可以直接在页面右侧单击“预览”按钮查看效果，如图 1-73 所示。

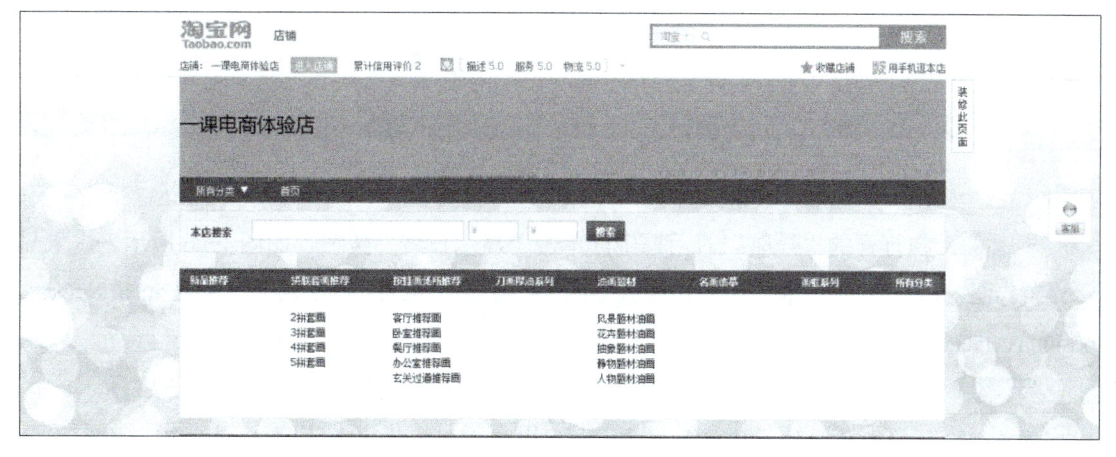

图 1-73　预览效果

3. 全屏固定背景的装修

全屏固定背景是指背景为全屏图，当滚动页面时，背景为固定状态，不会跟随滚动而改变。

步骤 01：选择一张已经准备好的全屏背景图，将其上传到图片空间，如图 1-74 所示。

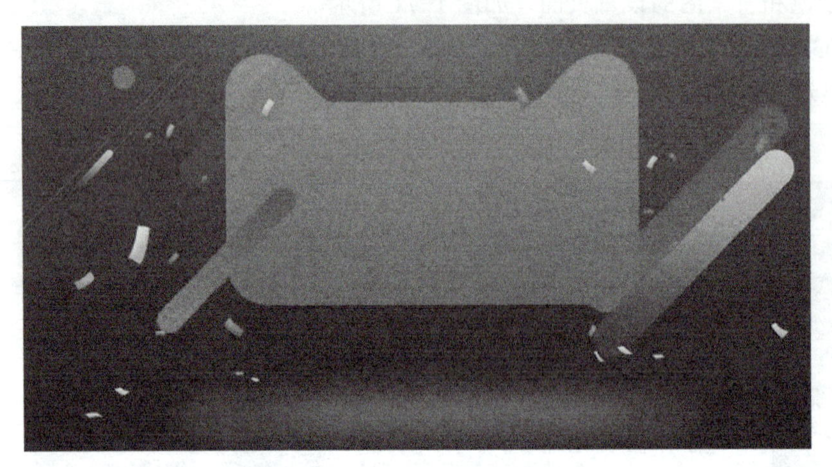

图 1-74　上传图片到图片空间

步骤 02：在“淘宝旺铺”首页，单击导航栏上的“编辑”按钮，如图 1-75 所示。

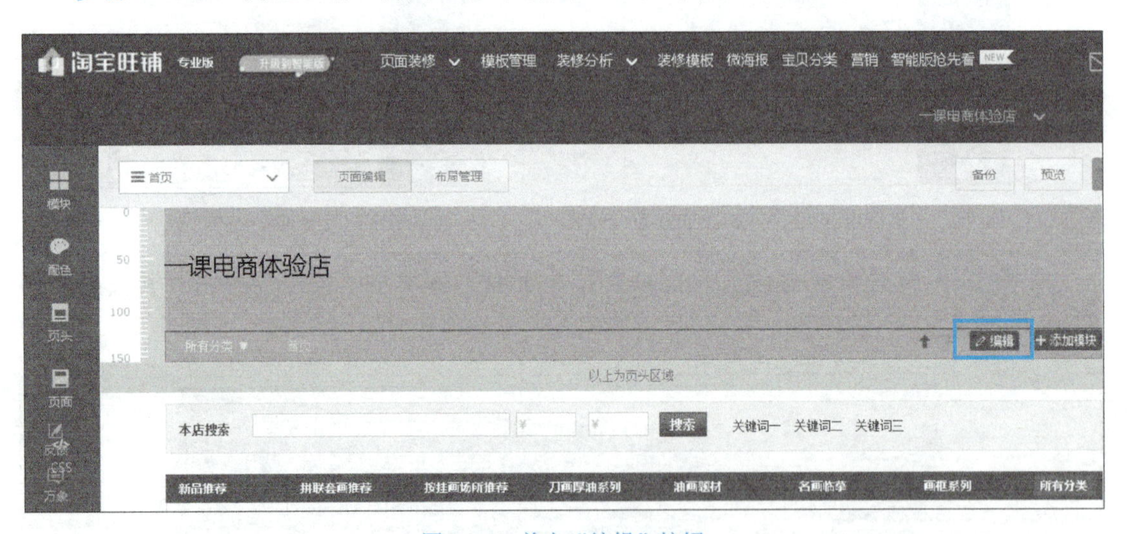

图 1-75　单击“编辑”按钮

步骤 03：在打开的“导航”对话框中，单击“显示设置”按钮，如图 1-76 所示。进入显示设置界面，在下方输入代码“body{background-image:url();background-repeat:no-repeat;background-position:center;background-attachment:fixed;}”。

步骤 04：打开图片空间，选择背景图片，单击“复制链接”按钮，如图 1-77 所示。

步骤 05：在 url（）括号中按住 <Ctrl+V> 组合键粘贴背景图片的地址，然后单击“确定”按钮。在“淘宝旺铺”首页单击“预览”按钮查看装修效果，如图 1-78 所示。

图 1-76　显示设置

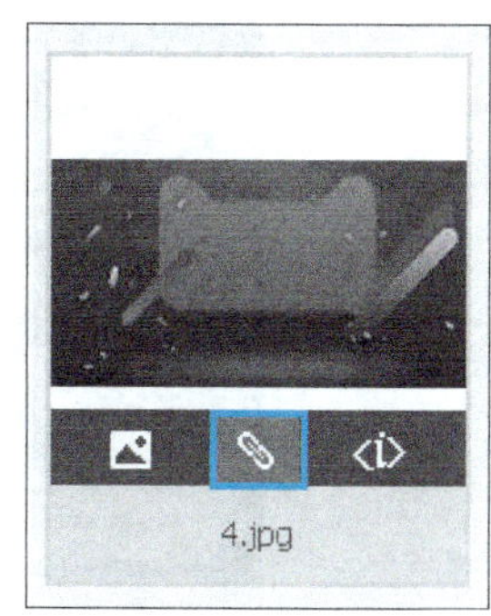

图 1-77　选择背景图片

图 1-78　预览装修效果

二、设置导航

导航是方便买家选择宝贝分类的入口，下面介绍添加导航菜单的方法。

在未设置前，默认的导航只显示“所有分类”和“首页”两个菜单。除此之外，还可以添加其他分类、页面或链接。

步骤 01：在“淘宝旺铺”首页，单击导航栏上的“编辑”按钮，如图 1-75 所示。

步骤 02：在打开的“导航”对话框中单击“添加”按钮，如图 1-79 所示。

图 1-79　单击“添加”按钮

步骤 03：在打开的“添加导航内容”对话框中，选择要添加的宝贝分类、页面和自定义链接，如图 1-80 所示。

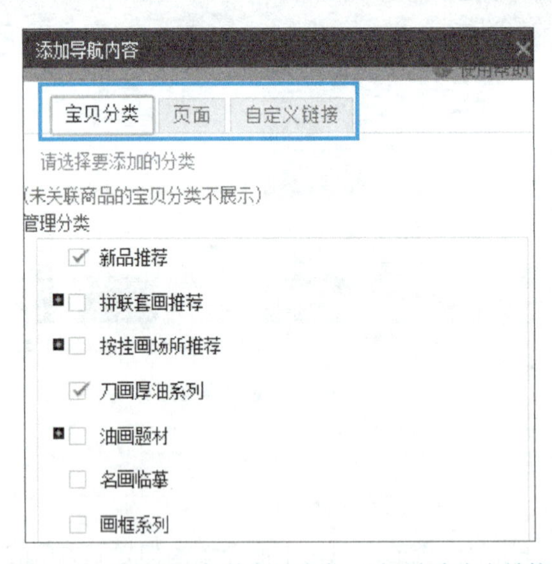

图 1-80　选择要添加的宝贝分类、页面和自定义链接

步骤 04：添加显示的菜单后，可以通过单击上下箭头调整顺序，如图 1-81 所示。

步骤 05：调整好顺序后，单击“确定”按钮，“淘宝旺铺”首页的导航栏上就显示了添加的菜单，如图 1-82 所示。

图 1-81　单击上下箭头调整顺序

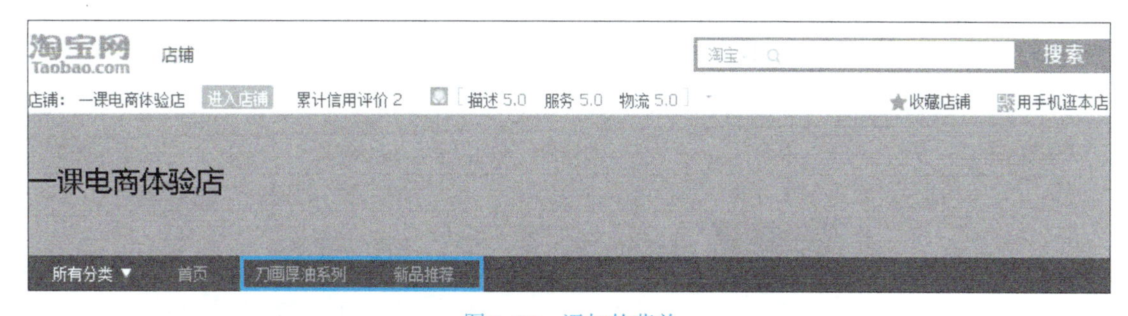

图 1-82　添加的菜单

三、装修店招

默认的店招模块是 950 像素 ×120 像素大小，下面通过实例介绍如何将制作好的店招装修到店铺中。

步骤 01：在“淘宝旺铺”首页，单击店招模块上的“编辑”按钮，如图 1-83 所示。

步骤 02：在打开“店铺招牌”的对话框中取消选中“是否显示店铺名称”复选框，单击“选择文件”按钮，如图 1-84 所示。

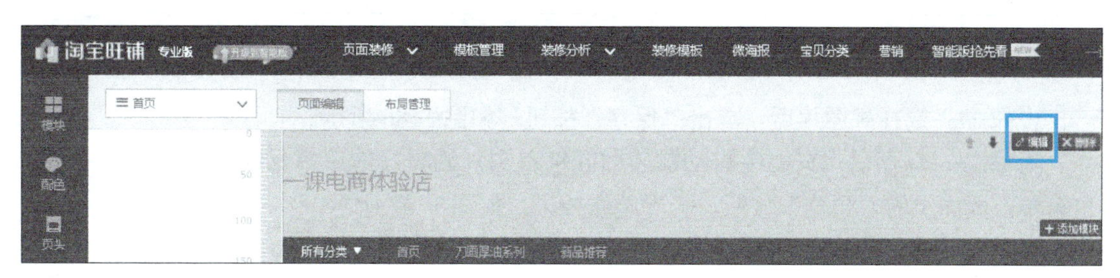

图 1-83　编辑店招

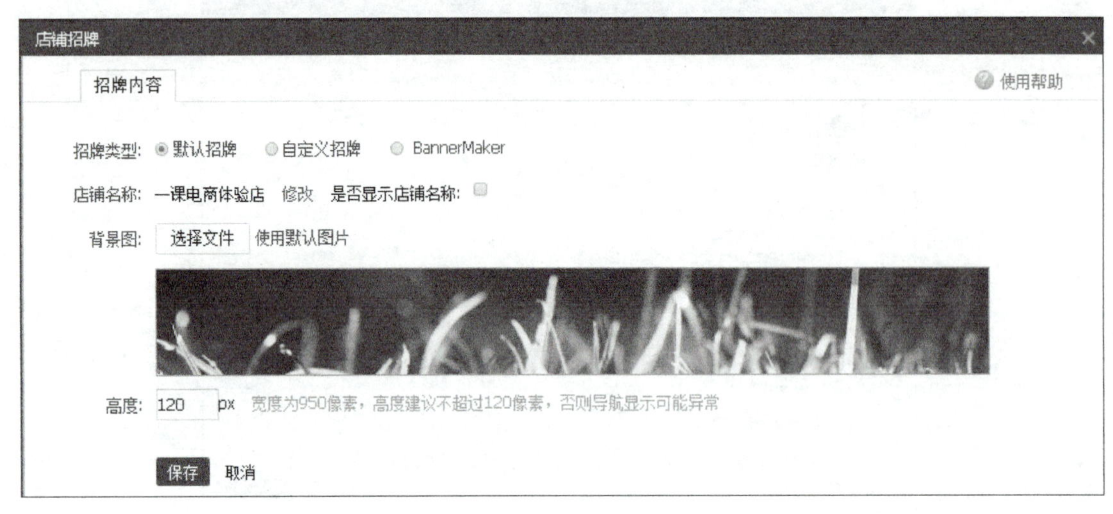

图 1-84 单击“选择文件”按钮

步骤 03：在展开的对话框中选择店招图片的位置，然后选择图片，如图 1-85 所示。

图 1-85 选择图片

步骤 04：选择好图片后，单击“保存”按钮，如图 1-86 所示。

步骤 05：保存后，页面会自动跳转回旺铺首页，编辑好的店招已经显示在页面上了，也可单击页面上的“预览”按钮，查看装修效果，如图 1-87 所示。

提示：为了页面整体色彩搭配更和谐，特地更换了配色方案，由之前的紫蓝色换成了图 1-87 所示的鹅黄色。

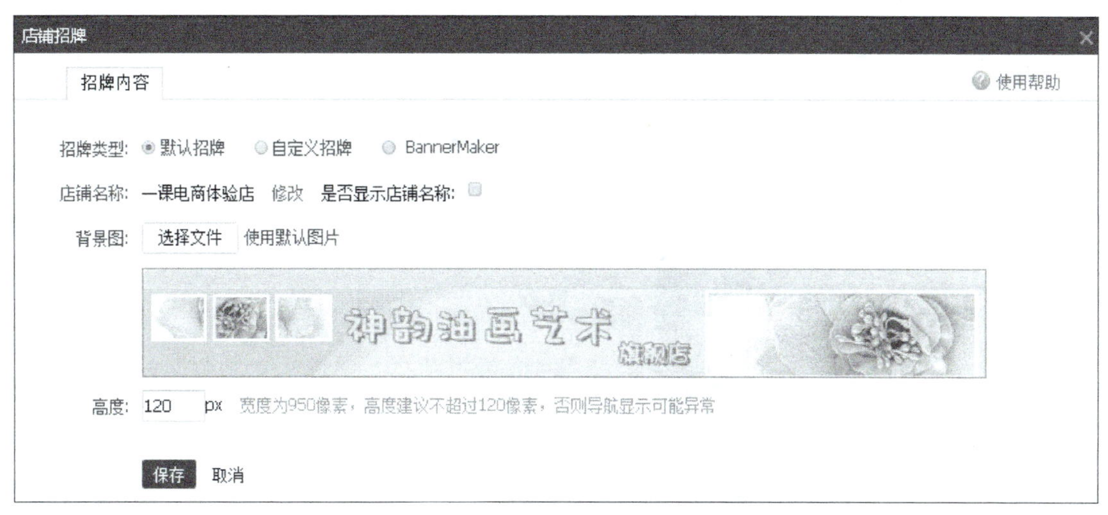

图 1-86　保存图片

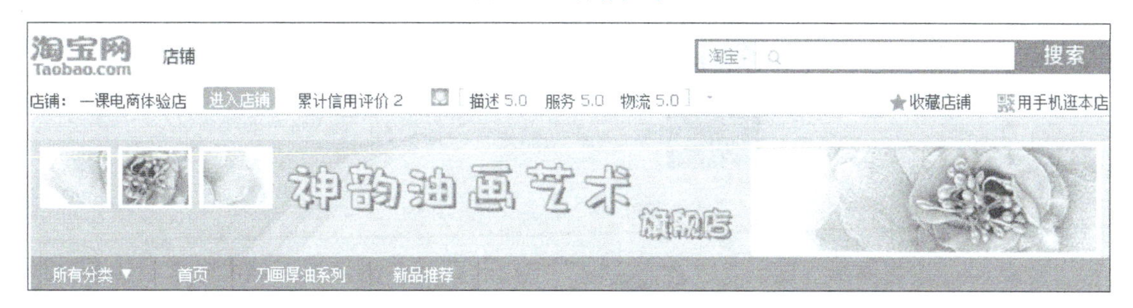

图 1-87　装修效果

四、设置全屏海报

在店铺模块中可以添加图片作为海报，但是该海报仅限于宽度为 950 像素，下面介绍全屏海报的制作方法。

步骤 01：提前制作或准备好宽度为 1920 像素的海报图，如图 1-88 所示。

图 1-88　1920 像素的海报图

步骤 02：在旺铺装修界面，新增一个“自定义内容区”，单击页面左侧的“基础模块 - 自定义区”，如图 1-89 所示。

图 1-89　自定义区

步骤 03：按住鼠标左键，将“自定义区”拖动至页面右侧，然后单击自定义内容区的上下箭头调整顺序，使自定义内容区移动到导航栏下方，如图 1-90 所示。

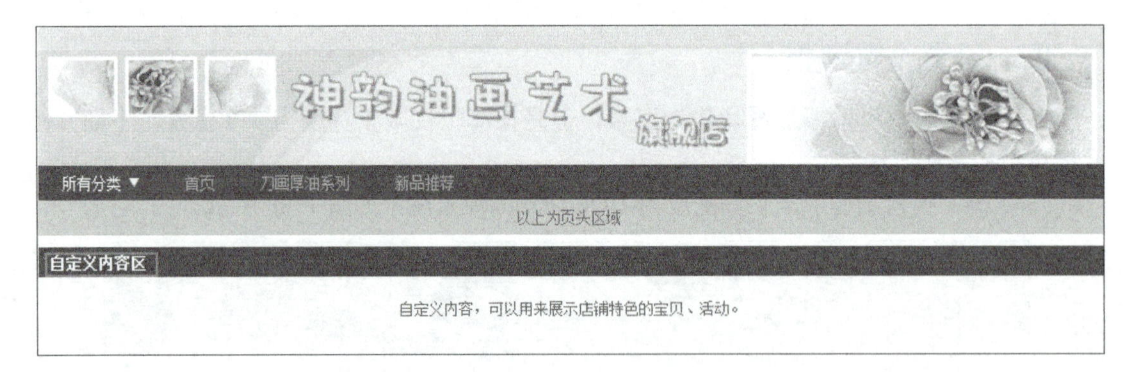

图 1-90　自定义内容区

步骤 04：单击自定义内容区模块上的“编辑”按钮，如图 1-91 所示。

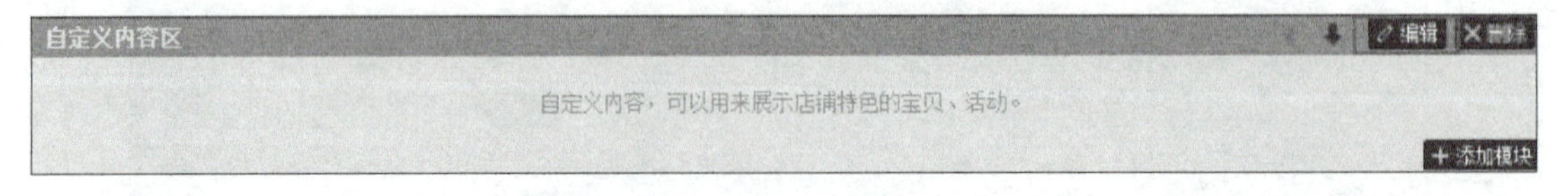

图 1-91　单击“编辑”按钮

步骤 05：打开“自定义内容区”对话框，单击对话框左上角的“源码”按钮，进入源码编辑模式，如图 1-92 所示。

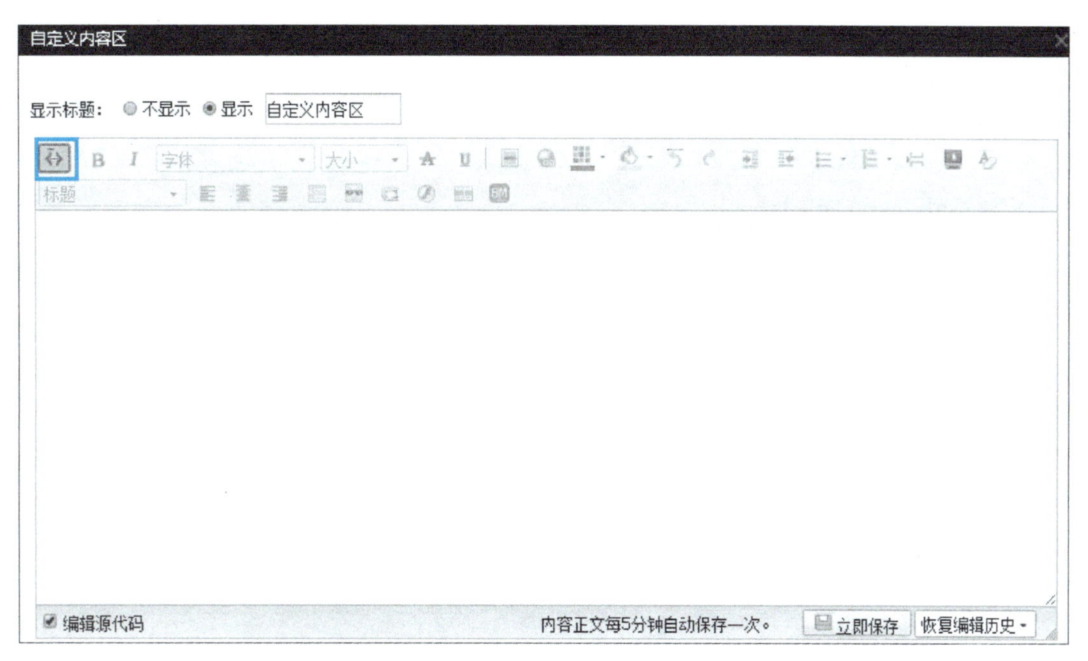

图 1-92　进入源码编辑模式

步骤 06：将全屏海报的代码粘贴到自定义内容区的源码编辑框，如图 1-93 所示。

提示：全屏海报代码的生成方法是，将全屏海报上传到图片空间，然后把图片地址复制到代码在线网站上去并设置海报的参数就可以自动生成该海报的代码。

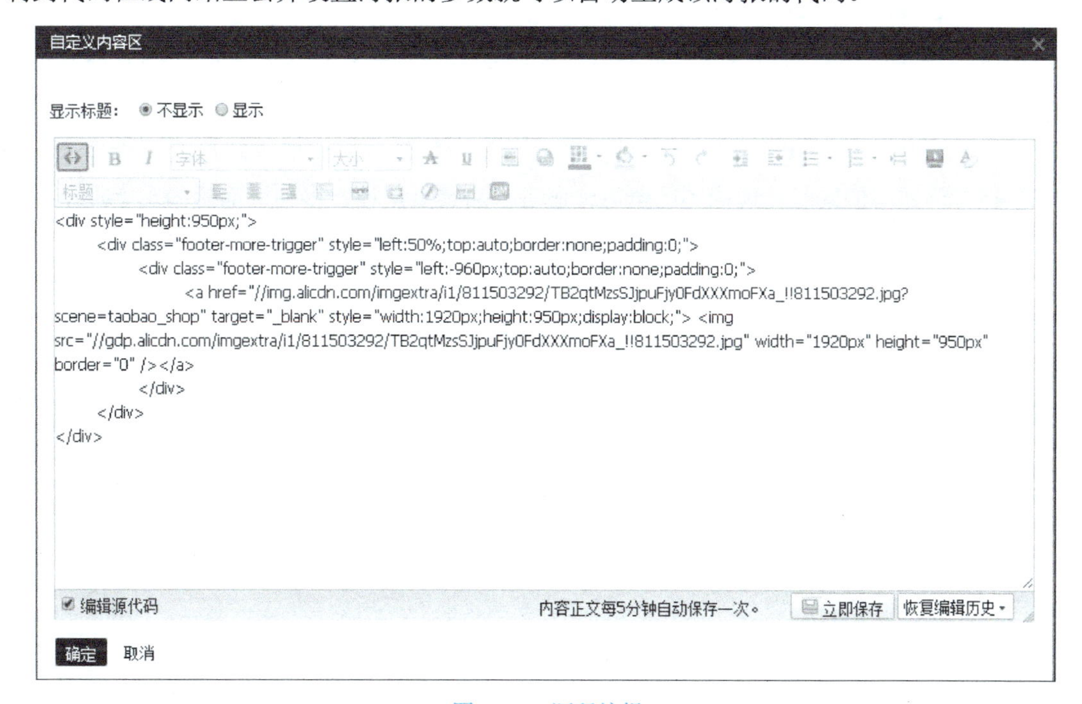

图 1-93　源码编辑

步骤 07：代码编辑确定无误后单击“确定”按钮，然后单击“预览”或“发布”按钮即可查看装修效果，如图 1-94 所示。

图 1-94 代码编辑后的效果

五、设置店铺页尾

很多卖家在装修时忽略了页尾的部分，店铺的页尾是店铺的最后一屏，这个部分没有预置的模块，但是可以添加自定义内容区，因此其灵活性还是很大的。

页尾的作用不可小觑，在页尾中包含了很强大的信息量，包括店铺声明和公告之类的信息，在方便顾客的同时体现店铺的全方位服务。店铺页尾设计多使用简短的文字加上代表性的图标来传达相关信息。如图 1-95 ～图 1-97 所示为一些比较有代表性的页尾设计。

图 1-95 页尾设计 1

图 1-96　页尾设计 2

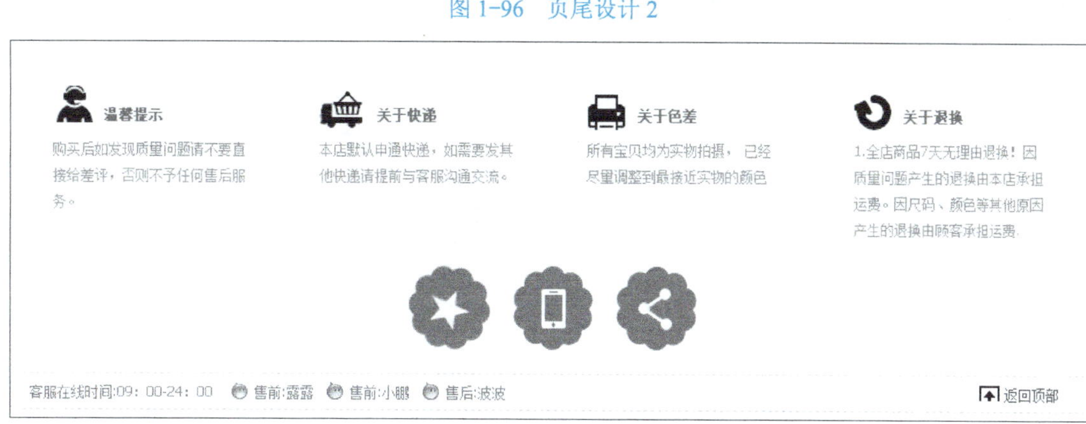

图 1-97　页尾设计 3

一般页尾包含以下几点：

1. 店铺底部导航

店铺底部的导航可以便于顾客跳转到其他页面。

2. 返回顶部按钮

在页面过长的情况下，加上返回顶部链接可以方便顾客快速跳转到顶部。

3. 收藏、分享店铺

在页尾添加收藏、分享的链接能方便买家收藏店铺，留住客户。

4. 旺旺客服

便于顾客联系客服，更多地解决顾客问题。

5. 温馨提示

例如，发货须知、买家必读、购物流程和默认快递等信息可以帮助顾客快速解决购物流程中的问题，减少顾客对于常见问题的咨询量。

分任务 4　掌握装修详情页的技巧

一般情况下，顾客通过淘宝单击宝贝后进入的就是宝贝的详情页，详情页是决定顾客是否购买的关键因素。对于大多数淘宝卖家来说，宝贝详情页是其命脉所在，有好的详情，才会有好的成交量与转化率。因此，宝贝详情页的装修十分重要。

一、掌握详情页的装修区域

宝贝详情页是打开宝贝后对宝贝进行展示与介绍的页面，如图 1-98 ～图 1-103 所示为宝贝详情页页面。

图 1-98　宝贝详情页 1

图 1-99　宝贝详情页 2

尺码信息 / SIZE

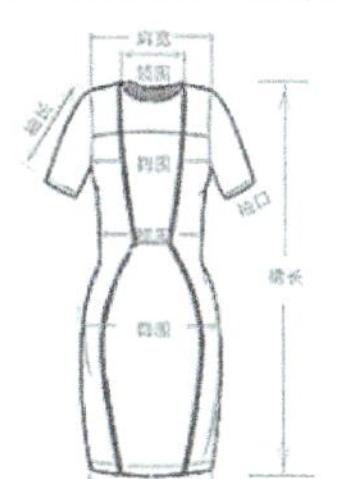

尺码	胸围	衣长	袖长	腰围	侧裤长
XS	92	35.8	23.9	53	43.4
S	96	36.4	24.5	56	44
M	100	37	25.1	59	44.6
L	104	37.6	25.7	62	45.2

此数据为衣服平铺下手工测量，存在3-4cm误差

品名：连体裤　　货号：RY17B454

颜色：粉色　　面料：100%聚酯纤维

里料：94.8%聚酯纤维 5.2%氨纶

修身指数：	宽松	**合身**	修身	贴身
柔软指数：	软	偏软	**适中**	硬
弹力指数：	**无弹**	紧实	微弹	弹力
厚度指数：	厚	较厚	**适中**	薄

图 1-100　宝贝详情页 3

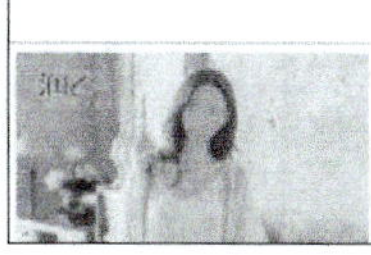

面料解析 / FABRIC

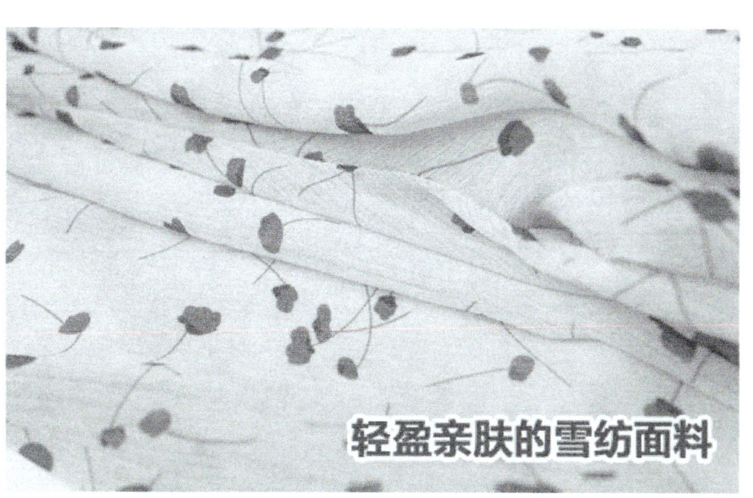

洗涤说明

（建议使用冷水或者温水洗涤，浸泡时间不宜过长，不宜与深色衣物混洗，避免阳光直射哦！）

30℃以下缓和洗

不可漂白

不能翻转干燥

熨烫温度低于110℃

可干洗

图 1-101　宝贝详情页 4

图 1-102　宝贝详情页 5

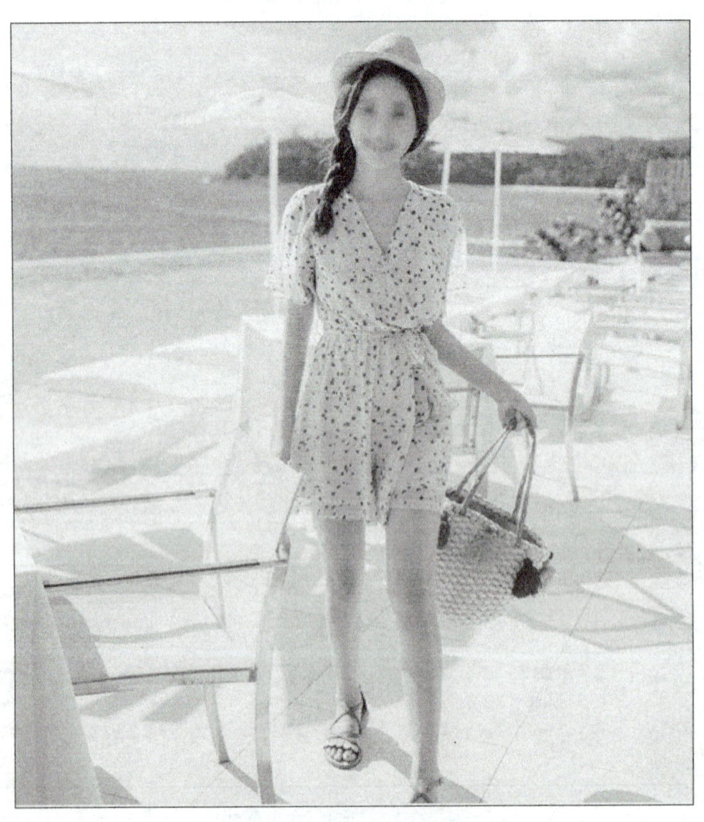

图 1-103　宝贝详情页 6

一个宝贝详情页通常包括以下几点。

1. 左侧模块

左侧模块通常会用来添加联系客户、宝贝分类、宝贝排行榜等信息。在左侧模块中可以添加“自定义内容区”模块来丰富详情页，并能合理地利用店铺的每个角落。在打开的每个宝贝的详情页左侧模块都是相同的。

2. 右侧模块

宝贝详情页的右侧模块为主要展示区，用来展示宝贝，宽度为 750 像素，高度自定。右侧固有的“宝贝描述信息”和“宝贝相关信息”模块，它们都不可以删除也不可以编辑，可以在右侧模块中添加“自定义内容区”模块。打开不同的宝贝，其详情页的右侧模块区域均不同。

（1）宝贝描述信息。宝贝描述信息的内容是在发布每款宝贝时填写的内容，如图 1-104 所示。

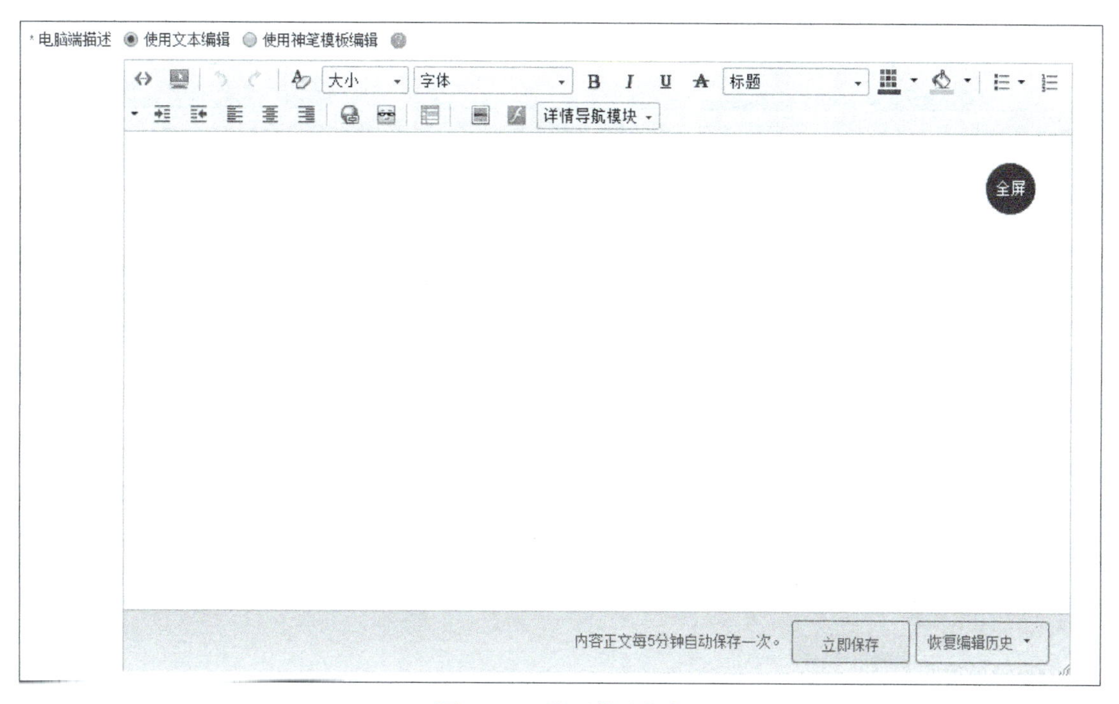

图 1-104　宝贝描述信息

手机店铺的宝贝描述需要另外发布，如图 1-105 所示。

当然，对出售中的宝贝也可以修改宝贝描述信息。在“出售中的宝贝”中单击宝贝后的“编辑宝贝”按钮，即可跳转到修改页面，如图 1-106 所示。

（2）宝贝相关信息。宝贝相关信息用来显示宝贝的成交记录，该模块不可以删除且不可以更改。

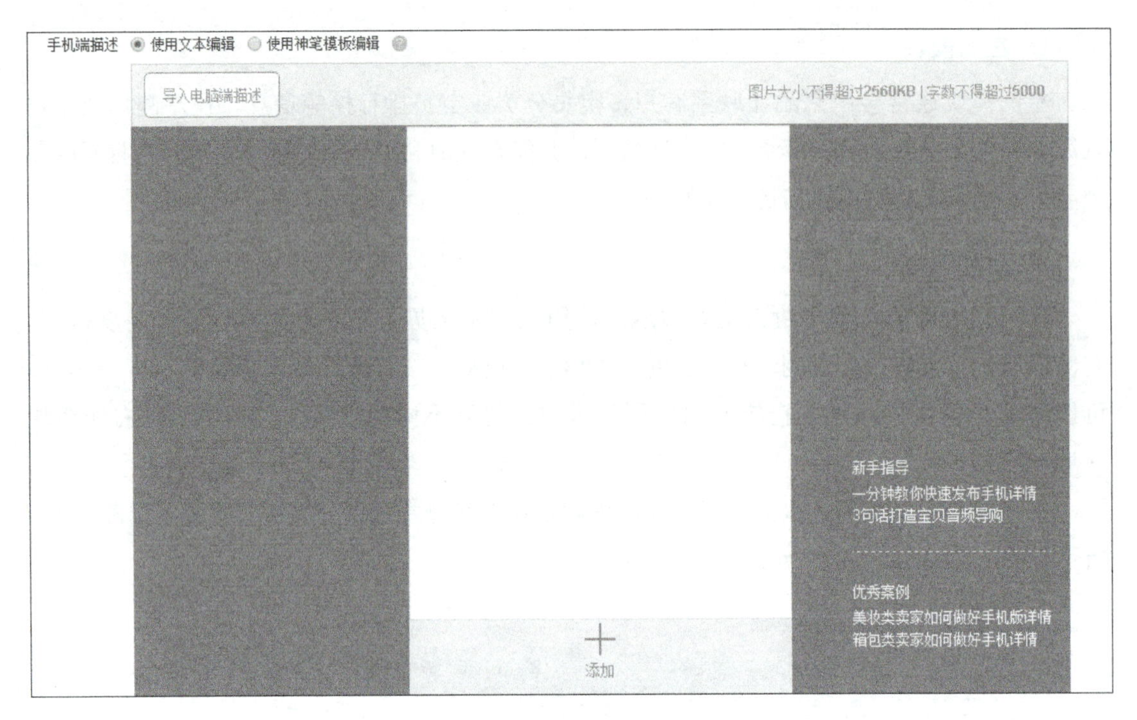

图 1-105　手机店铺的宝贝描述

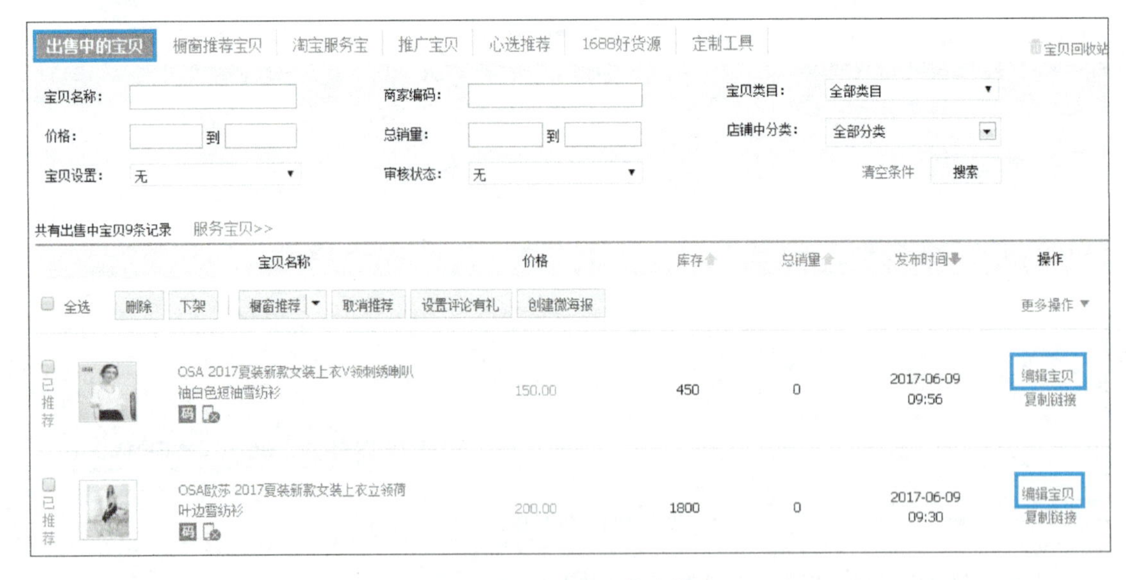

图 1-106　修改宝贝描述信息

二、掌握“为你推荐”模块

“为你推荐”模块可以根据顾客的浏览、搜索、下单和喜好，为顾客推荐他们可能会喜欢、

有可能会购买的商品。

步骤 01：进入“淘宝旺铺”首页，把装修页面从首页切换到宝贝详情页，如图 1-107 所示。然后单击页面左侧“基础模板”→“旺铺关联”，按住鼠标左键，把“旺铺关联”拖动到页面右侧需要添加该模块的地方。

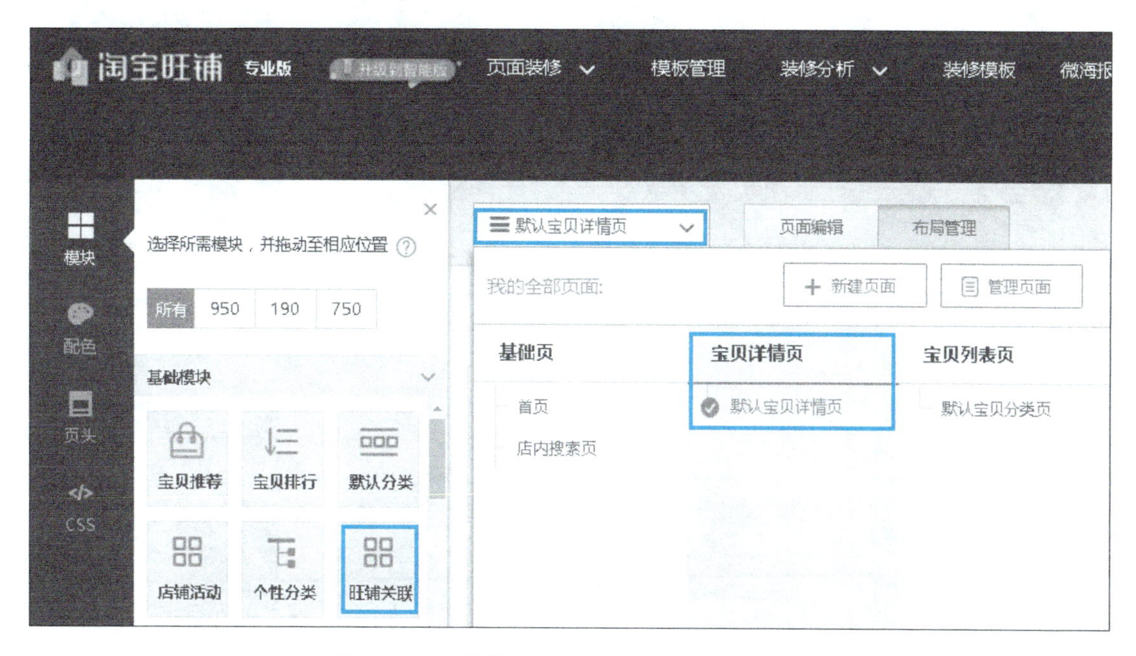

图 1-107　把装修页面从首页切换到宝贝详情页

步骤 02：页面右侧显示“为你推荐”模块，单击该模块上的“编辑”按钮，在打开的“旺铺关联推荐”对话框中设置是否显示及推荐类型、排序方式等，如图 1-108 所示，然后单击“保存”按钮，关联推荐设置完成。

旺铺关联推荐

亲，部分模块与买家的成交数据相关，可能没有数据哦，加油！

显示标题：　不显示　显示　我要推荐

推荐类型：　全部

浏览了该宝贝的会员最终购买了

购买了该宝贝的会员还购买了

同类热销宝贝

排序方式：　默认排序　成交量　价格

保存　取消

图 1-108　关联推荐设置

步骤 03：该模块的真实效果与具体单品相关，要进入线上店铺方能查看，如图 1-109 所示。

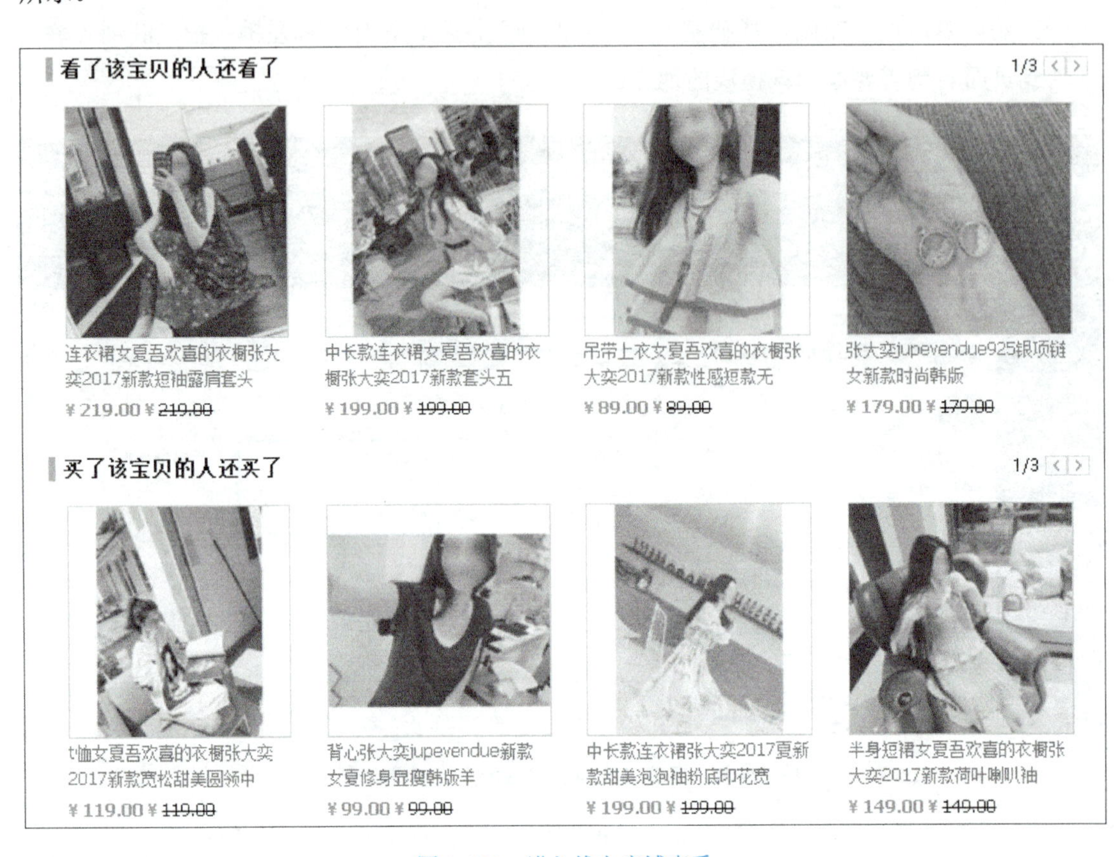

图 1-109　进入线上店铺查看

分任务 5　掌握装修无线端店铺的技巧

前面讲的装修都是 PC 端的装修，而这些页面用手机打开时，会出现排版错乱或因图片尺寸不对而压缩等现象。因此，针对手机用户，还需要装修手机店铺。

一、进入装修后台

步骤 01：登录淘宝，进入卖家中心，单击“店铺管理”→“手机淘宝店铺”，如图 1-110 所示。

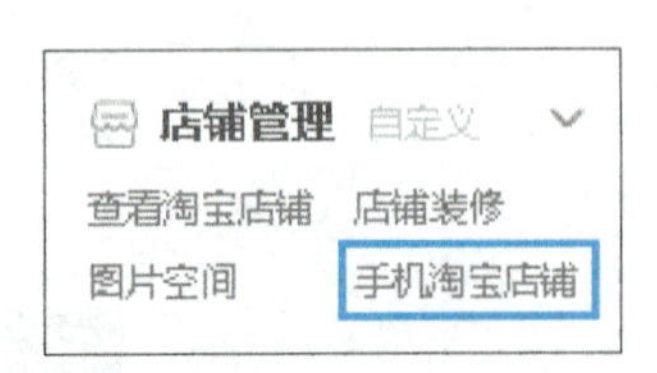

图 1-110　店铺管理 – 手机淘宝店铺

步骤 02：在跳转的界面中单击“立即装修”，如图 1-111 所示。

步骤 03：进入无线运营中心，单击“店铺首页”，如图 1-112 所示。

图 1-111　立即装修

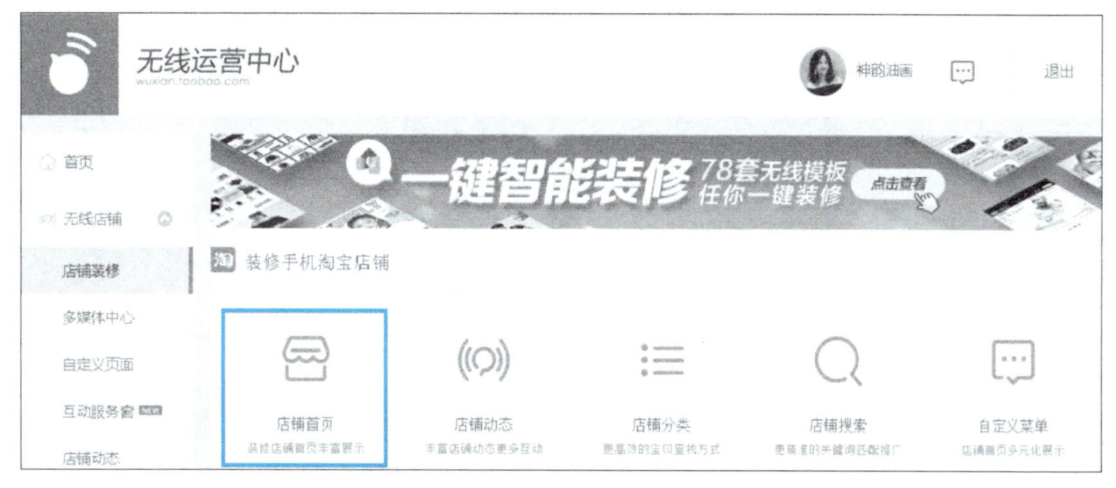

图 1-112　无线运营中心

步骤 04：在跳转的页面左侧有各种装修的模块，可根据店铺的需求进行添加和删减，如图 1-113 所示。

步骤 05：添加模块的操作方法是，单击需要添加的模块并按住鼠标左键将其拖动到页面右侧的相应位置即可，如图 1-114 所示。

步骤 06：删除模块的操作方法是单击该模块，然后该模块的右上角会出现“×”按钮，单击此按钮即可删除该模块，如图 1-115 所示。

步骤 07：调整模块顺序的操作方法是单击该模块，然后该模块的右上角会出现上下箭头的按钮，箭头向上表示把该模块往上。单击相应的按钮即可调整顺序。

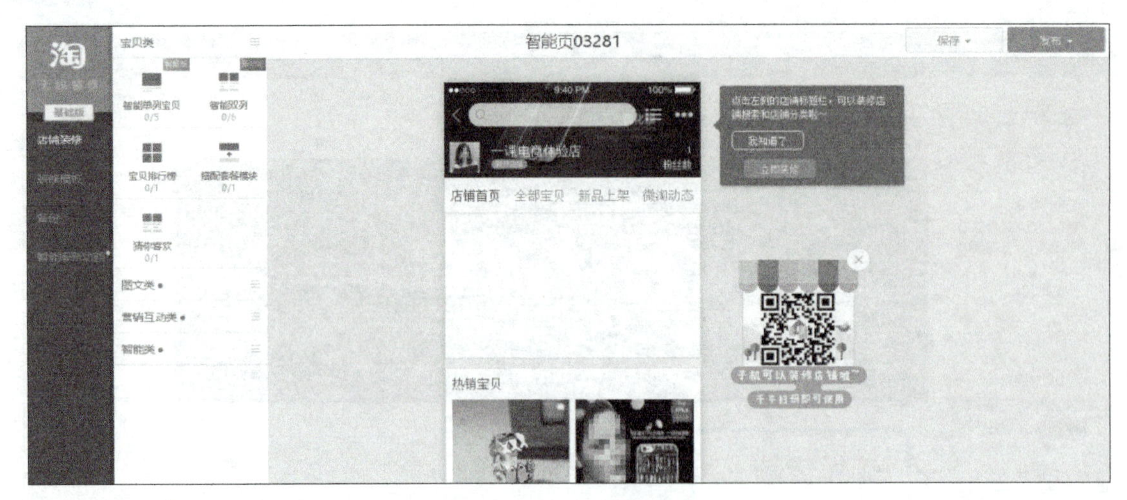

图 1-113　添加和删减模块

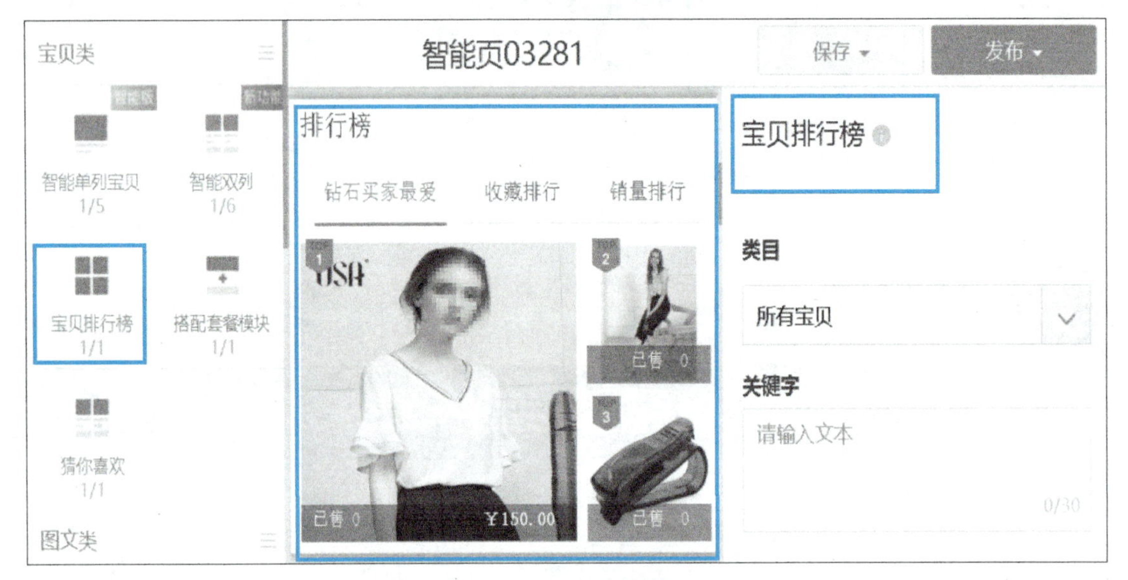

图 1-114　添加模块的操作方法

图 1-115　删除模块的操作方法

二、装修店标

若在店铺基本设置页面上传了店标，则手机店铺中会显示店标。下面介绍修改店标的方法。

步骤 01：在无线装修页面，单击手机上方的页头区域，如图 1-116 所示，在页面右侧会出现相应的编辑区域。

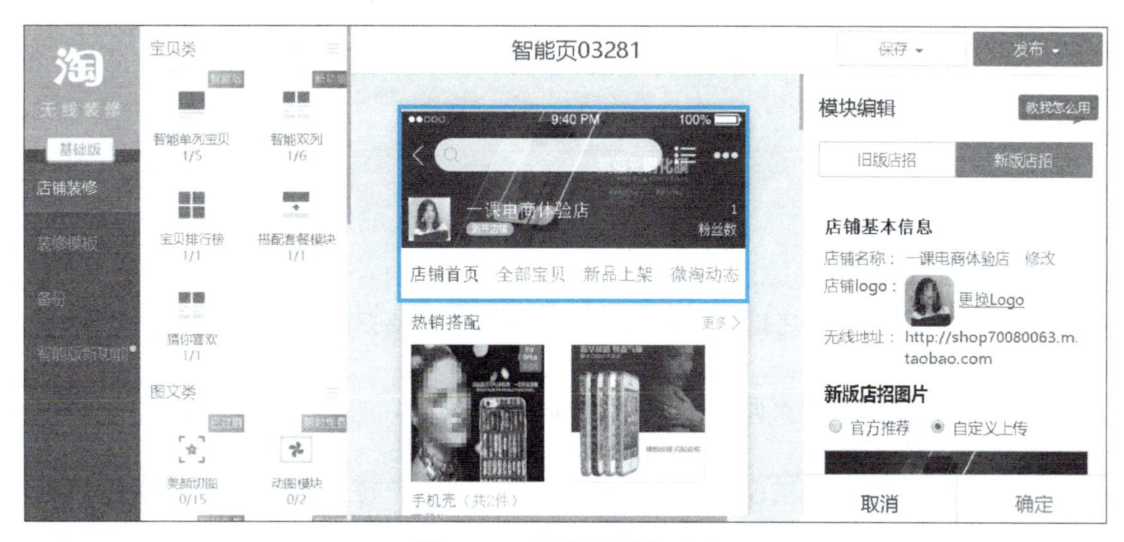

图 1-116　编辑无线装修页面

步骤 02：在右侧的编辑区域，可以切换新版和旧版店招，更换店标的操作方法是，新版－单击“更换 Logo”，旧版－单击“修改店铺标志”，如图 1-117 所示。

图 1-117　切换新版和旧版店招

步骤 03：在跳转的页面中单击“上传图标”按钮，如图 1-118 所示。然后选择要上传的图片，并单击“保存”按钮则店标修改成功。

图 1-118　上传图标

三、装修店招

默认手机店铺是没有店招的，装修店铺需要先制作好店招图片。无线店铺的店招大小为 640 像素 ×200 像素。

步骤 01：在无线装修页面，单击手机上方的页头区域，如图 1-116 所示，在页面右侧会出现相应的编辑区域。

步骤 02：将模块编辑页面往下拉到“新版店招图片”，可以选择官方推荐的，或者自定义上传已经提前制作好并上传至图片空间的店招图片，如图 1-119 所示，然后单击“确定”按钮店招装修成功。

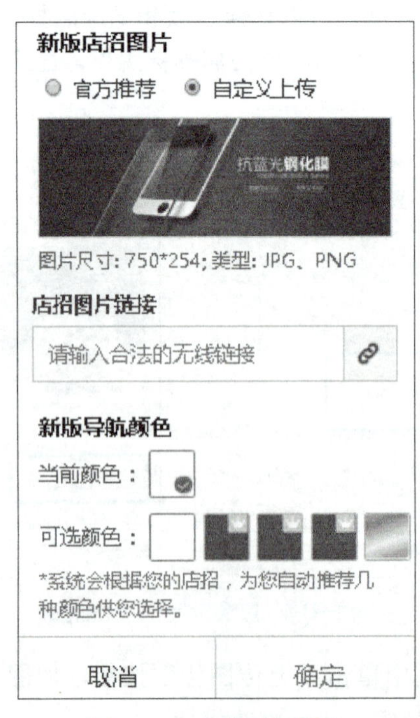

图 1-119　新版店招图片

四、装修图文模块

图文模块可以制作多种效果。

步骤 01：在无线装修页面，将页面左侧“图文类”模块下的“多图模块”拖入手机页面中的某个位置，如图 1-120 所示。

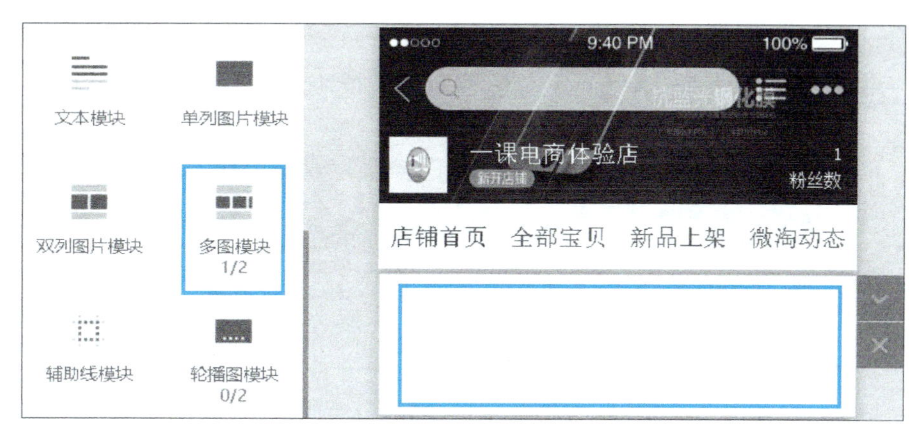

图 1-120　图文类 - 多图模块

步骤 02：在页面最右侧的模块编辑区域，输入标题文本、上传图片并设置图片的无线链接，如图 1-121 所示。

步骤 03：多图模块可以添加 6 张图片，编辑完成后单击“确定”按钮，多图模式即可编辑完成，如图 1-122 所示。

图 1-121　编辑区域

图 1-122　多图模式编辑完成

分任务 6　自定义菜单

手机淘宝店铺的菜单在手机界面的最下方，菜单的内容可以自己选择设定。

步骤 01：在无线运营中心，单击“自定义菜单”如图 1-123 所示。

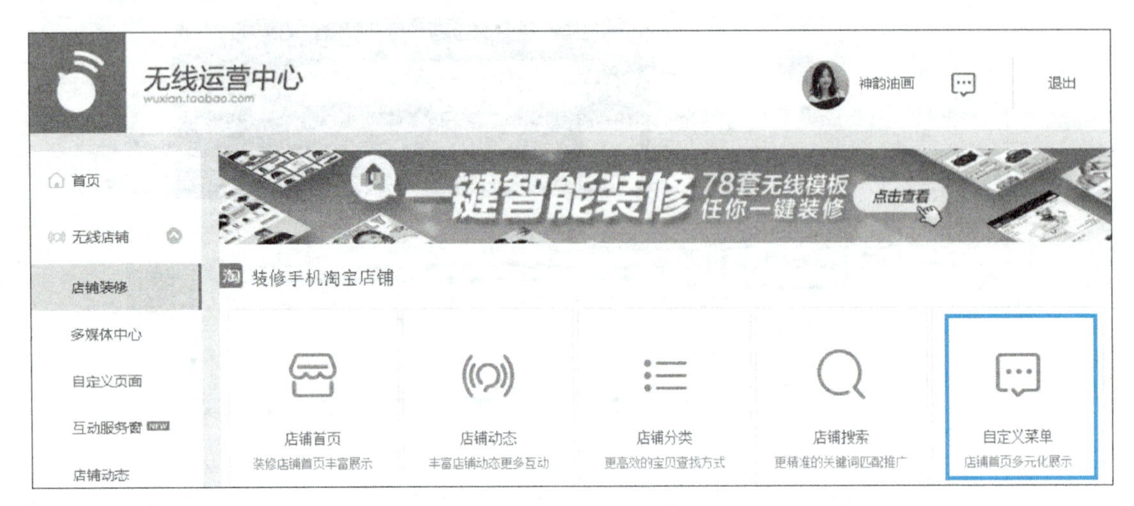

图 1-123　自定义菜单

步骤 02：在跳转的页面中，单击“创建模板”按钮，如图 1-124 所示。

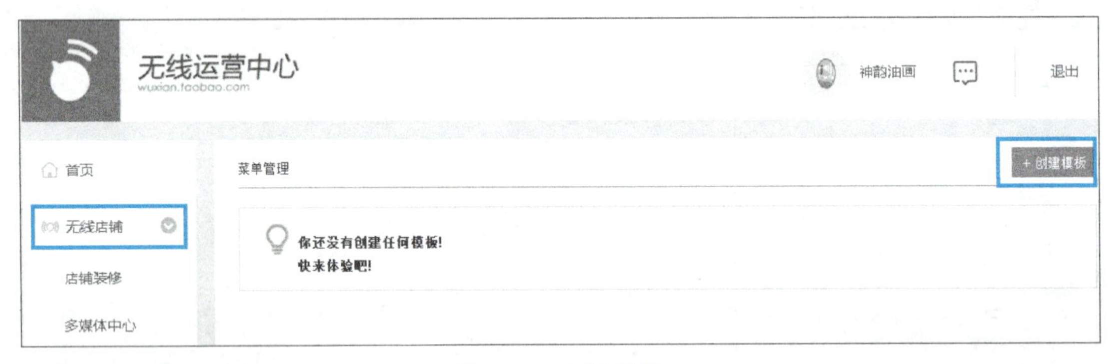

图 1-124　创建模板

步骤 03：在打开的界面中输入模板名称，然后单击“下一步”按钮，如图 1-125 所示。

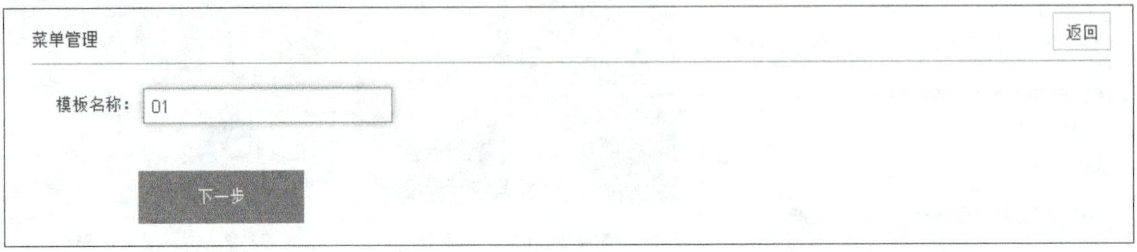

菜单管理
返回
模板名称：01
下一步

图 1-125　下一步

步骤 04：在“宝贝分类”下单击“添加子菜单”按钮，如图 1-126 所示。提示：至少需要选择两个一级菜单才可以发布。

图 1-126　添加子菜单

步骤 05：输入子菜单名称并选择分类，然后使用同样的方法添加其他子菜单，如图 1-127 所示。

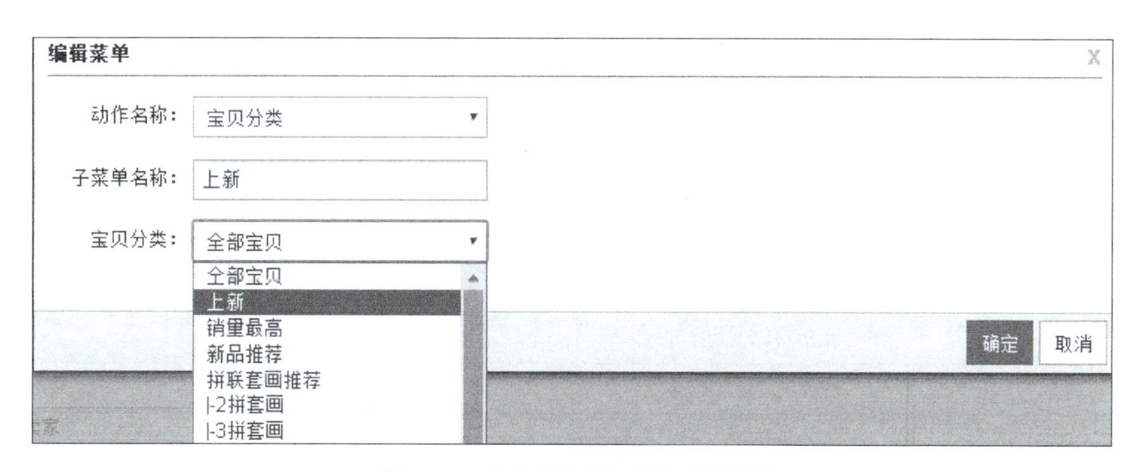

图 1-127　输入子菜单名称并选择分类

步骤 06：设置完成后，单击“确定”按钮，自定义菜单创建完成，如图 1-128 所示。

图 1-128　设置完成，确定发布

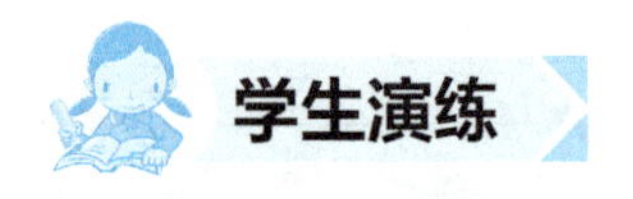

实训 1-1　PC 端店铺装修

参考步骤：根据二维码中的示例步骤，学生们自主练习。

表 1-8　PC 端店铺装修实训考核评价表

序号	评价内容	得分 / 分			综合得分 / 分
		自评	组评	师评	
1	了解店铺设置的方法				
2	了解如何设置幻灯片				
3	掌握主题设置的技巧				
4	掌握如何设置店铺导航				
5	学会设置店铺动态				
6	学会设置店铺分类				
7	掌握无线端的设置方法				
合计					

技能回顾

- 店铺开设准备
  - 开通淘宝店铺
    - 认识淘宝店铺及学会使用支付宝
    - 定位淘宝店铺
    - 选择货源
    - 开通淘宝店铺的过程
  - 掌握淘宝店铺的装修技巧
    - 认识淘宝旺铺
    - 学会使用淘宝图片空间
    - 学会装修 PC 端首页和详情页
    - 学会装修无线端首页
    - 自定义菜单

项目2

店铺经营与维护

店铺的日常管理和维护是每位电商人需要不断坚持做的事情，慢慢累积才能到达获得丰收的那一天。从店铺整体页面装修再到每个未成交订单的问题，都是需要新电商人去不断经营和维护的。只有维护了老顾客，不断纳入新客户，才能稳定店铺的收入。接下来本项目将会讲解店铺的初级运营方法。

项目分析

本项目主要从网店的管理与经营、订单的管理两个方面来讲解，使学生能够掌握店铺运营和维护的方法，了解电商运营的相关岗位以及从事该岗位需要具备的基本知识和技能要点。

项目目标

- 学习网店管理与经营的方法。
- 掌握千牛工作台。

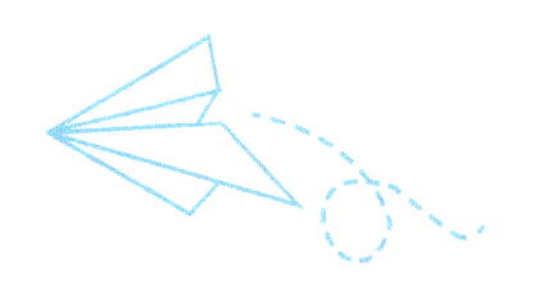

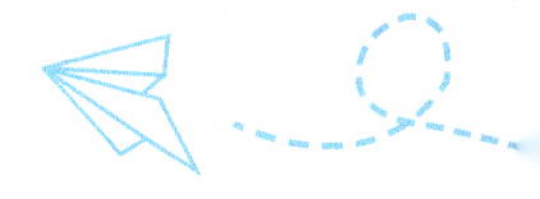

任务1 网店管理

任务分析

本任务重点讲解淘宝店铺如何管理和经营，包括宝贝详情页模板、淘宝 SEO 优化和标题 SEO 优化。本任务以实际操作案例的方式，来学习如何经营和管理一家网店。

情境引入

如今的网店是越来越难生存了，许多中小型商家在规则的更新和严查违规行为以后，不能刷单了，没有了流量和转化从而慢慢走向死胡同。接下来讲解一间网店的管理与经营方法。

教师点拨

分任务1 制作与上传宝贝详情页

一、学会淘宝神笔——详情描述装修

淘宝神笔是淘宝专为卖家提供的宝贝详情描述模板，可以快速便捷地制作出具有设计美感的详情描述。

接下来介绍淘宝神笔装修的步骤。

步骤 01：登录淘宝，单击“卖家中心”，如图 2-1 所示。

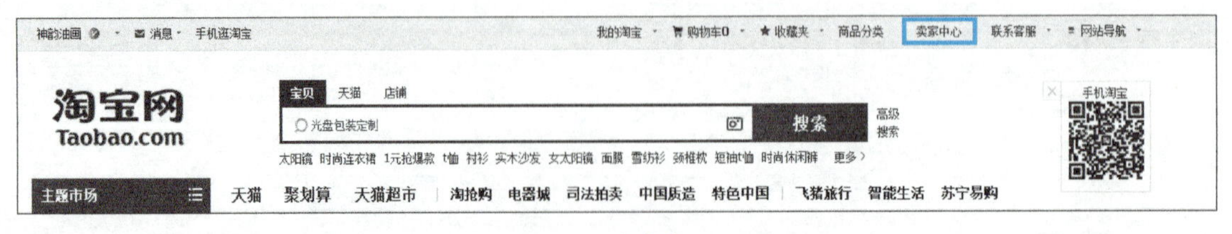

图 2-1 卖家中心

步骤 02：将鼠标指针放到页面右上角的“卖家地图”，找到“宝贝管理”下的“神笔”并单击，如图 2-2 所示。

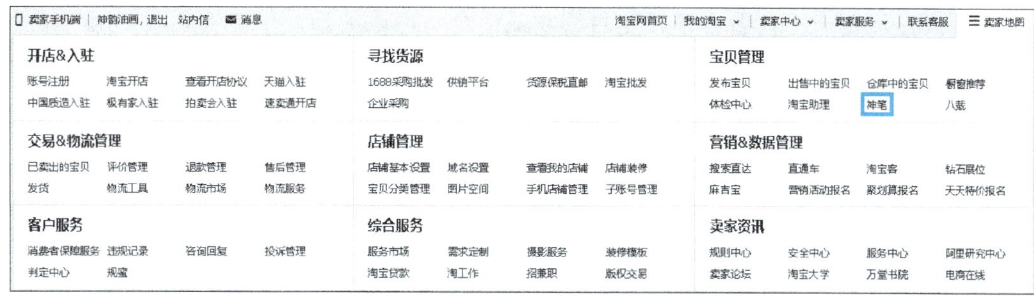

图 2-2　神笔

步骤 03：进入“淘宝神笔”页面，单击“模板市场”，如图 2-3 所示。

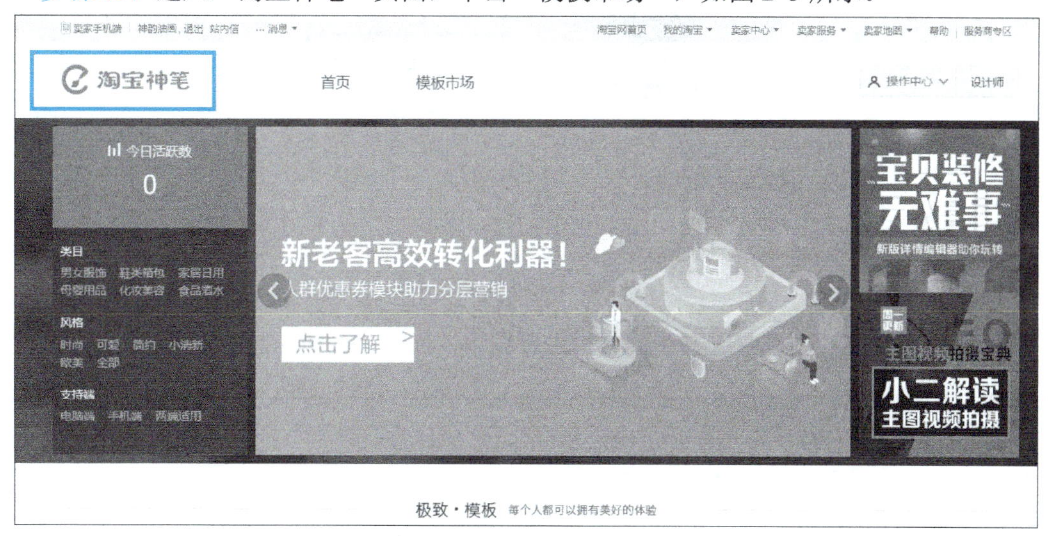

图 2-3　模板市场

步骤 04：进入模板市场，模板有免费的也有收费的。选择一个简约风格模板，单击进入，如图 2-4 所示。

图 2-4　选择模板

步骤 05：浏览一下，看看模板是否喜欢或适合。可以的话，单击“立即使用”按钮，如图 2-5 所示。

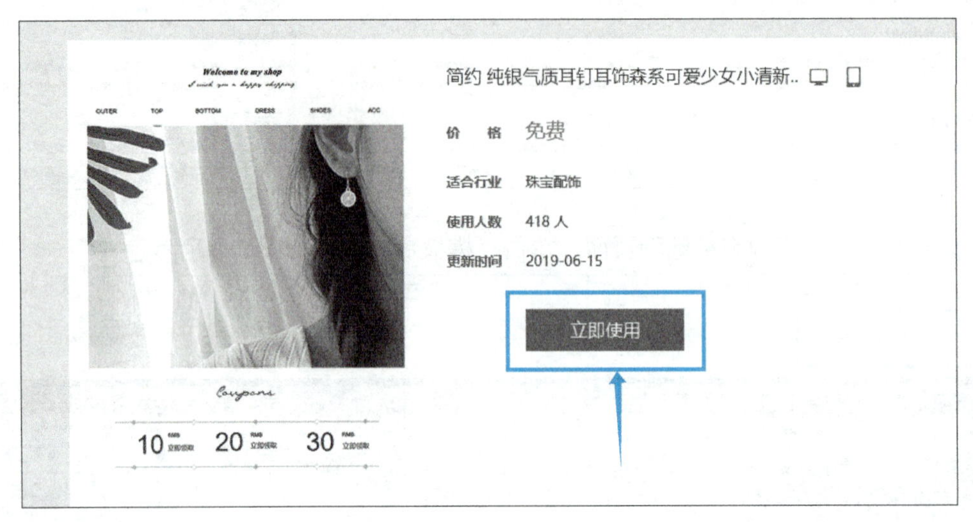

图 2-5 “立即使用”按钮

步骤 06：在宝贝列表中选择一款宝贝进行编辑，如图 2-6 所示。

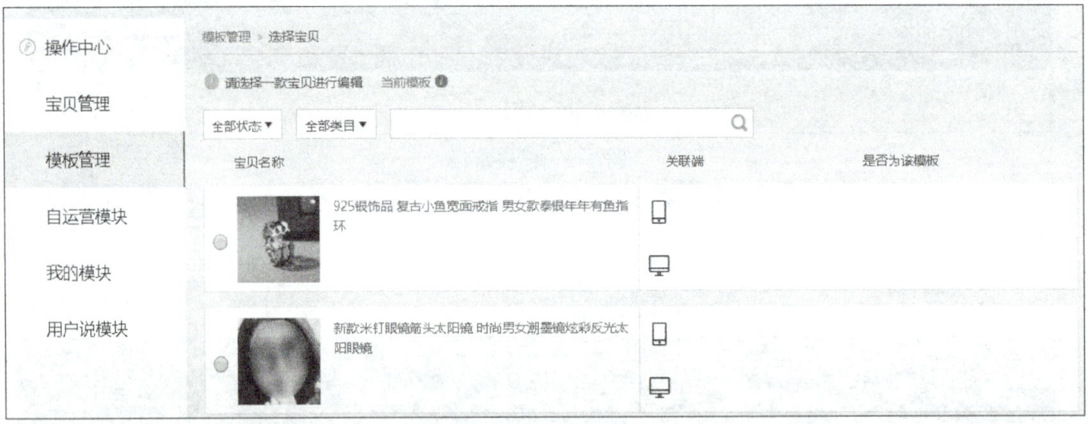

图 2-6 选择宝贝

步骤 07：选中宝贝前的单选按钮，然后单击“编辑电脑详情”按钮，如图 2-7 所示。

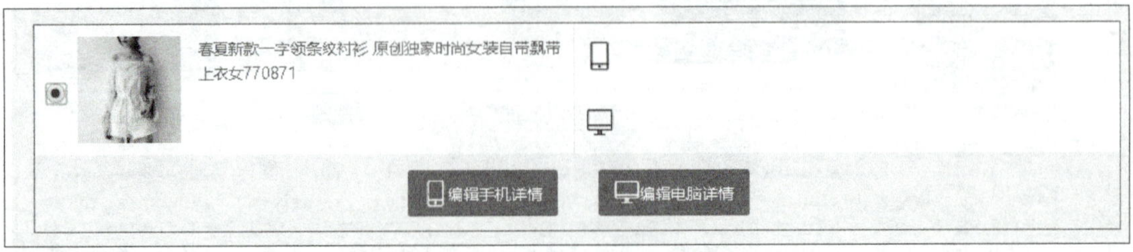

图 2-7 编辑电脑详情

步骤 08：进入宝贝编辑页面。在右侧的“模块管理”中，可以选择需要添加的模块或调整模块的位置，如图 2-8 所示。

步骤 09：选择中间的详情，在图片上单击，然后单击左侧的“改换图片”按钮即可更换图片，如图 2-9 所示。

图 2-8 编辑页面

图 2-9 改换图片

步骤 10：单击文字部分，在左侧可以修改文字的内容、字体、大小和颜色等，如图 2-10 所示。

图 2-10　修改文字

步骤 11：全部编辑完成后，单击右上角的“预览”按钮可预览效果，预览确认无误后，单击“同步详情”按钮，如图 2-11 所示。

图 2-11　“预览”和“同步详情”按钮

步骤 12：在打开的对话框中选中“我明确了解同步详情会覆盖现有的宝贝详情页面”复选框，并单击“确定同步”按钮，如图 2-12 所示，详情描述装修完成。

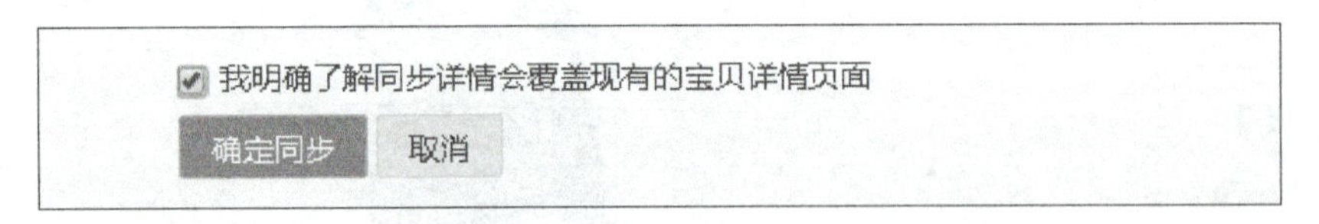

图 2-12　“确定同步”按钮

二、上传宝贝

有了淘宝店铺之后就可以上传宝贝进行销售了，但是对于很多新手卖家来说，怎样上传宝贝是一个比较大的问题。接下来我们介绍上传宝贝的操作流程。

步骤 01：打开淘宝网页（https://www.taobao.com/），登录并进入卖家中心，单击“宝贝管理”→“发布宝贝”，如图 2-13 所示。

步骤 02：在打开的页面中选择“一口价”选项卡，然后选择宝贝的类目并阅读淘宝规则，阅读完成后，单击“我已阅读以下规则，现在发布宝贝”按钮，如图 2-14 所示。

步骤 03：进入宝贝编辑界面。首先按照页面提示，填写宝贝的基本信息，如图 2-15 所示。

步骤 04：设置宝贝物流及安装服务，如图 2-16 所示。

步骤 05：设置售后保障信息及其他信息，如图 2-17 所示。

步骤 06：宝贝信息全部设置编辑完成后，单击“发布”按钮，宝贝上传完成。可以返回卖家中心，单击“宝贝管理”→“出售中的宝贝”进行查看，如图 2-18 所示。

图 2-13　发布宝贝 1

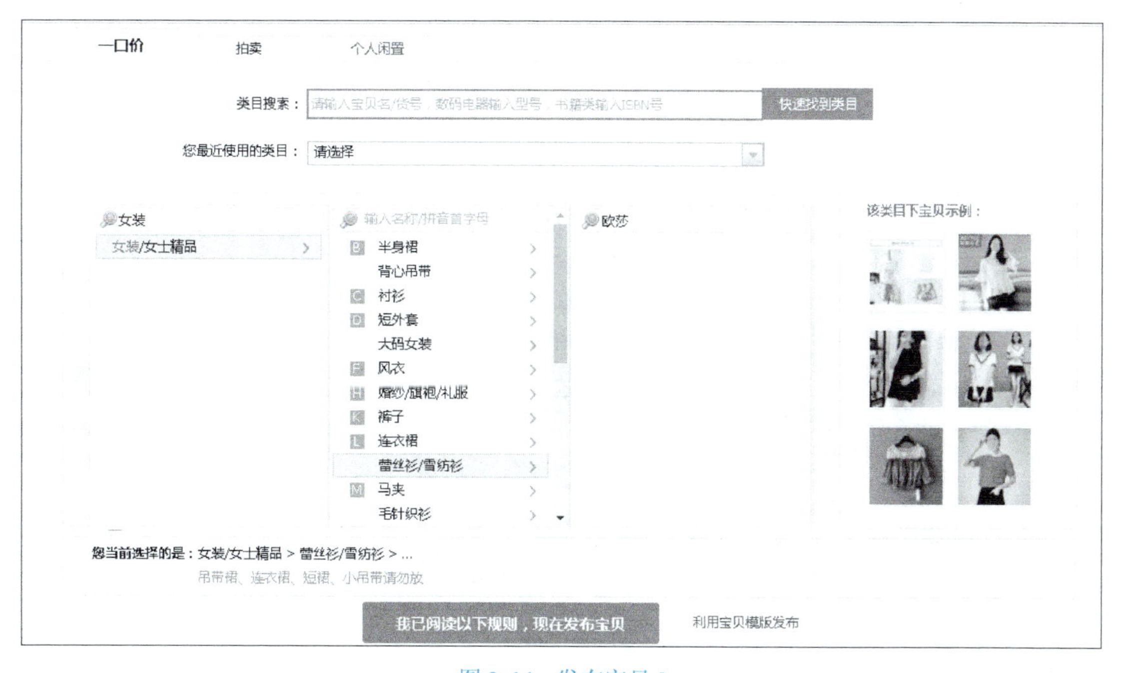

图 2-14　发布宝贝 2

产品信息
类目：女装/女士精品>>蕾丝衫/雪纺衫 编辑类目
淘宝网已经推出新版的商品发布页面，立即试用新版！
1. 宝贝基本信息
宝贝类型：* 全新 二手 提醒：淘宝网已限制全新、二手宝贝间转换，若需转换，建议您重发宝贝！
宝贝属性：
填错宝贝属性，可能会引起宝贝下架，影响您的正常销售。请认真准确填写
品牌：OSA
如果没有您需要的品牌，您可以点此申请添加品牌
货号：3451
袖长：五分袖
服装版型：修身
风格：甜美 甜美 瑞丽
穿着方式：套头
组合形式：单件
衣长：常规款
领型：圆领
袖型：泡泡袖
发布助手
页面导航（12）
宝贝基本属性

图 2-15　填写宝贝的基本信息

2. 宝贝物流及安装服务
运费：* 10元快递 新建运费模板
快递 查看详情
默认运费：1件内10.00元，每增加1件，加2.00元
指定区域运费
发货地：福建省 厦门市 思明区
运费模板已进行升级，您的"宝贝所在地"、"卖家承担运费"等设置需要在运费模板中进行操作，查看详情
电子交易凭证 申请开通 了解详情
物流参数：
物流体积(m3)：
物流重量(Kg)：
发布助手
页面导航（12）
运费模板及其他信息

图 2-16　物流及安装服务

3. 售后保障信息
发票：无 有
保修：无 有
退换货承诺：凡使用支付宝服务付款购买本店商品，若存在质量问题或与描述不符，本店将主动提供退换货服务并承担来回邮费！
服务保障：该商品品类须支持"七天退货"服务；承诺更好服务可通过交易合约设置
4. 其他信息
库存计数：拍下减库存 付款减库存
有效期：7天 即日起全网一口价宝贝的有效期统一为7天
开始时间：立刻
设定 2017年5月19日 9 时 35 分
放入仓库
秒杀商品：电脑用户 手机用户 勾选后商品将无"购物车"功能，且单次只能购买一件，点此查看详情
橱窗推荐：是 橱窗是提供给卖家的免费广告位，了解如何获得更多橱窗位
发布助手
页面导航（12）
运费模板及其他信息

图 2-17　设置售后保障信息及其他信息

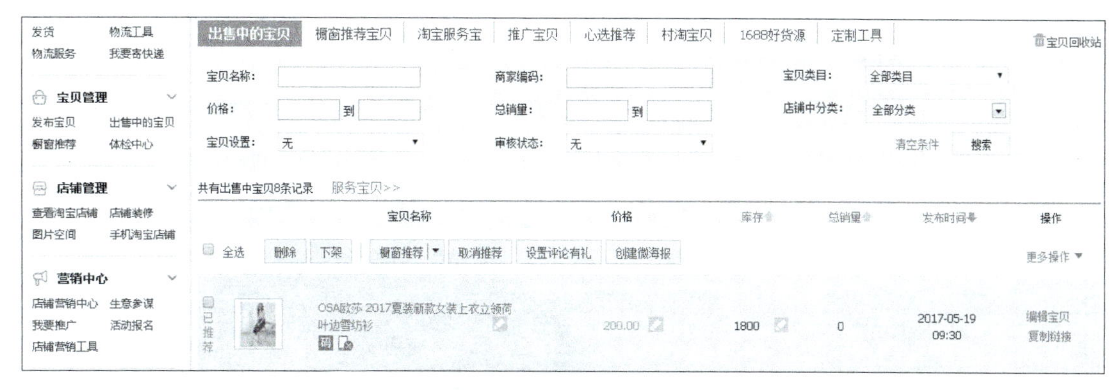

图 2-18　查看出售中的宝贝

三、详情页快速直达导航

1. 详情页快速直达导航简介

在详情页设置快速导航，一方面可以方便买家对宝贝的详情内容进行系统化的编辑和管理，另一方面也可以让用户能够快速定位到所需要的宝贝信息。

如图 2-19 所示的右侧部分就是设置好的详情页快速直达导航。买家单击相应的节点即可快速查看相应的内容。

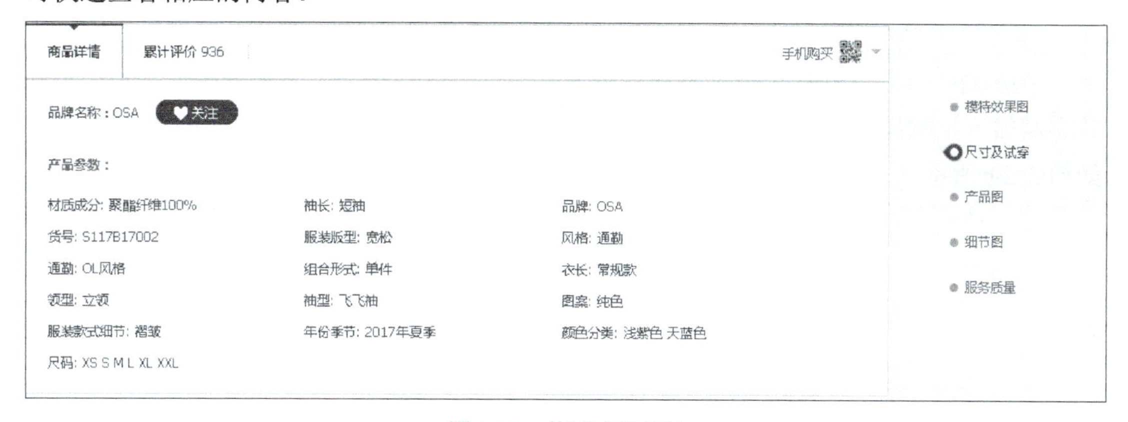

图 2-19　快速直达导航

详情页的模块化编辑有以下两种形式。

（1）纯模块化编辑：将宝贝详情的内容分割成若干模块，由这些模块组合拼装成宝贝的详情信息。

（2）模块化工具应用：在原有的宝贝详情中插入一个或几个模块。

无论使用哪种形式，系统都会将模块名称按照顺序自动生成描述导航。

2. 详情页快速直达导航的操作流程

接下来我们介绍详情页快速直达导航的操作流程。

步骤 01：在仓库中选择一个宝贝，单击“编辑宝贝”按钮，进入宝贝描述界面，如图 2-20 所示。

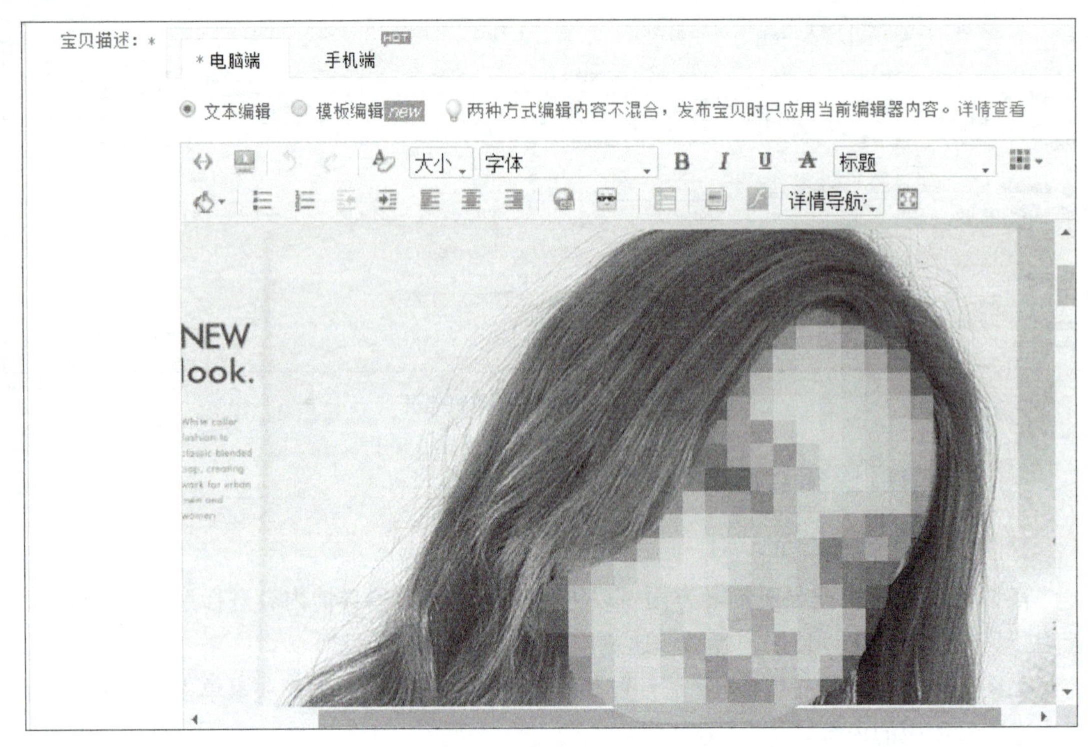

图 2-20　编辑宝贝

步骤 02：可以看到在编辑宝贝描述的工具属性栏上有一个“详情导航”模块，单击其右侧的下拉按钮，弹出的下拉列表中有“新建模块”和“管理模块”两个操作按钮，如图 2-21 所示。

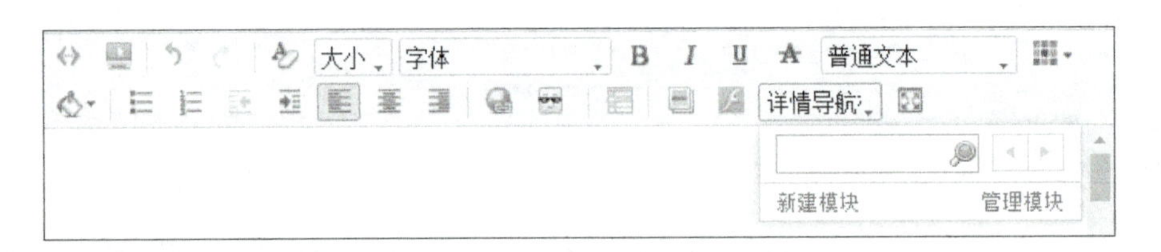

图 2-21　“新建模块”和“管理模块”按钮

步骤 03：新建模块。单击“新建模块”按钮，进入模块编辑界面，按照提示填写模块信息。填写完成后，单击“立即使用”或“新增并立即使用”按钮，如图 2-22 所示。提示：立即使用是不保存模块，新增并立即使用是使用模块并保存以便以后复用，但模块池中最多只能保存 100 个模块。

步骤 04：单击“立即使用”按钮后，模块会出现在光标停留的位置，且可以通过操作模块上的箭头按钮来调整模块的顺序，如图 2-23 所示。

步骤 05：插入模块。当已经建立模块并将其保存到模块池时，在“详情导航”模块下拉列表中会出现每个模块的名称，如图 2-24 所示。通过搜索模块名称或翻页寻找需要插入的模块，单击即可将其插入。

填写模块信息
* 表示该项必填
标题：* 模特效果图
备注：形象展示
详情：
大小 字体 普通文本
内容正文每5分钟自动保存一次。 自动保存于：2017-05-15 10:37:13 立即保存 恢复编辑历史
当前屏数：0
源码:已输入0/最多输入 25000
只使用不保存模块
立即使用 新增并立即使用
模块使用占比：0/100

图 2-22　新建模块

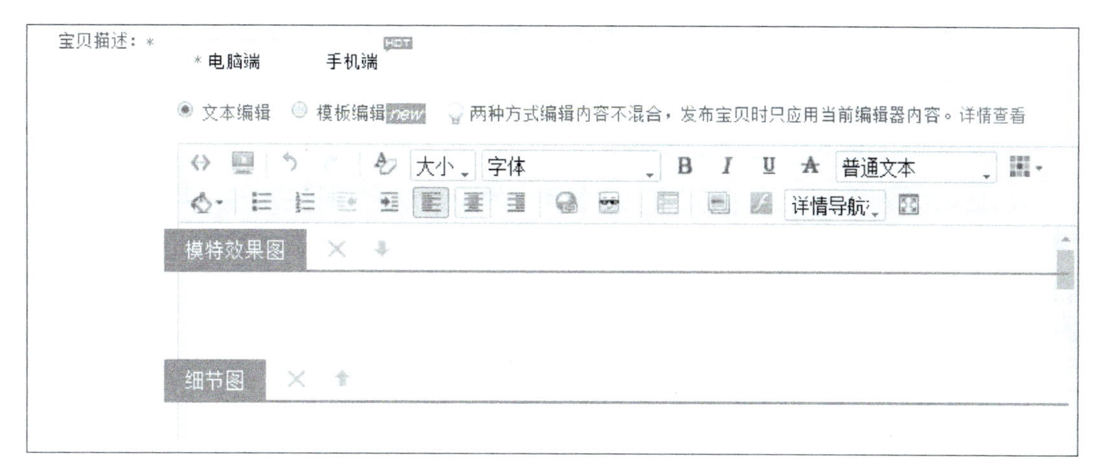

图 2-23　调整模块的顺序

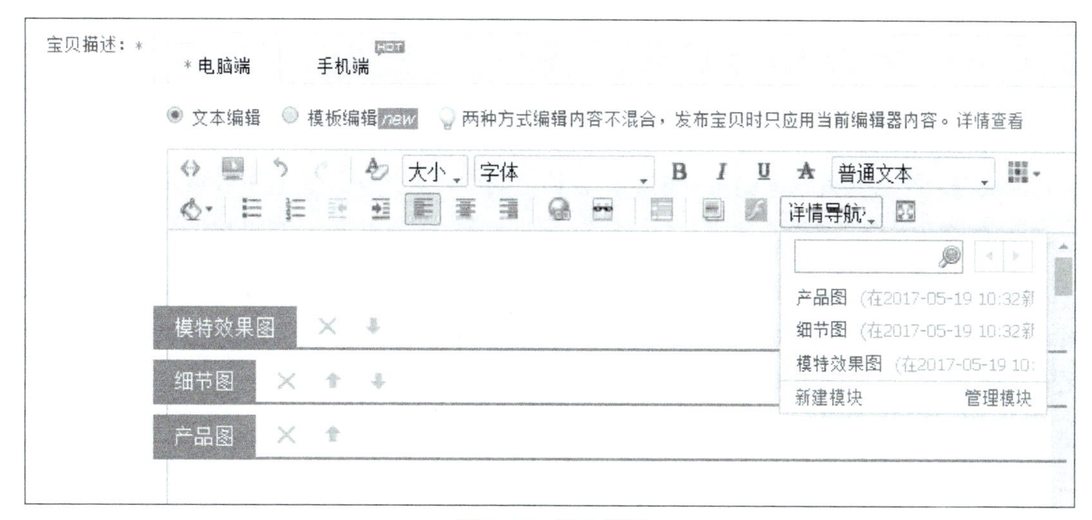

图 2-24　插入模板

步骤 06：管理模块。单击“详情导航模块”→“管理模块”按钮，进入卖家中心的详情模块管理页面。在模块管理页面可以对现有的储存在模块池中的模块进行编辑和删除，如图 2-25 所示。

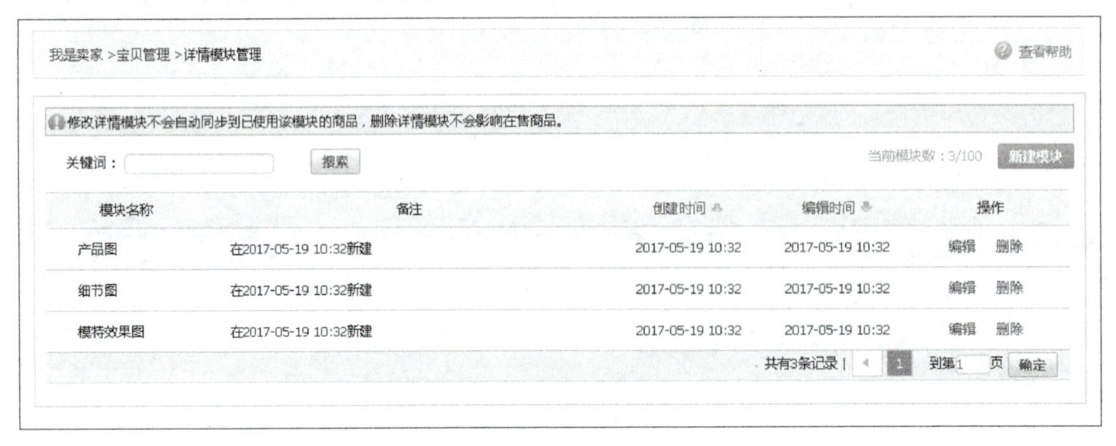

图 2-25　管理模板

分任务 2　优化淘宝搜索

我们都知道淘宝买家在购物时可以选择不同的搜索方式和排序方式，不会有买家有耐心将 100 页的搜索结果一个个点开去看，所以推广运营要做的第一件事就是淘宝搜索排名的优化，也就是让我们店内商品的自然排名在类目搜索或关键词搜索前几名的位置。商品排名越靠前，被买家看到并点开进店的可能性就越大。

一、认识影响宝贝综合排名的主要因素

基本上从淘宝网搜索进入都是默认的“所有宝贝”排名，“所有宝贝”排名下面有综合排名、人气排名、销量排名和价格排名 4 个维度。

淘宝综合排名的因素主要有动态评分、收藏人气、发货速度、销量、转化率、是否橱窗推荐、浏览量、下架时间、是否公益宝贝、价格及是否交保证金，这些因素形成一个综合人气，淘宝排名默认综合排名。

默认综合排名 = 人气 + 销量 + 信誉 + 价格，其中，人气 = 浏览量 + 收藏量。

1. 类目相关

在发布宝贝时一定要选择合适的类目，是连衣裙就放在连衣裙类目下，这样买家在搜索连衣裙时就会优化展示你的宝贝。如果你的宝贝是连衣裙，你却把它放到女包下面，那么无论买家怎么搜索，都不可能找到你的宝贝。

2. 宝贝标题相关

网店宝贝标题的设置是至关重要的，买家在淘宝的时候基本都不会漫无目的，大部分买家都会根据自己的喜好在淘宝搜索中进行搜索。这个时候宝贝标题的关键词就起到了决定

性作用，宝贝关键词设置得越详细，越热门，越贴近生活，那你的宝贝被搜索到的概率也就越高。

3．新品

新品就是不存在同款并且第一次上架的产品。新品排在前面，上架新品会出现新品标签，在宝贝搜索页面和详情页面均有显示，如图 2-26 所示。新品标签会保留 21 天，这 21 天就是扶持期，排名靠前，如图 2-27 所示。

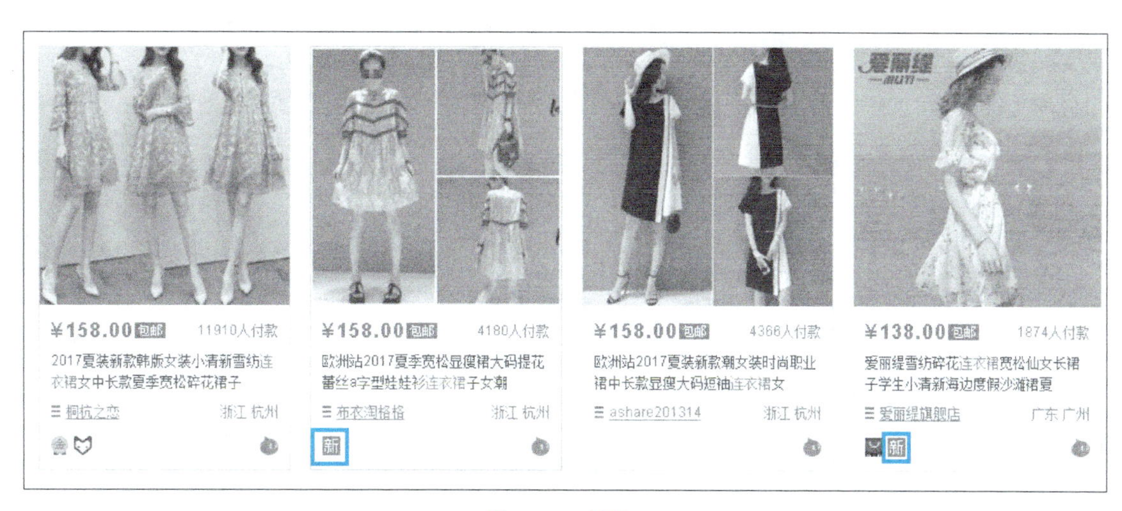

图 2-26　新品 1

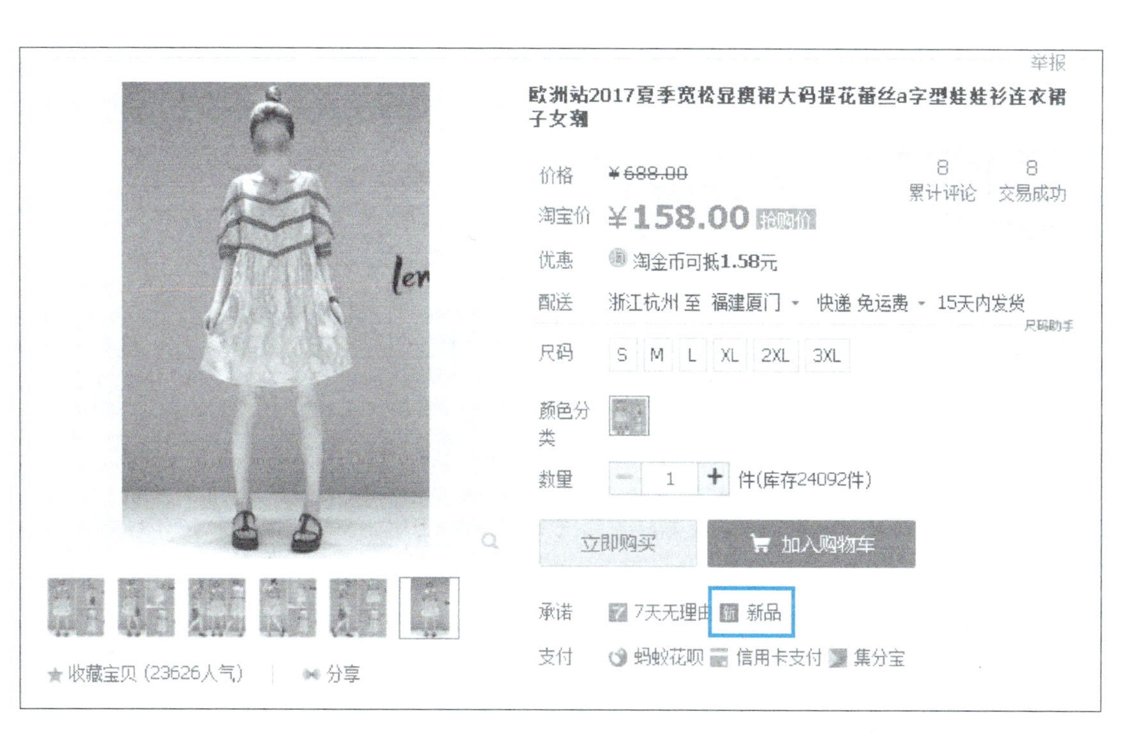

图 2-27　新品 2

4. 公益宝贝

淘宝公益捐赠的设定和参加，对于掌柜们来说，除了传递和奉献一份爱心之外，参与公益捐赠的宝贝会出现相应的标志，增加了被搜索到的概率。在宝贝详情页会显示具体的公益计划，如图 2-28 所示。

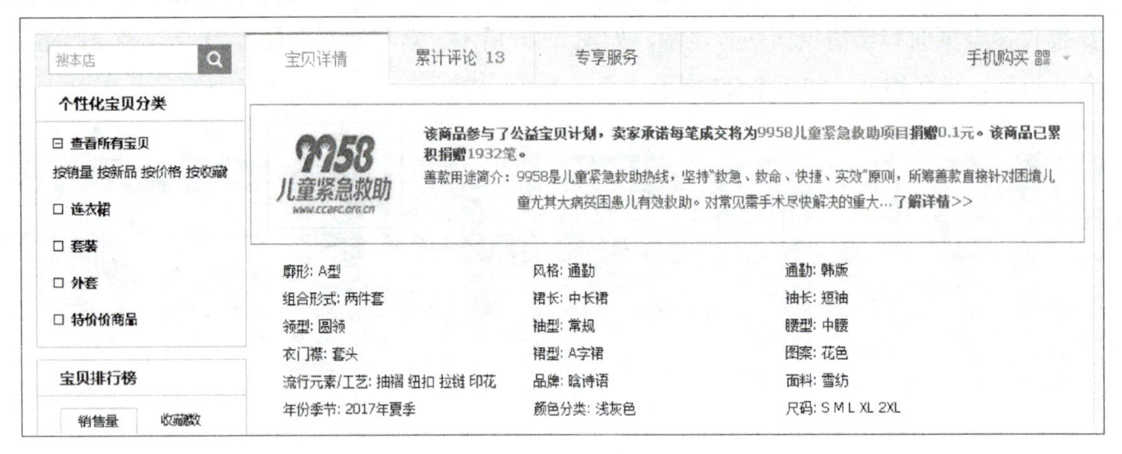

图 2-28　公益宝贝

5. 上下架时间

宝贝上下架时间是指卖家发布宝贝的时候选择的时间和时间周期，现在淘宝网一口价宝贝的有效期统一为 7 天，如图 2-29 所示。

如果我的宝贝是这个周四 08:00 上架的，那么 7 天后，也就是到下个周四的 08:00 就是这件宝贝的下架时间，在下架的瞬间淘宝会自动重新上架。宝贝在即将下架的时候会获得最靠前的搜索排名，这段时间是最能引来流量的。虽然这个因素的权重有所降低，但是依然对引流有一定的影响。

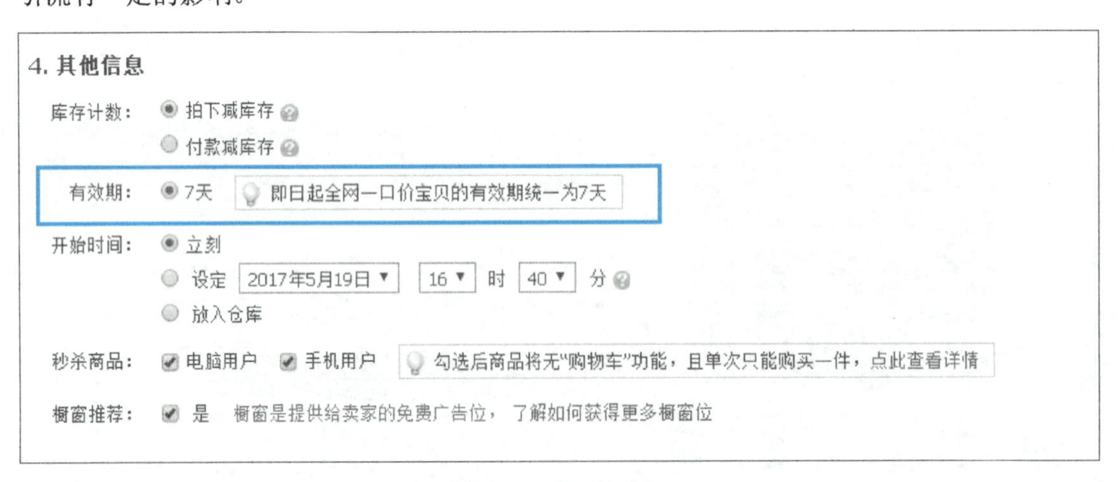

图 2-29　上下架时间

6. 橱窗推荐

橱窗推荐位是淘宝推出的一种宝贝展示工具，在买家搜索类别时，在浏览的宝贝中，只要橱窗推荐的宝贝都会被展示出来，而其他的宝贝则要进入店铺才能看到，这就如同实体店铺的橱窗，当你在橱窗中看到了好东西，才会被吸引到店铺里面。因此，橱窗推荐是增加宝贝曝光率的重要因素，橱窗推荐是有数量限制的，根据卖家信誉不同和是否加入消费者保障（消保），会有不同的数量限制。

7. 卖家服务质量

卖家服务质量是一个综合分数，与消费者保障服务（以下简称消保）保证金的缴纳、DSR 评分、宝贝主营占比、好评率、旺旺响应速度、违规扣分和纠纷退款率等因素有关。

动态评分包括宝贝与描述相符、卖家的服务态度和物流服务的质量 3 项，这 3 项评分都是由买家给出的，如图 2-30 所示。

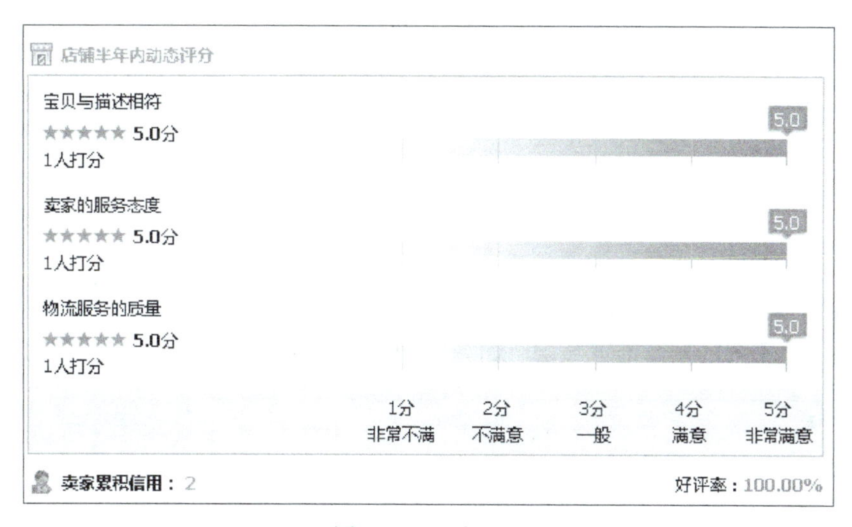

图 2-30　动态评分

淘宝退款纠纷分为两种情况。第一种情况是退款交易由淘宝介入处理，且该退款淘宝曾经判决为“支持买家”。第二种情况是售后交易由淘宝介入处理，且该售后淘宝曾经判决为“维权成立”。符合以上任意一种情况都算退款纠纷。

8. 作弊降权

淘宝官方有明确规定，违规作弊的宝贝，不仅维度排名靠后或不展示，严重的还会全店屏蔽。如果你发现无论怎么搜索，你的宝贝都找不到或都排在最后几个，那么肯定是有一些作弊行为被处罚了。

提示：基本上所有不规范的操作，都会被降权。例如，炒作信用、刷销量、故意堆砌关键词、广告商品、价格作弊、重复铺货和邮费虚假等。一旦被降权，你可以把有问题的宝贝删除，这样就不会因为这些宝贝对其他宝贝造成影响。如果舍不得删除，那就等着降权结束，目前最长的时间是 30 天左右。

9. 宝贝人气

影响宝贝人气的细节因素也很多，如买家在宝贝页面的停留时间、宝贝销量、转化率和宝贝收藏比等。参加聚划算、天天特价、淘金币、新品试用折扣和限时打折等官方活动所产生的销量，会打上较低的折扣作为因素来计算人气分从而影响排序。

（1）收藏人气高，浏览多的产品排名靠前，这个就是所谓的人气宝贝。

（2）转化率：转化高的产品排名靠前，转化高说明产品受欢迎，淘宝系统自动默认靠前。

（3）销量：销量高的宝贝排名靠前，销量排名权重今年减少了一大半，淘宝为了避免恶意刷单，降低销量排名权重。现在销量低的产品也能排在前面。

提示：活动销量虽然不计入排名，但是活动之后带来的好评率、动态评分这些影响卖家服务质量的因素会计入排名。

信誉高低不影响排名，不论新店还是金冠店其排名是公平的。

二、掌握橱窗推荐宝贝

橱窗推荐宝贝是影响宝贝排名的因素之一，合理充分地利用店铺的橱窗位来推荐宝贝是吸引买家的关键。

橱窗推荐分为橱窗位和精品橱窗。

1．橱窗位的数量

淘宝根据信用等级、开店时间、是否缴纳消保保证金、店铺周成交易、金牌卖家和违规扣分等来发放不同的橱窗推荐数量，如图 2-31 所示。

日常规则发放橱窗位数量		活动奖励橱窗位数量		实际发放橱窗位总数量
9	日常规则应发：15个 发放上限（店铺在线商品数）：9	+ 0	=	9

规则纬度	规则内容	你的状态	新橱窗数量
信用等级	星级卖家奖励10个橱窗位 钻级卖家奖励20个橱窗位 冠级卖家奖励30个橱窗位	信用分2	0
开店时间	开店时间少于90天内，奖励10个橱窗位 开店时间满1年奖励2个橱窗位 开店时间满2年奖励5个橱窗位 开店时间满3年奖励10个橱窗位	2011-12-21	10
消保	缴纳消保保证金的，奖励5个橱窗位	是	5
店铺周成交额	周成交额是指上周的周成交额，计算周期为周四0点至周三23:59:59 如果近30天无成交，或店铺不满1星，或主营类目不符合要求，或上周处于惩罚状态,没有奖励橱窗位。 成交额奖励橱窗的使用有效期为1周，每周五老的奖励失效，新的奖励生效。	0.00	0
金牌卖家	金牌卖家奖励：5个橱窗位	否	0
违规扣分	一般违规扣分（A类扣分）满12分及以上，扣除5个橱窗位 严重违规扣分（B类扣分）满12分及以上，扣除10个橱窗位	A类扣分:0;B类扣分:0;C类扣分:0; 去体检中心查看违规扣分详情>	0

图 2-31 橱窗数量

2．精品橱窗准入条件及规则内容

精品橱窗准入条件及规则内容，如图 2-32 所示。

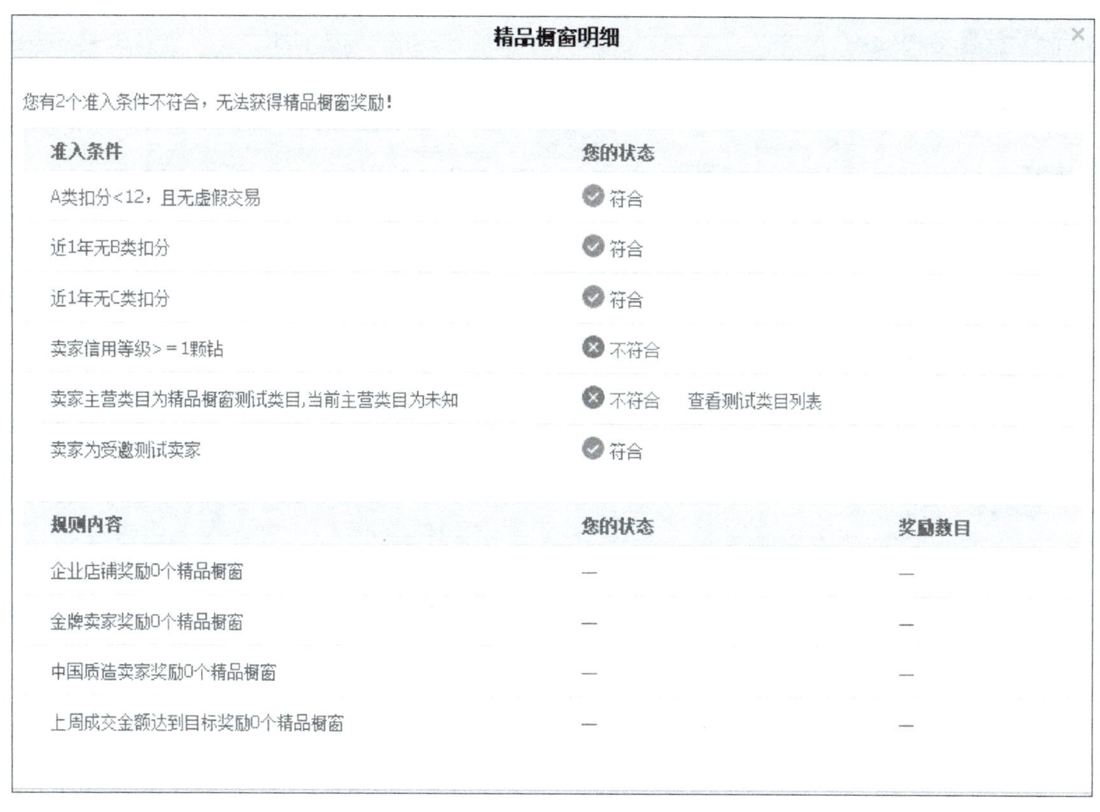

图 2-32　精品橱窗准入条件及规则内容

3. 设置橱窗推荐

步骤 01：登录淘宝，进入卖家中心，单击“宝贝管理 - 出售中的宝贝”，如图 2-33 所示。

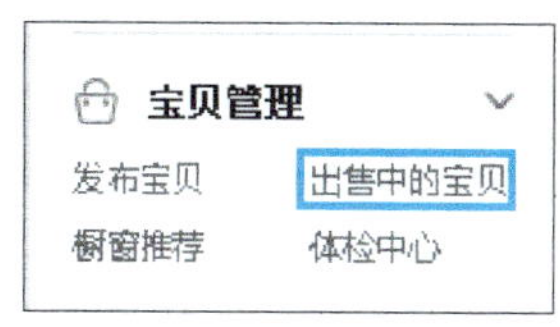

图 2-33　宝贝管理

步骤 02：进入“出售中的宝贝”界面，如图 2-34 所示。

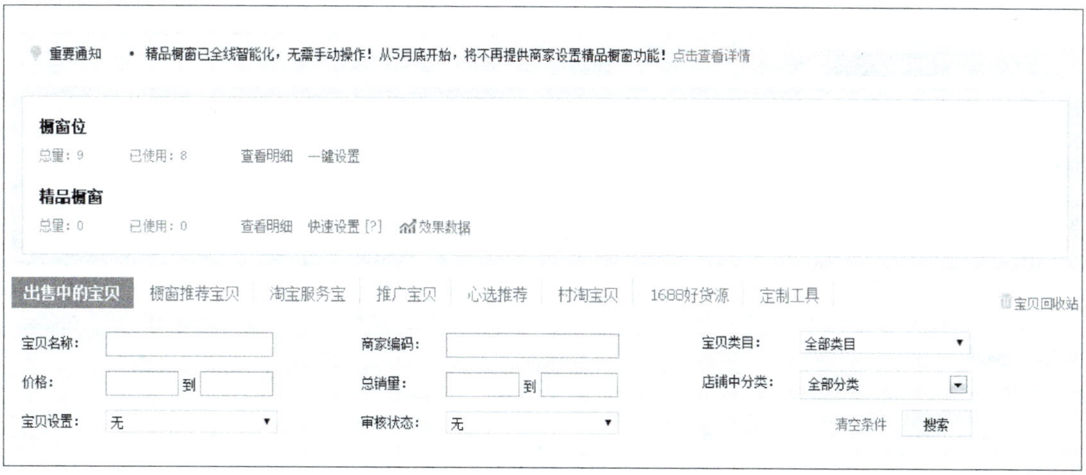

重要通知　• 精品橱窗已全线智能化，无需手动操作！从5月底开始，将不再提供商家设置精品橱窗功能！点击查看详情
橱窗位
总量：9　已使用：8　查看明细　一键设置
精品橱窗
总量：0　已使用：0　查看明细　快速设置 [?]　效果数据
出售中的宝贝　橱窗推荐宝贝　淘宝服务宝　推广宝贝　心选推荐　村淘宝贝　1688好货源　定制工具　宝贝回收站
宝贝名称：　商家编码：　宝贝类目：全部类目
价格：　到　总销量：　到　店铺中分类：全部分类
宝贝设置：无　审核状态：无　清空条件　搜索

图 2-34　出售中的宝贝

步骤 03：在出售的宝贝列表中，选择要设置橱窗推荐的宝贝，如图 2-35 所示。

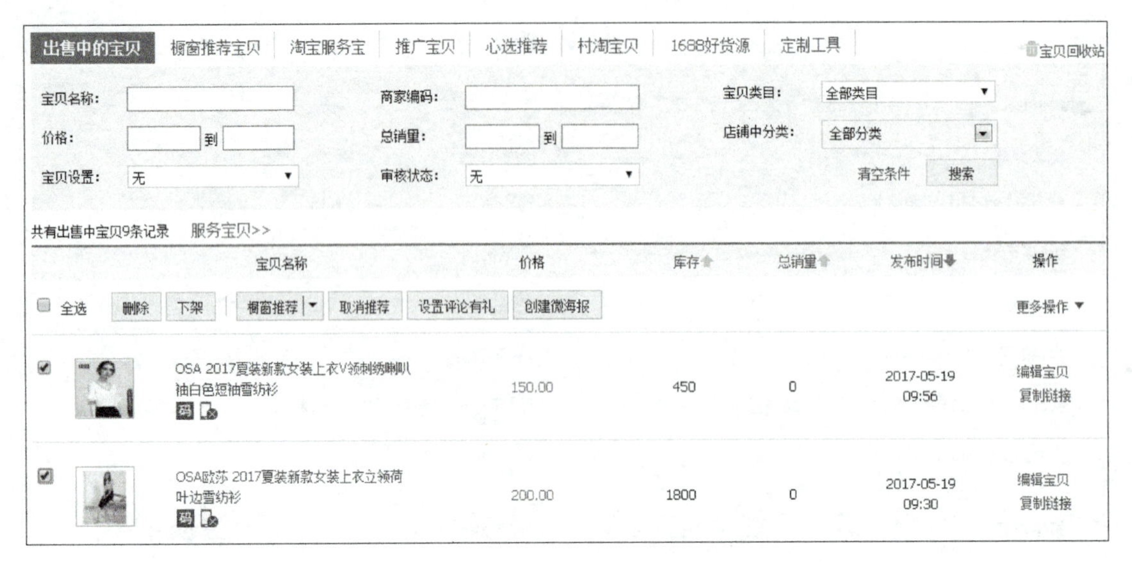

图 2-35　选择宝贝

步骤 04：单击“橱窗推荐”按钮，会提示“设置橱窗推荐成功：……”，如图 2-36 和图 2-37 所示。

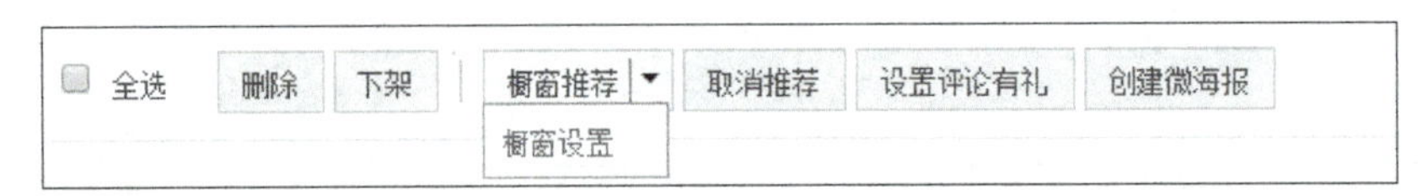

图 2-36　橱窗推荐 1

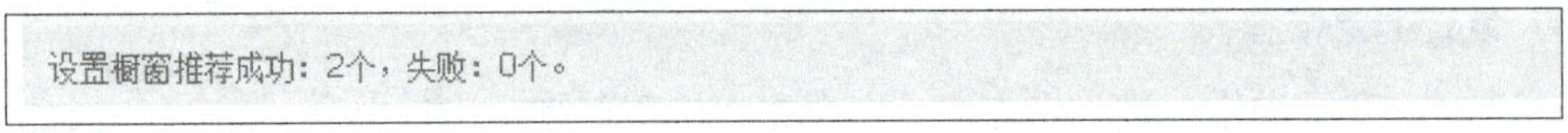

设置橱窗推荐成功：2个，失败：0个。

图 2-37　橱窗推荐 2

步骤 05：单击出售中的宝贝右侧的“橱窗推荐宝贝”，可以看到所有推荐成功的宝贝前的复选框下有显示“已推荐”，如图 2-38 所示。

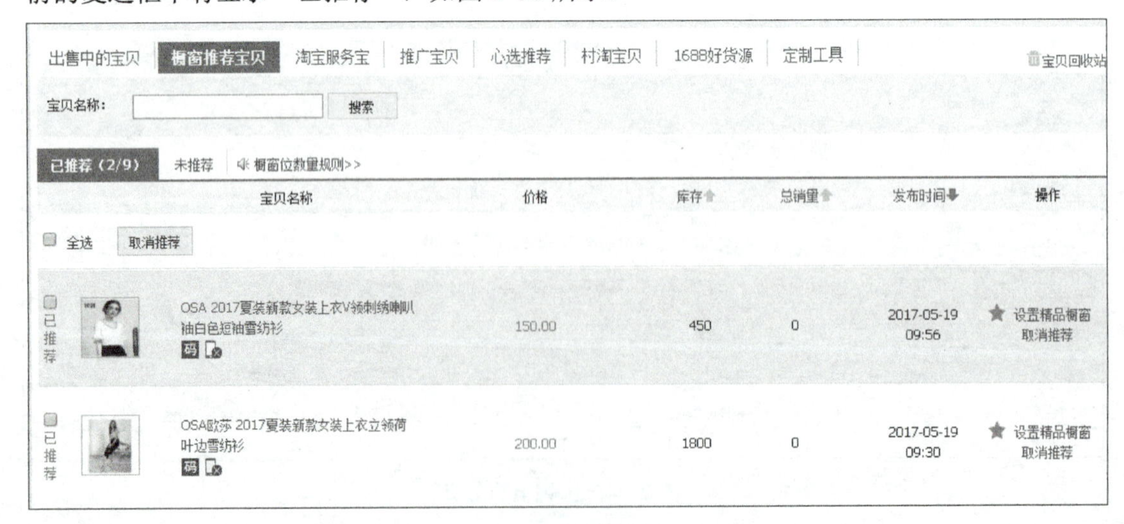

图 2-38　已推荐

三、设置公益宝贝

卖家在上传宝贝的时候自愿参与公益宝贝计划并设置一定的捐赠比例，在宝贝成交后，会捐赠一定数目的金额给指定的公益项目，用于相关公益事业。

下面介绍如何设置公益宝贝。

步骤 01：在“出售中的宝贝”列表中选择一个要设置成公益宝贝的宝贝，如图 2-39 所示。

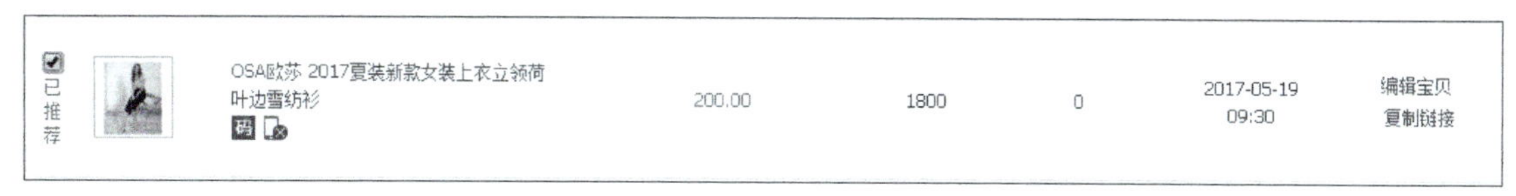

图 2-39　选择公益宝贝

步骤 02：将页面往下拖动，拖动到宝贝列表底部，单击“设置公益宝贝”按钮，如图 2-40 所示。

全选　删除　下架　橱窗推荐　取消推荐　设置运费　设置公益宝贝　设置评论有礼　详情

图 2-40　设置公益宝贝

步骤 03：在跳转的页面中可以看到有提示“您尚未与支付宝签订公益宝贝代扣协议，无法设置宝贝”，单击“点击这里”，如图 2-41 所示。

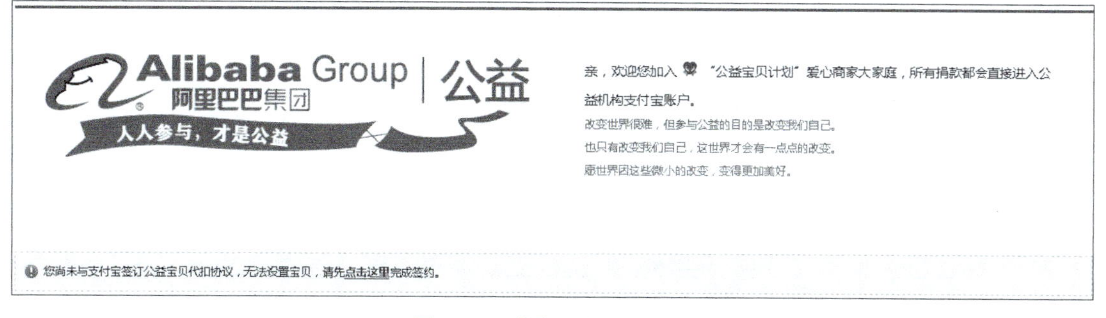

图 2-41　单击“点击这里”

步骤 04：在跳转的页面中填写支付宝账号、密码与校验码，单击“同意协议并提交”按钮，如图 2-42 所示。

步骤 05：提示签约成功，然后单击“点击返回出售中列表”，如图 2-43 所示。重新选择宝贝，单击设置公益宝贝，进入公益宝贝设置页面。

步骤 06：首先阅读公益捐赠协议，确定要捐赠则选中“同意参加”单选按钮，如图 2-44 所示。

步骤 07：选择公益项目，如图 2-45 所示。

步骤 08：选择捐款方式。捐款方式有两种：按成交额百分比捐款和按指定金额捐款，如图 2-46 所示。

步骤 09：选择是否在宝贝详情页显示公益宝贝信息栏，如图 2-47 所示。全部设置完成后单击“确定”按钮，公益宝贝设置完成。

支付宝

帮助中心

开通“支付宝账户付款”服务

1、确认支付宝帐号　　开通成功

* 支付宝账户：13600928809

* 支付密码：　忘记密码？

* 校验码：　看不清 换一张

同意协议并提交

支付宝付款协议
商户名称：淘宝（中国）软件有限公司

支付宝代扣服务协议

第一条 总则
本服务协议（以下简称“本协议”）是支付宝（中国）网络技术有限公司（以下简称“支付宝”）与支付宝用户（以下简称“用户”或“您”）就代扣服务的使用等相关事项所订立的有效合约。用户通过网络页面点击确认或以其他方式选择接受本协议，即表示用户与支付宝已达成协议并同意接受本协议的全部约定内容（**尤其是加粗的文字部分**）。在接受本协议之前，请您仔细阅读本协议的全部内容。如果您不同意本协议的任意内容，或者无法准确理解支付宝对条款的解释，请不要进行后续操作。
支付宝代扣服务：是指用户授权特定第三方向支付宝发送扣款指令，并授权支付宝根据该特定第三方的指令从用户的支付宝账户中扣取指定款项至该特定第三方指定的支付宝账户中（以下简称“本服务”）。本协议中的特定第三方是指用户通过书面形式、或在本签约页面以网站确认等方式授权的可以向支付宝发送扣款指令的主体。

图 2-42　同意协议并提交

图 2-43　单击“点击返回出售中列表”

在接受本协议之前，请您仔细阅读本协议的全部内容（特别是以**粗体下划线标注**的内容）。如果您对本协议的条款有疑问的，请通过淘宝客服渠道进行询问，淘宝将向您解释条款内容。如果您不同意本协议的任意内容，或者无法准确理解淘宝对条款的解释，请不要进行后续操作。

公益捐赠协议

第一条：立约背景

1.1、为了规范卖家的捐赠行为，维护淘宝公益捐赠活动的秩序，依据《淘宝服务协议》、《淘宝规则》的规定拟定本协议。

第二条：签约主体

2.1、本协议由浙江淘宝网络有限公司、淘宝（中国）软件有限公司（以下统称“淘宝”）与参与公益捐赠活动的卖家(以下简称“卖家”或“您”)签署。

第三条：协议生效和适用范围

◉ 同意参加　○ 不参加了

图 2-44　选中“同意参加”

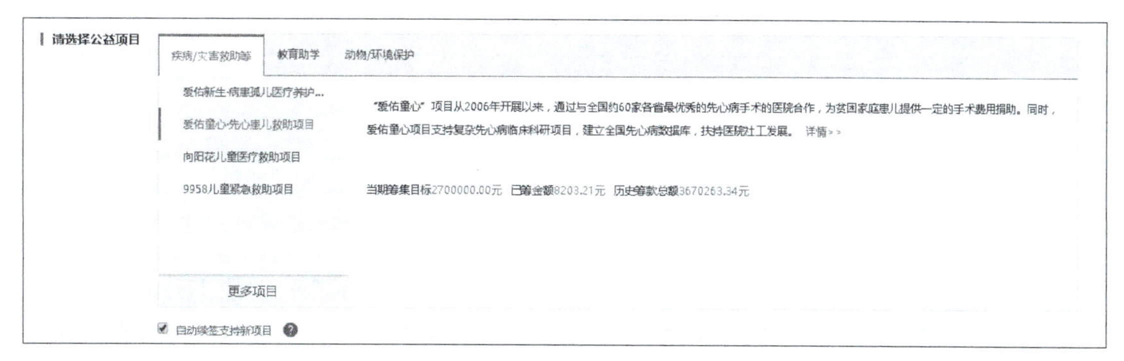

图 2-45　选择公益项目

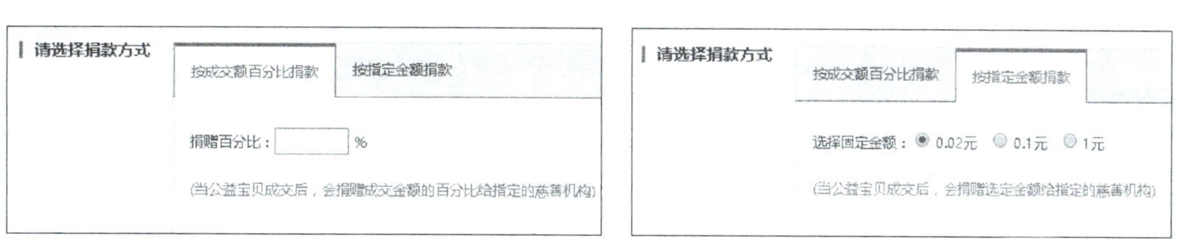

图 2-46　捐款方式

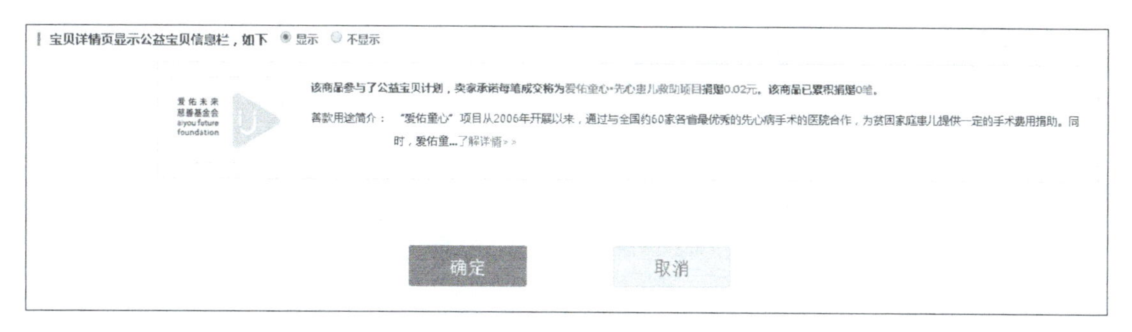

图 2-47　选择是否在宝贝详情页显示公益宝贝信息栏

分任务 3　优化宝贝标题

标题是一个宝贝的门户，在搜索时为了更好地展现商品，找到更精准的流量来源，就需要对标题进行优化。

一、获取关键词

宝贝标题是发布宝贝时必填的内容之一，淘宝规定宝贝标题最多 60 个字符，即 30 个汉字。为了获得更好的展现率，这 30 个汉字中包含的关键词是至关重要的。

1. 搜索入口关键词

进入淘宝网首页，在搜索栏下会看到一行关键词，如图 2-48 所示。这些关键词是根据买家关注的排行榜来显示的，这是我们设置关键词的参考之一。

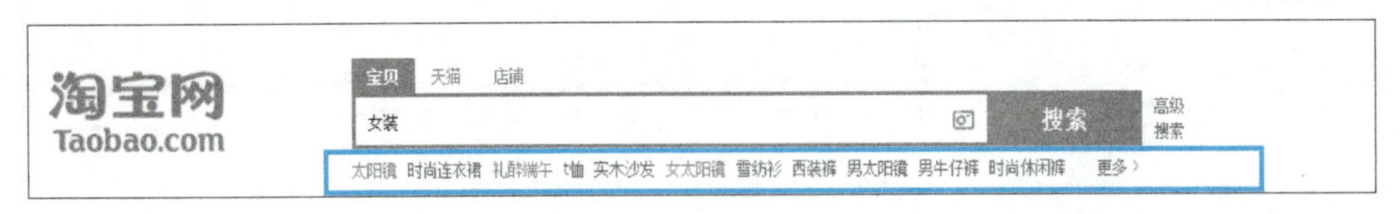

图 2-48 搜索关键字

单击后面的“更多”链接，进入淘宝排行榜的页面，显示了今日关注上升榜和一周关注热门榜，如图 2-49 和图 2-50 所示。关注榜单中的关键词是我们填写宝贝标题的重要参考。

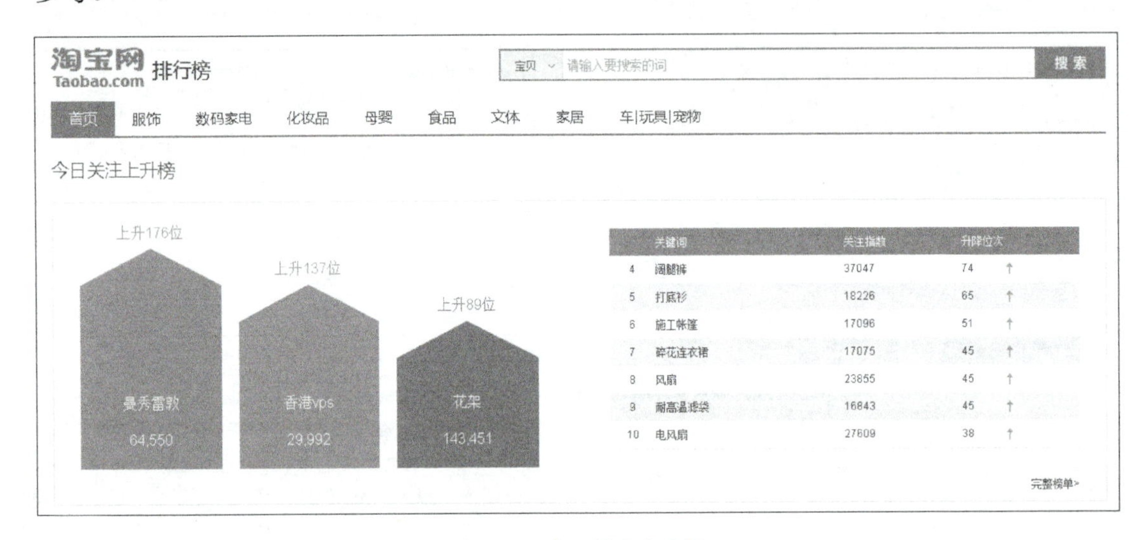

图 2-49 今日关注上升榜

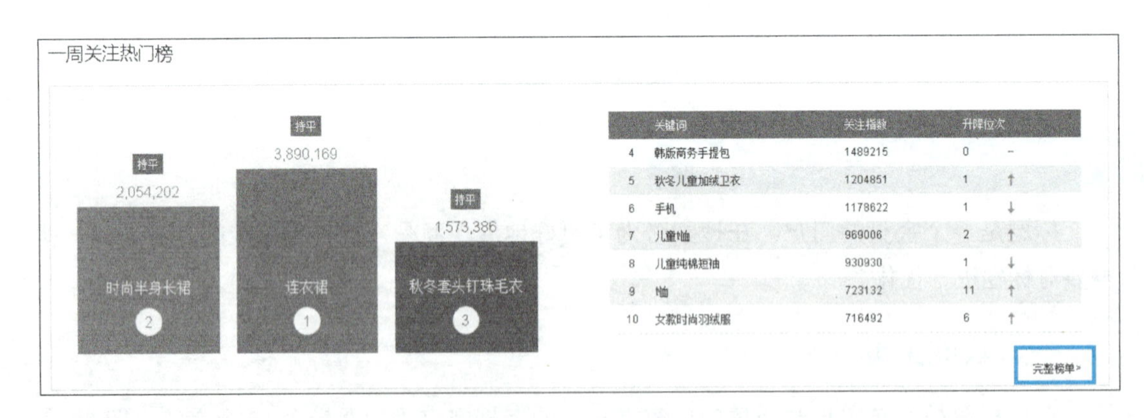

图 2-50 一周关注热门榜

单击“完整榜单”链接会显示全部排行，如图 2-51 所示。

选择上方的“服饰”“数码家电”和“化妆品”等不同选项，进入相应的页面，并选择具体的类别，如“服饰”下的“T 恤”类别：下方显示出销售排行榜、搜索排行榜等列表，根据榜单来参考关键词，如图 2-52 所示。

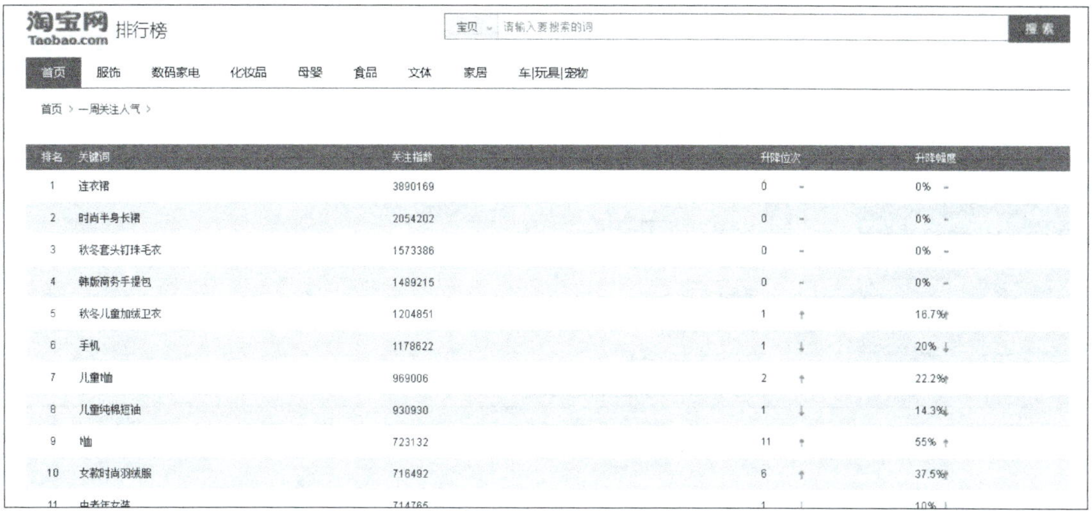

排名	关键词	关注指数	升降位次	升降幅度
1	连衣裙	3890169	0 -	0% -
2	时尚半身长裙	2054202	0 -	0% -
3	秋冬套头钉珠毛衣	1573386	0 -	0% -
4	韩版商务手提包	1489215	0 -	0% -
5	秋冬儿童加绒卫衣	1204851	1 ↑	16.7%↑
6	手机	1178622	1 ↓	20% ↓
7	儿童t恤	969006	2 ↑	22.2%↑
8	儿童纯棉短袖	930930	1 ↓	14.3%↓
9	t恤	723132	11 ↑	55% ↑
10	女款时尚羽绒服	716492	6 ↑	37.5%↑

图 2-51　完整榜单

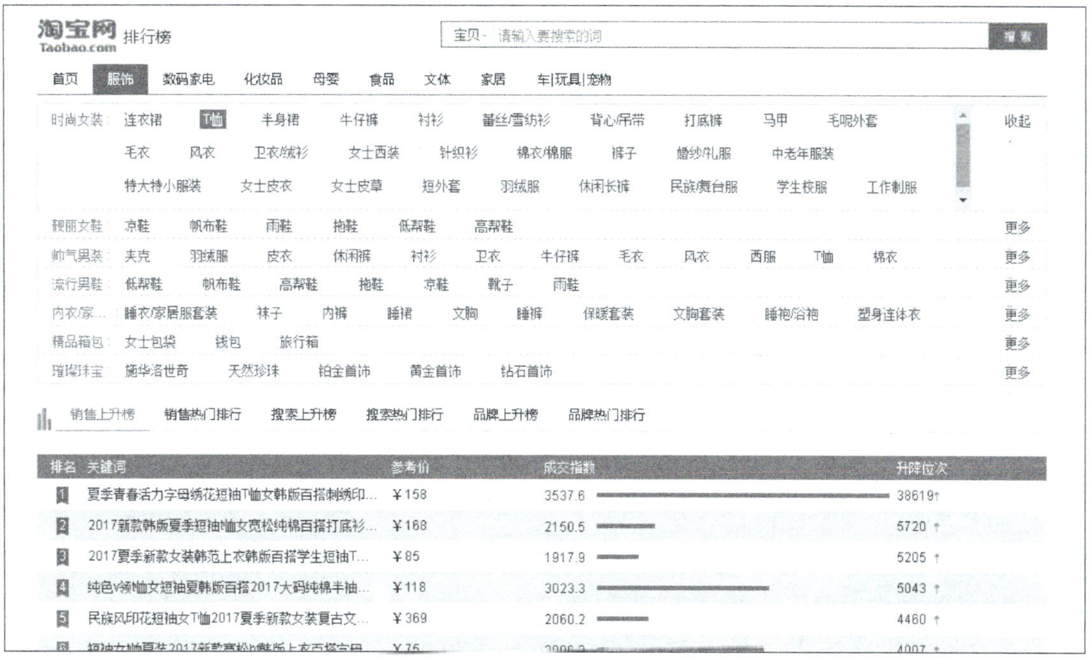

排名	关键词	参考价	成交指数	升降位次
1	夏季青春活力字母绣花短袖T恤女韩版百搭刺绣印…	￥158	3537.6	38619↑
2	2017新款韩版夏季短袖t恤女宽松纯棉百搭打底衫…	￥168	2150.5	5720 ↑
3	2017夏季新款女装韩范上衣韩版百搭学生短袖T…	￥85	1917.9	5205 ↑
4	纯色V领t恤女短袖夏韩版百搭2017大码纯棉半袖…	￥118	3023.3	5043 ↑
5	民族风印花短袖女T恤2017夏季新款女装复古文…	￥369	2060.2	4460 ↑

图 2-52　具体类别的榜单

2. 搜索下拉关键词

我们在搜索宝贝时，淘宝搜索系统会自动匹配一些关键词，这些词的流量通常比较大，也特别容易被买家选择。

在淘宝主页的宝贝搜索栏中输入“女装”，在弹出的下拉列表中显示了其他相关联的关键词，如图 2-53 所示。

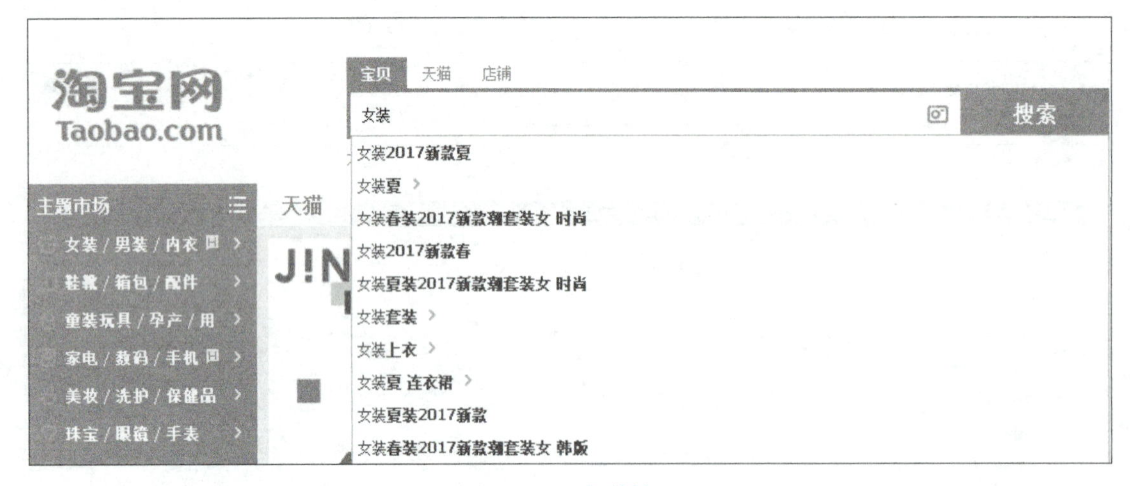

图 2-53 下拉关键词

3. 匹配类似关键词

选择一个关键词，在搜索结果页面下的“你是不是想找”中，也可以看到淘宝推荐的其他类似关键词，如图 2-54 所示。

图 2-54 匹配类似关键词

4. 参考同行

搜索宝贝后，以列表模式显示宝贝，方便我们查看其他同行的宝贝标题，可以借鉴好的标题作为预选关键词，如图 2-55 所示。

5. 阿里指数提取

另外，我们还可以借用数据分析工具进行关键词的提取，如利用阿里指数来提取关键词，也可以利用阿里指数来了解淘宝长周期走势、人群特性、成交排行及市场细分等。

步骤 01：登录淘宝，进入卖家中心，将鼠标指针放到页面右上角的“卖家地图”上，如图 2-56 所示。

步骤 02：找到“营销 & 数据管理”，单击“阿里指数”，如图 2-57 所示。

步骤 03：进入阿里指数界面，单击“了解更多”，如图 2-58 所示。

图 2-55　参考同行

卖家手机端 | 神韵油画，退出　站内信　消息　　淘宝网首页 | 我的淘宝 | 卖家中心 | 卖家服务 | 联系客服 | 卖家地图

开店&入驻
账号注册　淘宝开店　查看开店协议　天猫入驻
中国质造入驻　极有家入驻　拍卖会入驻　速卖通开店

寻找货源
1688采购批发　供销平台　货源保税直邮　淘宝批发
企业采购

宝贝管理
发布宝贝　出售中的宝贝　仓库中的宝贝　橱窗推荐
体检中心　淘宝助理　神笔　八戒

交易&物流管理
已卖出的宝贝　评价管理　退款管理　售后管理
发货　物流工具　物流市场　物流服务

店铺管理
店铺基本设置　域名设置　查看我的店铺　店铺装修
宝贝分类管理　图片空间　手机店铺管理　子账号管理

营销&数据管理
搜索直达　直通车　淘宝客　钻石展位
麻吉宝　营销活动报名　聚划算报名　天天特价报名

客户服务
消费者保障服务　违规记录　咨询回复　投诉管理
判定中心　规蜜

综合服务
服务市场　需求定制　摄影服务　装修模板
淘宝贷款　淘工作　招兼职　版权交易

卖家资讯
规则中心　安全中心　服务中心　阿里研究中心
卖家论坛　淘宝大学　万堂书院　电商在线

图 2-56　卖家地图

营销&数据管理

搜索直达	直通车	淘宝客	钻石展位
麻吉宝	营销活动报名	聚划算报名	天天特价报名
淘金币报名	淘宝试用报名	店铺营销中心	促销管理
生意参谋	广效宝	阿里指数	

图 2-57　单击“阿里指数”

图 2-58　了解更多

步骤 04：进入阿里指数页面，可以在该界面查看区域指数和行业指数，如图 2-59 所示。

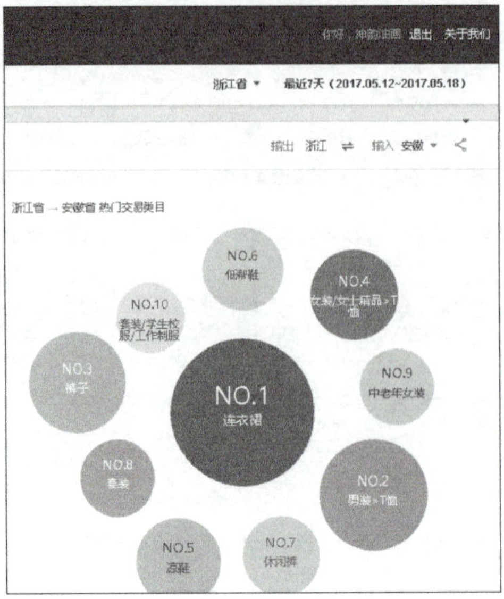

图 2-59　查看热门交易指数

二、诊断与优化标题

在千牛中可以对宝贝的标题进行诊断，我们可以根据诊断分数，重新优化标题，也可以订购智能优化功能。

步骤 01：登录千牛工作台，单击页面左侧的“普云商品”，如图 2-60 所示。

图 2-60　千牛工作台

步骤 02：将鼠标指针移到页面导航栏上的“流量优化”上，然后单击其下拉列表中的“标题优化”，如图 2-61 所示。

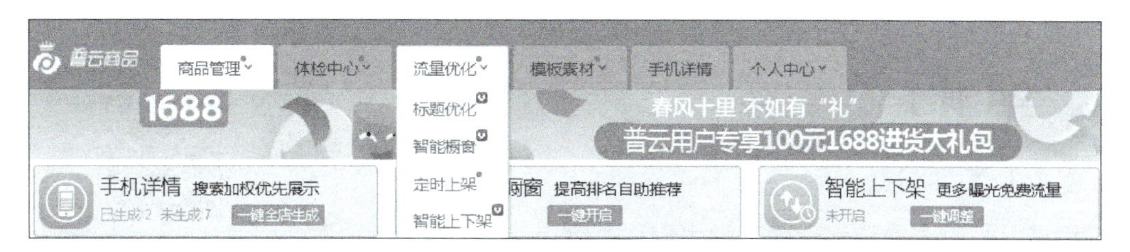

图 2-61 单击“标题优化”

步骤 03：页面上会显示宝贝列表和对应的诊断结果，如图 2-62 所示。

优化提示：1、请勿优化爆款宝贝；2、每次优化时，宝贝标题修改不要超过50%，否则可能会被降权；3、每次优化的宝贝数量请不要超过全店铺宝贝总数的50%，否则可能会被降权。 操作教程

出售中(9) 仓库中(8)

	商品标题	离下架时间	本次诊断结果	上次优化时间	操作
	2017年新款iPhone手机保护壳新款单品	4天 19小时 51分钟	差	暂未优化	[立即优化]
	S型车载眼镜夹创意多功能眼镜架车用眼镜夹子/票据夹汽车内饰用品	4天 20小时 19分钟	差	暂未优化	[立即优化]
	925银饰品 复古小鱼宽面戒指 男女款泰银年年有鱼指环	4天 20小时 23分钟	差	暂未优化	[立即优化]
	新款米钉眼镜箭头太阳镜 时尚男女潮墨镜炫彩反光太阳眼镜	4天 20小时 24分钟	良	暂未优化	[立即优化]

图 2-62 诊断结果

步骤 04：标题优化。针对诊断结果，可以在需要优化标题的宝贝后单击“立即优化”，会跳出需要订购的提示，有条件的卖家可以订购服务。或者，重新编辑宝贝标题再进行诊断，以获得较高的得分，如图 2-63 所示。

图 2-63 标题优化

学生演练

实训 2-1　商品标题组合

参考步骤:

根据二维码中的示例步骤，学生们自主练习。

考核评价

表 2-1　商品标题组合实训考核评价表

序号	评价内容	得分 / 分			综合得分 / 分
		自评	组评	师评	
1	掌握商品标题找词技巧				
2	了解商品标题选词方法				
3	学会商品标题组合				
合计					

任务 2　订 单 管 理

任务分析

本任务重点讲解淘宝店铺的订单管理技能，包括认识千牛卖家工作台、千牛工作台模式常用设置、7 种常用的千牛旺旺聊天模式、订单操作流程和物流。通过本任务的学习，同学们要掌握店铺管理订单的方法。

情境引入

买家进了店铺，拍下了宝贝，付了款，卖家客服就要开始对这个订单进行处理。要做好订单的管理一般就要兼顾做好淘宝订单的快递问题、相关仓储问题、订单的解答服务问题。那么接下来我们讲解管理订单的技巧。

教师点拨

分任务 1　认识千牛卖家工作台

千牛卖家一站式工作平台是由阿里集团官方出品，包含千牛移动版和千牛 PC 版。除了具有阿里旺旺的沟通功能以外，还具有处理订单、管理商品、查看实时数据等功能。淘宝集市卖家和天猫卖家，均可使用千牛。目前买家也可以登录使用千牛了。

一、下载与安装千牛

千牛是淘宝提供给卖家的一款工具，使用前必须先下载安装。

步骤 01：在浏览器中搜索千牛，进入千牛官网 PC 页（https://alimarket.taobao.com/markets/qnww/pc），选择下载版本，单击下载，如图 2-64 所示。

图 2-64　千牛官网 PC 版界面

步骤 02：下载完成后，双击安装包，按照提示安装，如图 2-65 所示。

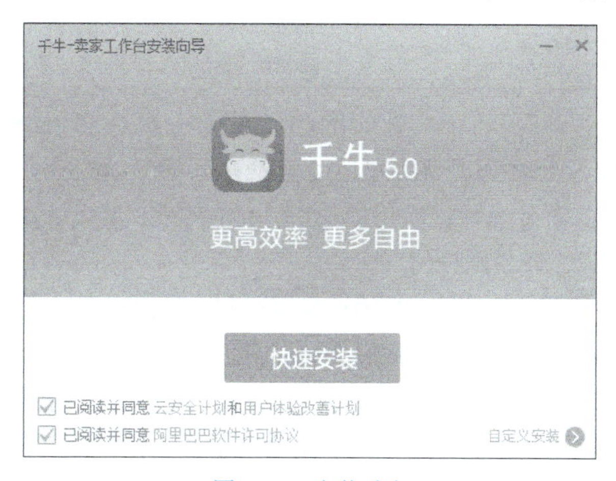

图 2-65　安装千牛

二、认识千牛工作台界面

千牛工作台包括两种模式，即工作台模式和旺旺模式，这两种模式可以自由切换。

步骤 01：输入淘宝账号和密码登录千牛，如图 2-66 和图 2-67 所示。

图 2-66　登录千牛

图 2-67　千牛首页

步骤 02：把鼠标指针移到页面最左边的竖着排列的导航栏上，可以看到网页网址的导航、一些已经添加的千牛插件、应用中心等，如图 2-68 所示。卖家就是利用这边的这些插件工具对店铺进行管理和维护的。

步骤 03：在页面右上角有一个旺旺的头像图标和系统消息图标，如图 2-69 所示。

步骤 04：单击一下旺旺图标，跳出旺旺聊天界面，如图 2-70 所示。卖家可以在这个界面与客户沟通，也可以单击界面左下角的一些快捷按钮直接进入我的店铺、卖家中心等页面。

步骤 05：也可以运用千牛的浮动小窗口来自由切换工作台模式和旺旺模式，如图 2-71 所示。

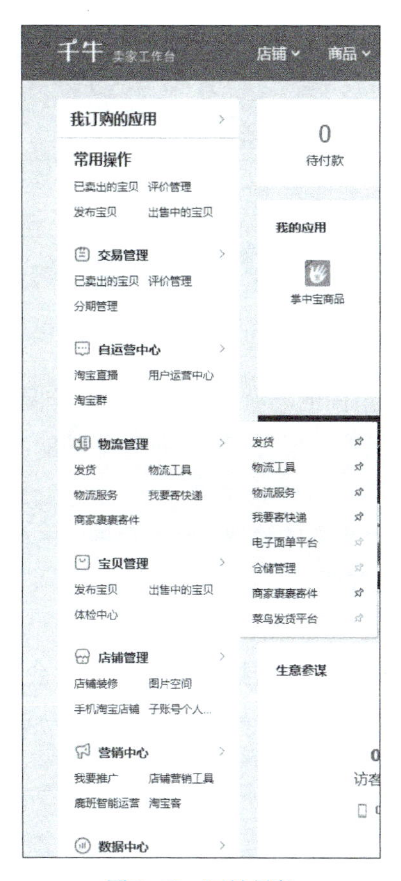

图 2-68　网址导航

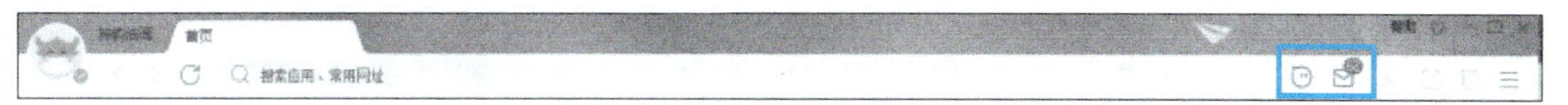

图 2-69　图标

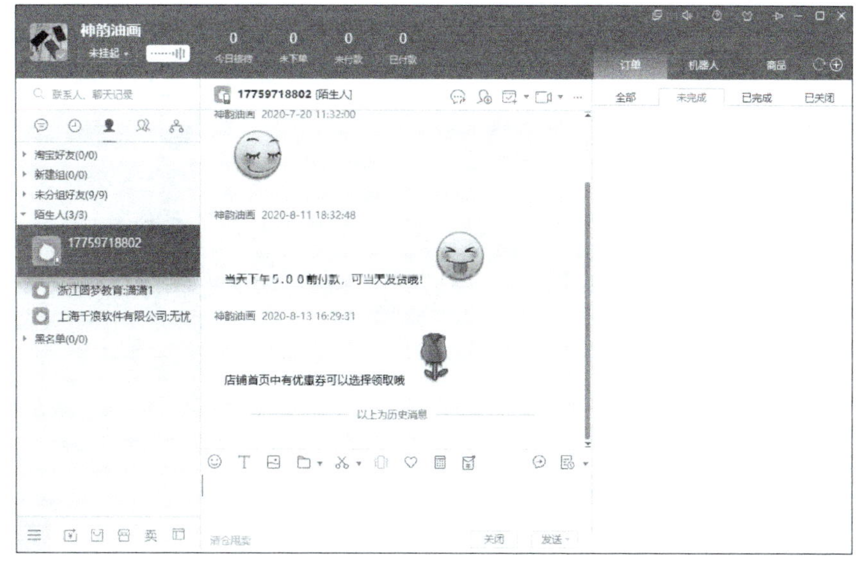

图 2-70　聊天界面

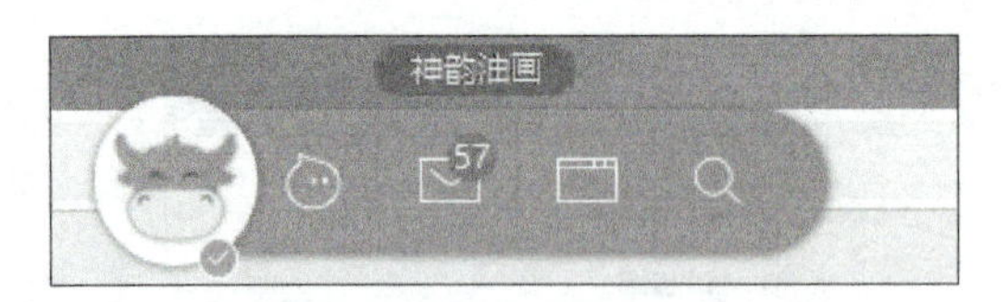

图 2-71 浮动小窗口

分任务 2 设置千牛工作台常用模式

一、掌握插件模块

千牛本身的功能免费，但里面的一些插件模块（如交易管理、商品管理）由第三方服务商提供。是否收费取决于服务商，但目前常见的一些功能，如改价、扫描发货、消息通知等会保持免费。

卖家可以运用这些插件进行更好的管理和运营店铺。

步骤 01：单击千牛工作台首页左下角的“应用中心”，右边界面上会出现很多插件，如图 2-72 所示。

步骤 02：把鼠标指针移到要添加的插件上，右上角会出现一个钉子一样的按钮，单击该按钮，该插件就添加到页面左侧的导航栏上了。添加成功后，钉子的颜色由透明变成黄色，如图 2-73 所示。

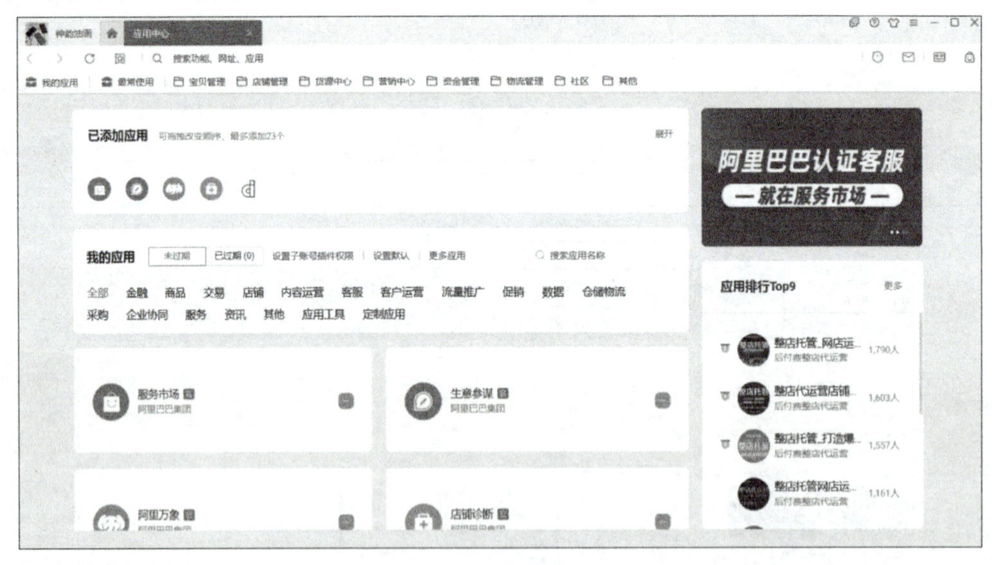

图 2-72 应用中心

图 2-73 钉子由透明变黄

二、学会数据模块

淘宝卖家可以在千牛查看店铺的各项数据，如实时数据、经营数据等（如图 2-74 和图 2-75 所示），通过对数据的监控和分析，从而更好地运营店铺。

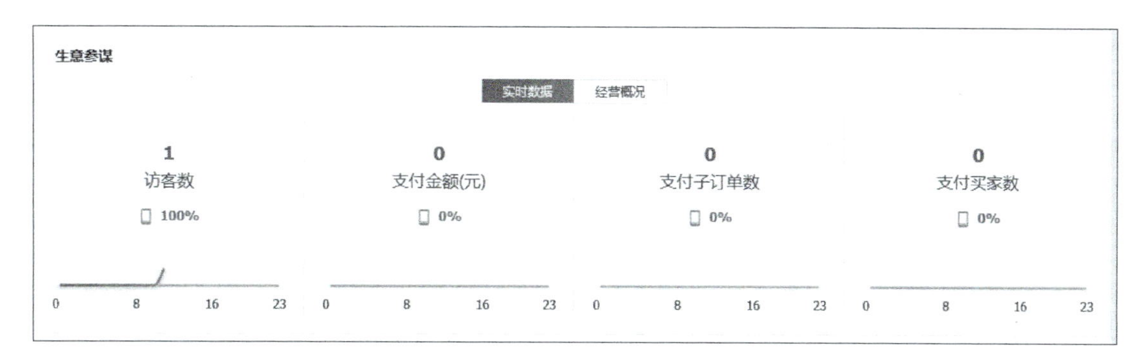

图 2-74　实时数据

经营数据 2017-05-19

核心指标　自助取数>

访客数	浏览量	支付金额	支付转化率	退款金额	服务态度评分
6	6	0	0.00%	0	5.00000
较前一日 ↑50.00%	较前一日 ↓14.29%	较前一日 ↓100.00%	较前一日 ↓100.00%	较前一日 -0.00%	较前一日 -0.00%
较上周同期 -0.00%	较上周同期 -0.00%	较上周同期 -0.00%	较上周同期 -0.00%	较上周同期 -0.00%	较上周同期 -0.00%
无线占比 83.33%	无线占比 83.33%	无线占比 -	无线转化 0.00%	近七天日均 0	近七天日均 1.42857

流量　流量概况>

PC流量来源TOP3

来源	访客数	支付转化率
淘宝搜索	1	0.00%

无线流量来源TOP3

来源	访客数	支付转化率
手淘搜索	5	0.00%

PC入店关键词TOP3

关键词	访客数	引导下单转化率
osa 白色短…	1	0.00%

无线入店关键词TOP3

关键词	访客数	引导下单转化率
车内眼镜架…	2	0.00%
戒指男	1	0.00%
戒指女 饰品	1	0.00%

图 2-75　经营数据

分任务 3　设置 7 种常用的千牛旺旺聊天模式

千牛旺旺除了能提供即时聊天功能外，还具有很多其他的妙用。

一、添加好友与分组

将前来咨询、请求售后或潜在买家添加为好友，并将其分组，是收集客户资源的一大手段。

步骤 01：在聊天窗口上方单击“加为我的好友”按钮，如图 2-76 所示。

步骤 02：在打开的“添加好友成功”对话框中设置显示名与分组，如图 2-77 所示。

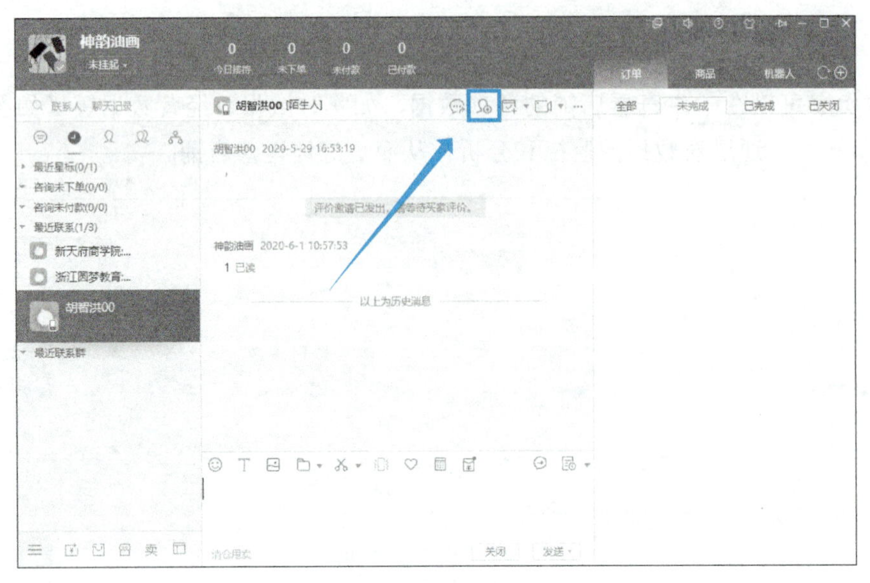

图 2-76　加为我的好友

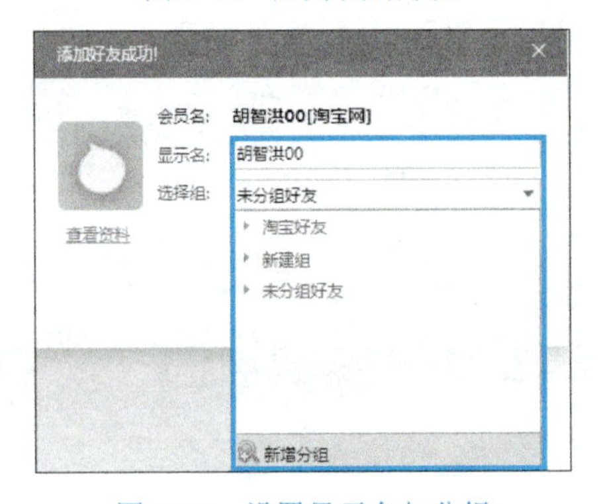

图 2-77　设置显示名与分组

二、建立千牛群

步骤 01：单击页面最左侧的“群”，然后双击其下方的“立即双击启用群”，如图 2-78 所示。

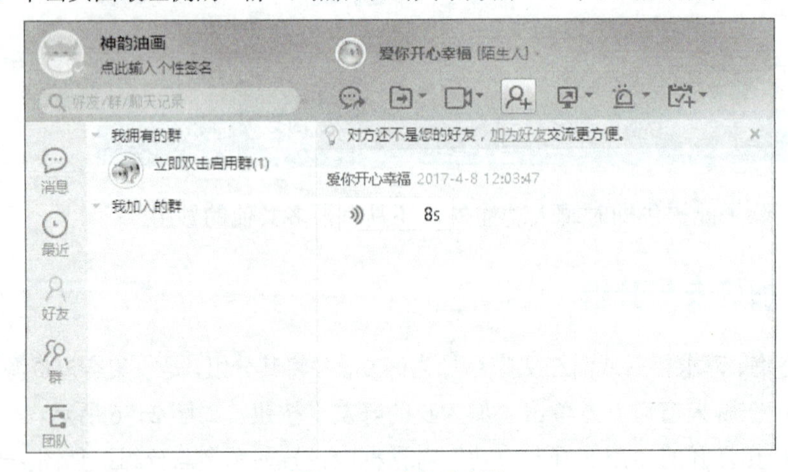

图 2-78　建立千牛群

步骤 02：按照提示设置群名称、分类等，设置完成后，单击“提交”按钮，如图 2-79 所示。

步骤 03：显示已成功启用群，单击“完成”按钮，此时列表中即显示了我拥有的群。也可以单击“立即邀请成员加入”按钮，如图 2-80 所示。

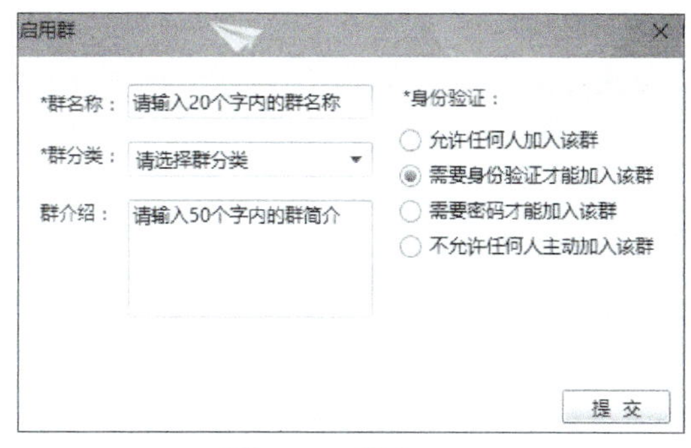

图 2-79　提交

图 2-80　立即邀请成员加入

三、设置自动回复

启用自动回复功能可以在忙碌、无暇回复的情况下自动回复客户的问题。

步骤 01：在千牛工作台模式的右上角或旺旺模式的左下角单击“系统设置”按钮，如图 2-81 所示。

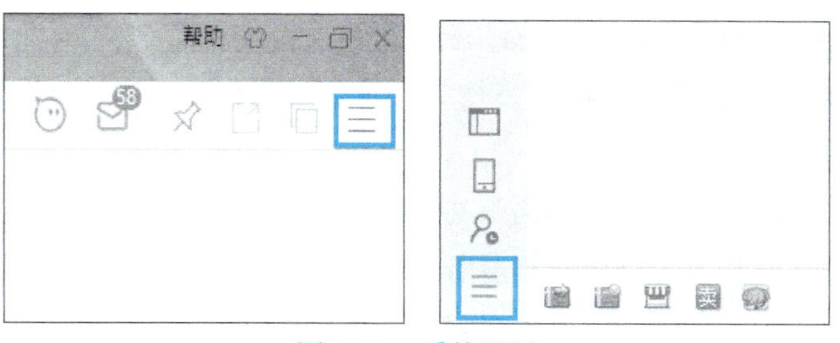

图 2-81　系统设置

步骤 02：进入系统设置界面，单击“接待设置”→“自动回复”，如图 2-82 所示。

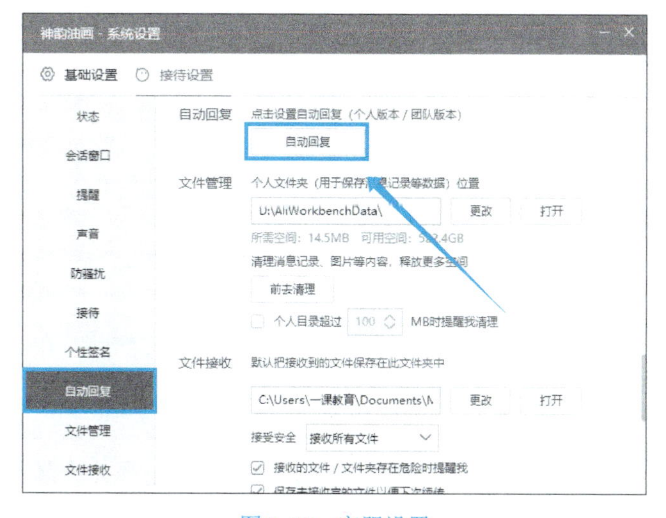

图 2-82　客服设置

步骤 03：单击“接待设置”下的“自动回复短语”，如图 2-83 所示。

图 2-83 设置客服自动回复

步骤 04：单击“新增”按钮，在打开的“新增自动回复”对话框中输入新增的自动回复内容，也可设置字体字号，插入表情等，如图 2-84 所示，内容设置后单击“保存”按钮。

步骤 05：可以看到“自动回复短语”文本框中显示了刚设置好的内容，如图 2-85 所示，可以用同样的方法新增其他的自动回复短语。

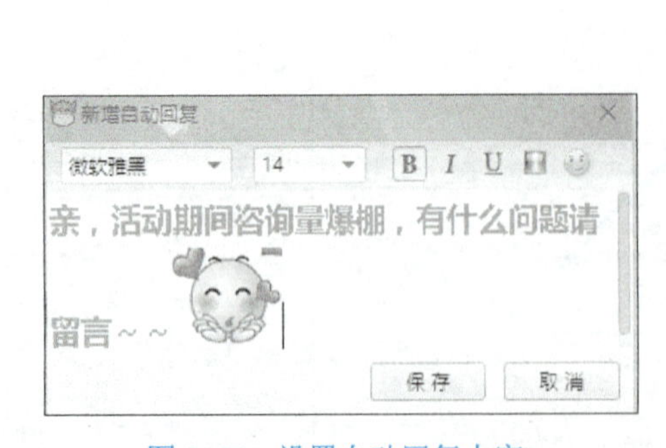

图 2-84 设置自动回复内容

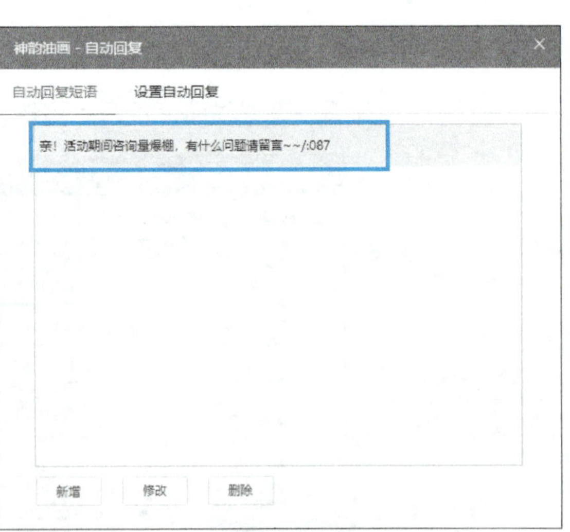

图 2-85 回复短语

步骤 06：切换到“设置自动回复”界面，按照店铺需求选择并设置个人回复，如图 2-86 所示。设置完成后单击“确定”按钮，则自动回复设置完成。

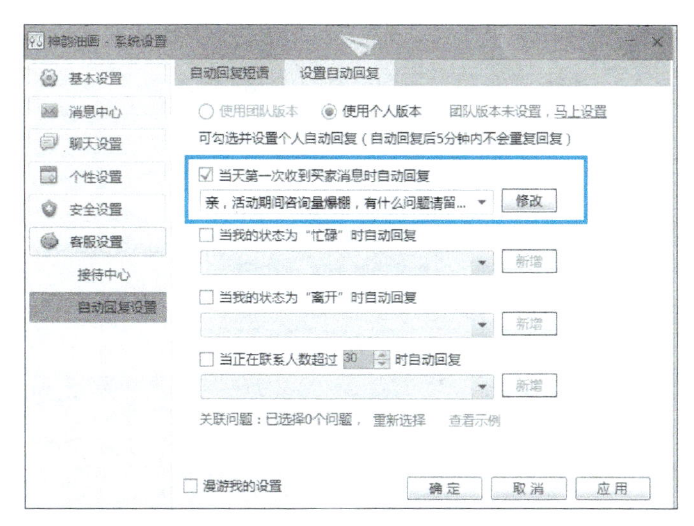

图 2-86　自动回复设置完成

四、设置快捷短语

将经常回复的内容进行编辑保存，在下次回复时，可以直接发送快捷短语回复而不需要重新打字编辑，有效地提高了工作效率。

步骤 01：在聊天窗口中单击“快捷短语”按钮，如图 2-87 所示。

图 2-87　单击“快捷短语”按钮

步骤 02：页面右侧会出现快捷短信内容列表，单击页面底部的“新建”按钮，如图 2-88 所示。

步骤 03：打开“新增快捷短语”对话框，按照提示输入快捷短语、快捷编码以及选择、新增分组。设置完成后，单击“保存”按钮，如图 2-89 所示。

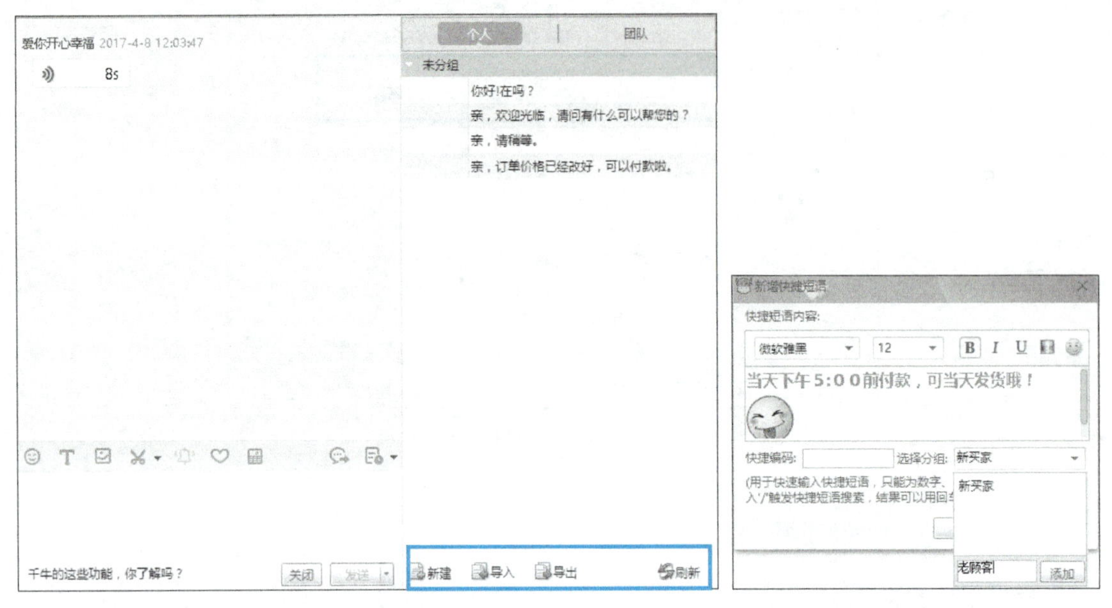

图 2-88　单击“新建”按钮　　　　图 2-89　“新增快捷短语”对话框

步骤 04：然后在聊天界面的右侧就会显示设置好的快捷短语，需要发送给买家的时候，直接选择并单击就可以了，如图 2-90 所示。

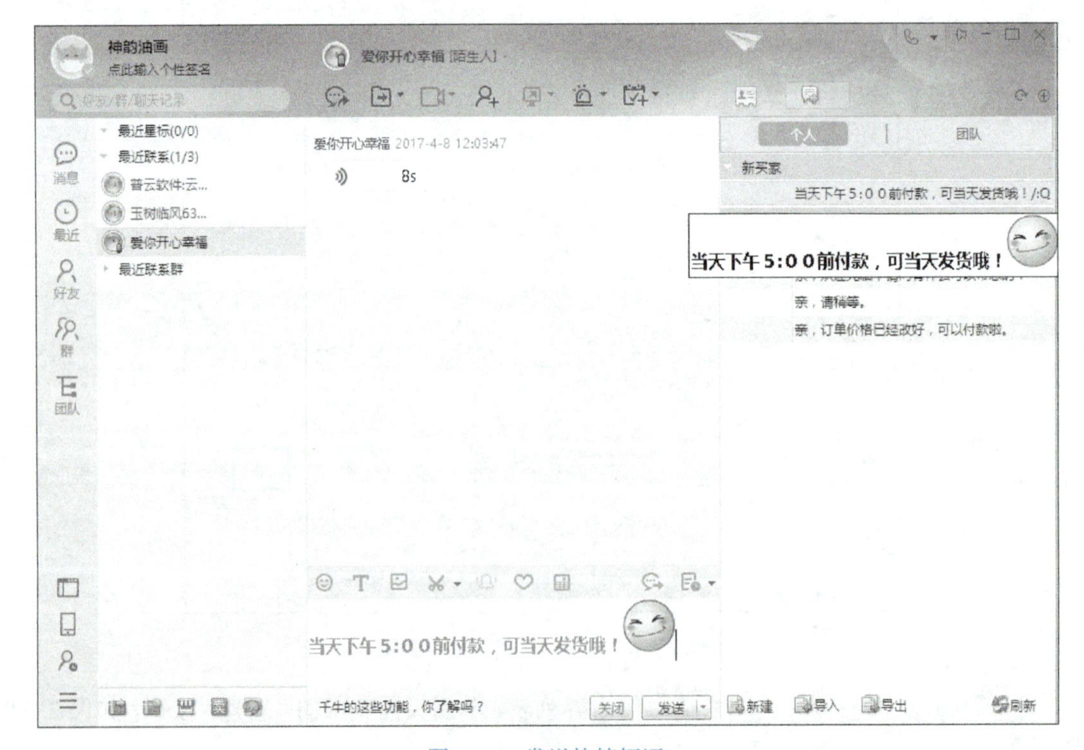

图 2-90　发送快捷短语

五、保存消息记录

聊天记录无论对于卖家还是买家都很重要，建立客户档案、总结交流经验、查找口头承诺过的协议及发生纠纷时取证，这些都离不开聊天记录，因此对聊天记录的保存十分重要。

步骤 01：单击旺旺模式界面左下角的“系统设置”，如图 2-81 所示。

步骤 02：进入消息管理器界面，选择需要保存聊天记录的买家的聊天界面，如图 2-91 所示。

步骤 03：把鼠标指针移到买家昵称上右击，在弹出的快捷菜单中有“导出消息记录”“查看资料”等选项，选择“导出消息记录”选项，如图 2-92 所示。

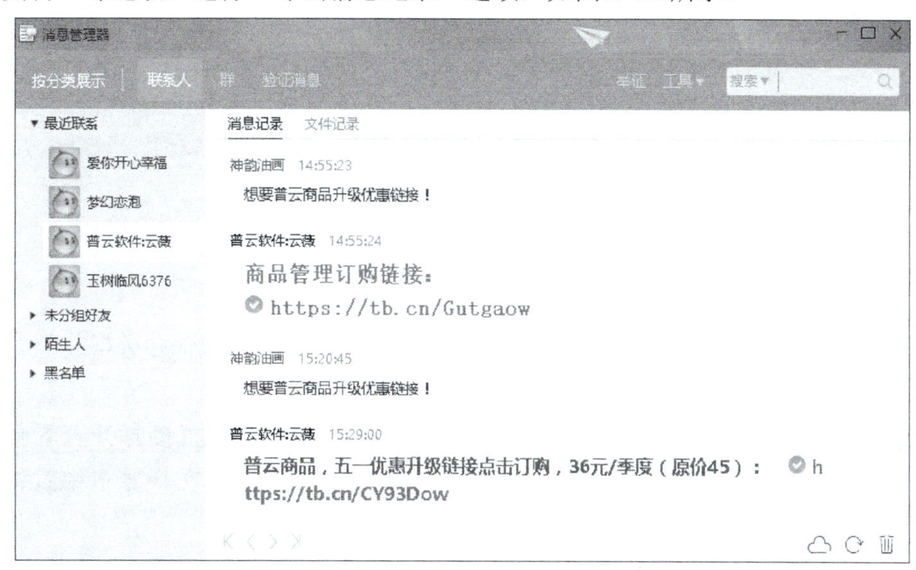

图 2-91　保存聊天记录

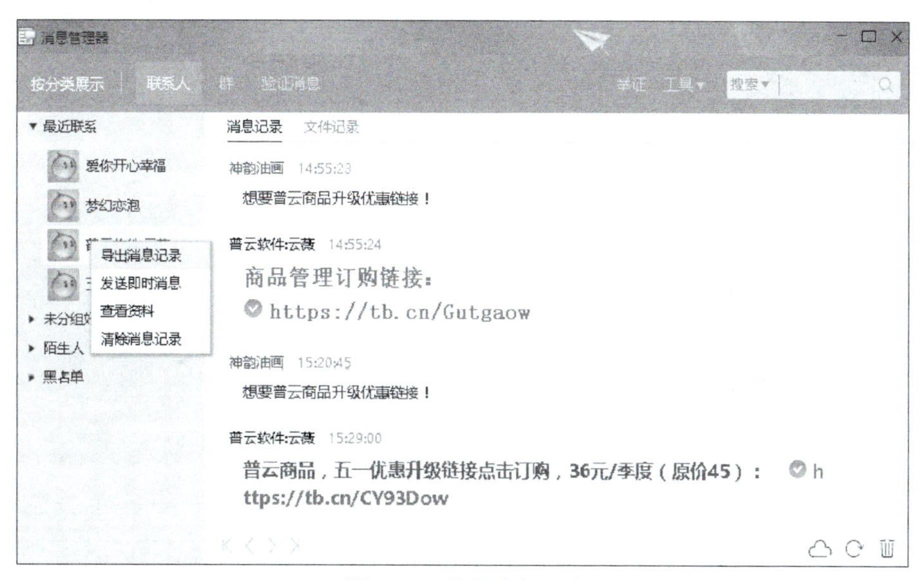

图 2-92　导出消息记录

步骤 04：弹出选择要保存的聊天记录的时间范围框，设置好时间范围后单击“确定”按钮，如图 2-93 所示。

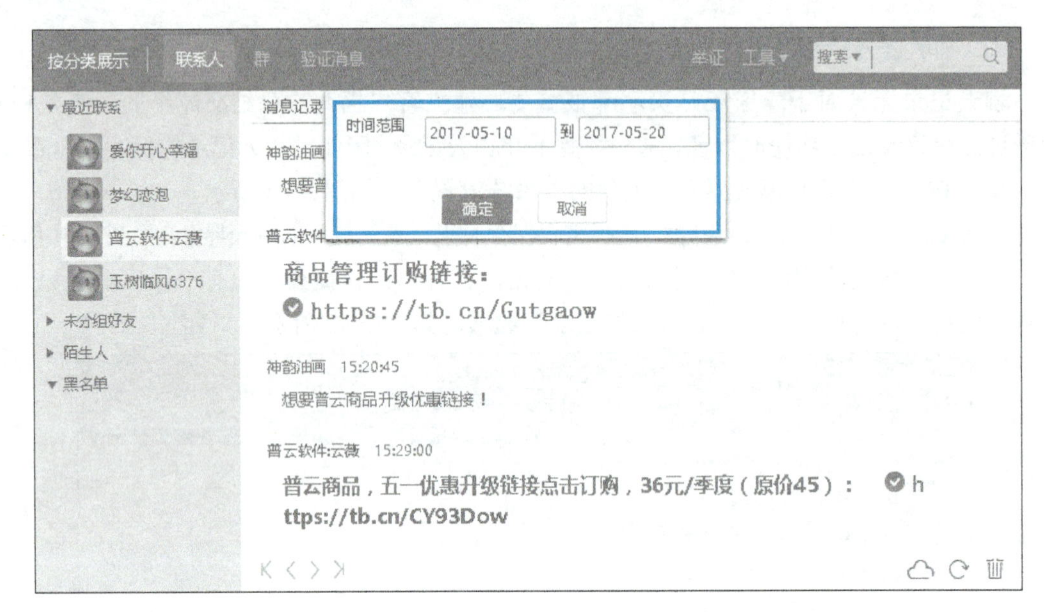

图 2-93　时间范围框

步骤 05：在打开的“导出”对话框中设置保存的位置、文件名及保存类型并单击“保存”按钮。

提示：这里的保存类型有两种，Txt File 类型可以在导出后直接打开查看预览，但不支持导入。Imd File 类型可以重新导入聊天记录中，但不方便在计算机中直接查看，如图 2-94 所示。

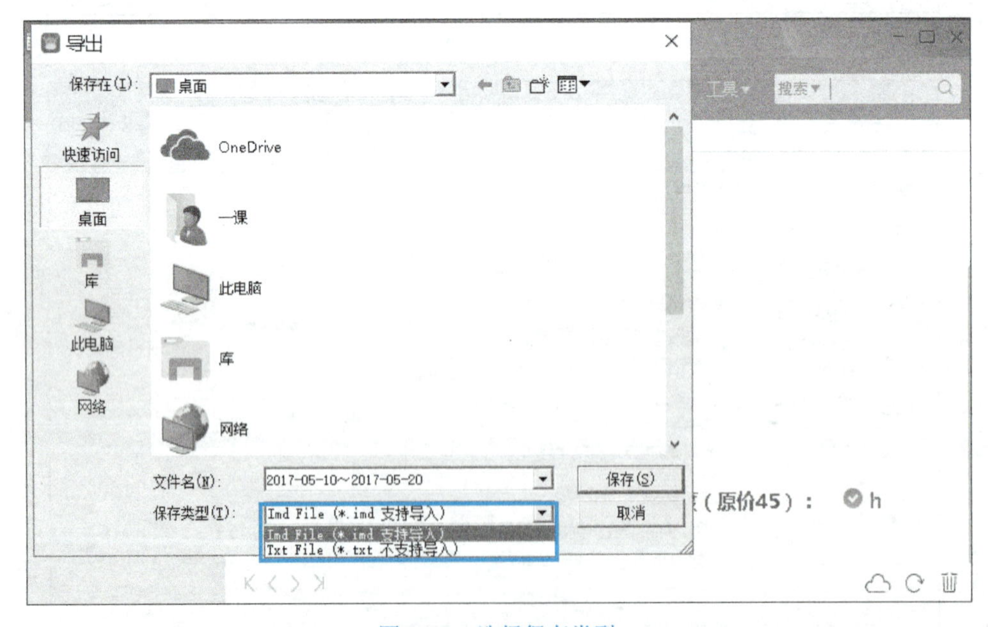

图 2-94　选择保存类型

步骤 06：显示导出完成，如图 2-95 所示，单击“确定”按钮，聊天记录就保存到本地计算机了。

除了消息记录导出保存外，还可以使用截图功能直接将消息记录保存为图片格式。

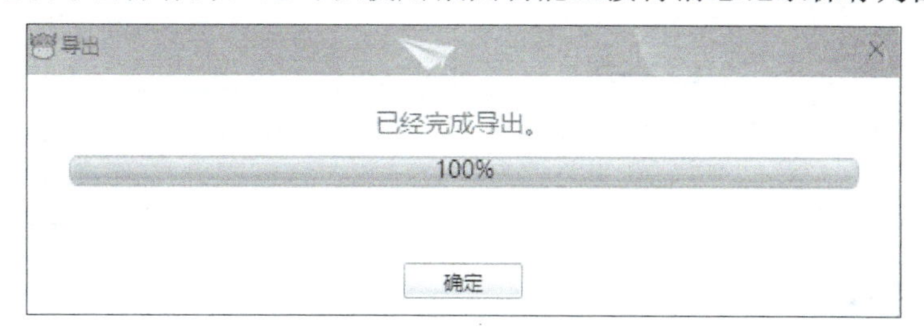

图 2-95　导出完成

六、过滤骚扰信息

过滤广告信息和陌生人的骚扰是工作中非常实用的一步。

步骤 01：单击旺旺模式界面左下角的“系统设置”，如图 2-81 所示。

步骤 02：单击“系统设置”下的“安全设置－防骚扰”，并选择页面右侧的选项，如图 2-96 所示，然后单击“确定”按钮。

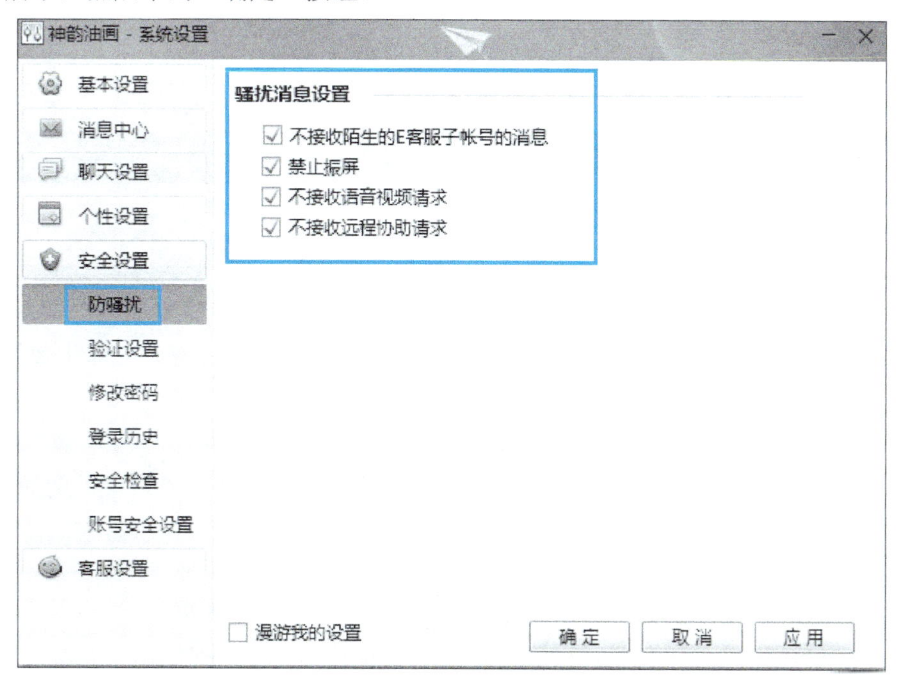

图 2-96　防骚扰设置

七、设置团队

团队是以多个客服组成的，团队内的成员可以共用签名、自动回复或快捷短语等。

步骤 01：设置团队签名。单击“系统设置”下的“个性设置－个性签名”，页面右侧显示“团队版本未设置”，单击“马上设置”，如图 2-97 所示。

步骤 02：在跳转的页面中，单击“新增签名”按钮，如图 2-98 所示。

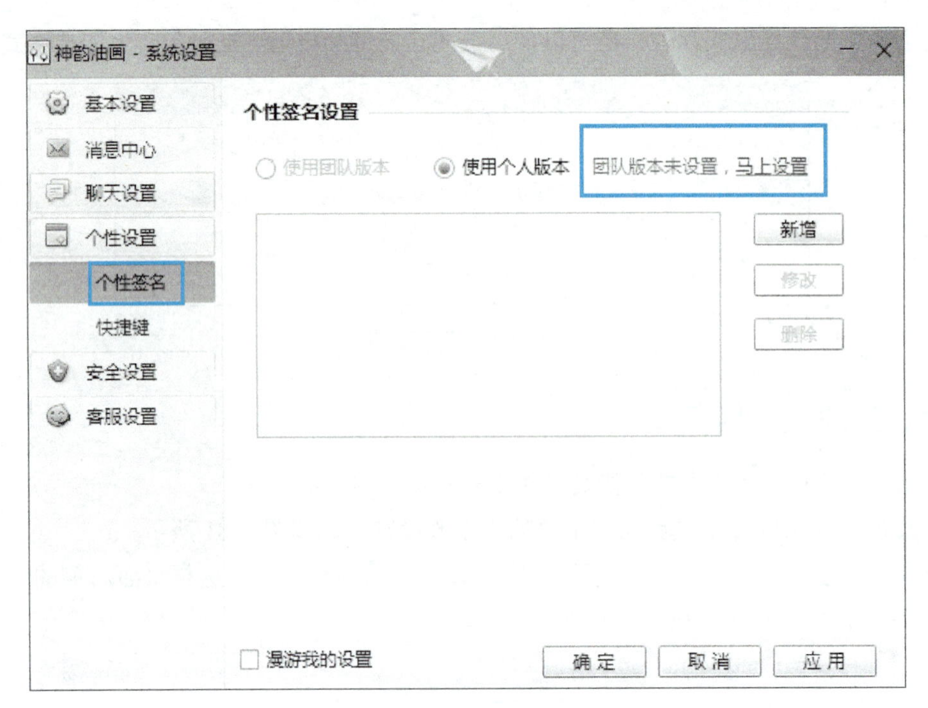

图 2-97　马上设置

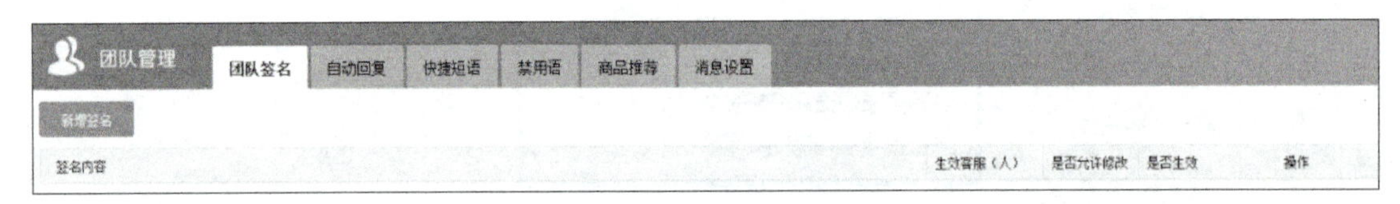

图 2-98　新增签名

步骤 03：设置签名内容，并选中“允许客服个人修改”和“保存时立即生效”复选框，如图 2-99 所示。

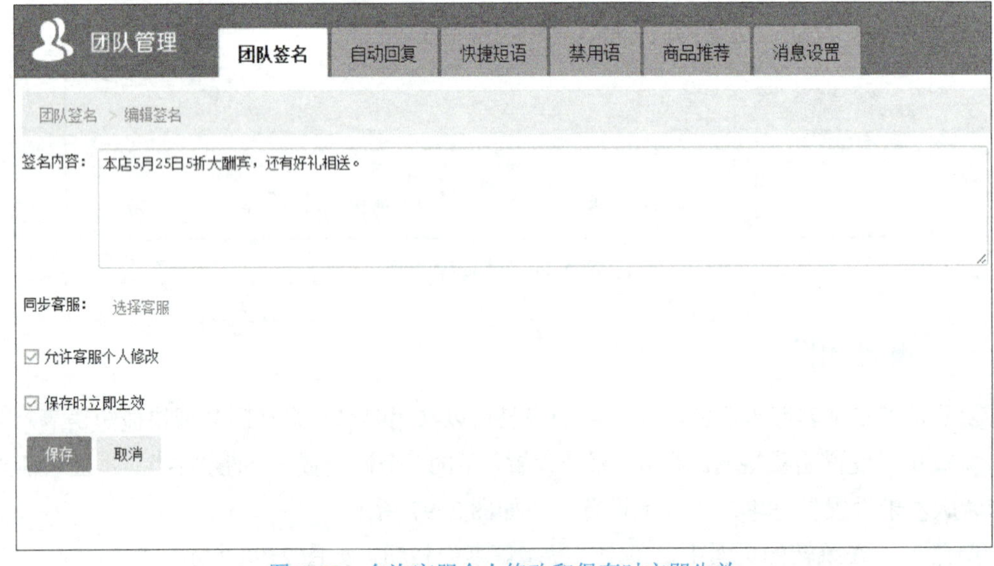

图 2-99　允许客服个人修改和保存时立即生效

步骤 04：同步客服。单击“选择客服”，在打开的“选择客服”对话框中选择客服，然后单击“确定”按钮，如图 2-100 所示。

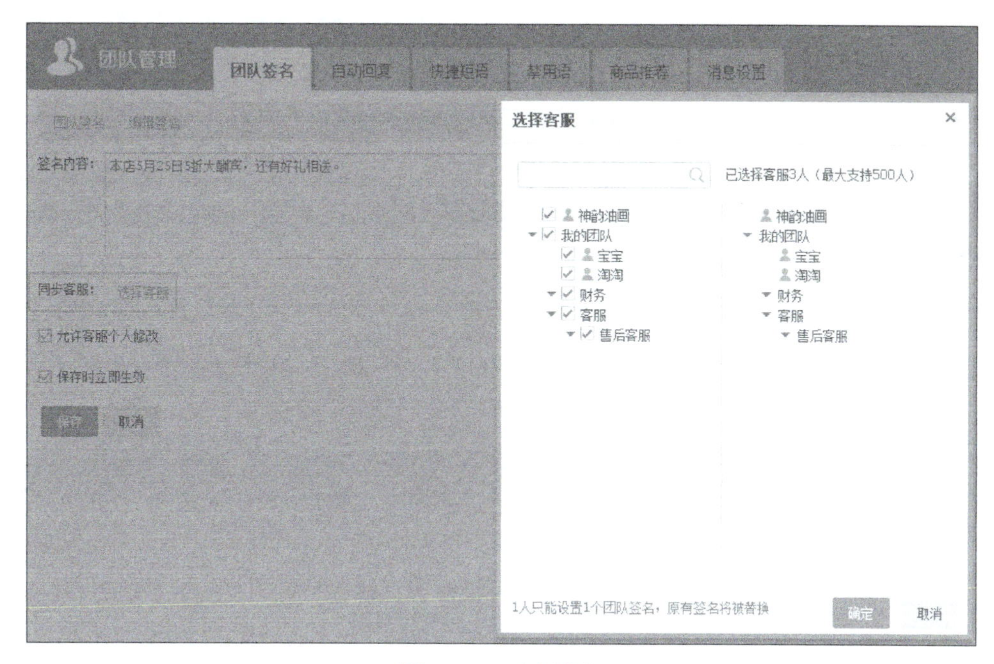

图 2-100 选择客服

步骤 05：全部设置完成后单击“保存”按钮，如图 2-101 所示，团队签名设置完成。

图 2-101 团队签名设置完成

步骤 06：签名生效后，还可以对签名进行关闭、修改和删除等操作，如图 2-102 所示。

步骤 07：可以新增多个签名，但是新增签名仅显示一个生效的签名，若多个签名选择了相同的客服，则只会在生效的签名中显示生效客服，如图 2-103 所示。

步骤 08：自动回复设置。单击“自动回复 - 新增模板”按钮，如图 2-104 所示。

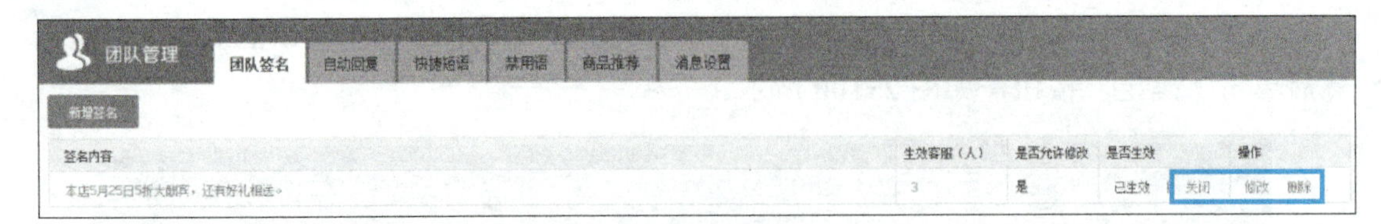

图 2-102　关闭、修改和删除操作

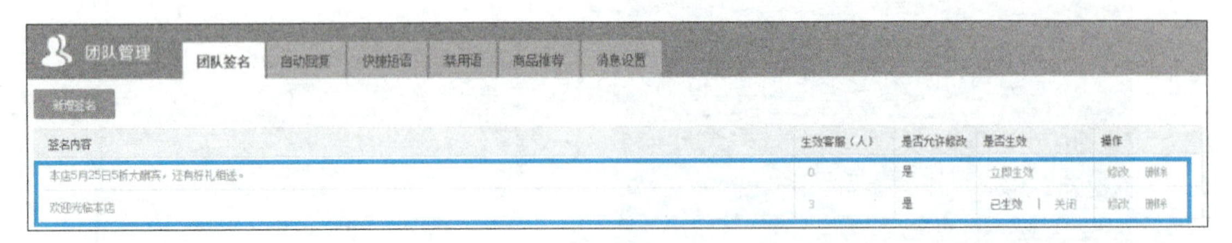

图 2-103　新增多个签名

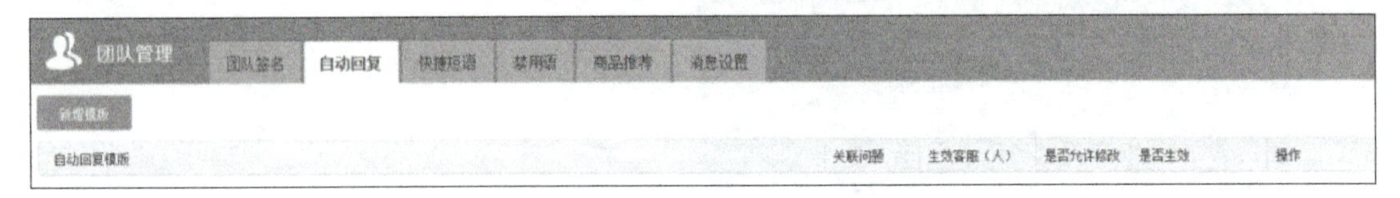

图 2-104　自动回复设置

步骤 09：按照页面提示，填写设置回复内容。全部设置完成后单击“保存”按钮，团队自动回复设置完成，如图 2-105 所示。

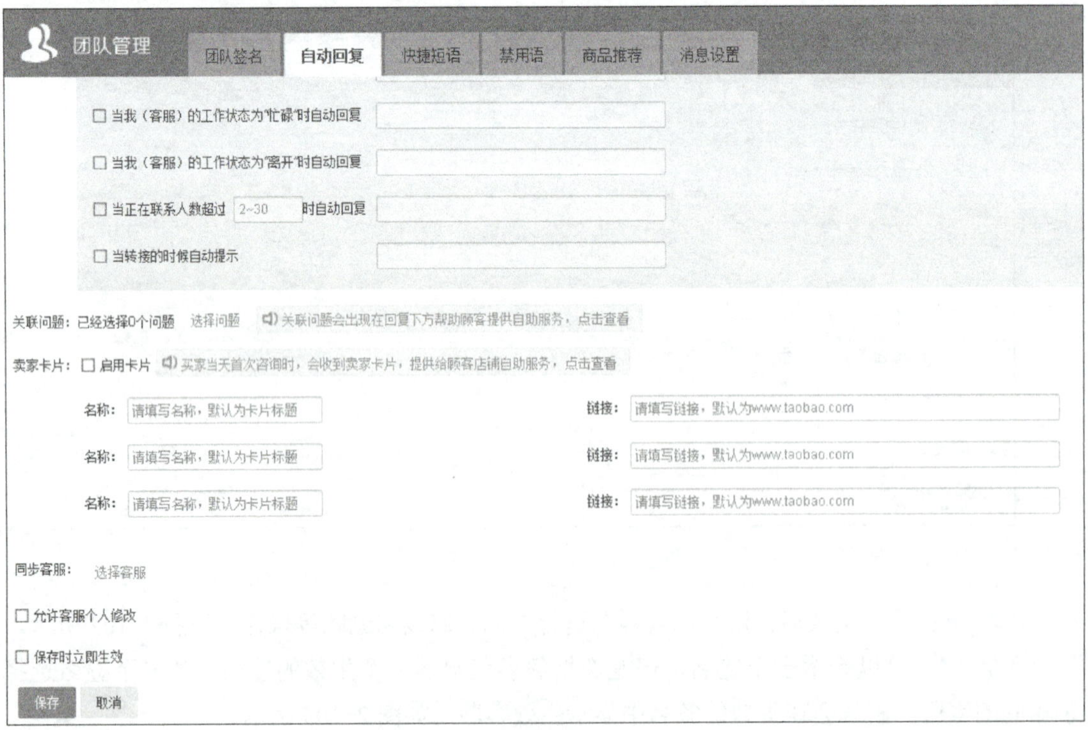

图 2-105　设置回复内容

步骤 10：禁用语设置。单击“禁用语”，在出现的文本框中输入短语，或单击“使用官方禁语”，然后单击“保存”按钮，如图 2-106 所示。

图 2-106　禁用语设置

八、设置智能机器人

智能机器人是千牛中的一款插件，可以对买家的一些常见问题进行智能回复。

1. 半自动回复

半自动回复是指当消费者咨询问题的时候，软件一旦匹配到相同的问题时，机器人就会自动地做出回复。

步骤 01：打开旺旺聊天界面，单击页面右上角的“+”图标，如图 2-107 所示。

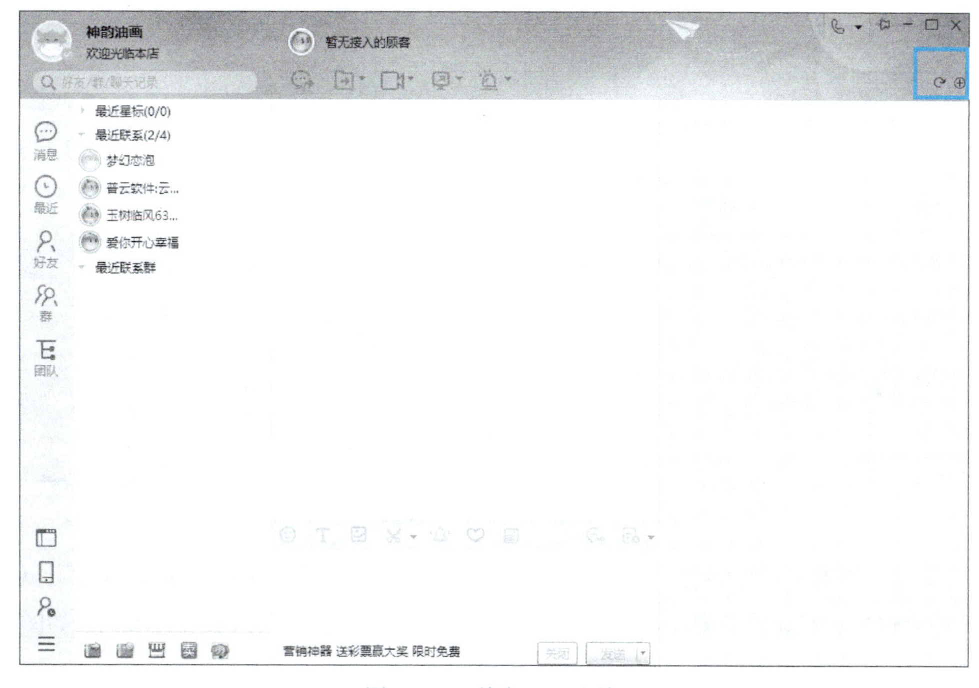

图 2-107　单击“+”图标

步骤 02：在打开的“旺旺插件中心”对话框左侧单击“机器人”，如图 2-108 所示。

图 2-108　单击“机器人”

步骤 03：单击机器人右上角的钉子图标，钉子变成黄色，如图 2-109 所示，把机器人插件添加到旺旺聊天界面的右侧。

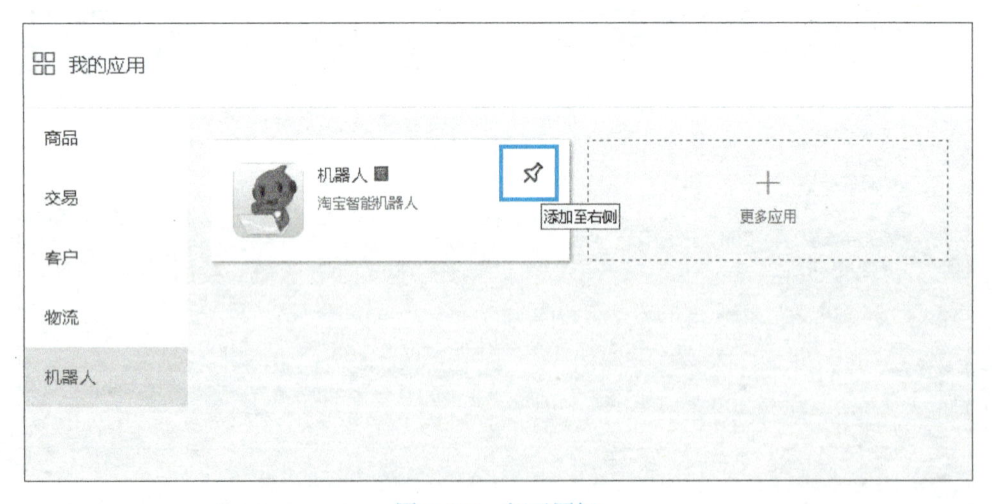

图 2-109　钉子图标

步骤 04：机器人插件添加成功后，任意打开一个聊天界面，在页面右侧可以看见机器人界面，并设置显示问题的答案，如果希望机器人解决更多问题，单击“配置回复”，如图 2-110 所示。

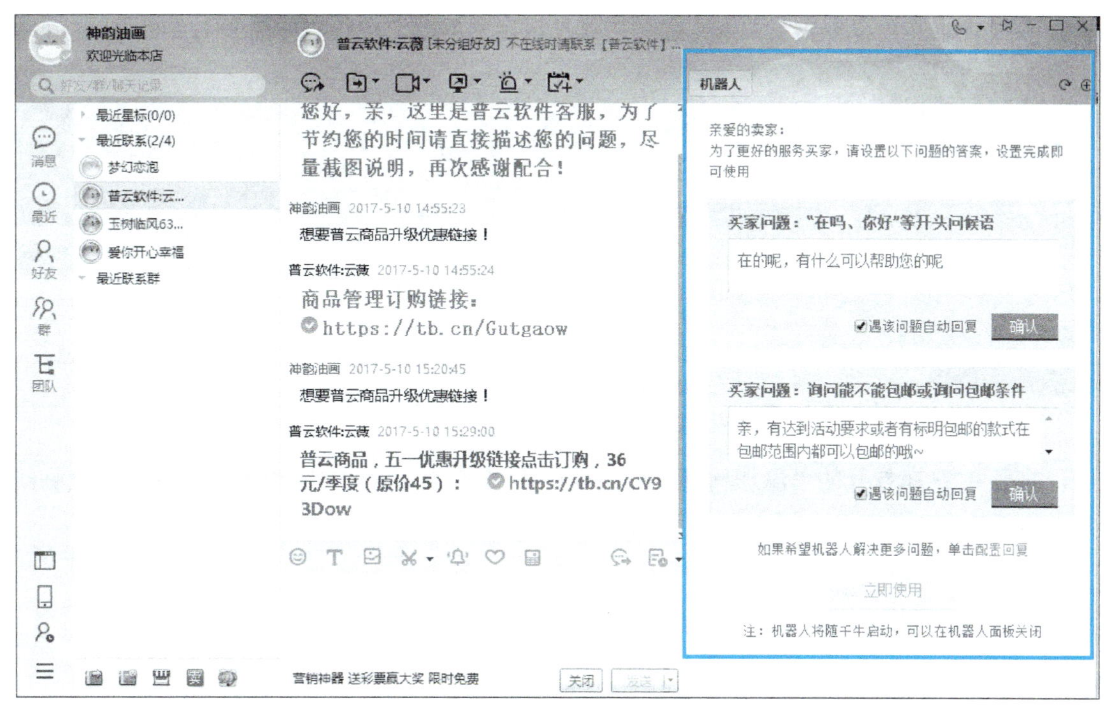

图 2-110　配置回复

步骤 05：进入淘宝智能机器人配置界面，在页面左侧选择要设置的回复选项，在页面右侧自动回复列表中选中“是”复选框则完成了自动回复的设置，如图 2-111 所示。若需要再修改一下，可单击“修改”按钮。

图 2-111　自动回复设置完成

步骤 06：也可以单击页面右上角的“添加自定义问题”按钮，如图 2-112 所示。

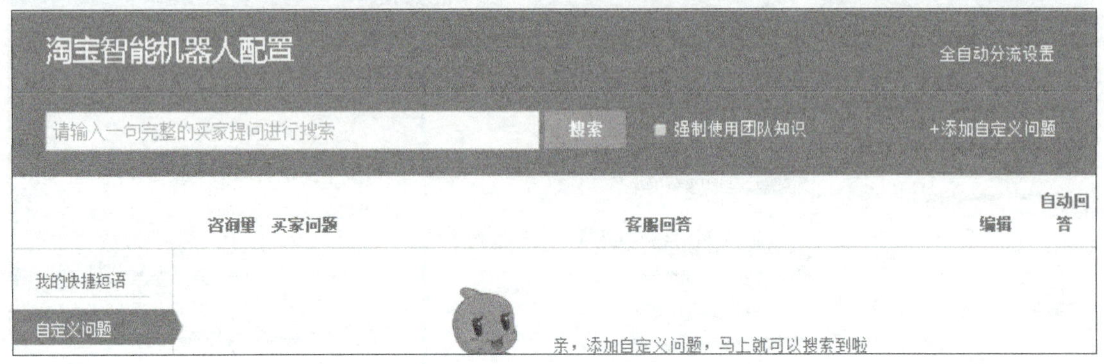

图 2-112　添加自定义问题

步骤 07：在打开的“添加问题”对话框中添加问题，输入文字内容，并单击“检测问题并设置答案”按钮，如图 2-113 所示。

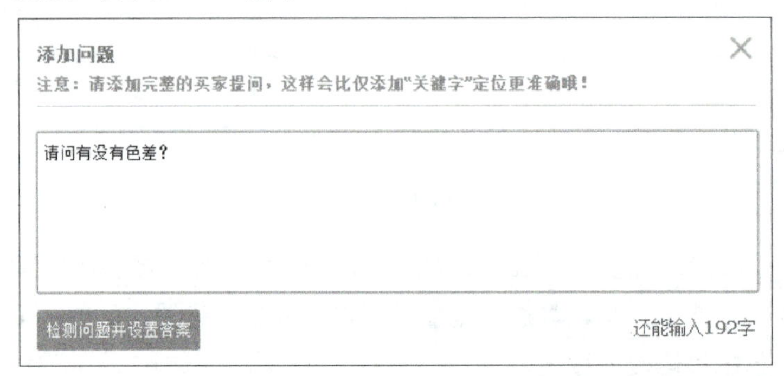

图 2-113　检测问题并设置答案

步骤 08：设置问题的答案，输入完成后单击“保存”按钮，则自定义问题设置完成，如图 2-114 所示。

图 2-114　保存设置

2. 数字回复

数字回复是指卖家设置问题导航，以数字的形式取代问题，通过回复数字，引导买家自助式购物，提升买家自主解决问题的能力，是缓解客服压力和及时响应买家的好办法。当然，在问题无法解决的时候，机器人会将问题流转给合适的客服，提升体验，争取每一个意向订单。

步骤 01：选择一个开始问候语，选中“是”复选框后单击“修改”按钮，如图 2-115 所示。

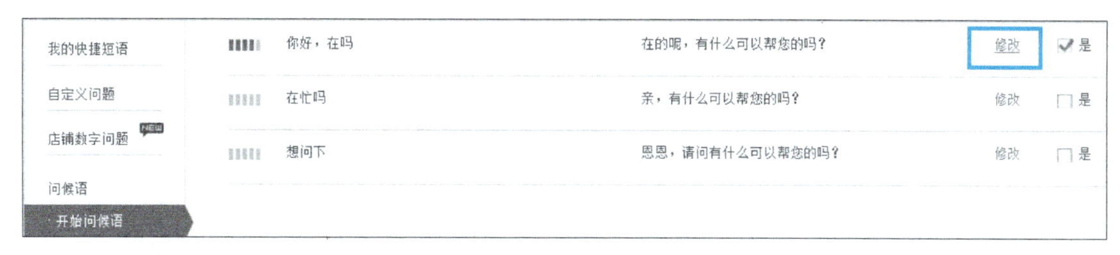

图 2-115　自动问答

步骤 02：在打开的相应对话框中输入回复内容，内容中将需要回复的数字用红色重点标出，然后单击“保存”按钮，如图 2-116 所示。

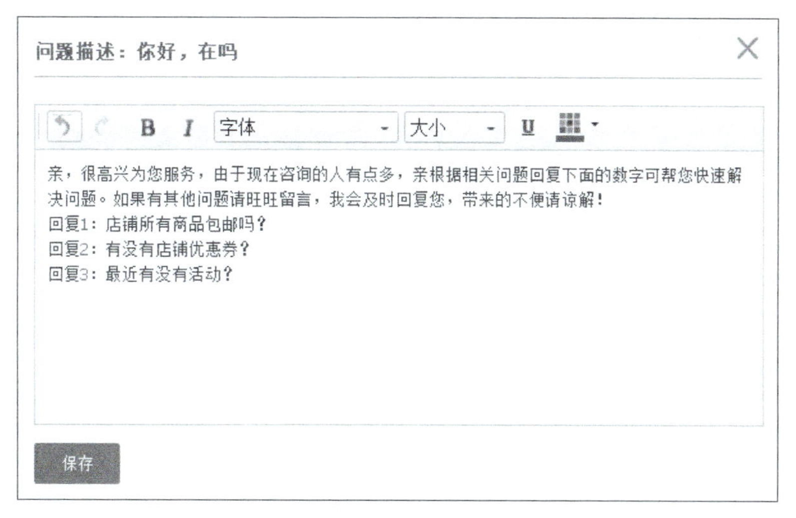

图 2-116　保存数字回复设置

步骤 03：单击页面左侧的“店铺数字问题”，再单击页面右上角的“添加数字问题”，如图 2-117 所示。

步骤 04：在页面中按照提示添加内容，编辑完成后单击“确认”，数字问题设置完成，如图 2-118 所示。用同样的方法将其他问题及答案进行自定义设置。

步骤 05：设置完成后，在买家咨询时输入数字则机器人对问题进行自动回复，如图 2-119 所示。

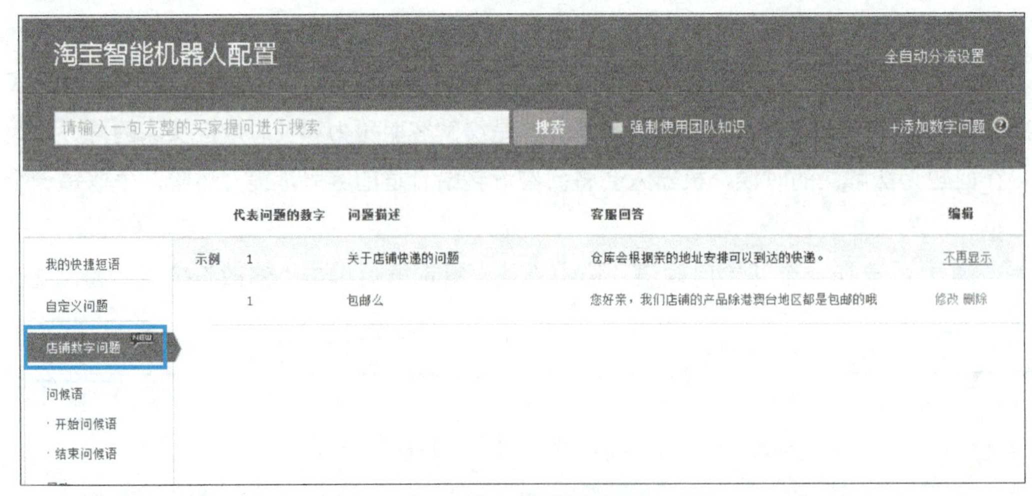

图 2-117　添加数字问题

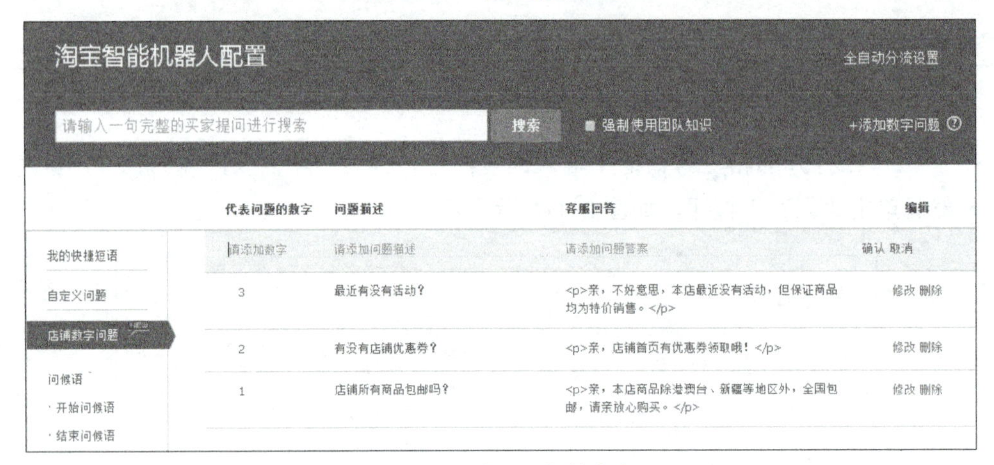

图 2-118　确认添加的内容

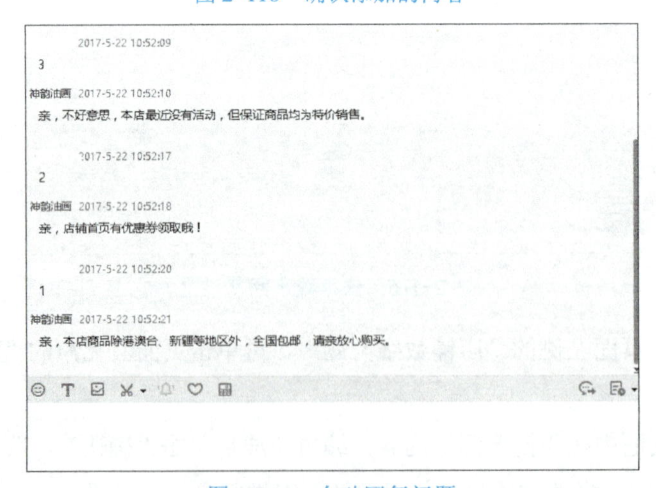

图 2-119　自动回复问题

3．全自动回复与分流设置

全自动回复是指机器人会自动回复已经设置好的问题，若买家询问的问题不在设置的范围内，机器人会转给任意一位在线客服。

步骤 01：在聊天窗口中展开机器人界面，单击“全自动”按钮，并在文本框中输入转接自动回复的内容及设置转接规则，然后单击“本账号开启全自动”按钮，如图 2-120 所示。

步骤 02：在淘宝智能机器人配置页面，单击右上角的“全自动分流设置”按钮，如图 2-121 所示。全自动分流是指在全自动机器人开启的状态下，机器人无法回答的问题会自动分流给其他在线的客服。

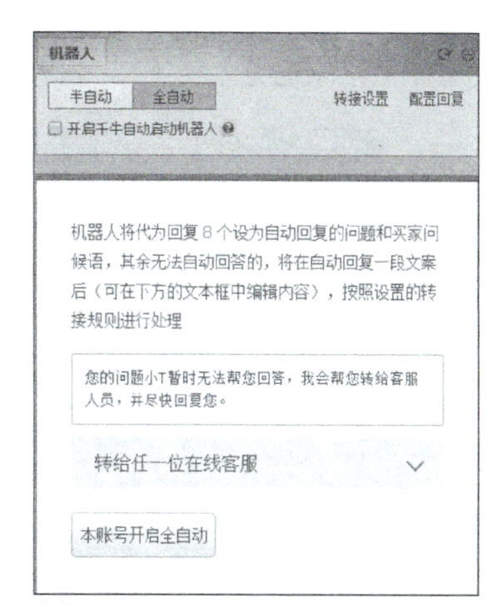

图 2-120　全自动回复

淘宝智能机器人配置　　全自动分流设置

请输入一句完整的买家提问进行搜索　搜索　强制使用团队知识　+添加数字问题

我的快捷短语
自定义问题
店铺数字问题
问候语
· 开始问候语
· 结束问候语

代表问题的数字	问题描述	客服回答	编辑
1	店铺所有商品包邮吗？	<p>亲，本店商品除港澳台、新疆等地区外，全国包邮，请亲放心购买。</p>	修改 删除
2	有没有店铺优惠券？	<p>亲，店铺首页有优惠券领取哦！</p>	修改 删除
3	最近有没有活动？	<p>亲，不好意思，本店最近没有活动，但保证商品均为特价销售。</p>	修改 删除

图 2-121　全自动分流设置

步骤 03：在打开的“全自动问题转接设置”对话框中输入机器人无法回复时回答的内容，并选中“转给任一在线账号”单选按钮，如图 2-122 所示，然后单击“保存”按钮，设置完成。

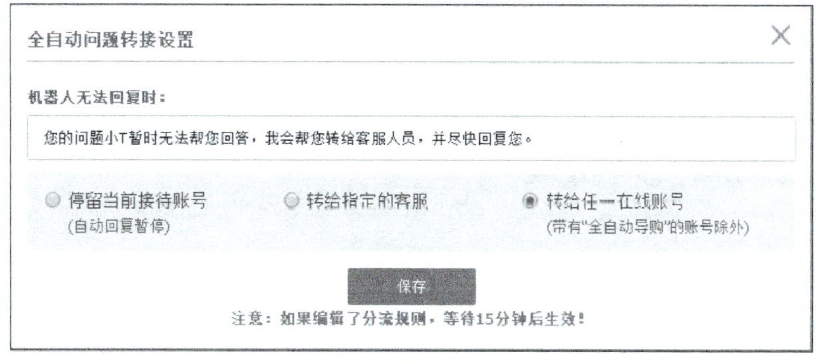

图 2-122　转给任一在线账号

分任务 4　了解管理订单操作流程

订单操作流程包括从买家拍下宝贝付款到评价的整个过程。这个订单操作流程的操作均在淘宝卖家中心进行，除此之外，也可以选择在“千牛工作台”中进行。

一、宝贝被拍下，与买家沟通

宝贝被拍下，但买家还没有付款，这时就需要主动出击了，联系买家，询问地址和联系方式是否正确等，等待买家回复，从而抓住每个有意购买，又犹豫不决的顾客。

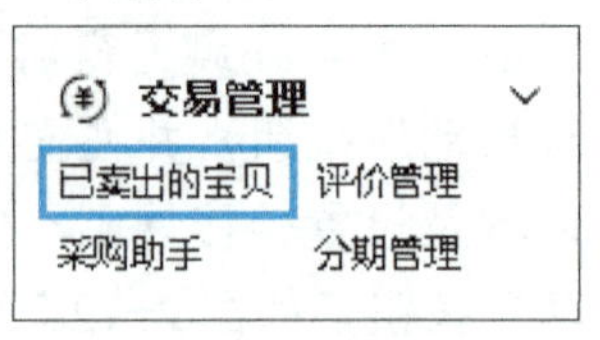

图 2-123　交易管理

步骤 01：登录淘宝，进入卖家中心，单击“交易管理－已卖出的宝贝”，如图 2-123 所示。

步骤 02：进入已卖出宝贝界面，单击“详情”，查看买家的收货和物流信息，如图 2-124 和图 2-125 所示。

图 2-124　收货

步骤 03：单击买家的旺旺图标，与买家进行联系，可以以核对买家的收货和物流信息为切入口来提醒买家及时付款，如图 2-126 所示。

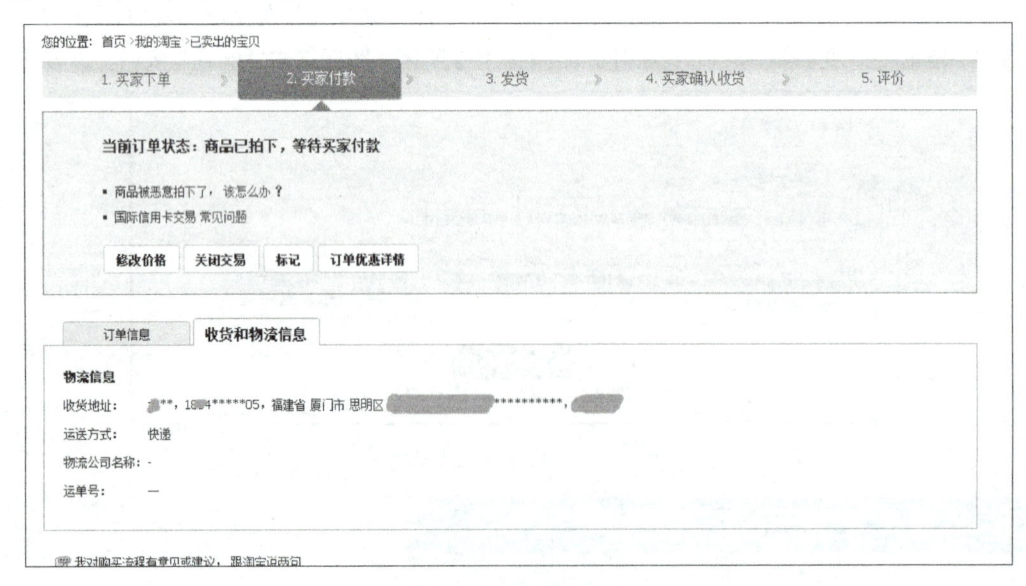

图 2-125　物流信息

图 2-126　联系买家

二、修改成交价格

若买家购买数量多或属于回头客，当询问给予优惠，而卖家觉得这个优惠在可接受的范围内，则可以对订单进行价格的修改。

步骤 01：在买家还未付款的宝贝订单后面单击“修改价格”按钮，如图 2-127 所示。

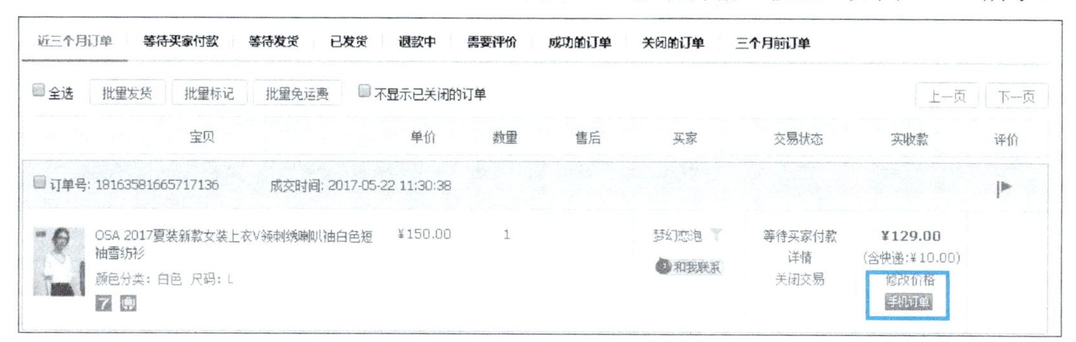

图 2-127　修改价格

步骤 02：在打开的页面中修改价格，如图 2-128 所示，然后单击“确定”按钮就可以了。提示：修改订单价格并不是订单操作流程的必要步骤，若不需要修改价格则可以直接跳到下一环节。

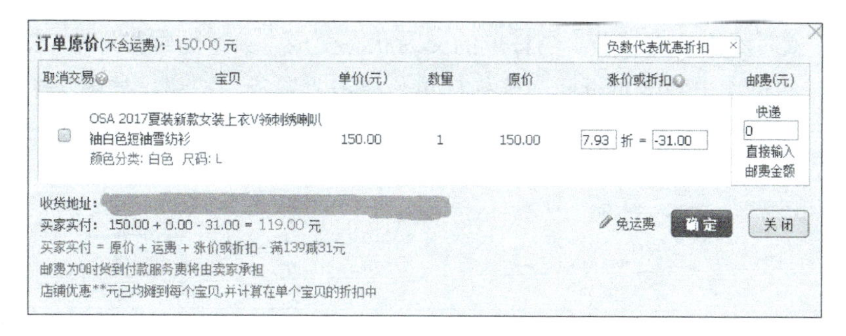

图 2-128　确定修改

三、促成付款，完成订单

若买家长时间没有付款，联系买家，以“赠品有限，先到先得”“当天付款当天即可发货”或“优惠仅此一天”等理由来促成买家付款，或者直接使用提醒功能提醒买家付款。

步骤 01：在已卖出的宝贝页面，选择订单，单击“详情”，如图 2-129 所示。

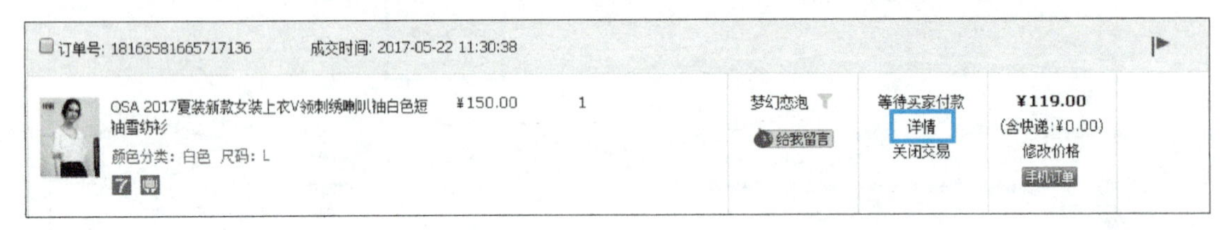

图 2-129 单击“详情”

步骤 02：进入交易详情页面，单击“订单信息 - 提醒买家付款”，如图 2-130 所示，然后会出现“提醒发送成功”的提示。

图 2-130 提醒买家付款

四、买家付款后及时发货

买家没付款时不要急着发货，当订单的交易状态变成“买家已付款”时，就可以发货了。

步骤 01：在已卖出的宝贝页面中选择订单，单击“发货”按钮，如图 2-131 所示。

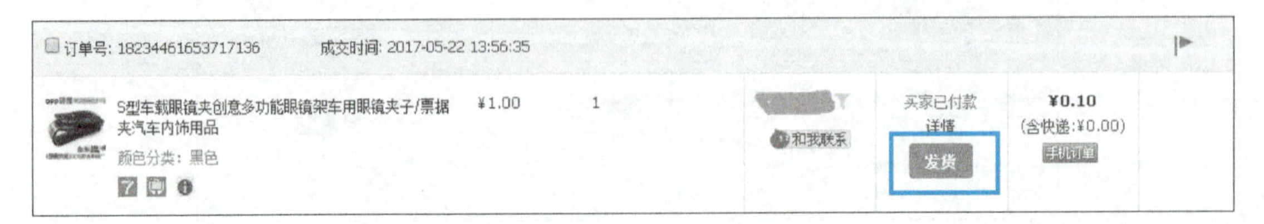

图 2-131 单击“发货”按钮

步骤 02：进入发货页面，确认收货信息和发货信息，如图 2-132 所示。

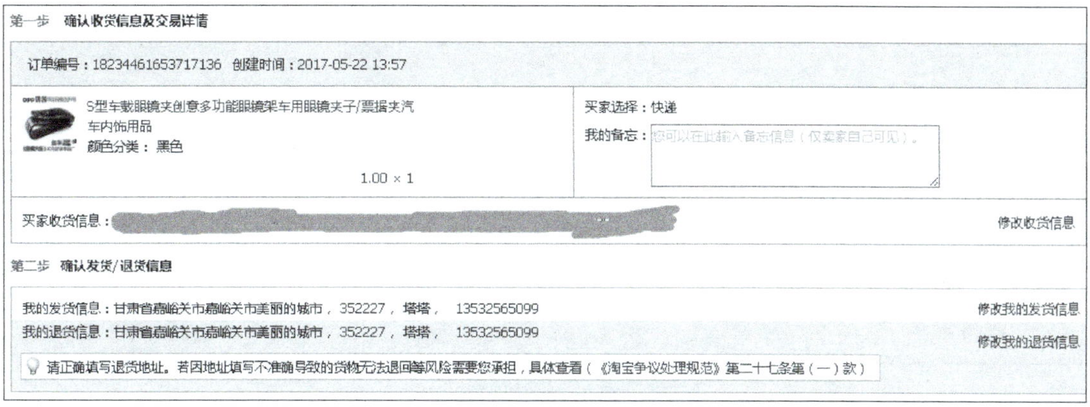

第一步　确认收货信息及交易详情

订单编号：18234461653717136　创建时间：2017-05-22 13:57

S型车载眼镜夹创意多功能眼镜架车用眼镜夹子/票据夹汽车内饰用品
颜色分类：黑色
1.00 × 1

买家选择：快递
我的备忘：您可以在此输入备忘信息（仅卖家自己可见）。

买家收货信息：　修改收货信息

第二步　确认发货/退货信息

我的发货信息：甘肃省嘉峪关市嘉峪关市美丽的城市，352227，塔塔，13532565099　修改我的发货信息
我的退货信息：甘肃省嘉峪关市嘉峪关市美丽的城市，352227，塔塔，13532565099　修改我的退货信息
请正确填写退货地址。若因地址填写不准确导致的货物无法退回等风险需要您承担，具体查看（《淘宝争议处理规范》第二十七条第（一）款）

图 2-132　确认收货和发货信息

步骤 03：选择物流服务。可以选择在线下单或电话联系上门取件，也可以自己联系物流。也有虚拟商品是不需要物流的，按照自己商品的情况及自己的方便程度选择物流。一般卖家都会有自己长期合作的快递公司和快递员，如图 2-133 所示。

图 2-133　选择物流服务

步骤 04：操作完成后，已卖出的宝贝页面的订单状态上就会显示“卖家已发货”，如图 2-134 所示。

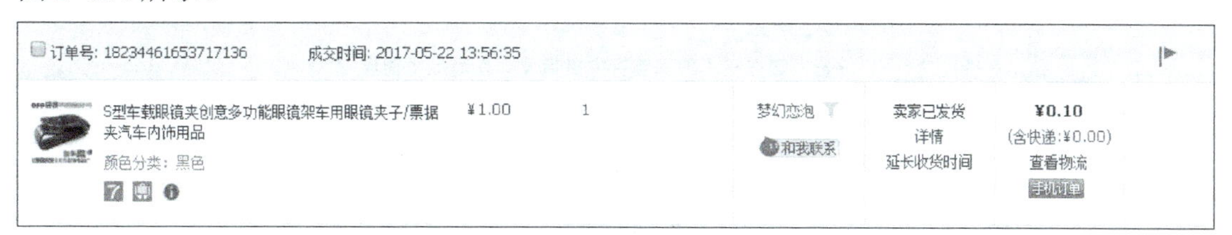

图 2-134　卖家已发货

五、手动或自动评价订单

当买家收到宝贝并确认收货后，就可以对订单进行评价了。

1．手动评价订单

步骤 01：打开已卖出的宝贝页面，选择需要评价的订单，单击“评价”按钮，如图 2-135 所示。

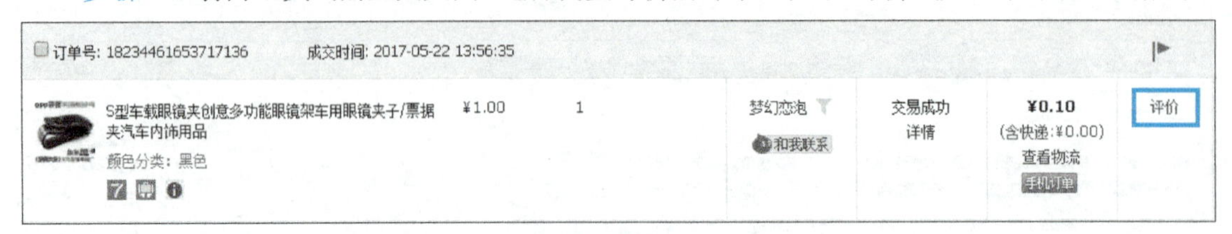

图 2-135 评价

步骤 02：在跳转的页面中，选中“好评 / 中评 / 差评”复选框，也可以写评语。编辑完成后单击“发表评论”按钮，如图 2-136 所示。

图 2-136 发表评论

步骤 03：页面显示“信用评价成功 1 个！评价内容在买卖双方互评完成后才会在商品页面展示！”的提示，评价完成，如图 2-137 所示。

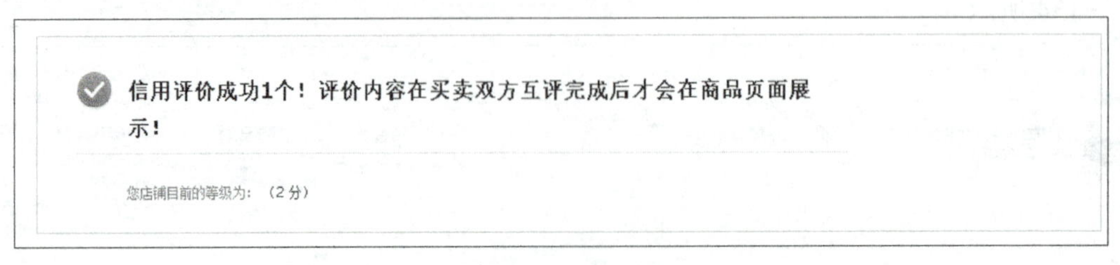

图 2-137 信用评价

2．千牛自动评价

生意繁忙时，可以订购千牛自动评价，对交易完成的订单自动评价。

步骤 01：登录千牛工作台，单击页面左侧的千牛插件“赤兔交易”，并在打开的“赤兔交易授权”对话框中单击“立即授权”按钮，如图 2-138 所示。

步骤 02：进入赤兔交易首页，单击“评价管理－自动评价”，如图 2-139 所示。

步骤 03：设置自动评价，要订购了该插件才可以使用设置。设置后单击“保存设置”按钮即可，如图 2-140 所示。

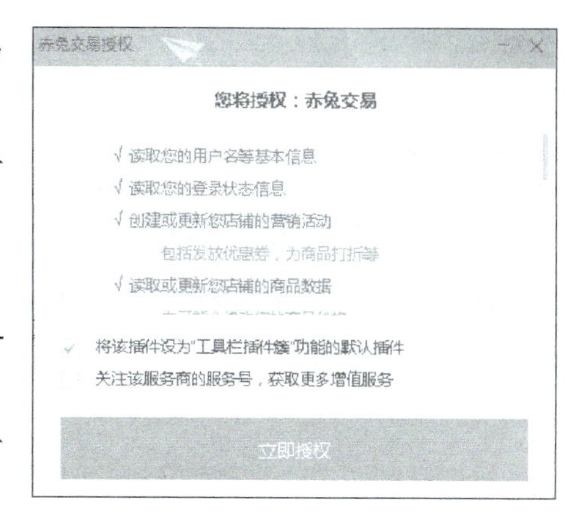

图 2-138　立即授权

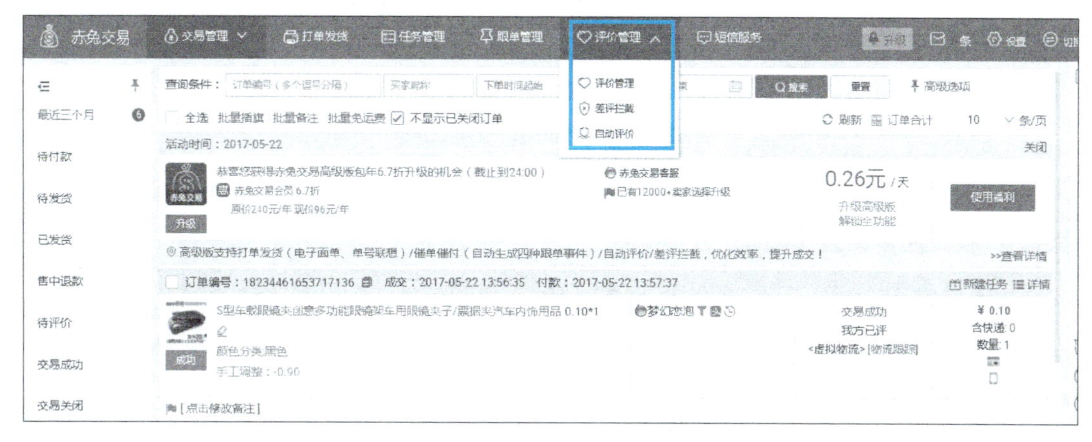

图 2-139　赤兔交易首页

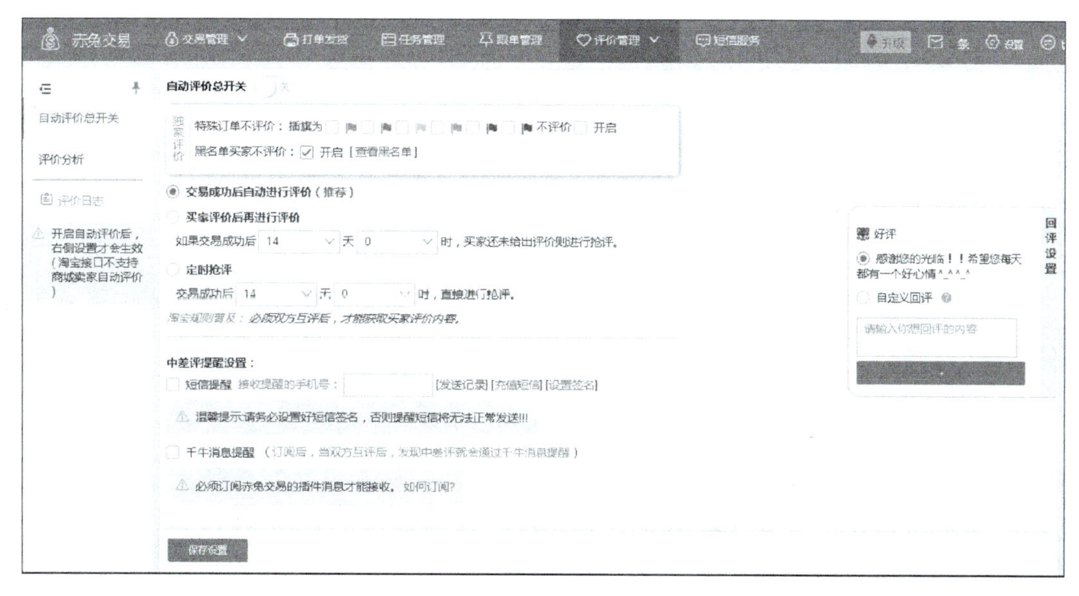

图 2-140　保存设置

分任务 5　掌握优化物流技巧

物流不仅仅只是将商品发送出去而已，合适的快递、好的包装都决定了买家对本次购物的满意程度。

一、选择合适的快递

物流是开网店中一个十分重要的环节，邮费问题、覆盖面问题、速度问题都是买卖双发共同关心的问题。由于快递的原因给予差评的买家不在少数，因此物流的选择十分关键。

1. 平邮

平邮是邮政中一项寄送信与包裹业务的总称。在网络销售中，经常会涉及发票的邮件，这时可以选择平邮的方式。

（1）优点：收费低、覆盖面广，可以到达小乡小镇。对于偏远地区的订单，可以选择平邮的方式。

（2）缺点：寄送时间都很慢，一般非偏远地区订单不建议选择平邮。

2. EMS

邮局的一项特快专递服务，速度比邮政其他包裹稍快，范围广，只要有邮局的地方就能送达。收费通常比其他快递高不少。

3. 快递公司

快递公司凭借其速度快、运费低等优势，已经成为网上购物首选的物流方式，其缺点为部分偏远地区没有网点，不能到达。

普通快递公司可供选择的有数十家，最常用的有顺丰、申通、圆通、中通、韵达等。

二、掌握商品包装技巧

网上交易，商品需要经过快递公司才能到达买家的手中，如何保证宝贝的完好无损，给买家专业的印象，商品的包装是关键。

为了防止运输过程中的磨损，在包装商品时经常需要多层包装。

1. 外包装

外包装指的是商品的最外面的一层包装，一般快递公司会提供相应大小的包装袋，除此之外常见的还有纸箱和编织袋等。

（1）纸箱。这是使用比较普遍的一种包装，如图 2-141 所示。其优点是安全性强，可以有效地保护物品，需填充一些报纸或纸屑来对外界冲撞产生缓冲作用。缺点是增加了重量，运费也就相应增加了。

图 2-141　纸箱

（2）布袋或编织袋，如图 2-142 所示，常用的材料有棉布和尼龙，最好能够防水。袋装的优点一是成本低，二是重量轻，可以节省一点运费。其缺点是对物品的保护性较差，只能用来包装质地柔软且耐压耐摔的商品。

图 2-142　编织袋 / 布袋

2．中层包装

中层包装指的是产品和外包装之间的空隙填充材料。常见的中层包装有气泡膜、珍珠棉、海绵和泡沫块等，这些是比较正规的填充物，有时候为了简易、方便，也可以使用一些废旧报纸作为填充物。

（1）泡泡袋 / 气泡膜：如图 2-143 所示。其优点除了价格相对较低、重量较轻之外，还可以较好地防止挤压、对物品的保护性相对较强。

（2）珍珠棉 / 海绵：如图 2-144 所示。它可以防刮、防潮、防震，它的作用类似于泡沫块。

图 2-143　泡泡袋

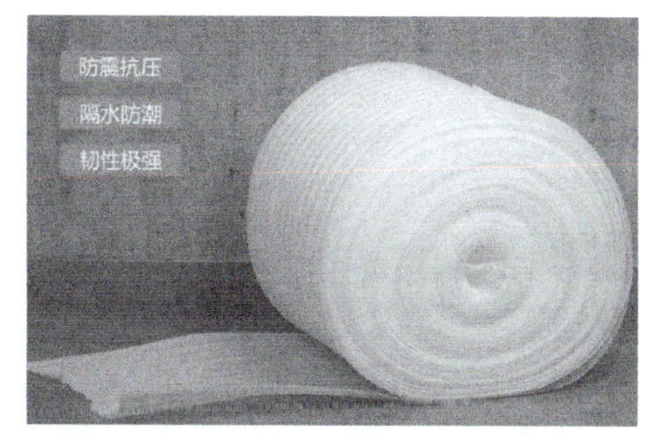

图 2-144　珍珠棉

（3）其他填充物：还有一些比较廉价的填充物，主要通过占据空隙起到防滑、防震的作用，如泡沫块和报纸等。

3．内包装

内包装是指接近宝贝本身的那层包装材料，一般的商品厂家会提供商品的内包装，若没有内包装，可选择有 OPP 和 PE 两种材料的自封袋。

（1）OPP 自封袋，可以保持商品整洁，避免灰尘、杂物影响商品的新旧程度及美观性，如图 2-145 所示。

（2）PE 自封袋，一般在开口处有一条相当于拉链的凹凸带，材质柔软，韧性较好，不易破损，可以反复使用，如图 2-146 所示。

图 2-145　OPP 自封袋

图 2-146　PE 自封袋

三、查询快递收送范围

每种快递的收送范围及服务网点都不同，为了使快递能顺利达到买家手中，可以在发货前，查询收货范围或服务网点，查看选择的快递是否到达，下面以顺丰快递为例，讲解查询收寄范围的操作。

步骤 01：百度搜索顺丰速运，进入官网（http://www.sf-express.com/cn/sc/），把鼠标指针移到首页导航栏的“我要寄件”按钮上，单击弹出的页面右侧上的“收寄范围查询”，如图 2-147 所示。

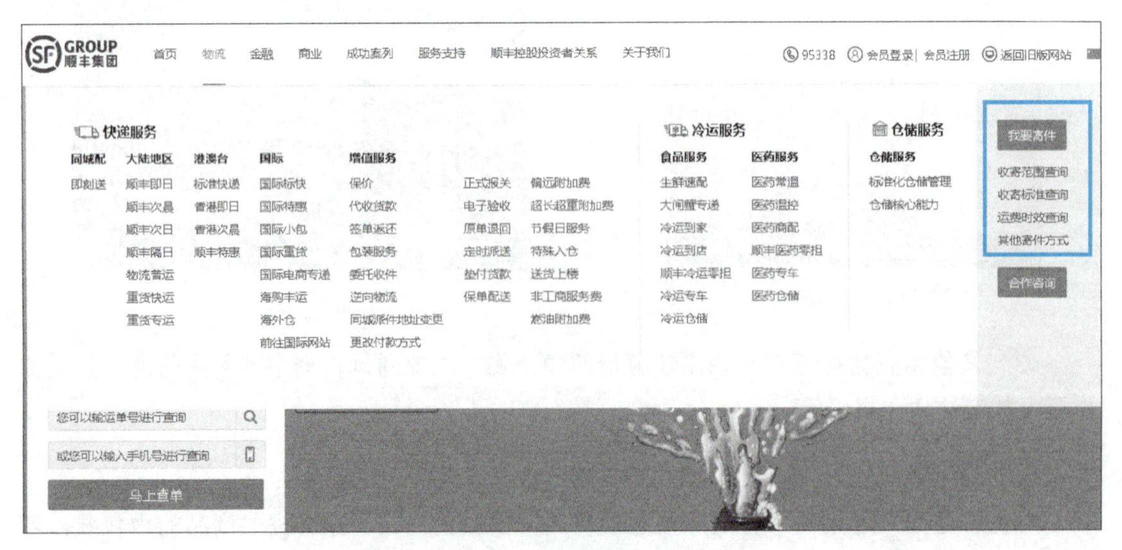

图 2-147　收寄范围查询

步骤 02：在跳转的页面中选择收寄件区域，如图 2-148 所示。

服务支持

我要寄件 +

运单追踪

运费时效查询

收寄范围查询

服务网点查询

收寄标准查询

清关服务专区 +

更多内容查询 +

选择收寄件区域

例如：北京市 - 东城区

大陆　港澳台　国际

常用市　省/直辖市

深圳	上海	广州	北京
杭州	东莞	苏州	嘉兴
温州	泉州	宁波	佛山
南京	金华	青岛	武汉
成都	厦门	天津	福州
无锡	台州	长沙	中山
郑州	莆田	绍兴	济南
抚顺	重庆	惠州	合肥

图 2-148　选择寄件区域

步骤 03：我们以深圳－南山区为例，查询结果如图 2-149 所示。

服务支持

我要寄件 +

运单追踪

运费时效查询

收寄范围查询

服务网点查询

收寄标准查询

清关服务专区 +

更多内容查询 +

选择收寄件区域

深圳-南山区

查询

深圳-南山区

全境提供服务

查看全部网点

服务地区详情

正常收送地区：

南山街道　南头街道　沙河街道　蛇口街道　桃源街道　西丽街道

粤海街道　招商街道

免费预约上门取件

图 2-149　查询结果

四、掌握淘宝物流

在淘宝上可以直接在线预约快递，也可以跟踪物流信息，还可以分析店铺的物流信息，以此为准来优化物流。

1. 物流跟踪

步骤 01：登录淘宝，进入卖家中心，单击“物流管理 – 物流工具”，如图 2–150 所示。

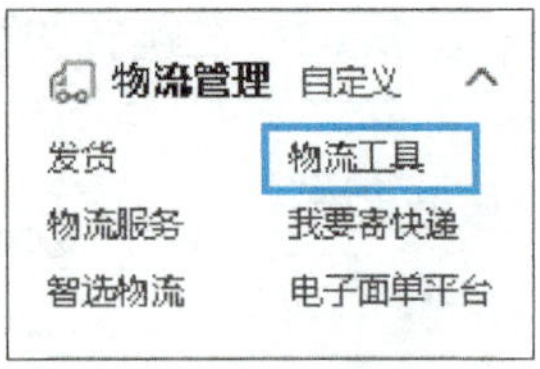

图 2–150　物流管理

步骤 02：在跳转的页面中，单击“物流跟踪信息”，如图 2–151 所示。在“订单编号”文本框中输入订单编号，单击“搜索”按钮即可搜索。

图 2–151　物流跟踪信息

2. 预约寄件

步骤 01：进入卖家中心，单击“物流管理 – 我要寄快递”，如图 2–152 所示。

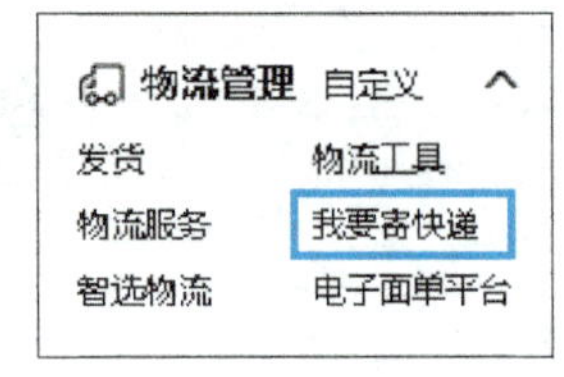

图 2–152　预约寄件

步骤 02：在跳转的页面中根据提示填写相关信息，然后单击“下一步”按钮，如图 2–153 所示。

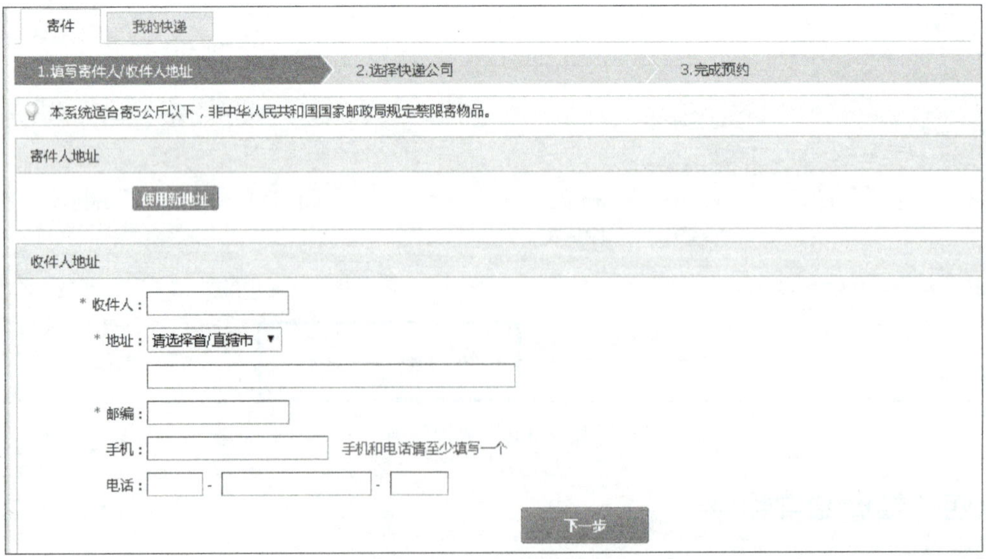

图 2–153　填写相关信息

步骤 03：确认信息，并选择快递公司及填写相关信息，然后单击“确认预约”按钮，等待快递员上门取件，如图 2-154 所示。

寄件　我的快递

1.填写寄件人/收件人地址　2.选择快递公司　3.完成预约

本系统适合寄5公斤以下，非中华人民共和国国家邮政局规定禁限寄物品。。

确认信息

收件人：

寄件人：

返回修改

选择快递公司

快递公司	单价	服务标准	预计送达时间
顺丰速运	小于1.0公斤：13.0元 每加1.0公斤：2.0元	15分钟接单,1小时上门取件	1天

货物名称：

货值：　元　填写物品价值，便于您投诉维权。

备注：

同意 服务声明

确认预约

图 2-154　确认预约

3. 物流分析

进入卖家中心，单击“物流管理 - 智选物流”，进入菜鸟物流管家页面，可以查看关于物流的一些数据来进行分析，如图 2-155 ~ 图 2-158 所示。

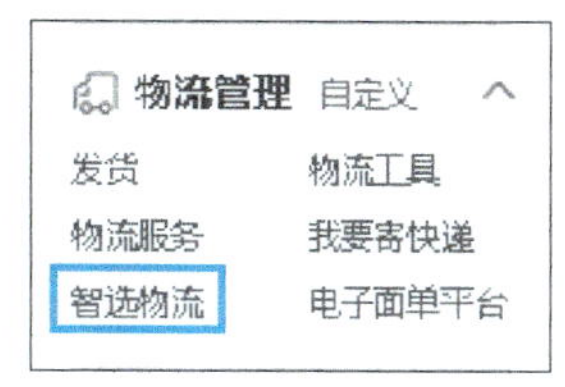

图 2-155　智选物流

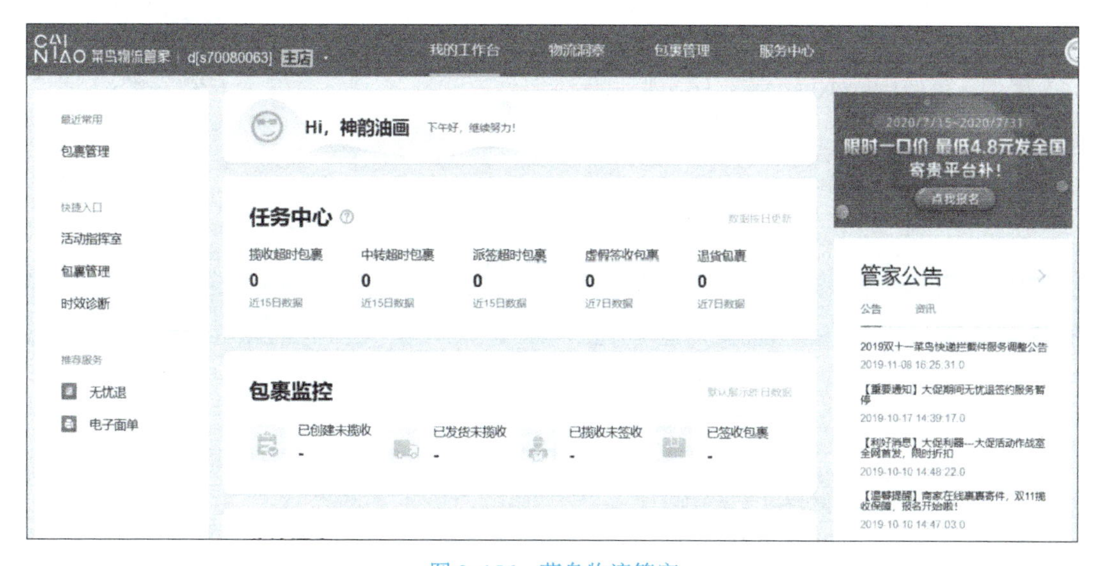

图 2-156　菜鸟物流管家

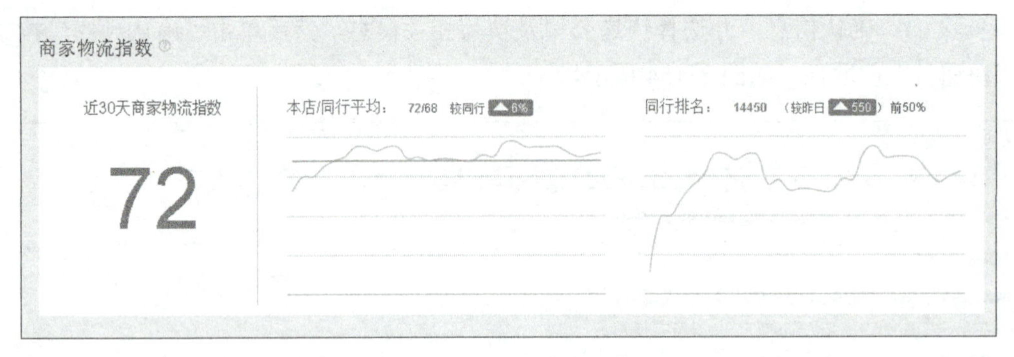

图 2-157　商家物流指数

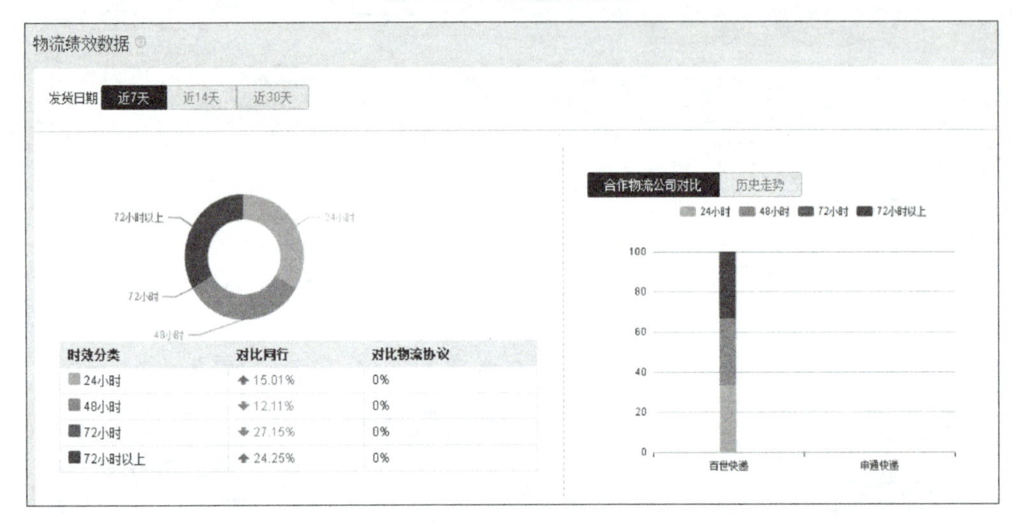

时效分类	对比同行	对比物流协议
24小时	15.01%	0%
48小时	12.11%	0%
72小时	27.15%	0%
72小时以上	24.25%	0%

图 2-158　物流绩效数据

学生演练

参考步骤：

根据二维码中的示例步骤，学生们自主练习。

实训 2-2　订单管理

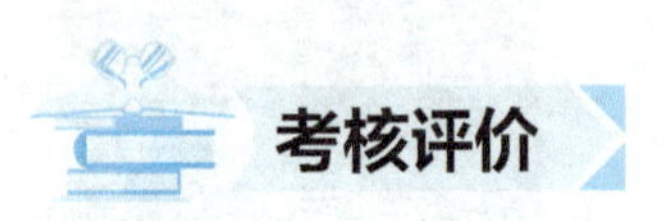

考核评价

表 2-2　订单管理考核评价表

序号	评价内容	得分 / 分			综合得分 / 分
		自评	组评	师评	
1	学会修改价格				
2	清楚填写收货信息的方法				
3	清楚填写发货信息的方法				
4	学会如何填写物流单号				
5	掌握发布买家评价的技巧				
6	掌握物流优化的技巧				
合计					

技能回顾

- 店铺经营与维护
  - 网店管理与经营
    - 制作与上传宝贝详情页
    - 优化淘宝搜索
    - 优化宝贝标题
  - 订单管理
    - 认识千牛卖家工作台
    - 设置千牛工作台常用模式
    - 设置7种常用的千牛旺旺聊天模式
    - 管理订单操作流程
    - 优化物流技巧

项目3 学会店铺的促销与引流

现在淘宝上的消费者，经常会因为店铺含有促销活动而在店铺里停留更久，致使转化率大大提高，如满就送、满减活动、搭配套餐等，它们有些是免费的工具，而有些工具则需要订购。如果卖家想要提高转化率，就需要学会如何开启促销活动，选择适合自己产品的促销工具。接下来本项目将会讲解店铺促销和引流的运营方法。

项目分析

本项目主要从淘宝活动、站内引流、淘宝特色市场3个方面来讲解，使学生能够掌握店铺营销和引流方法，了解电商运营的相关岗位以及从事该岗位需要具备的基本知识和技能。

项目目标

- 学习店内商品营销的技巧。
- 掌握淘宝站内活动。
- 熟练掌握站内引流的方法。

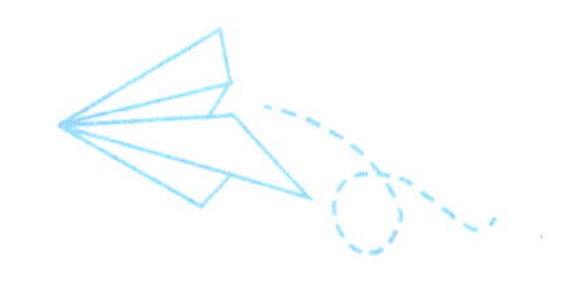

任务1　了解店内商品营销技巧

任务分析

本任务重点讲解淘宝店铺的店内商品营销，包括淘宝的秒杀活动、店铺红包、收藏红包、满减优惠、套餐搭配营销等。通过本任务的学习，同学们可掌握店铺里的商品营销方法。

情境引入

店铺的美化和经营工作都做了，可是订单还是寥寥可数，这是什么原因呢？淘宝上的店铺数不胜数，销售的同类商品不计其数，买家怎么找到我的宝贝，这就是原因所在。因此，店铺后期的重点就是如何将商品、店铺推广出去，引来流量，从而促进交易的达成。本节课将介绍淘宝店铺的营销推广。

教师点拨

分任务1　认识秒杀活动

一、了解秒杀活动

1. 秒杀的概念

秒杀是指固定时间点，卖家推出市场价昂贵但秒杀价低的商品供买家进行抢购。

2. 秒杀的意义

（1）快速提升品牌影响力。

（2）为网站带来更多商机。

（3）使网站跟进互联网发展脉搏。

（4）缓解商家的产品积压。

3. 秒杀案例

秒杀案例界面如图 3-1 所示。

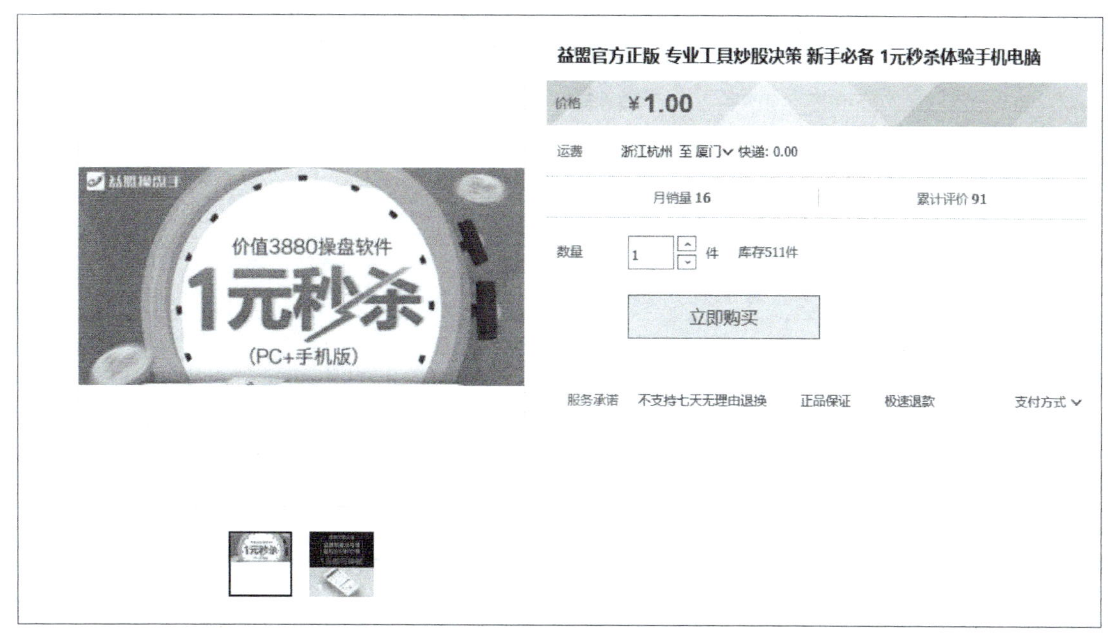

图 3-1　秒杀案例界面

二、设置秒杀活动

步骤 01：打开淘宝页面，登录，单击“卖家中心”，如图 3-2 所示。

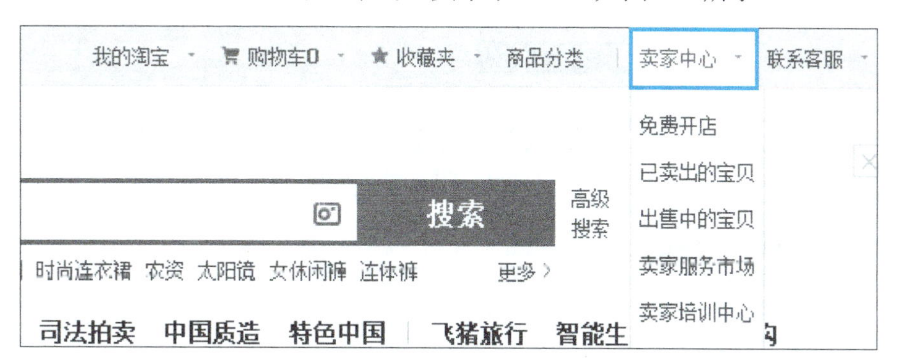

图 3-2　单击“卖家中心”

步骤 02：进入卖家中心后，单击“宝贝管理”下的“出售中的宝贝”，如图 3-3 所示。

步骤 03：选择要设置秒杀的商品，单击“编辑商品”，如图 3-4 所示。

步骤 04：进入淘宝新版的宝贝编辑页面后，页面往下拉，未出现秒杀的设置选项。这时，我们需要单击页面左侧的“发布助手”下的“返回旧版”按钮，如图 3-5 所示。

图 3-3　单击“出售中的宝贝”

商品名称	极速推	价格	库存	销量	创建时间	发布时间	操作
宇光荧光笔彩色笔学生文具闪光笔12色金色... ID:622701314837	极速推广	¥ 15.00	466	0	2020-07-07 12:56 出售中	2020-08-18 12:56	编辑商品 极速发布 立即下架 复制链接
中性笔黑色0.5mm水笔碳素签字笔笔芯学... ID:622424665769	极速推广	¥ 5.00	455	0	2020-07-07 12:44 出售中	2020-08-18 12:44	编辑商品 极速发布 立即下架 复制链接
中油笔圆珠笔原子笔蓝色黑色红批发商务办公... ID:619241088811	极速推广	¥ 4.00	962	37	2020-06-02 12:43 出售中	2020-08-18 12:43	编辑商品 极速发布 立即下架 复制链接

图 3-4　编辑宝贝

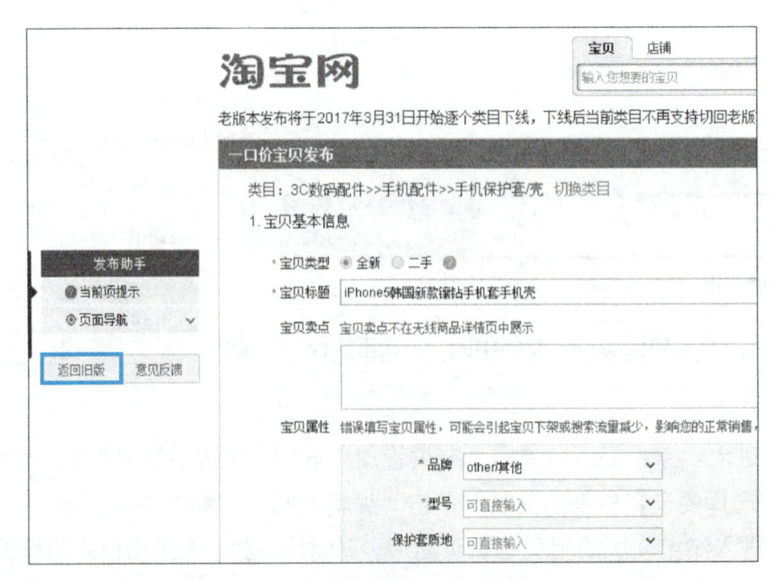

图 3-5　单击“返回旧版”按钮

步骤 05：出现“返回旧版，不支持以下功能”的提示，单击“确定”按钮，如图 3-6 所示。

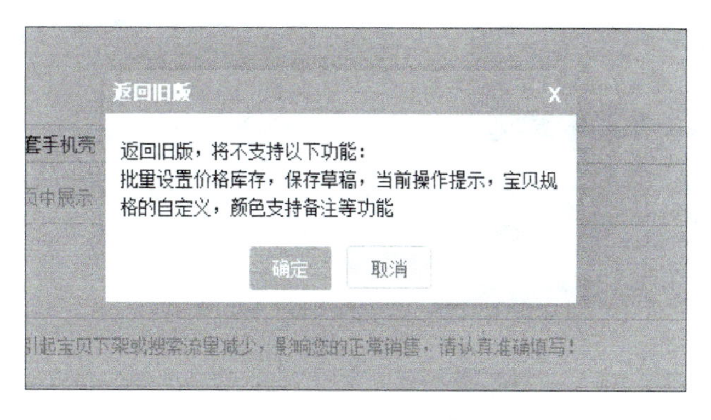

图 3-6　返回旧版提示

步骤 06：进入旧版编辑页面，页面往下拉，在“其他信息”下设置秒杀开始的时间，可以选择“立刻”，也可以设置具体的时间点，如 2017 年 5 月 16 日 0 时 0 分，如图 3-7 所示。

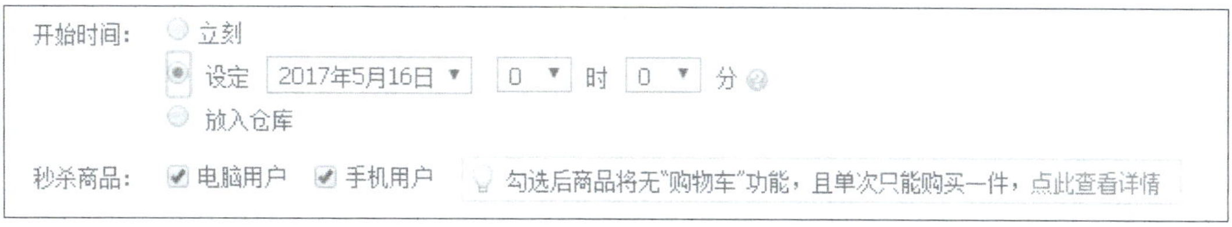

开始时间：立刻
设定 2017年5月16日 0 时 0 分
放入仓库
秒杀商品：电脑用户 手机用户 勾选后商品将无“购物车”功能，且单次只能购买一件，点此查看详情

图 3-7　进入旧版编辑页面

步骤 07：在“秒杀商品”下选中“计算机用户”和“手机用户”复选框，可以只选择其中的一个，也可以同时选择。选择“计算机用户”，则商品只能在计算机上购买；选择“手机用户”，则商品只能在手机上购买。同时选择，则计算机和手机上都可以购买。

步骤 08：设置完成后，单击“确定”按钮，秒杀活动设置完成，如图 3-8 所示。

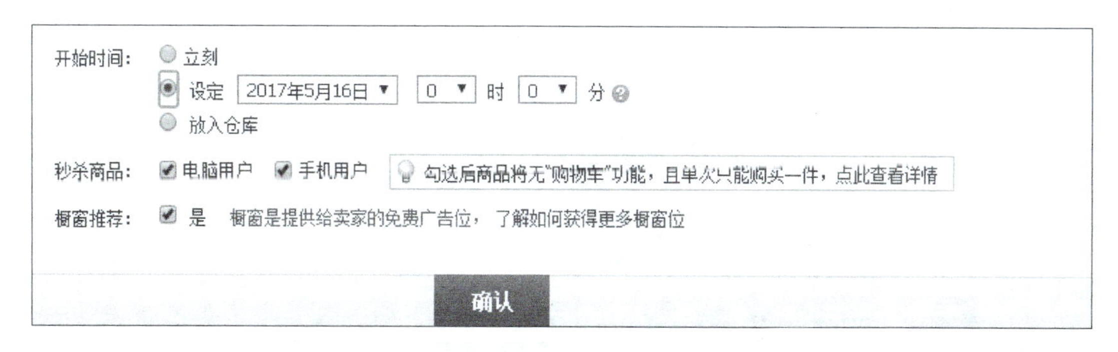

图 3-8　秒杀活动设置完成

步骤 09：设置秒杀的商品页面不会显示“加入购物车”功能，只能直接购买且单次只能购买一次，如图 3-9 所示。

图 3-9　设置秒杀的商品页面

分任务 2　认识店铺红包活动

一、了解店铺红包

1. 概念

店铺红包是由卖家自己设置、供消费者在卖家自己店铺消费时使用的红包。店铺红包仅限在其发行店铺使用，且对全店商品通用，要求订单金额至少高于该红包面额 0.01 元（不包含邮费）。

2. 店铺红包的意义

（1）提高店铺的转化率和成交率。

（2）回馈老客户。

（3）获取流量。

3. 店铺红包案例

店铺红包案例界面如图 3-10 和图 3-11 所示。

图 3-10　店铺红包案例界面 1

图 3-11　店铺红包案例界面 2

二、设置店铺红包

步骤 01：打开淘宝页面，登录。单击“卖家中心”。

步骤 02：进入卖家中心后，找到“营销中心”，单击“店铺营销中心”，如图 3-12 所示。

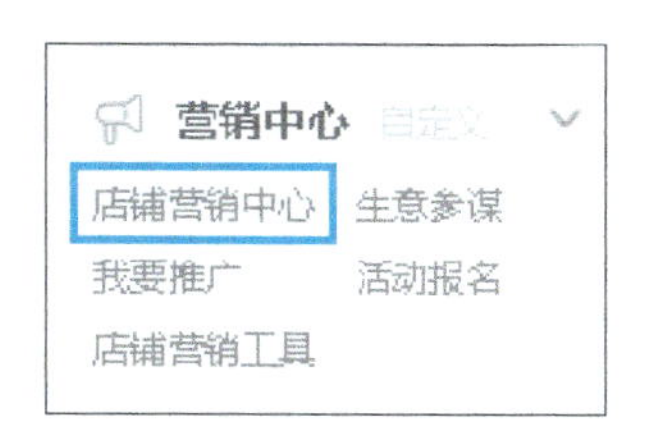

图 3-12　单击“店铺营销中心”

步骤 03：进入店铺营销中心页面，找到“热门营销工具”，单击“店铺红包”，如图 3-13 所示。

图 3-13　单击“店铺红包”

步骤 04：进入店铺红包的创建页面，红包有通用红包和专享红包，我们以通用红包为例，如图 3-14 所示。

步骤 05：按照提示设置红包的活动名称、活动时间、红包金额、发放数量等，如图 3-15 所示。提示：活动时间的有效期的最大范围为 60 天。同一卖家每次仅能设置 1 种面额的店铺红包。5 元、10 元、20 元面额的店铺红包，卖家每次最多可以发行 20000 张；50 元、100 元、200 元面额的店铺红包，每次设置最多可以发行 1000 张。

步骤 06：选择买家领取的条件，按照店铺的需求，选中“直接领店铺红包”或“收藏店铺”复选框，也可以同时选中，如图 3-16 所示。

步骤 07：单击“《店铺红包规则》”查看阅读，并选中“我同意”复选框，如图 3-17 所示。全部设置完成后，单击“确定并保存”按钮。

步骤 08：在弹出的“发布提醒”提示框中单击“确定”按钮，如图 3-18 所示。

淘宝商家 店铺红包

创建活动 活动管理 活动规则

通用红包 专享红包

活动名称：字数不超过15字

活动时间：2017-05-15 00:00:00 — 2017-05-15 23:59:59

红包金额：5元

发放数量：请填写数字

让利总额：0 元

买家领取条件：直接领店铺红包（1张/人） 收藏店铺（1张/人）

我同意《店铺红包规则》

图 3-14 以通用红包为例

通用红包 专享红包

活动名称：店铺周年庆

活动时间：2017-05-15 00:00:00 — 2017-05-15 23:59:59

红包金额：5元

发放数量：1000

让利总额：5000元

图 3-15 设置红包

买家领取条件：直接领店铺红包（1张/人） 收藏店铺（1张/人）

图 3-16 选择买家领取的条件

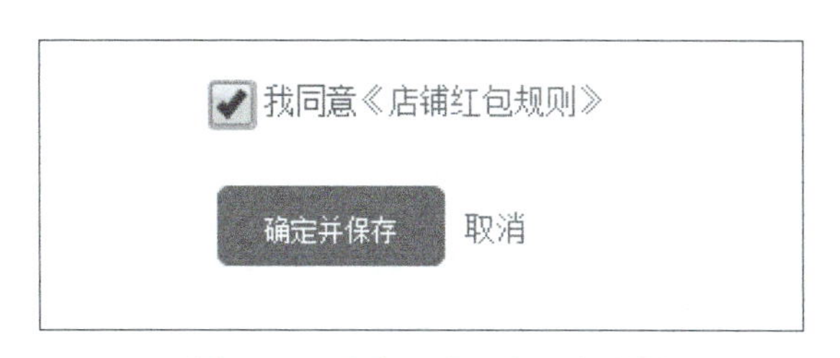

图 3-17　选中“我同意”复选框

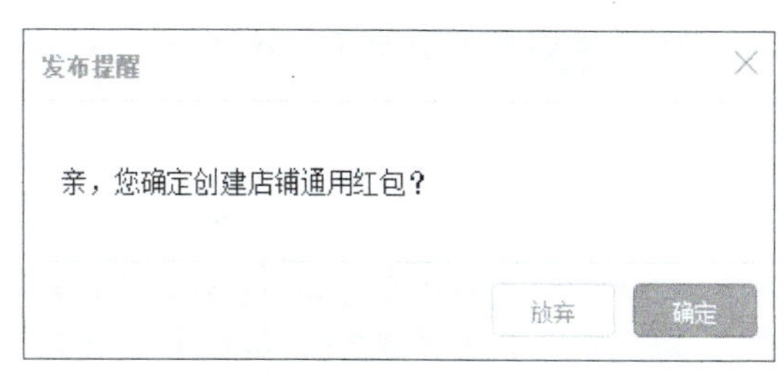

图 3-18　提醒是否创建店铺红包

步骤 09：出现店铺通用红包活动创建完成的提示。可以单击“店铺管理”查看红包详情，如图 3-19 所示。

图 3-19　店铺红包创建完成

分任务 3　了解收藏送红包

一、了解收藏送红包

1. 概念

收藏送红包是指给收藏本店或收藏本店宝贝的用户赠送店铺红包。

2. 收藏送红包的作用

收藏送红包不仅能刺激新收藏的用户立即转化购买，还能转化大量只收藏不购买的用户，带来源源不断的新订单。

3. 收藏送红包案例界面

收藏送红包案例界面如图 3-20 所示。

图 3-20　收藏送红包案例界面

二、设置收藏送红包

（与店铺红包的设置类似）

步骤 01：打开淘宝页面，登录。单击“卖家中心”，如图 3-2 所示。

步骤 02：进入卖家中心后，找到“营销中心”，单击“店铺营销中心”，如图 3-12 所示。

步骤 03：进入店铺营销中心页面，找到“热门营销工具”，单击店铺红包，如图 3-13 所示。

步骤 04：进入店铺红包的创建页面，红包有通用红包和专享红包，我们以通用红包为例，如图 3-14 所示。

步骤 05：按照提示设置红包的活动名称、活动时间、红包金额、发放数量等，如图 3-21 所示，活动名称设为“收藏送红包”，活动时间设置为 60 天的时长。

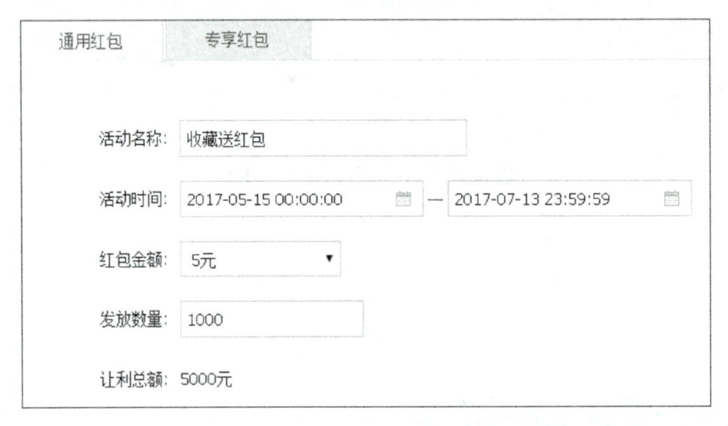

图 3-21　收藏送红包

步骤 06：买家领取条件选择“收藏店铺”，如图 3-22 所示。

图 3-22　选择“收藏店铺”

步骤 07：单击“《店铺红包规则》”查看阅读，并选中“我同意”复选框。全部设置完成后，单击“确定并保存”按钮，如图 3-17 所示。

步骤 08：在弹出的“发布提醒”提示框中单击“确定”按钮，如图 3-18 所示。

步骤 09：出现店铺通用红包活动创建完成的提示。可以单击“店铺管理”查看红包详情，如图 3-19 所示。

分任务 4　认识淘宝卡券

一、了解淘宝卡券的概念及作用

1. 淘宝卡券的概念

淘宝卡券分为 3 类：店铺优惠券、商品优惠券和包邮优惠券。这是卖家给买家在店铺

内买东西时送的一种可以抵扣现金的一种优惠券。

2. 淘宝卡券的作用

（1）吸引新客户。

（2）维护老客户。

（3）获取流量，提升销售额。

卡券案例界面如图 3-23 所示。

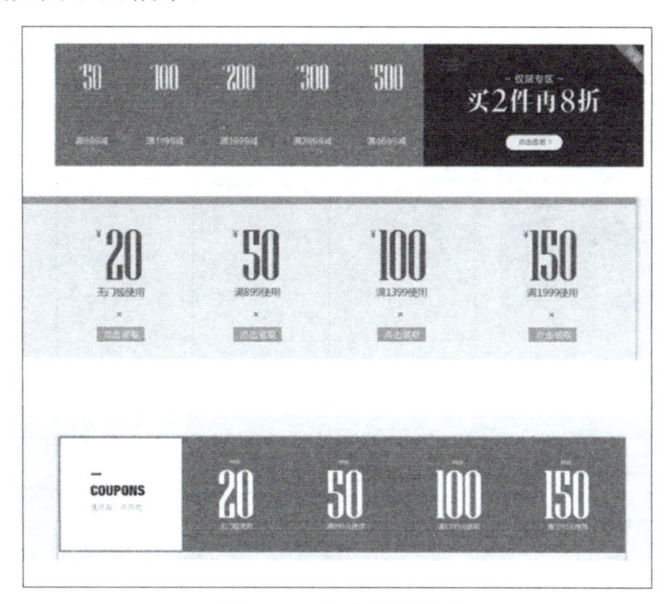

图 3-23　卡券案例界面

二、设置淘宝卡券

步骤 01：打开淘宝页面，登录。单击“卖家中心”，如图 3-2 所示。

步骤 02：进入卖家中心后，找到“营销中心”，单击“店铺营销工具”，如图 3-24 所示。

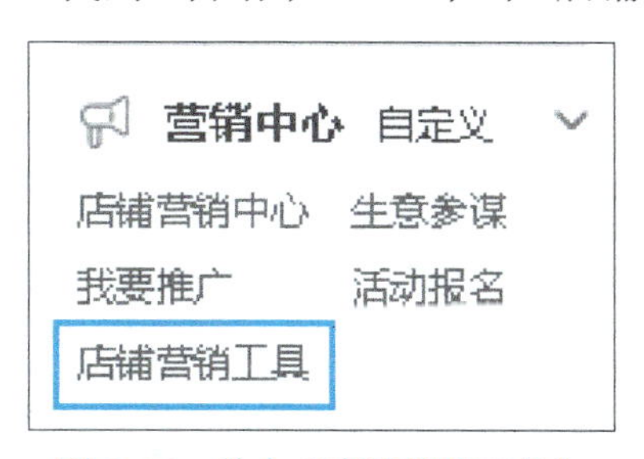

图 3-24　单击“店铺营销工具”

步骤 03：找到“优惠促销”，单击“优惠券”，如图 3-25 所示。

步骤 04：进入淘宝卡券选择页面。淘宝卡券分为店铺优惠券、商品优惠券、包邮券，如图 3-26 所示。我们以店铺优惠券为例，选择店铺优惠券，单击“立即创建”按钮。

步骤 05：进入店铺优惠券的创建页面，如图 3-27 所示。

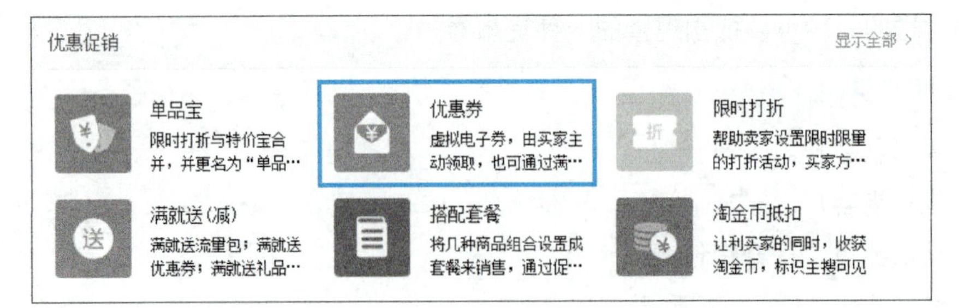

图 3-25　优惠促销

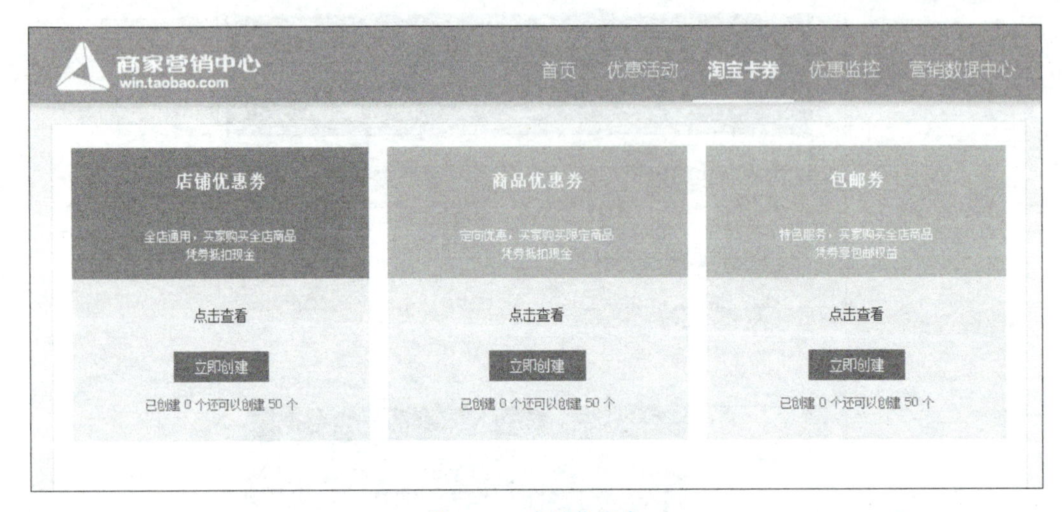

图 3-26　店铺优惠券

新建 店铺优惠券　　返回卡券首页

基本信息

名称：　10个字以内

使用位置：通用　无线专享

面额：3 元

使用条件：满　元使用　满3.01元使用

有效时间：　-　开始前买家可以领取但不能使用

发行量：　不超过100000张

修改发行量时只能增加不能减少，请谨慎设置

每人限领：1 张

推广信息　（保存后不能修改）

推广方式：买家领取　卖家发放

领券形式：全网买家可领　一次性链接领取　渠道专享　阿里妈妈推广券

创建成功后优惠券将立即投放在商品详情页、工具栏、旺旺等资源位。　优惠券可以在哪些位置展示？

券链接可全网传播，请勿用于抽奖、兑换等有门槛的营销活动，并谨慎设置基本信息。链接泄露引发的后果由您自负。

特别提醒：严令禁止通过优惠券刷单的行为，一旦发现必定严惩，外部推广请使用“阿里妈妈推广券”进行设置。

图 3-27　创建页面

步骤 06：按照提示填写店铺优惠券的基本信息，如图 3-28 所示。

图 3-28　填写优惠券信息

步骤 07：根据店铺需要，选择优惠券的推广方式和领取形式，如图 3-29 所示。全部设置完成后，单击“保存”按钮。

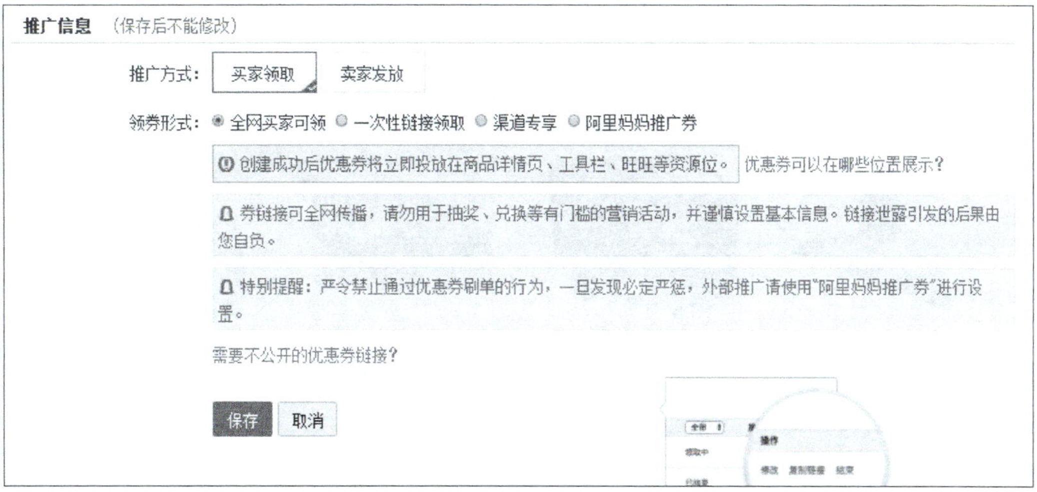

图 3-29　选择优惠券的推广方式和领取形式

步骤 08：单击“保存”按钮后，页面自动跳转到“卡券管理”页面，可以看到创建好的卡券，如图 3-30 所示。

图 3-30　保存创建好的卡券

分任务 5 认识满就送活动

一、了解满就送

1. 满就送的概念

满就送主要有满就减、满就送礼、满就包邮、满就送优惠券、满就送彩票、满就换购、满就送电子书等形式，作为卖家的一种促销手段，深受顾客们的欢迎。

2. 满就送的作用

（1）提升店铺销售业绩。

（2）增加商品曝光力度。

（3）节约人力成本。

3. 满就送案例

满就送案例界面如图 3-31 所示。

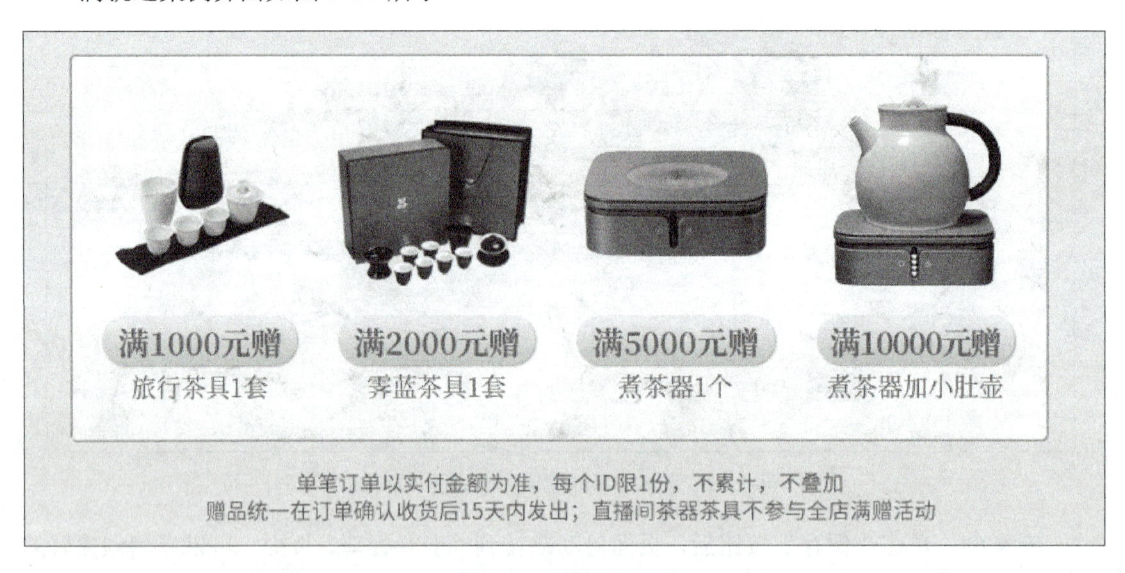

图 3-31 满就送案例

二、设置满就送

步骤 01：打开淘宝页面，登录。单击“卖家中心”，如图 3-2 所示。

步骤 02：进入卖家中心后，找到“营销中心”，单击“店铺营销工具”，如图 3-24 所示。

步骤 03：找到“优惠促销”，单击“满就送（减）”，如图 3-32 所示。

步骤 04：进入“满就送”设置页面，如图 3-33 所示。

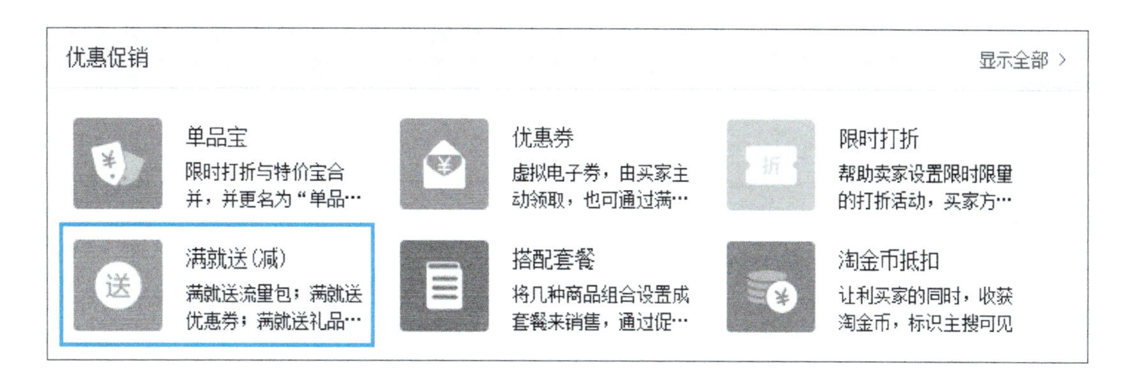

图 3-32　单击“满就送（减）”

商家营销中心
win.taobao.com

工具列表　活动列表　满就送　满件优惠　限时打折　搭配套餐　热门工具　单品宝

<<返回 满就送设置

活动信息

活动名称：

活动时间： -

活动信息

优惠方式： 普通优惠
多级优惠

优惠条件：买家消费满 元 上不封顶

优惠内容： 减现金
送礼品
免邮
送优惠券
换购商品
送音乐礼包　请先开通支付宝代扣协议，即可送音乐礼包 (查看介绍)
送精品在线课程
送流量　您未开通赠送流量协议，开通请点击 签署协议，签署协议后请点击 刷新
淘宝电影代金券　您未开通支付宝代扣协议协议，开通请点击 签署协议，签署协议后请点击 刷新

优惠备注：　优惠备注不允许写入html文本或者链接

保存　预览

图 3-33　“满就送”设置页面

步骤 05：根据页面提示填写活动信息，如优惠的方式、条件、内容等。优惠的内容有比较多的选项且有些需要签署一些协议，卖家可根据店铺的要求进行选择，如图 3-34 所示。

步骤 06：可设置填写“优惠备注”，如图 3-35 所示。

步骤 07：全部设置完成后可预览查看详情，如图 3-36 所示。

步骤 08：确认无误后，单击“保存”按钮。满就送活动设置完成，如图 3-37 所示。

活动信息
活动名称：五一出游，优惠一夏
活动时间：2017-04-30 - 2017-05-31
活动信息
优惠方式：普通优惠
多级优惠
优惠条件：买家消费满 99 元
优惠内容：减 5 元
送礼品
免邮
送优惠券
换购商品
送音乐礼包 请先开通支付宝代扣协议，即可送音乐礼包 (查看介绍)
送精品在线课程
送流量 您未开通赠送流量协议，开通请点击 签署协议，签署协议后请点击 刷新
淘宝电影代金券 您未开通支付宝代扣协议协议，开通请点击 签署协议，签署协议后请点击 刷新
优惠条件：买家消费满 199 元
优惠内容：减 10 元
送礼品
免邮 不免邮区域 减后满199元才可享受免邮!
送优惠券
换购商品
送音乐礼包 请先开通支付宝代扣协议，即可送音乐礼包 (查看介绍)
送精品在线课程

图 3-34　根据页面提示设置填写

优惠备注：折扣商品不加入活动 优惠备注不允许写入html文本或者链接
保存 预览

图 3-35　填写“优惠备注”

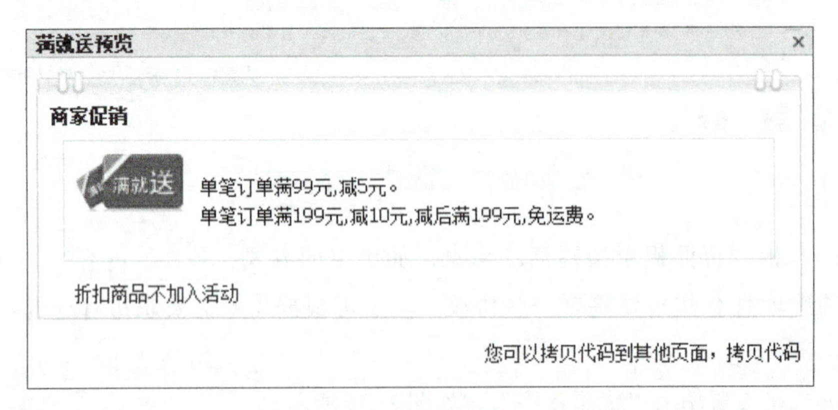

图 3-36　预览查看详情

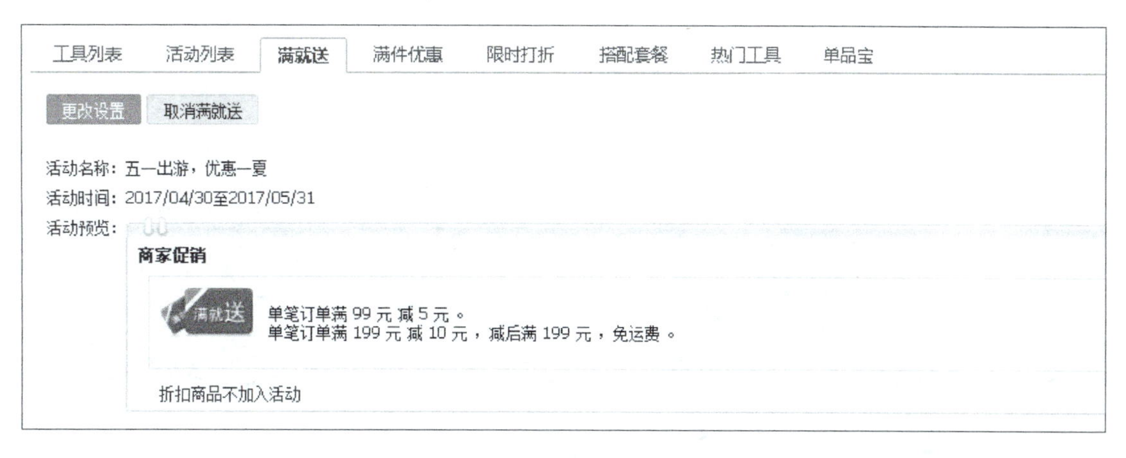

图 3-37　活动设置完成

分任务 6　认识满件优惠

一、了解满件优惠

1. 满件优惠的概念

满件优惠也是淘宝官方营销产品之一，可提供创建满几件就有优惠的活动，优惠内容主要有打折、包邮、送礼品。

2. 满件优惠的作用

（1）提高店铺购买转化率。

（2）提升销售笔数和销售额。

3. 满件优惠案例

满件优惠案例界面如图 3-38 ～图 3-40 所示。

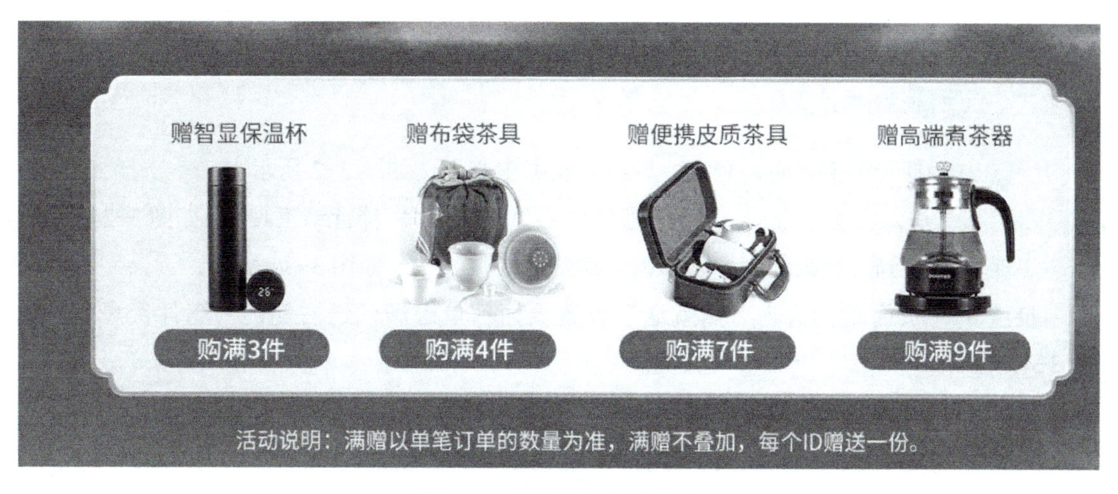

图 3-38　满件优惠案例界面 1

图 3-39　满件优惠案例界面 2

图 3-40　满件优惠案例界面 3

二、设置满件优惠

步骤 01：打开淘宝页面，登录。单击“卖家中心”，如图 3-2 所示。

步骤 02：进入卖家中心后，找到“营销中心”，单击“店铺营销工具”，如图 3-24 所示。

步骤 03：找到“优惠促销”，单击“满就送（减）”，如图 3-32 所示。

步骤 04：页面跳转进入“满就送”设置页面，单击满就送右侧的“满件优惠”，如图 3-41 所示。

步骤 05：进入“满件优惠”编辑页面，如图 3-42 所示。

步骤 06：可以选择“设置全店活动”，也可以选择“创建商品活动”，如图 3-43 所示。设置全店活动是针对全店的商品，创建商品活动是针对选定的商品，最多可以选择 50 件商品。

我们以设置全店活动为例。

步骤 07：单击“设置全店活动”按钮，打开如图 3-44 所示的界面。

步骤 08：根据提示填写优惠内容，如图 3-45 所示。

图 3-41　单击“满件优惠”

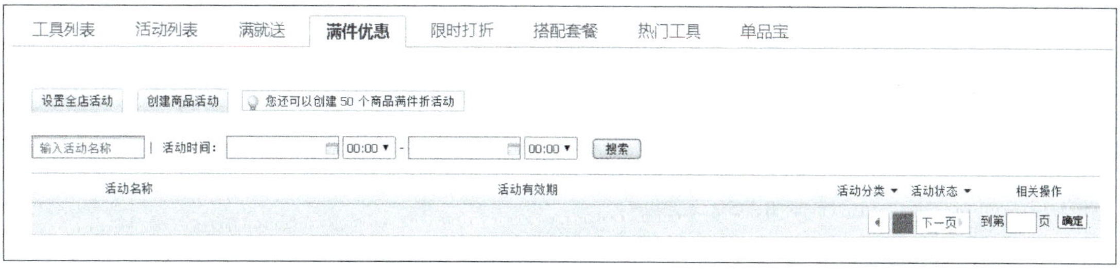

图 3-42　编辑页面

图 3-43　活动页面

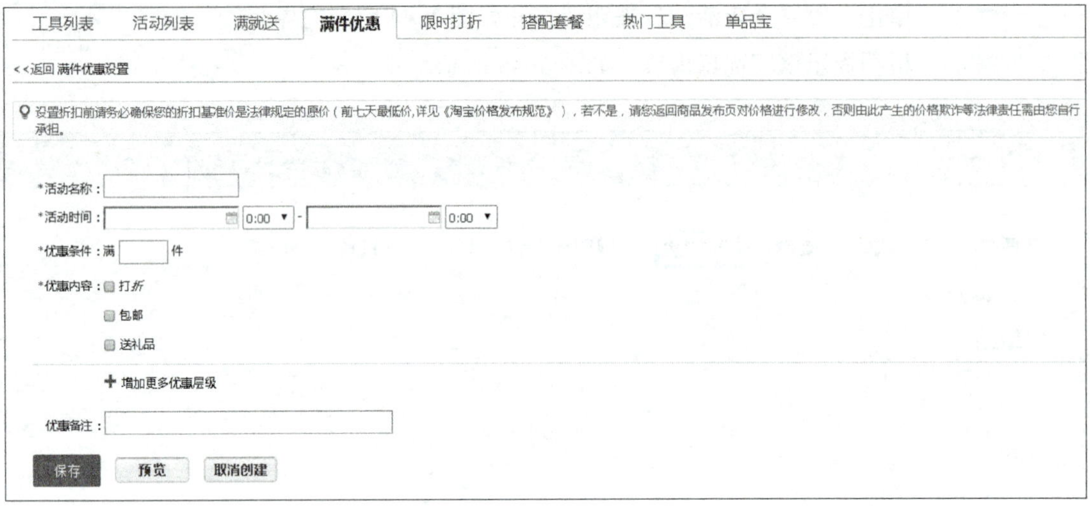

工具列表　活动列表　满就送　**满件优惠**　限时打折　搭配套餐　热门工具　单品宝

<<返回 满件优惠设置

设置折扣前请务必确保您的折扣基准价是法律规定的原价（前七天最低价,详见《淘宝价格发布规范》），若不是，请您返回商品发布页对价格进行修改，否则由此产生的价格欺诈等法律责任需由您自行承担。

*活动名称：

*活动时间：　0:00 ▼ -　0:00 ▼

*优惠条件：满　件

*优惠内容：打折

包邮

送礼品

+ 增加更多优惠层级

优惠备注：

保存　预览　取消创建

图 3-44　设置全店活动

*活动名称：女神节

*活动时间：2017-05-15　20:00 ▼ - 2017-05-20　23:00 ▼

*优惠条件：满 2 件

*优惠内容：打折

包邮 不免邮区域

送礼品

*优惠条件：满 3 件

*优惠内容：打 9 折 *(折扣最低可设置为7.0折，不能低于店铺最低折扣)*

包邮 不免邮区域

送礼品

+ 增加更多优惠层级

优惠备注：特价商品不参与活动

保存　预览　取消创建

图 3-45　填写优惠内容

步骤 09：全部设置完成后，可预览查看，如图 3-46 所示。

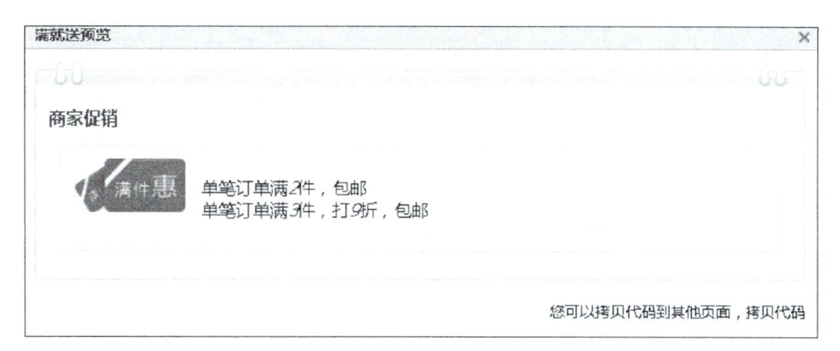

图 3-46　预览查看

步骤 10：确认无误后，单击“保存”按钮，满件优惠活动设置完成。

分任务 7　掌握单品宝

一、了解单品宝

1. 单品宝的概念

淘宝的限时打折与天猫的特价宝合并，并更名为“单品宝”，功能全面升级。

2. 单品宝的作用

（1）增强店铺内的人气，活跃气氛。

（2）调动顾客购买的欲望。

（3）缓解商家的产品积压。

3. 单品宝案例

单品宝案例界面如图 3-47 ～图 3-49 所示。

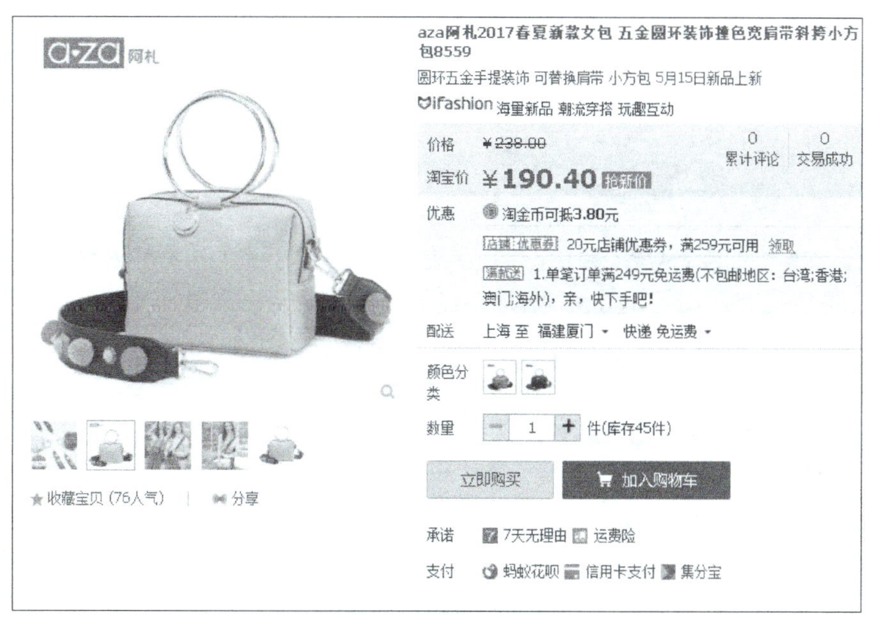

图 3-47　单品宝案例界面 1

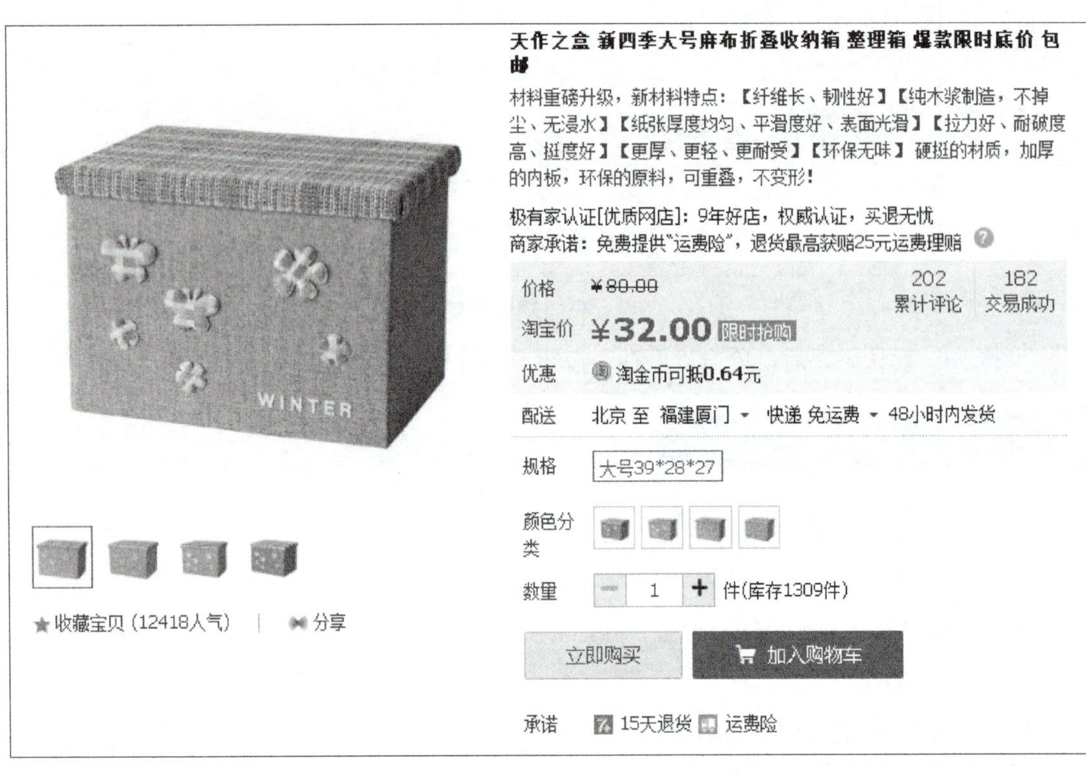

图 3-48 单品宝案例界面 2

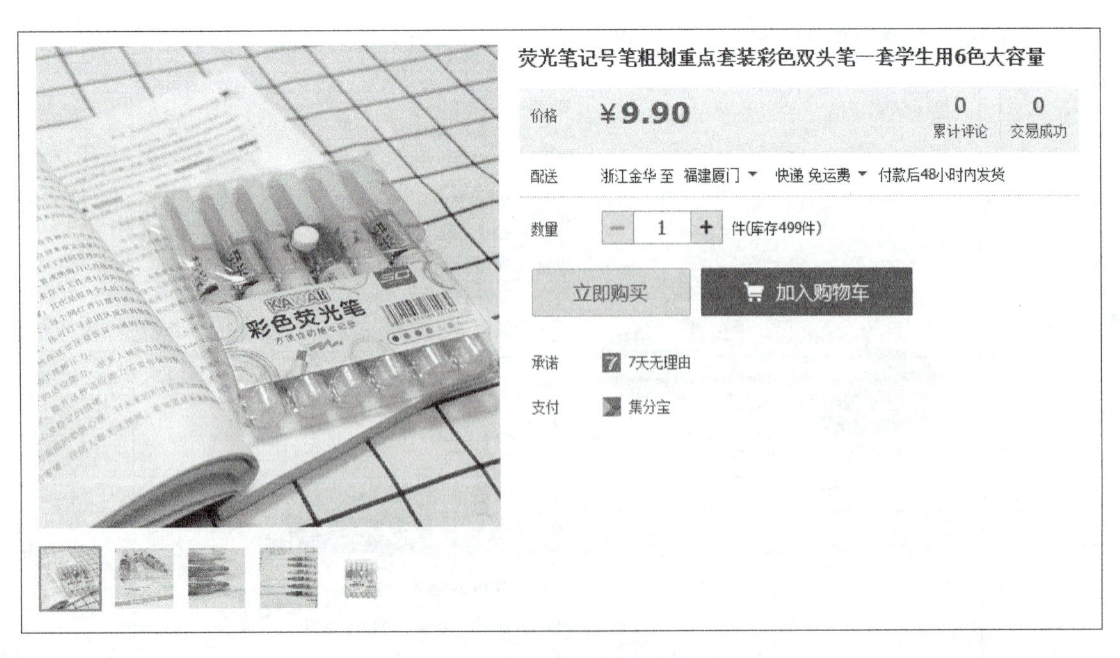

图 3-49 单品宝案例界面 3

二、设置单品宝

步骤 01：打开淘宝页面，登录。单击“卖家中心”，如图 3-2 所示。

步骤 02：进入卖家中心后，找到“营销中心”，单击“店铺营销工具”，如图 3-24 所示。

步骤 03：找到优惠促销，单击“单品宝”，如图 3-50 所示。

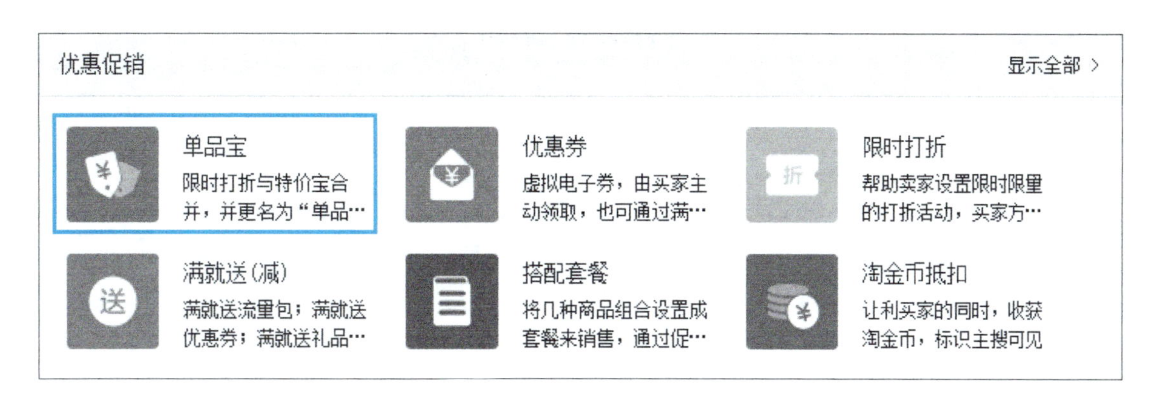

图 3-50　单击“单品宝”

步骤 04：进入单品宝活动页面，单击页面右侧的“新建活动”按钮，如图 3-51 所示。

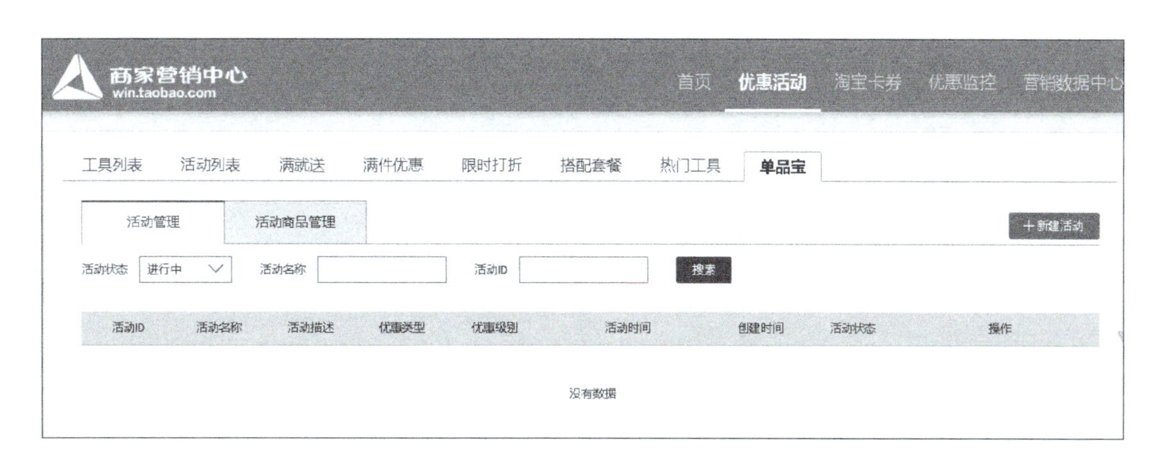

图 3-51　单击“新建活动”按钮

步骤 05：进入活动编辑页面，根据提示选择填写活动的基本信息，如图 3-52 所示。

步骤 06：按照如图 3-53 所示填写完成后单击“下一步”按钮。提示：SKU 级（Stock Keeping Unit，库存量单位）就是每个颜色或尺码可以分别打不同的折扣，商品级就是这个产品打一个统一的折扣。

步骤 07：进入选择活动商品页面，如图 3-54 所示。

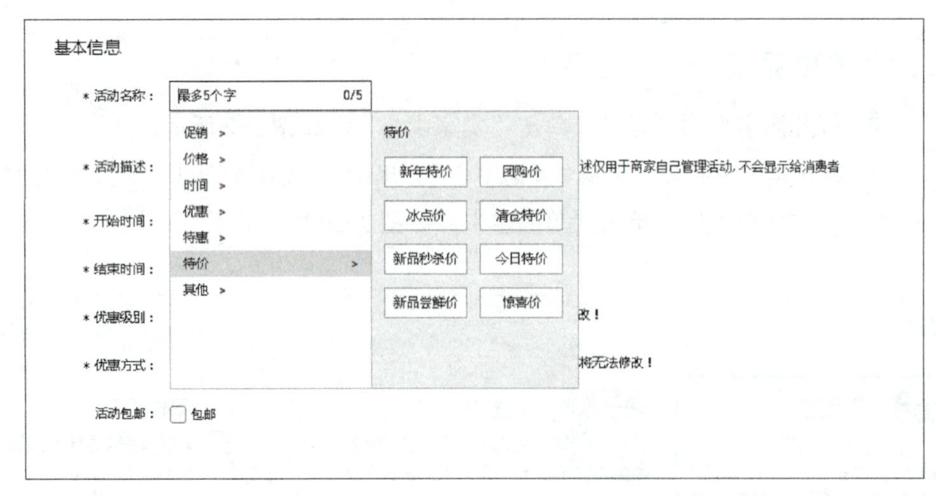

图 3-52　活动编辑页面

图 3-53　填写基本信息

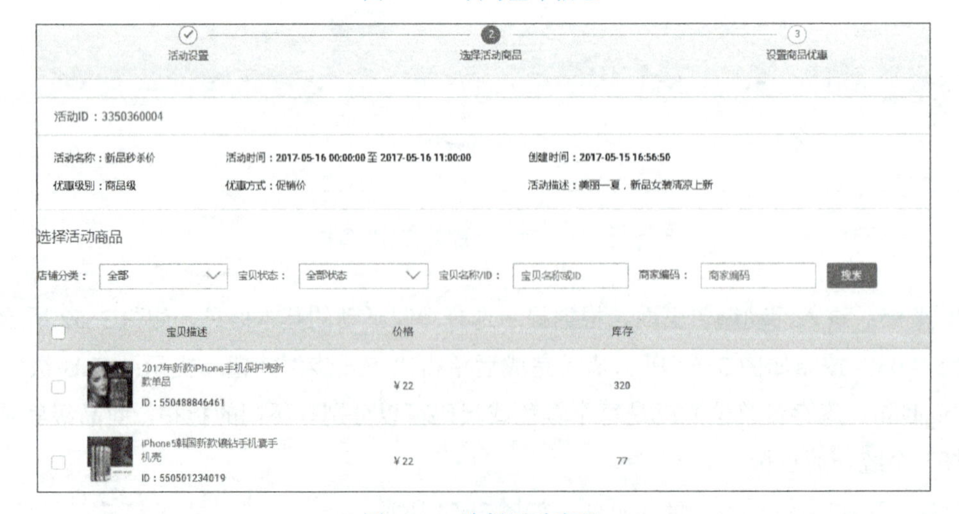

图 3-54　选择活动商品

步骤 08：选择好商品后，单击“下一步”按钮，如图 3-55 所示。

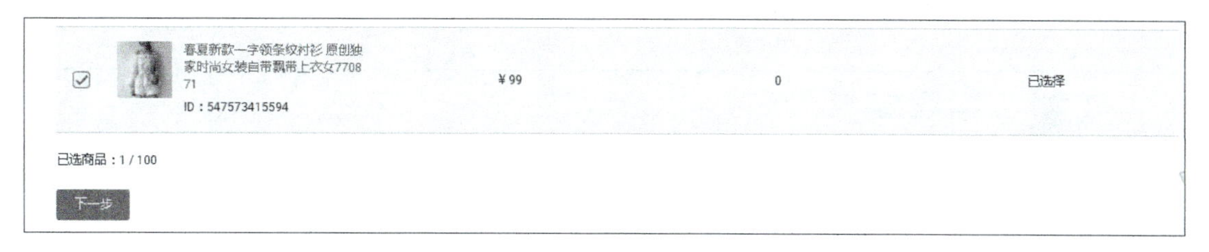

图 3-55　单击“下一步”按钮

步骤 09：进入设置商品优惠界面，单击“点击设置”，如图 3-56 所示。

图 3-56　单击“点击设置”

步骤 10：弹出宝贝促销价设置框，设置好促销的价格后，单击“确认”按钮，如图 3-57 所示。

图 3-57　宝贝促销价设置框

步骤 11：可以设置限购的数量，如图 3-58 所示。设置完成后，单击“保存”按钮，单品宝活动即可设置完成，如图 3-59 所示。

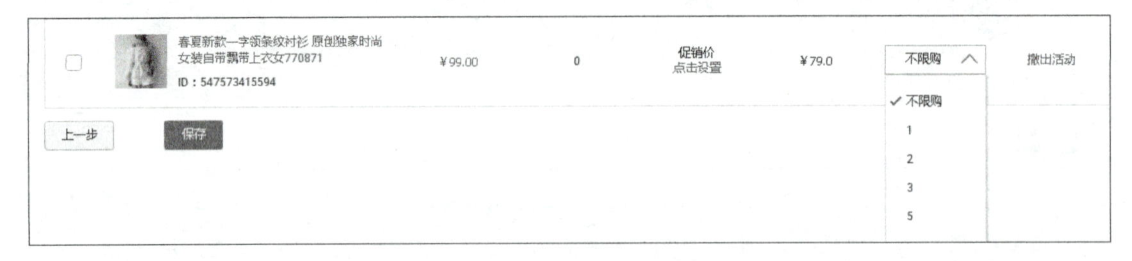

图 3-58　设置限购的数量

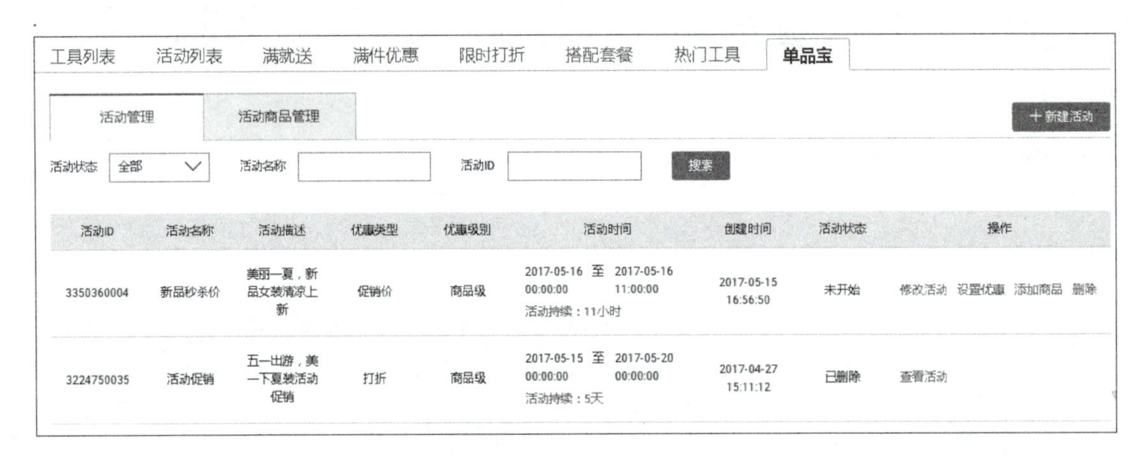

图 3-59　单品宝活动设置完成

分任务 8　学会套餐搭配

一、了解套餐搭配

1. 套餐搭配的概念

搭配套餐是将几种商品组合在一起设置成套餐来销售，通过促销套餐可以让买家一次性购买更多的商品。

2. 搭配套餐的作用

（1）提升店铺销售业绩。

（2）提高店铺购买转化率，提升销售笔数。

（3）增加商品曝光力度，节约人力成本。

3. 搭配套餐案例

搭配套餐案例界面如图 3-60 ～图 3-62 所示。

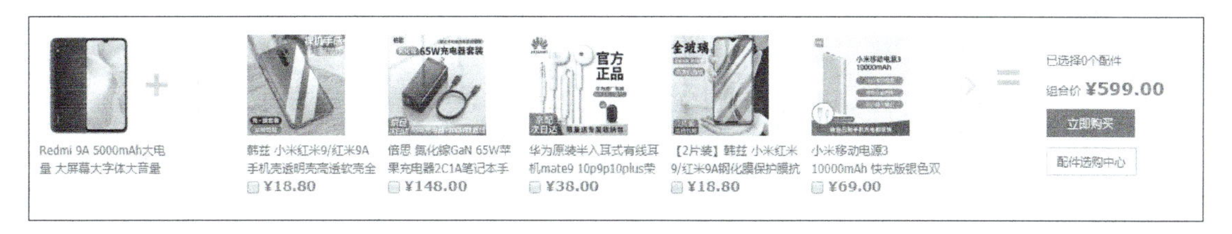

图 3-60　搭配套餐案例界面 1

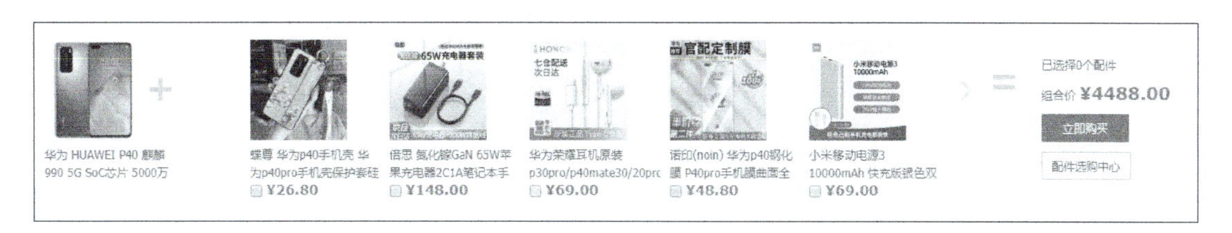

图 3-61　搭配套餐案例界面 2

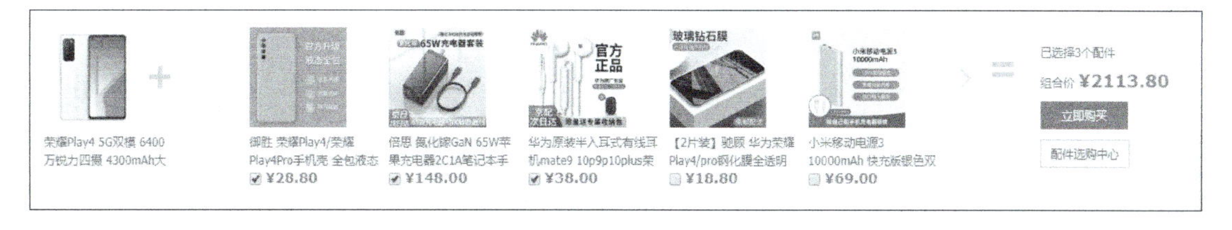

图 3-62　搭配套餐案例界面 3

二、设置套餐搭配

步骤 01：打开淘宝页面，登录。单击“卖家中心”，如图 3-2 所示。

步骤 02：进入卖家中心后，找到“营销中心”，单击“店铺营销工具”，如图 3-24 所示。

步骤 03：找到优惠促销，单击“搭配套餐”，如图 3-63 所示。

步骤 04：进入搭配套餐活动页面，如图 3-64 所示，单击“创建搭配套餐”按钮。

步骤 05：进入搭配套餐编辑页面，如图 3-65 所示。

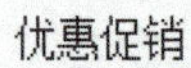

显示全部 >

单品宝
限时打折与特价宝合并，并更名为“单品…

优惠券
虚拟电子券，由买家主动领取，也可通过满…

限时打折
帮助卖家设置限时限量的打折活动，买家方…

满就送(减)
满就送流量包；满就送优惠券；满就送礼品…

搭配套餐
将几种商品组合设置成套餐来销售，通过促…

淘金币抵扣
让利买家的同时，收获淘金币，标识主搜可见

图 3-63　单击“搭配套餐”

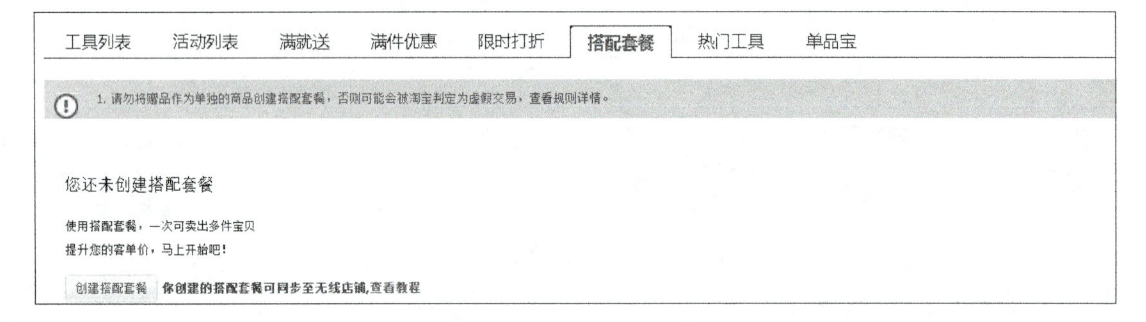

图 3-64　搭配套餐活动页面

工具列表　活动列表　满就送　满件优惠　限时打折　**搭配套餐**　热门工具　单品宝

创建搭配套餐

1、设置基本信息

套餐标题：* 　限定在30个汉字内（60个字符）

搭配宝贝：*

搭配宝贝	显示名	原价	排序	操作
未添加搭配宝贝				

添加搭配宝贝

您至多添加5件宝贝

套餐原价 0 元

套餐商品价格* 　搭配商品价格不得高于单个宝贝原价总和，高于原价总和时，按原价总和购买

搭配套餐不限制用户限购数量（包括官方及第三方工具），设置优惠价格请谨慎！

套餐图片：　**已选择图片** 0/5

暂无图片　暂无图片　暂无图片　暂无图片　暂无图片

图 3-65　搭配套餐编辑页面

步骤 06：根据提示，设置套餐的标题、搭配宝贝、套餐价格，如图 3-66 所示。

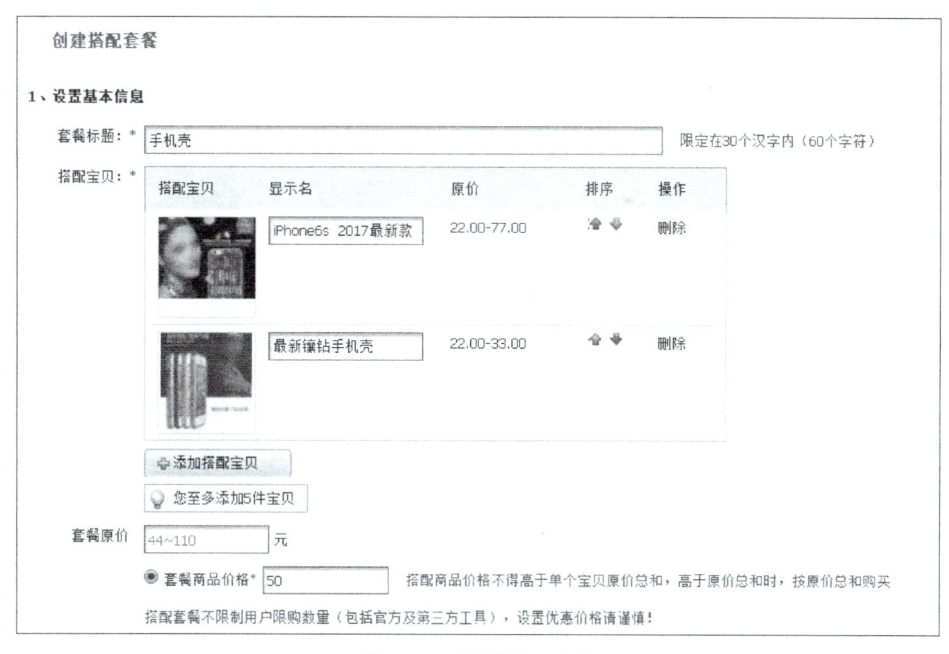

图 3-66 设置搭配套餐

步骤 07：设置套餐图片，如图 3-67 所示。

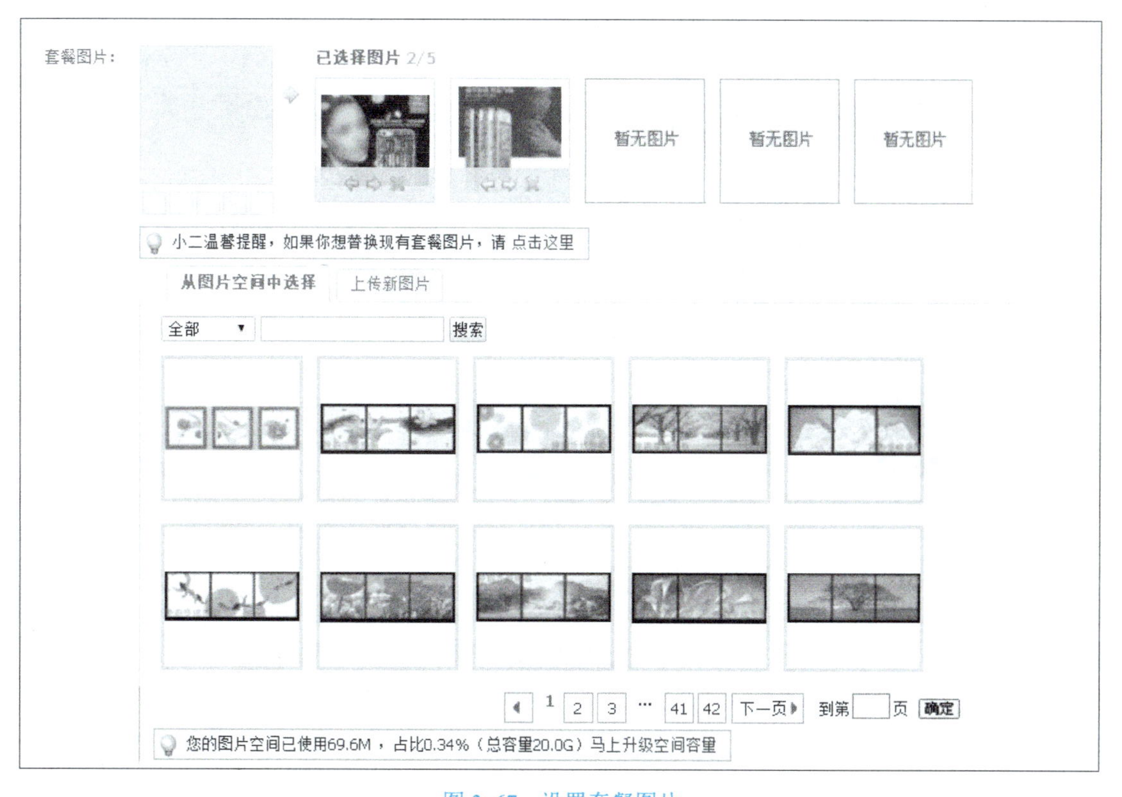

图 3-67 设置套餐图片

步骤 08：填写套餐描述并设置物流信息，如图 3-68 所示。

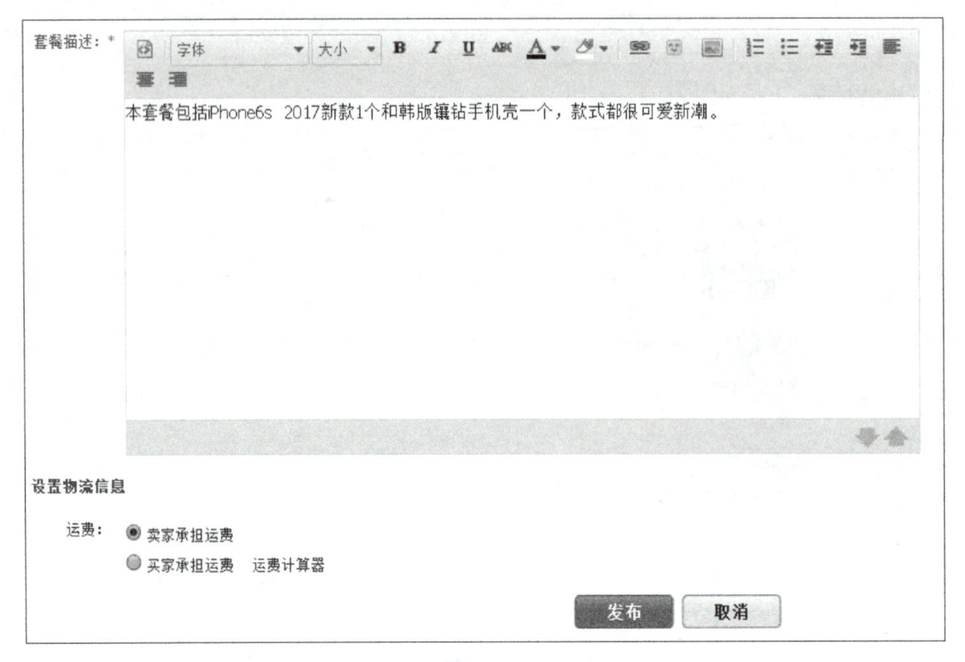

图 3-68　填写套餐描述并设置物流信息

步骤 09：设置完成后单击“发布”按钮，搭配套餐设置完成，如图 3-69 所示。

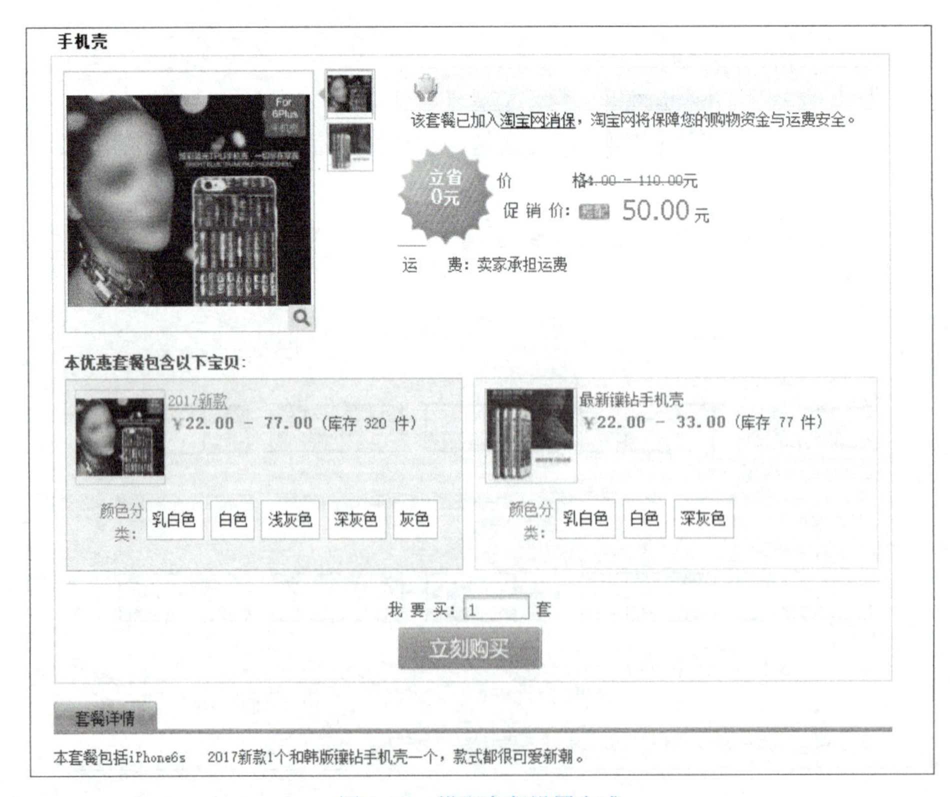

图 3-69　搭配套餐设置完成

学生演练

实训 3-1　店铺促销设置之优惠卡券

参考步骤：

根据二维码中的示例步骤，学生们自主练习。

考核评价

表 3-1　店铺促销设置之优惠卡券考核评价表

序号	评价内容	得分 / 分			综合得分 / 分
		自评	组评	师评	
1	掌握制定优惠券的使用规则				
2	学会利用平台新增店铺优惠券				
3	了解店铺红包活动的设置				
合计					

任务 2　掌握店铺活动

任务分析

本任务重点讲解淘宝店铺的店铺活动，包括认识店铺活动以及天猫粉丝节和淘宝双十一活动策划方案等。通过本任务的学习，同学们可掌握店铺活动的策划方法。

情境引入

对于店铺来说，一年365天不可能天天都是旺销，总有淡旺季之分。旺季自然都是忙业务，那么淡季呢？业务减少了，很多店铺面临着关张的危险，怎么办？毫无疑问，促销是一个必要的手段。如何合理运用促销策略是每个店铺、经销商都要面临的问题。

教师点拨

分任务1　认识店铺活动

一、了解店铺活动的目的

淘宝店铺开展各项营销活动，一般是为了以下几个目的：

（1）冲量、提高成交转化率。

（2）提升店铺形象，增强客户黏性。

（3）提高客单价，提升营业收入，获得更多的利润。

（4）口碑引流，提高店铺的点击率。

二、掌握店铺活动常用的方法

（1）促销的实质是信息沟通，商家为了促进销售，把信息传递的一般原理运用于店铺的促销活动中，在商家和消费者之间建立起稳定有效的信息联系，实现有效的信息沟通。从而使消费者更好地了解和注意店铺的产品，激发消费者的购买欲望，增加购买紧迫感并促使消费者实现最终的购买行为。

一般促销商品常用的工具有单品宝、包邮、店铺红包、秒杀活动、收藏红包等。

（2）好的店铺形象彰显品牌形象，再好的产品，如果没有好的店铺形象，也会大大减分。一般提升店铺形象的常用工具有买家秀、好评返现等。

（3）门店的销售额是由客单价和顾客数（客流量）所决定的，因此，要提升门店的销售额，除了尽可能多地吸引进店客流，增加顾客交易次数以外，提高客单价也是非常重要的途径。

淘宝店铺一般就是利用一些优惠方式让卖家主动凑单，越买越多。

提高客单价的常用工具有淘宝卡券、套餐搭配、购后送红包、满件优惠、满就送等。

（4）拥有良好的口碑是赢得回头客的保证，也是反映产品和品牌忠诚度的重要指标。消费者信任和喜爱口碑良好的企业，会在情感上认同、接受其产品和品牌，经由满意的体验而上升为依赖和忠诚。

一般口碑引流的常用工具有分享店铺送礼、卡券分享等。

三、掌握店铺活动策划注意事项

（1）活动要有时效性。活动不限定时间，就弱化了活动的效果。活动时间一般为3～5天，资金充足的情况下可以适当增长时间，最好不超过一周。

（2）活动层次要多元化和有差异性，但切忌活动层次太多。

（3）货品要准备充足，确保店铺活动期间满足供应。

（4）对活动效果要进行监控，并及时调整方案。

分任务2 制订天猫粉丝节活动策划方案

一、天猫粉丝节活动策划方案的具体内容

天猫粉丝狂欢节是阿里集团围绕粉丝的大型活动，天猫粉丝狂欢节将为粉丝提供丰富的正版IP授权商品，打造一个粉丝的狂欢盛宴。

天猫粉丝狂欢节预热时间：4月24日～5月24日。

天猫粉丝狂欢节开售时间：5月25日～6月18日。

现在是粉丝经济时代，商家们自然不能轻易地错过活动时机。那么，店铺粉丝节如何做活动呢？

1. 策划方案

（1）活动目的。

1）提升网店浏览量，吸纳新客源。

2）打造网店的信誉度，提升顾客忠诚度。

3）提升店铺的销售额。

（2）活动主题：粉丝节粉丝福利大放送。

（3）活动对象：全网买家。

（4）活动内容：增强活动用户的参与热情，可以实实在在地把礼品、优惠回馈给顾客。

2. 促销方式

（1）秒杀活动：限量抢购6.66元秒杀、66元秒杀、88元秒杀，售完为止，售完上替换商品。

（2）赠品：指定爆款送戒指或眼镜夹。

（3）粉丝福利：积分兑换优惠券、包邮卡、实物等。

（4）店铺优惠券：5元满150元使用、20元满299元使用、50元满499元使用。

（5）促销价：店铺商品设置促销价、限时折扣价。

（6）满就送：满139元减31元、满278元减63元、满417元减95元、满556元减127元、满695元减159元。

3. 页面优化

（1）首页优化：活动首页的主体表达清楚，文字说明详细清晰，配色合理有吸引力。

（2）详情页优化：主推宝贝详情页关联性，宝贝与同行宝贝的优势展现。

二、学会设置店铺活动

1. 宝贝设置

（1）秒杀活动：限量抢购 6.66 元秒杀、66 元秒杀、88 元秒杀，售完为止，售完上替换商品，如图 3-70 所示。

图 3-70 秒杀活动

（2）赠品：指定爆款满送戒指或眼镜夹，如图 3-71 所示。

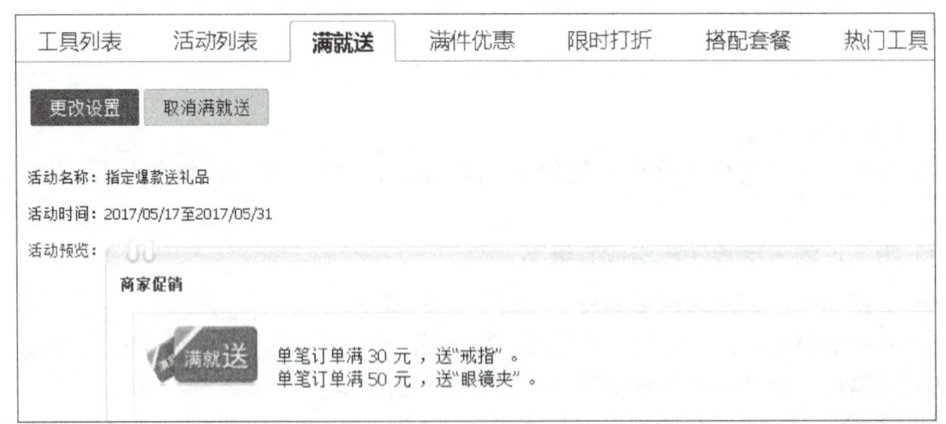

图 3-71 赠品

（3）粉丝福利：积分兑换优惠券、包邮卡、实物等，如图 3-72 所示。

（4）店铺优惠券：5 元满 150 元使用、20 元满 299 元使用、50 元满 499 元使用，如图 3-73 所示。

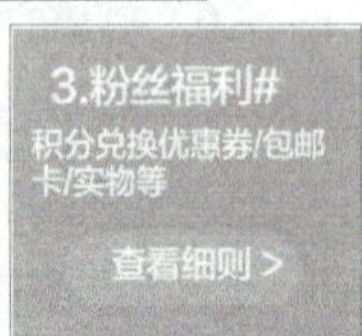

图 3-72 粉丝福利

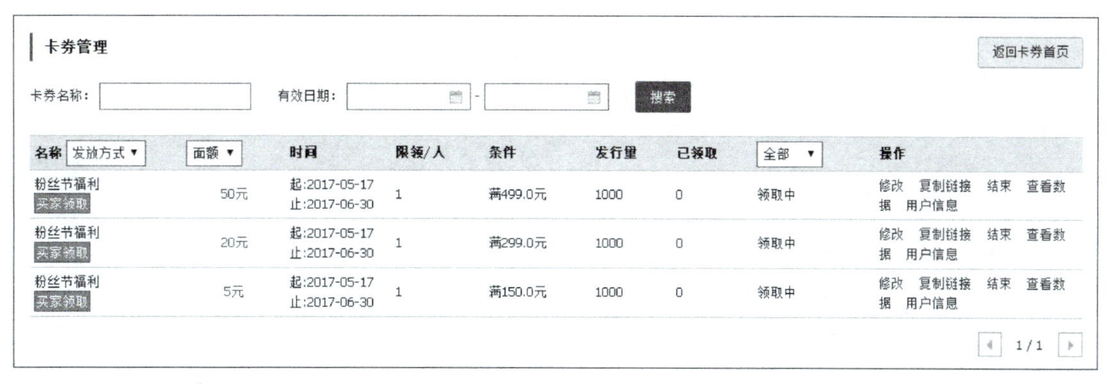

卡券管理　　返回卡券首页

卡券名称：　有效日期：　-　搜索

名称 发放方式 ▼	面额 ▼	时间	限领/人	条件	发行量	已领取	全部 ▼	操作
粉丝节福利 买家领取	50元	起:2017-05-17 止:2017-06-30	1	满499.0元	1000	0	领取中	修改 复制链接 结束 查看数据 用户信息
粉丝节福利 买家领取	20元	起:2017-05-17 止:2017-06-30	1	满299.0元	1000	0	领取中	修改 复制链接 结束 查看数据 用户信息
粉丝节福利 买家领取	5元	起:2017-05-17 止:2017-06-30	1	满150.0元	1000	0	领取中	修改 复制链接 结束 查看数据 用户信息

1 / 1

图 3-73　店铺优惠券

（5）促销价：店铺商品设置促销价、限时折扣价，如图 3-74 所示。

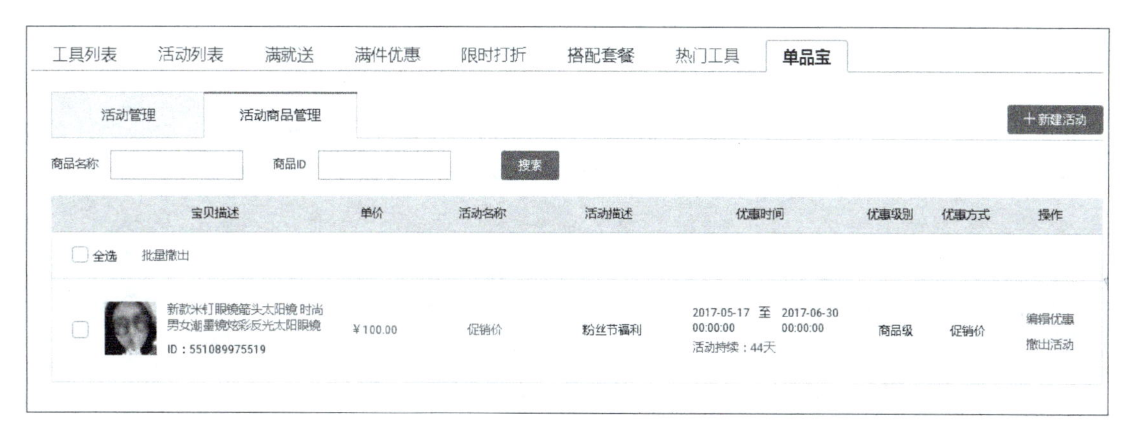

图 3-74　促销价

（6）满就送：满 139 元减 31 元、满 278 元减 63 元、满 417 元减 95 元、满 556 元减 127 元、满 695 元减 159 元，如图 3-75 所示。

工具列表　活动列表　满就送　满件优惠　限时打折　搭配套餐　热门工具　单品宝

更改设置　取消满就送

活动名称：多买多优惠

活动时间：2017/05/17至2017/05/31

活动预览：

商家促销

满就送

单笔订单满 139 元 减 31 元 。
单笔订单满 278 元 减 63 元 。
单笔订单满 417 元 减 95 元 。
单笔订单满 556 元 减 127 元 。
单笔订单满 695 元 减 159 元 。

图 3-75　满就送

2. 图片准备

如图 3-76 ～图 3-80 所示即为本次“天猫粉丝节”活动需要准备的图片参考样式。

图 3-76　图片准备 1

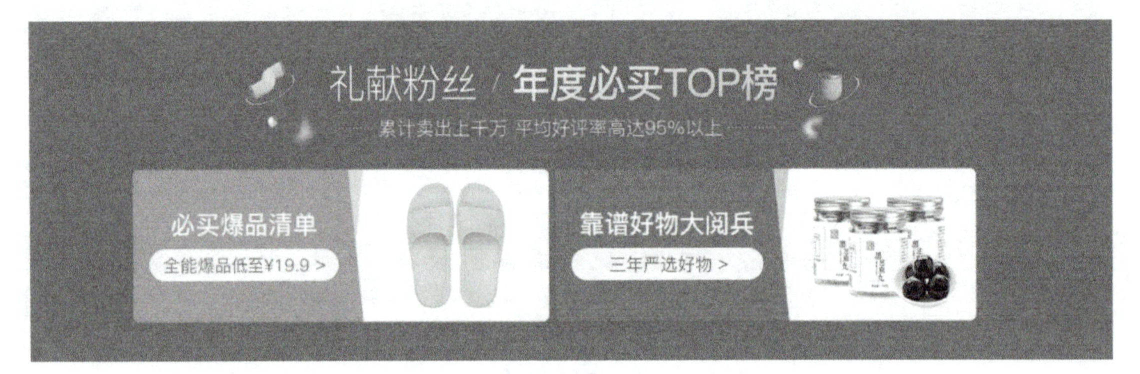

图 3-77　图片准备 2

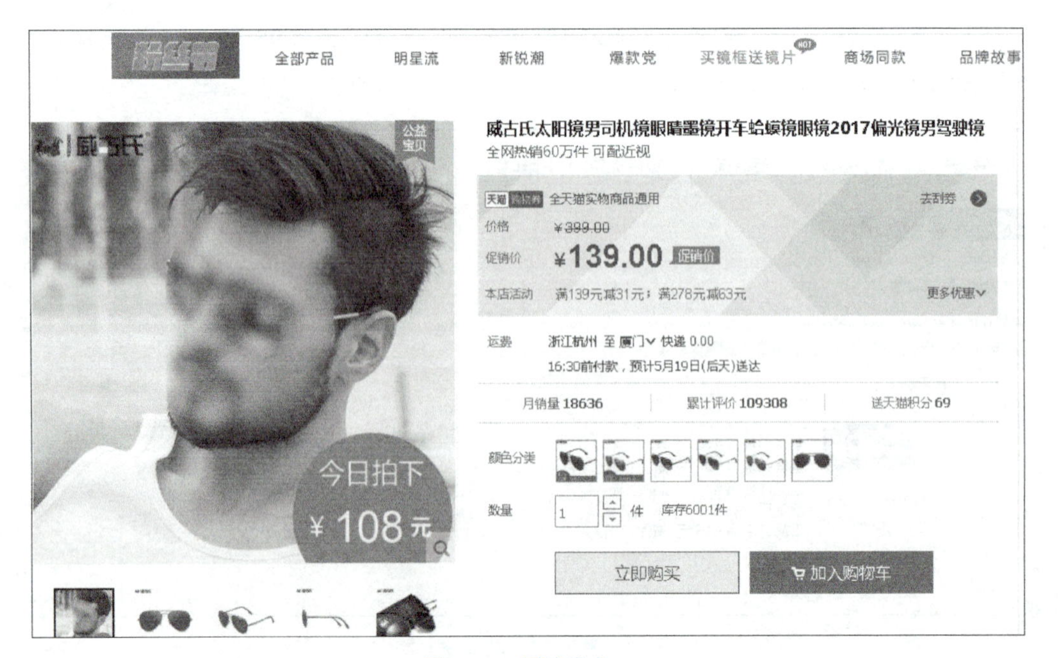

图 3-78　图片准备 3

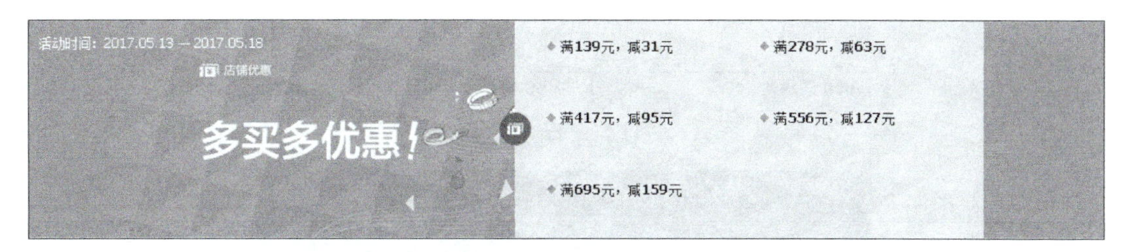

图 3-79　图片准备 4

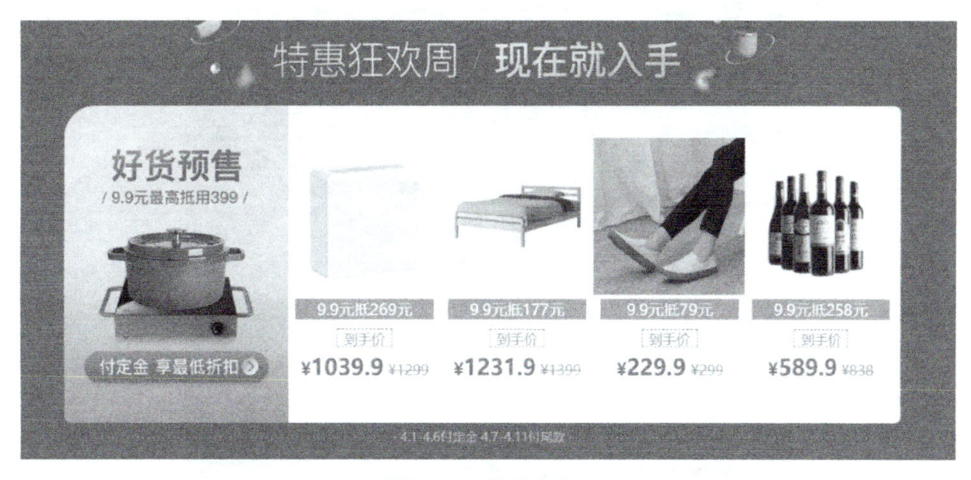

图 3-80　图片准备 5

3．装修

装修包括 PC 端的装修和无线手机端的装修，如图 3-81 所示即为本次活动两个端口页面的首页装修参考样式。

图 3-81　装修

图 3-81　装修（续）

分任务 3　制订淘宝双十一活动策划方案

淘宝每年都会有一个非常盛大的购物节，即双十一，这个是每个淘宝商家都会参与的一次促销活动。本次活动从准备、预热到活动开始，历时较长，对于店铺来说，是一个很好的增加品牌曝光度、提升店铺知名度、提高店铺销售额的时机。

一、淘宝双十一活动策划方案的具体内容

“双十一”即指每年的 11 月 11 日。淘宝网于 2009 年首次提出双十一大促销，到现在

发展成为网购狂欢节，所有主流电商都会进行大规模的打折促销活动。

2014 年 11 月 11 日，阿里巴巴双十一全天交易额为 571 亿元。

2015 年 11 月 11 日，天猫双十一全天交易额为 912.17 亿元。

2016 年 11 月 11 日，天猫双十一全天交易额超 1207 亿。

2017 年 11 月 11 日，淘宝天猫双十一最终交易额为 1682 亿元。

2018 年 11 月 11 日，淘宝天猫双十一最终交易额为 2135 亿元。

2019 年 11 月 11 日，淘宝天猫双十一最终交易额为 2684 亿元。

1. 策划方案

（1）活动目的。

1）大量引流。

2）提升品牌知名度。

3）达成销售目标。

（2）活动主题：全民疯抢。

（3）活动对象：全网买家。

2. 促销方式（以时间轴为主线进行设置优惠）

（1）双十一前的预热：11 月 1 ～ 10 日 23 点 59 分：收藏店铺领 5 元红包，加 3 个产品到购物车抽奖一次，每日 10 点、15 点 1 元秒杀 50 元的优惠券，老客户福利 - 签到得 2 倍积分。

（2）店铺全场全天的优惠：满就送活动（满 119 减 5、满 299 减 20、满 499 减 40，全场满 100 送彩虹球、购物袋）。

（3）双十一当天 00:00 ～ 00:05 分：全场满减升级（满 299 减 50、满 499 减 70）。

（4）双十一当天 00:00 ～ 00:05 分：全场折后第二件 0 元。

（5）双十一当天 00:00 ～ 20:00 分：人气商品买就送指定商品。

3. 页面优化

（1）首页优化：活动首页的主体表达清楚，文字说明详细清晰，配色合理有吸引力。

（2）详情页优化：主推宝贝详情页关联性，宝贝与同行宝贝的优势展现。

二、学会设置店铺活动

（1）双十一前的预热：11 月 1 日～ 10 日 23 点 59 分：收藏店铺领 5 元红包，加 3 个产品到购物车抽奖一次，每日 10 点、15 点 1 元秒杀 50 元的优惠券，老客户福利 - 签到得 2 倍积分，如图 3-82 所示。

图 3-82　宝贝设置

（2）店铺全场全天的优惠：满就送活动（满 119 减 5、满 299 减 20、满 499 减 40，全场满 100 送彩虹球、购物袋），如图 3-83 所示。

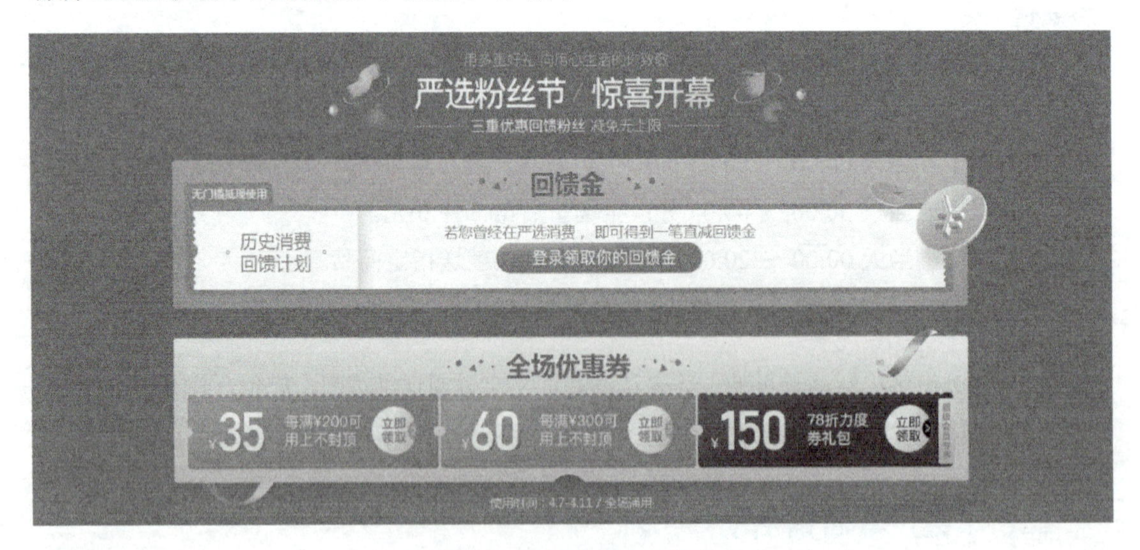

图 3-83　店铺全场全天优惠

（3）双十一当天 00:00 ～ 00:05 分：全场满减升级（满 299 减 50、满 499 减 70），如图 3-84 所示。

（4）双十一当天 00:00 ～ 00:05 分：全场折后第二件 0 元，如图 3-85 所示。

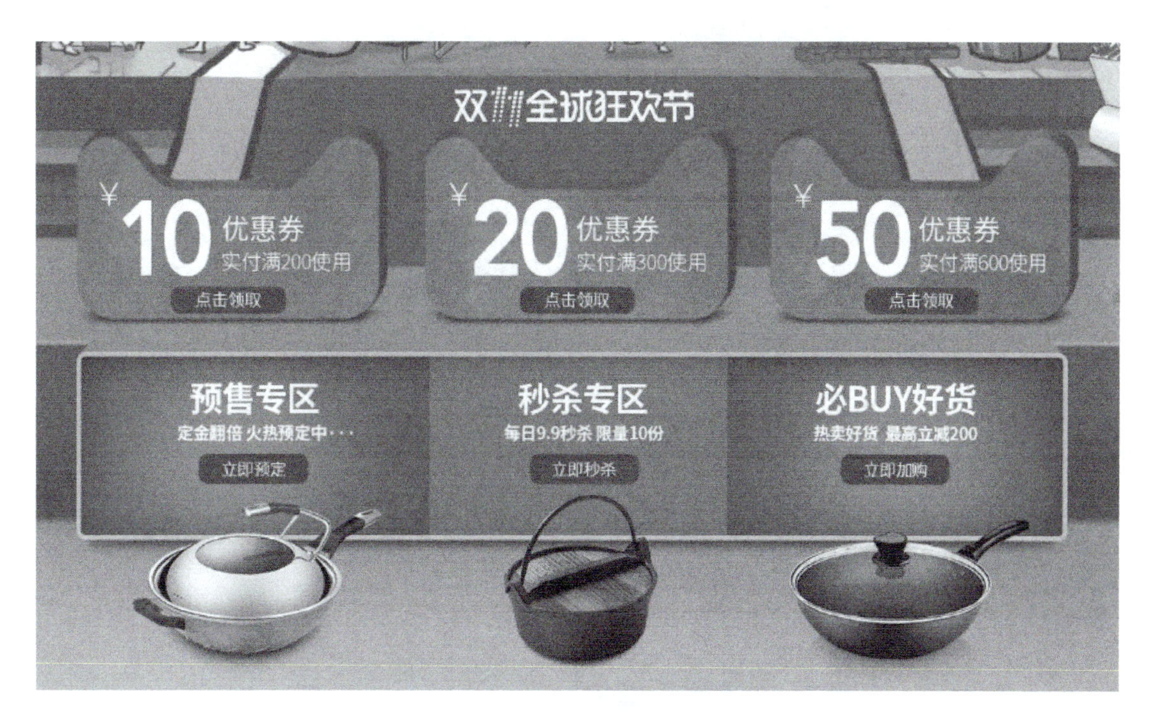

图 3-84　双十一当天满减优惠

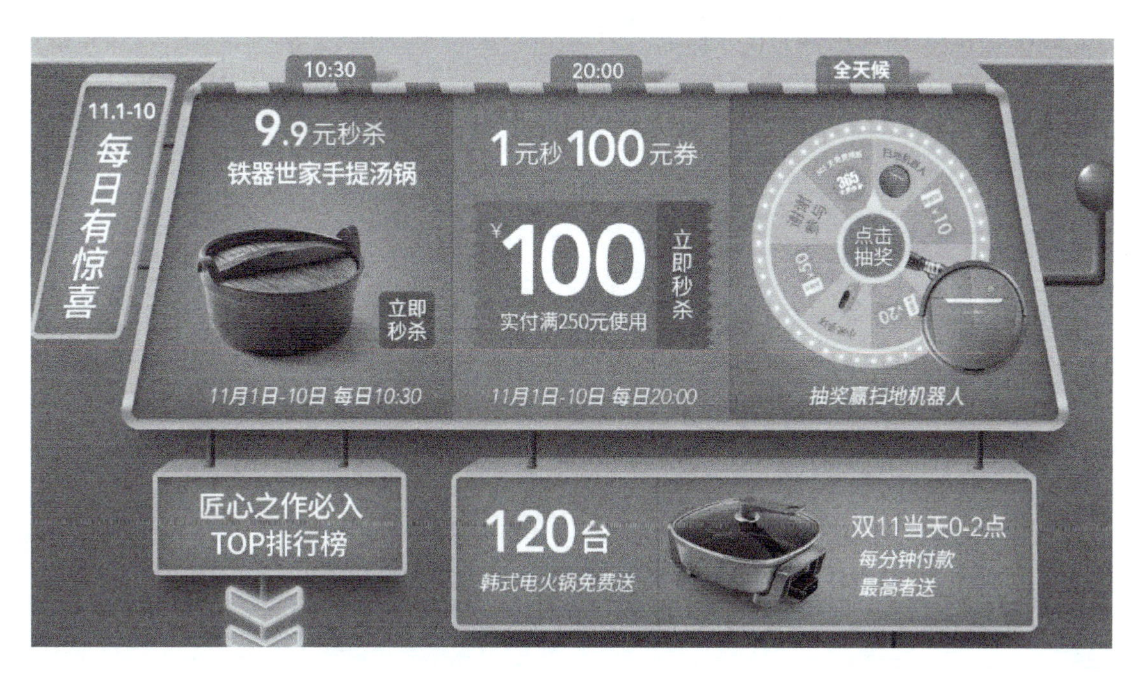

图 3-85　双十一当天全场打折

（5）双十一当天 00:00 ～ 20:00 分：人气商品买就送指定商品，如图 3-86 所示。

宝贝设置完成后便是图片准备和店铺的装修了。前面已经讲解过，这里就不再详细介绍了。

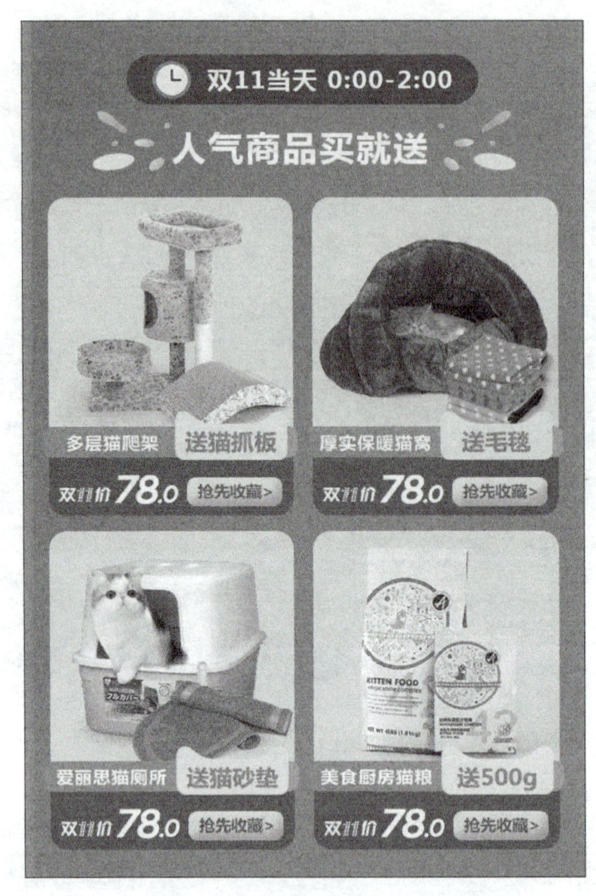

图 3-86　双 11 当天买就送

学生演练

实训 3-2　店铺商品促销设置之限时折扣

参考步骤：

根据二维码中的示例步骤，学生们自主练习。

考核评价

表 3-2　店铺商品促销设置之限时折扣考核评价表

序号	评价内容	得分 / 分			综合得分 / 分
		自评	组评	师评	
1	了解制定限时折扣规则				
2	学会如何设置限时折扣				
3	了解店铺活动策划的流程				
合计					

任务 3　认识淘宝站内活动

任务分析

本任务重点讲解淘宝的站内活动，主要包括认识天天特价的招商流程、注意事项和报名流程，聚划算的营销价值、注意事项、参聚类型、报名流程，以及阿里试用、淘金币营销等内容。通过本任务的学习，同学们可掌握淘宝站内的主要营销活动。

情境引入

对于淘宝运营来说，卖家可以凭借着产品本身的优势给自己的店铺带来很多顾客，获得更多的订单，但是每家店铺不可能每天都依靠自然的访问流量，特别是中小型淘宝卖家，更需要进行主动推广自己的产品，而不是等着买家自己上门。那么卖家们该如何进行网店推广呢？毫无疑问，此时启动站内促销活动是一个必要的手段。如何合理运用淘宝站内活动是每个店铺和卖家都要认真考虑的问题。

教师点拨

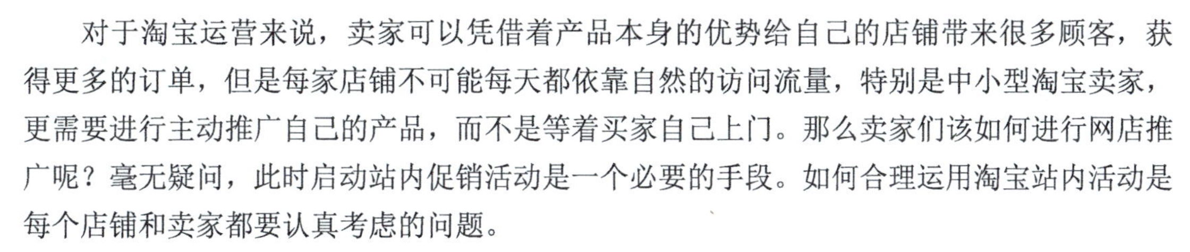

分任务 1　认识天天特价

天天特价是以扶持淘宝卖家为宗旨的唯一官方平台，扶持对象为淘宝网集市店铺（即只招商集市商家）。天天特价频道目前有类目活动、10 元包邮、主题活动 3 大块招商，其中类目活动、10 元包邮为日常招商，主题活动为不定期开设的特色性活动，规则会有别于常规活动。

一、认识天天特价招商流程

（1）阅读招商规则。

（2）选择报名栏目和日期。

（3）填写报名信息等待审核。

（4）审核通过后设置商品。

（5）活动上线，提供优质的服务。

（6）快速发货。

二、参加天天特价活动的注意事项

（1）目前天天特价类目活动和 10 元包邮、主题活动，都不需要设置定时上架，特殊主题活动根据活动要求处理。

（2）活动期间（包括预热）若使用其他优惠工具打折，价格不得低于特价活动价格，否则将取消本次活动资格，且要取消区间价，参加活动的折扣价格由天天特价系统设置，不需要商家自动修改。

（3）活动时间为当天 0 点到 24 点。

（4）参加天天特价的宝贝需要在标题前面增加【天天特价】4 个字。

例如原标题：睫毛膏 7ml 防水纤长卷翘浓密，修改为：【天天特价】睫毛膏 7ml 防水纤长卷翘浓密。一定要添加中文中括号，且字段中间不要有空格。

（5）天天特价类目活动、10 元包邮，活动前 2 天通知是否审核通过。其他主题活动，活动前一天通知（由于都是机审 + 人工审核，有可能会提前通知，看淘宝官方客服的审核进度，以最晚时间为准）。

（6）天天特价是全场免邮的，所以报名的商家需要设置为“卖家承担运费”（除港澳台地区，全国包邮，如卖家指定快递不到，请选择 E 邮宝或其他快递，不能让买家贴补邮费）。

（7）保证金的“可用余额”必须≥ 1000 元，如不足，会被系统清退，务必及时补缴。

（8）报名天天特价的店铺资质要求：信用等级需在 3 星至 5 金冠之间，且店铺要求的在线商品数量要在 10 款以上，店铺 30 天要售出 10 件以上的宝贝。

（9）商品的图片规范要求，如图 3-87 和图 3-88 所示。

1）图片尺寸：480 像素 ×480 像素。

2）文件格式：jpg。

3）文件大小：不超过 1MB。

4）图片背景：白底，纯色，浅色背景图或场景图均可。图片清晰，主题明确且美观，不拉伸变形、不拼接，无水印、无 logo、无文字信息。

5）商品图片应主题突出，易于识别，不会产生歧义，构图完整，饱满。

图 3-87　错误示范

图 3-88　正确示范

三、掌握天天特价活动的报名流程

步骤 01：登录淘宝，进入卖家中心，单击页面右上角的“卖家地图”，然后单击“营销 & 数据管理 - 天天特价报名”，如图 3-89 所示。

卖家手机端 | 神韵油画，退出 站内信 消息　淘宝网首页 | 我的淘宝 | 卖家中心 | 卖家服务 | 联系客服 | 卖家地图

开店&入驻
账号注册 淘宝开店 查看开店协议 天猫入驻
中国质造入驻 极有家入驻 拍卖会入驻 速卖通开店

寻找货源
1688采购批发 供销平台 货源保税直邮 淘宝批发
企业采购

宝贝管理

营销&数据管理
搜索直达 直通车 淘宝客 钻石展位
麻吉宝 营销活动报名 聚划算报名 天天特价报名
淘金币报名 淘宝试用报名 店铺营销中心 促销管理
生意参谋 广效宝 阿里指数

交易&物流管理
已卖出的宝贝 评价管理 退款管理 售后管理
发货 物流工具 物流市场 物流服务

店铺管理
店铺基本设置 域名设置 查看我的店铺 店铺装修
宝贝分类管理 图片空间 手机店铺管理 子账号管理

客户服务
消费者保障服务 违规记录 咨询回复 投诉管理
判定中心 规蜜

综合服务
服务市场 需求定制 摄影服务 装修模板
淘宝贷款 淘工作 招聘职 版权交易

卖家资讯
规则中心 安全中心 服务中心 阿里研究中心
卖家论坛 淘宝大学 万堂书院 电商在线

图 3-89　单击“营销 & 数据管理 - 天天特价报名”

步骤 02：进入天天特价首页，单击页面右侧淘宝昵称下的“商家报名”按钮进入报名界面；或者单击页面导航栏下的“商家报名”按钮，如图 3-90 所示。

步骤 03：出现日历页面，商家可根据日期提示，参考每日报名数量，选择合理的活动日期。如图 3-91 所示，灰色的日期部分表示报名活动已经结束，橙色部分表示可以报名。

图 3-90　“商家报名”按钮

日	一	二	三	四	五	六
	1	2	3	4	5	
6	7	8	9	10	11	
12	13	14	15	16	17	
18	19	20	21	22	23	
24	25	26	27	28	29	
30	31					

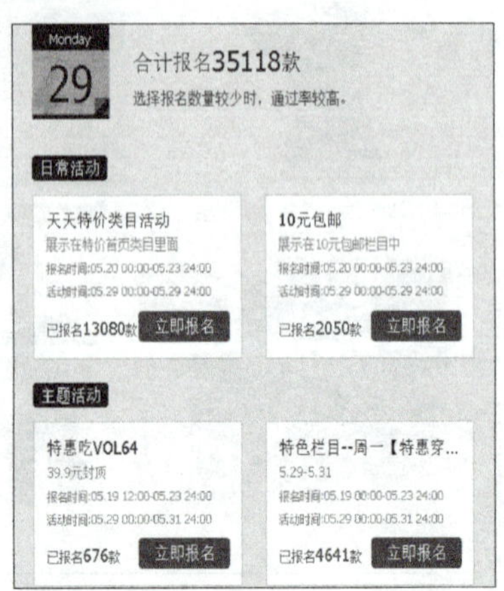

图 3-91　活动日期

步骤 04：选择好活动日期后，单击“立即报名”按钮。我们以“10 元包邮”活动为例，如图 3-92 所示。

步骤 05：认真阅读跳转页面中的活动说明，如图 3-93 所示。

10元包邮
展示在10元包邮栏目中
报名时间:05.20 00:00-05.23 24:00
活动时间:05.29 00:00-05.29 24:00
已报名2050款　立即报名

图 3-92　10 元包邮

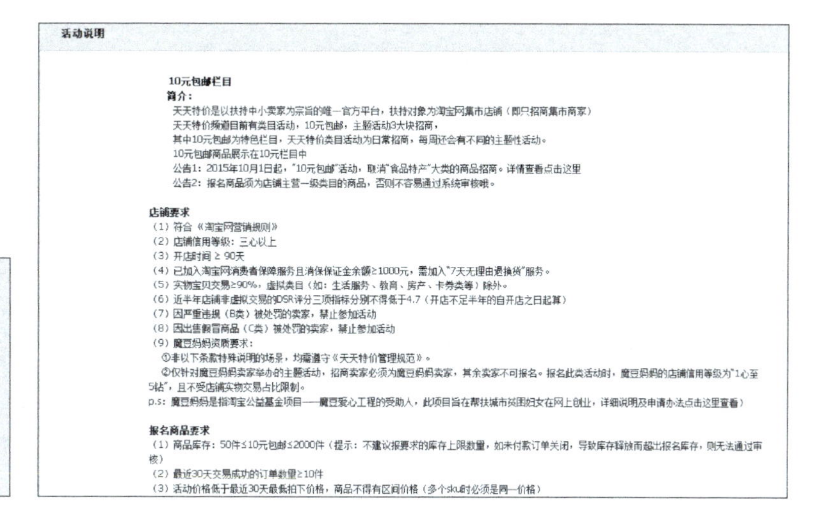

活动说明

10元包邮栏目
简介：
天天特价是以扶持中小卖家为宗旨的唯一官方平台，扶持对象为淘宝网集市店铺（即只招商集市商家）
天天特价频道目前有类目活动，10元包邮，主题活动3大块招商，
其中10元包邮为特色栏目，天天特价类目活动为日常招商，每周还会有不同的主题性活动。
10元包邮商品展示在10元栏目中
公告1：2015年10月1日起，"10元包邮"活动，取消"食品特产"大类的商品招商。详情查看点击这里
公告2：报名商品须为店铺主营一级类目的商品，否则不容易通过系统审核哦。

店铺要求
（1）符合《淘宝网营销规则》
（2）店铺信用等级：三心以上
（3）开店时间 ≥ 90天
（4）已加入淘宝网消费者保障服务且消保保证金余额≥1000元，需加入"7天无理由退换货"服务。
（5）实物宝贝交易≥90%，虚拟类目（如：生活服务、教育、房产、卡券类等）除外。
（6）近半年店铺非虚拟交易的DSR评分三项指标分别不得低于4.7（开店不足半年的自开店之日起算）
（7）因严重违规（B类）被处罚的卖家，禁止参加活动
（8）因出售假冒商品（C类）被处罚的卖家，禁止参加活动
（9）魔豆妈妈资质要求：
①非以下条款特殊说明的场景，均需遵守《天天特价管理规范》。
②仅针对魔豆妈妈卖家举办的主题活动，招商卖家必须为魔豆妈妈卖家，其余卖家不可报名。报名此类活动时，魔豆妈妈的店铺信用等级为"1心至5钻"，且不受店铺实物交易占比限制。
p.s：魔豆妈妈是指淘宝公益基金项目——魔豆爱心工程的受助人，此项目旨在帮扶城市贫困妇女在网上创业，详细说明及申请办法点击这里查看）

报名商品要求
（1）商品库存：50件≤10元包邮≤2000件（提示：不建议报要求的库存上限数量，如未付款订单关闭，导致库存释放而超出报名库存，则无法通过审核）
（2）最近30天交易成功的订单数量≥10件
（3）活动价格低于最近30天最低拍下价格，商品不得有区间价格（多个sku时必须是同一价格）

图 3-93　活动说明

步骤 06：阅读完成后，单击“我要报名”按钮，如图 3-94 所示。

报名商品要求
（1）商品库存：50件≤10元包邮≤2000件（提示：不建议报要求的库存上限数量，如未付款订单关闭，导致库存释放而超出报名库存，则无法通过审核）
（2）最近30天交易成功的订单数量≥10件
（3）活动价格低于最近30天最低拍下价格，商品不得有区间价格（多个sku时必须是同一价格）
（4）必须全国包邮（港澳台除外）包邮定义的实施细则；
（5）活动结束后的30天内，不得以低于天天特价活动价报名其他活动或在店铺里促销。若有违反，将按照《天天特价卖家管理细则》进行相应处罚。
（6）特殊资质：
①运动户外类目商品需要符合《淘宝网运动户外类行业标准》；
②食品类商品需要有QS资质或中字标或授字标
（7）商品报名信息应清晰、规整，商品标题和图片符合特定的格式要求：报名商品图片为480*480像素，，仅支持JPG格式。主题明确且美观，不拉伸变形、不拼接，无水印、无logo、无文字信息，仅支持JPG格式，图片背景为白底，纯色或者浅色；商品图片规范
（8）报名商品标题必须在13个汉字或者26个字符以内且描述准确清晰，严禁堆砌关键字
（9）所有提交报名的商品及活动页面素材须确保不存在任何侵犯他人知识产权及其他合法权益的信息
p.s:建议报名宝贝具有价格优势、应季、优质、热卖等优质的特点

我要报名　已报名2050款

图 3-94　单击“我要报名”按钮

步骤 07：进入报名表单信息填写页面，按照提示认真填写信息，如图 3-95 所示。

步骤 08：全部填写完成并确认信息无误后，单击“提交申请”按钮，如图 3-96 所示。

步骤 09：等待系统审核排序。系统根据商品、店铺等综合评分维度进行评分排序，图片、

相似款、授权等不合格情况，系统会在报名后 3 ～ 5 天进行系统通知。接到通知后，可修改好后重新选择日期报名，审核未通过的商家，可在收到未通过消息后重新选择合适的宝贝报名。

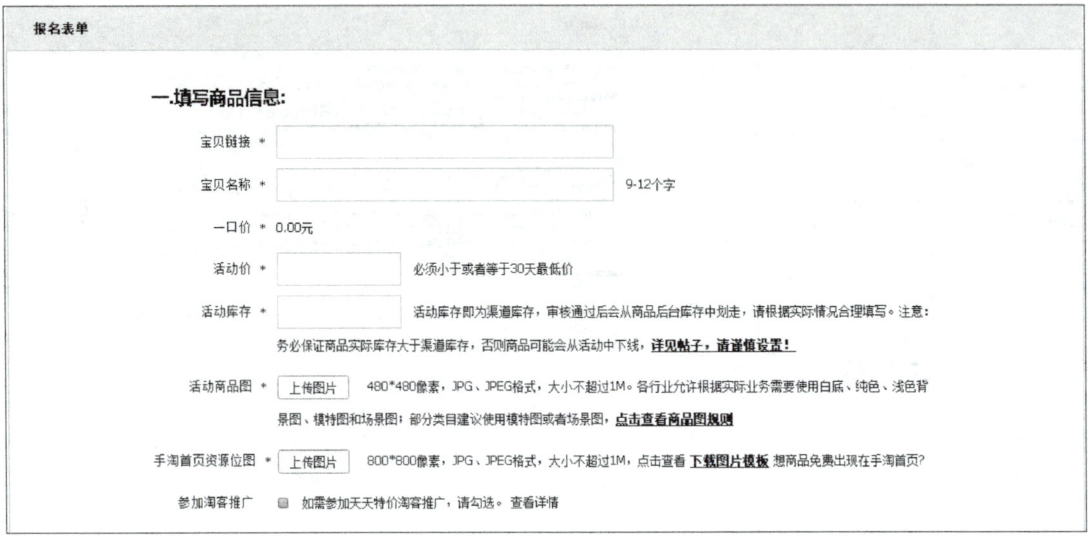

图 3-95　信息填写页面

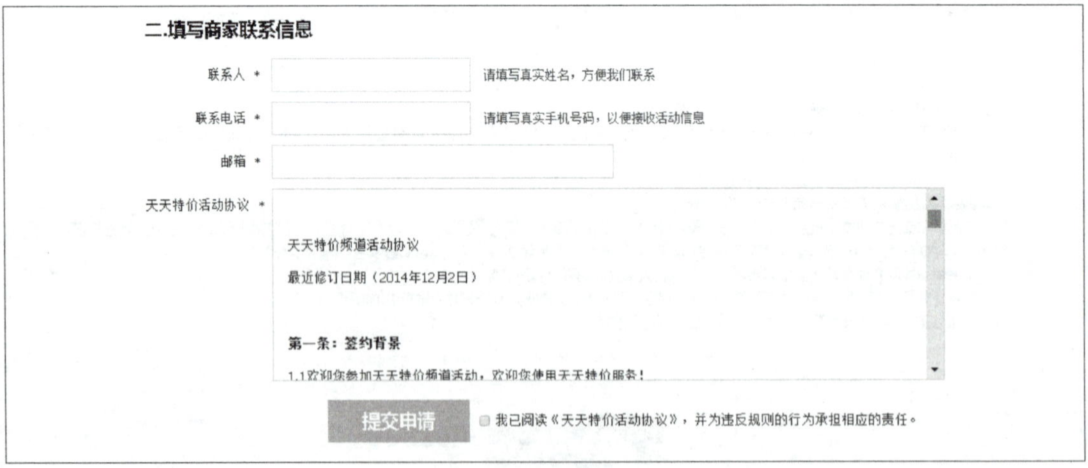

图 3-96　提交申请

步骤 10：确定审核通后，要在正式活动开始前 2 天 15 点前，进行相关设置，即编辑、锁定商品准备上线，如一口价、库存、标题前面添加天天特价，设置卖家全国包邮，主图等内容，如图 3-97 所示。

图 3-97　相关设置

步骤 11：活动开始。商家积极进行相关宣传，并做好客户的服务工作。活动结束后，快速安排发货。

分任务 2　认识聚划算

淘宝聚划算是团购的一种形式，由淘宝网官方开发平台，并由淘宝官方组织的一种线上团购活动形式。淘宝聚划算网是阿里巴巴集团旗下的团购网站。“聚划算”页面与一般团购网站相似，商品主要由淘宝网的大卖家和品牌商提供，淘宝网聚划算并不负责资金流和物流，用户在“聚划算”下订单之后，把费用直接支付给商品的卖家，再由商家直接对下单客户负责，淘宝网并不从“聚划算”获得任何费用。

一、认识聚划算的营销价值

参加聚划算可以帮助商家快速打造热卖商品，为店铺引流，提高销量。但和众多团购平台一样，聚划算对商品的折扣也有硬性要求（一般要求在 5 折以下）。在淘宝中，商品折扣和销量、利润之间往往存在反比关系，这其中的平衡点要靠商家根据自己的运营经验来把握。如果店铺运营成熟，货源稳定，而又想快速提升店铺销量，那么不妨尝试一下报名参加聚划算。虽说参加聚划算也有亏损的风险，但却能在短期内产生大量的成交量获得众多新客户，新客户一开始往往是被折扣所吸引，最终能否成为老客户就取决店铺的产品和服务了。

一般来讲，以下几类商家适合参加聚划算。

1．有库存压力，需要尽快出货回笼资金的商家

此类商家参加聚划算可以快速清货，“以库存换新客户”。当然其前提是一定要保证商品的质量，否则卖得越多，投诉也越多，后患无穷。

2. 希望推广品牌，快速打造爆款的商家

参加聚划算可以快速提高商品销量，还能带动店铺的关联销售，其中品牌团还能曝光品牌，带动多款商品的成交。参加的前提是商家具备成熟的运营能力，至少发货能力要有保障，否则就会无法消化到店流量，或者物流消化不良。

3. 为新品上市策划主题营销活动的商家

此类商家以传统知名品牌和领先的淘品牌为主，多在新品上市期参加活动。商家一般在谋划主题营销活动时，为了让消费者更深入宣传品牌和新品，会整合到不少的营销玩法，如试用、签到、话题互动等，活动的后期往往会把销量落地到聚划算，把前期吸引到的人气和流量在聚划算上引爆，达成销售奇迹和话题传播。

二、参加聚划算的注意事项

1. 商品的选择

虽然聚划算能够帮商家清库存，但是聚划算中的消费者可不是为了买库存商品而来的，他们对商品的要求是品质高、款式新、有质感、服务有保障，而不是为了抢旧货、淘便宜。

如果商家仅仅抱着清库存的心态做聚划算，路只会越走越窄，因此建议商家挑选应季有优势的商品参加聚划算。可以根据过往的销量数据选出评价好、收藏多、转化率高的目标商品。

2. 库存的准备

要保证货品库存充足，关键的时候不掉链子。以服装商品为例，一般可以先备货 3000 ～ 5000 件，同时注意观察聚划算页面上款式或价格相近的商品的销量，尽量做到流量不浪费且库存不积压。

3. 商品图片与关联营销

商品图片的设计常规原则是“图片优于文字，细节优于虚拍”，在图片色彩、文案撰写上可以参考在聚划算上销量好的商品，切忌文字过多和图片“山寨”。另外，在商品详情页中要做好店铺其他热销 / 高性价比商品的推荐展示，但不宜过多堆砌关联商品，关联商品区所占面积一般以两屏为宜。在聚划算推广当天，店铺要规划好促销活动，如满 ×× 元可包邮、购 ×× 件商品有赠品等，以此提升消费者访问深度，最大限度地消化到店流量。

4. 客服与物流

提前安排好人员和分工，事先准备好客服人员快捷回复短语和“Q&A”（顾客会提到的问题及回复方案），以准备接受买家的咨询和答疑。而物流方面要有充足的人手，同时将一部分活动商品提前打包，活动当天直接贴单发走，避免把时间浪费在打包上。另外，电子设备也要提前做好备份，尤其是找好备用打印机，避免临时出问题。

5. 客户通知与资料收集

聚划算开始前，要做好老客户的短信通知，同时别忘记做活动提前预热，可以在店铺首页提前发布聚划算开团消息，也可采用签到、抽奖、提前送优惠券等方式吸引人气。聚划算结束后，注意收集新用户的数据，以备后期做效果分析和潜力深挖。

三、掌握聚划算的参聚类型

（1）商品团：限时特惠的体验式营销模式。

（2）品牌团：基于品牌限时折扣的营销模式。

（3）聚名团：精准定位“中高端消费人群”的营销模式。

（4）聚新品：全网新品首发第一站。

（5）竞拍团：中小卖家快速参聚的营销模式。

四、掌握聚划算活动的报名流程

步骤 01：登录淘宝，进入卖家中心，单击页面右上角的“卖家地图”，然后单击“营销 & 数据管理 – 聚划算报名”，如图 3–98 所示。

步骤 02：进入聚划算首页，单击页面中的“我要报名”按钮，如图 3–99 所示。

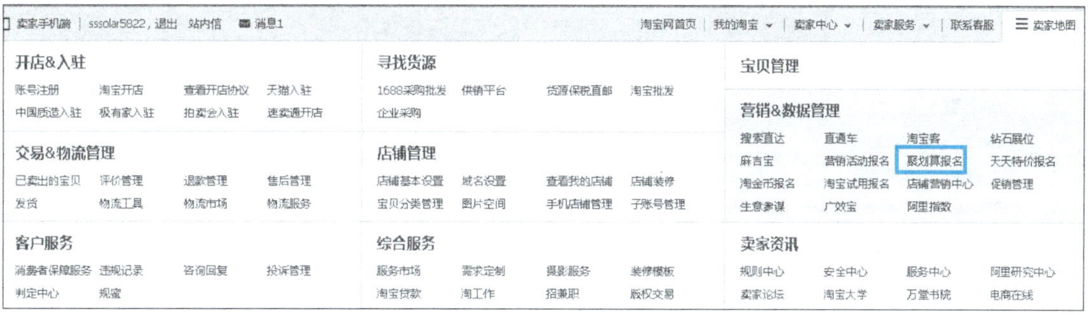

图 3–98　单击“营销 & 数据管理 – 聚划算报名”

图 3–99　单击“我要报名”按钮

步骤 03：跳转的页面中显示“由于您尚未入驻，请填写资料后完成入驻”，单击“现在入驻”，如图 3-100 所示。

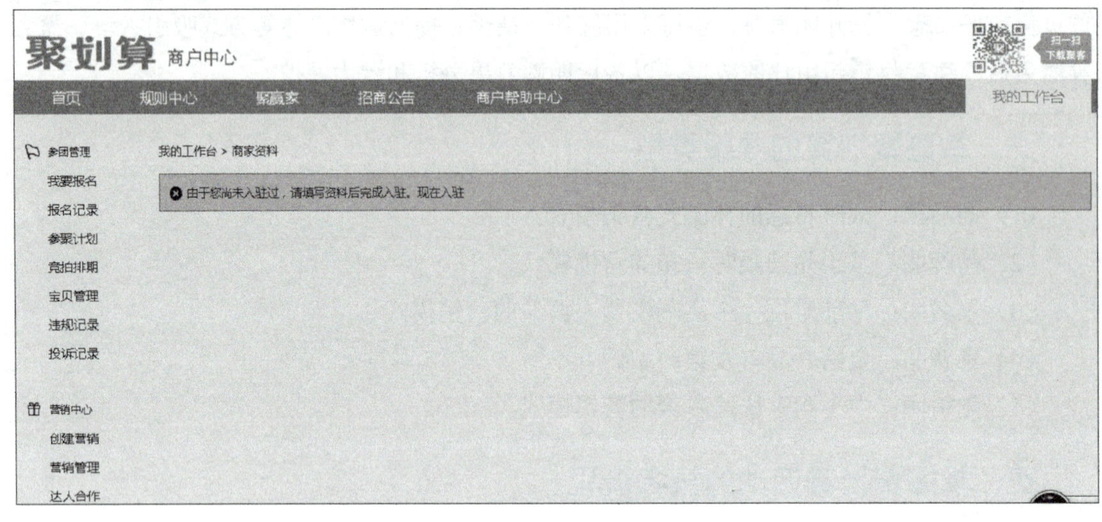

图 3-100　单击“现在入驻”

步骤 04：进入商家资料填写页面，按照提示填写并确认无误后，单击“保存”按钮，如图 3-101 所示。

我的工作台 > 商家资料

店铺信息

店铺名称：　良衫家

店铺类型：　集市店铺

店铺地址：　//store.taobao.com/view_shop.htm?shop_nick=sssolar5822

联系方式（你可以修改这些信息，请确保能联系到你本人）

商家姓名：

联系人旺旺：　请填写可以联系到负责人的旺旺ID，便于聚划算小二联系

手机号码：　紧急联系号码，请务必输入常用手机号码并保持畅通

电子邮箱：

联系地址：

保存

图 3-101　商家资料填写

步骤 05：返回聚划算首页，单击“我要报名”按钮。进入我要报名活动展示页面。这些活动有些是需要收费的，有些是不需要费用的，如图 3-102 所示。

步骤 06：单击“全部活动”，查看有哪些活动是符合我们的店铺参加的条件的。若是不符合，活动框的右下角会直接显示“您不符合该活动报名条件”，如图 3-103 所示。

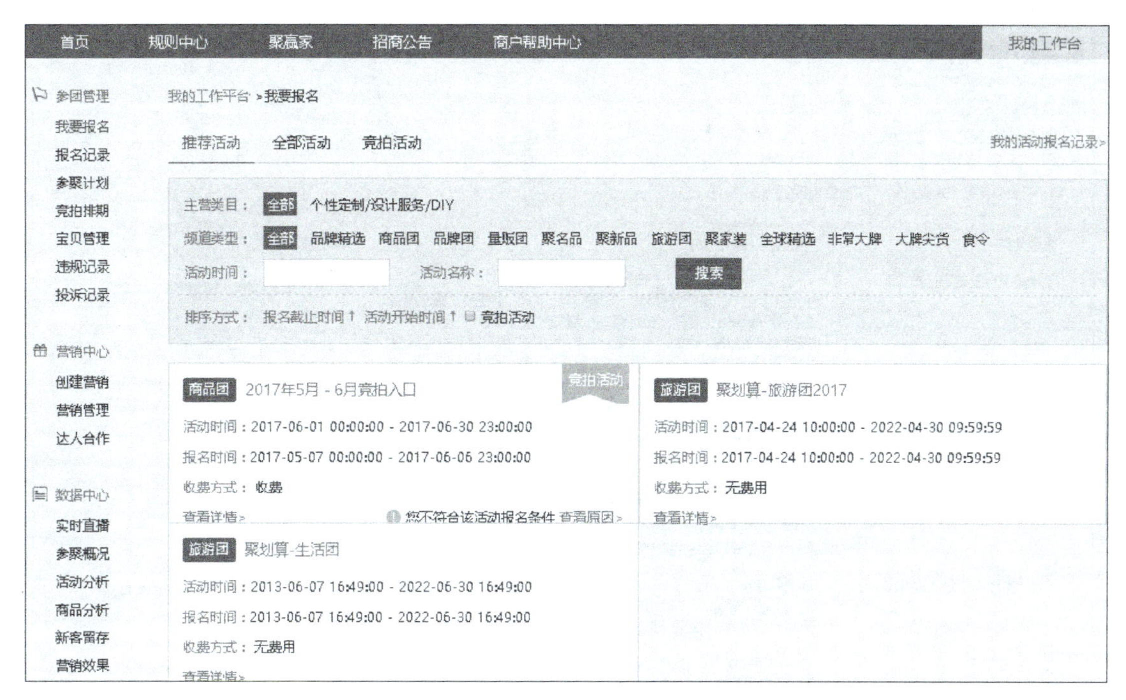

图 3-102　报名活动展示页面

推荐活动　全部活动　竞拍活动　我的活动报名记录 >

请选择一级类目：全部类目

频道类型：全部　品牌精选　商品团　品牌团　量贩团　聚名品　聚新品　旅游团　聚家装　全球精选　非常大牌　大牌尖货　食令

活动时间：　活动名称：　搜索

排序：报名截止时间 ↑　活动开始时间 ↑　竞拍活动

品牌团　淘宝61淘气节主题团3天团报名入口

活动时间：2017-05-21 10:00:00 - 2017-05-28 08:59:59

报名时间：2017-05-08 00:00:00 - 2017-05-23 23:59:59

收费方式：收费

查看详情 >　您不符合该活动报名条件 查看原因 >

品牌团　淘宝61淘气节品牌团3天团报名入口

活动时间：2017-05-21 10:00:00 - 2017-05-28 08:59:59

报名时间：2017-05-08 00:00:00 - 2017-05-23 23:59:59

收费方式：收费

查看详情 >　您不符合该活动报名条件 查看原因 >

商品团　数码61开门红预售入口-5.25开团

活动时间：2017-05-25 10:00:00 - 2017-05-31 23:59:59

报名时间：2017-05-19 00:00:00 - 2017-05-23 23:59:59

收费方式：收费

查看详情 >　您不符合该活动报名条件 查看原因 >

商品团　淘宝61淘气节佣金三天单品团报名入口

活动时间：2017-05-21 10:00:00 - 2017-05-29 08:59:59

报名时间：2017-05-08 00:00:00 - 2017-05-23 23:59:59

收费方式：收费

查看详情 >　您不符合该活动报名条件 查看原因 >

图 3-103　全部活动

步骤 07：单击“查看原因”，可以很清晰地了解到该活动的报名要求及我们自己的店铺资质，如图 3-104 所示。

步骤 08：查找到符合我们店铺参加的活动，如单击聚划算报名首页的“推荐活动”，一般这边推荐的活动大部分是符合报名要求的，如图 3-105 所示。

品牌团 淘宝61淘气节主题团3天团报名入口

不符合报名条件
不符合原因请参照报名要求

活动及费用介绍 坑位规划 报名要求

不符合活动报名规则，原因见表格中您的资质栏描述

规则分类	规则内容（集市）	你的资质
半年正常计分的评论数	1、主营类目为女装/女士精品的店铺近半年动态评分数量必须在1300个及以上 2、主营类目为女士内衣/男士内衣/家居服，服饰配件/皮带/帽子/围巾，女鞋，流行男鞋，箱包皮具/热销女包/男包，户外/登山/野营/旅行用品，运动鞋new，运动服/休闲服装，玩具/模型/动漫/早教/益智，童装/婴儿装/亲子装，童鞋/婴儿鞋/亲子鞋，居家日用，传统滋补营养品，家庭/个人清洁工具，3C数码配件，MP3/MP4/iPod/录音笔，美容护肤/美体/精油，彩妆/香水/美妆工具的店铺，近半年动态评分数量必须在700个及以上 3、主营类目为珠宝/钻石/翡翠/黄金，手表，饰品/流行首饰/时尚饰品新，近半年动态评分数量必须在400个及以上 4、淘宝旅行店铺近半年动态评分数量必须在100个及以上 5、主营类目为平行进口车，新车/二手车【新车定金、新车全款、新车整车销售（新）叶子类目】的店铺，近半年动态评分数量无要求 6、除以上特殊主营类目店铺及特殊商家外，其他店铺近半年有效评分数量必须在200个及以上	1、卖家半年动态评价数:112.0个
C类严重违规扣分(出售假冒商品)	店铺因违反《淘宝规则》、《天猫规则》、《天猫国际服务条款规则》、《飞猪规则》导致出现以下情形的，将被限制参加营销平台活动：自开店之日起存在出售假冒商品扣分（含0分）	1、您的店铺不存在出售假冒商品扣分。
物流服务DSR	近半年店铺DSR评分三项指标分别不得低于4.6（开店不足半年的自开店之日起算），主营一级类目为保险、特价酒店/特色客栈/公寓旅馆的店铺除外。	1、您的店铺发货速度DSR为4.94分
DSR三项均值	近半年店铺DSR评分三项指标均值不得低于4.7（开店不足半年的	1、您的店铺三项均值DSR为4.92

图 3-104 活动的报名要求

推荐活动 全部活动 竞拍活动

主营类目： 全部 个性定制/设计服务/DIY

频道类型： 全部 品牌精选 商品团 品牌团 量贩团 聚名品 聚新品 旅游团

活动时间： 活动名称：

排序方式： 报名截止时间↑ 活动开始时间↑ 竞拍活动

商品团 2017年5月 - 6月竞拍入口 竞拍活动

活动时间：2017-06-01 00:00:00 - 2017-06-30 23:00:00

报名时间：2017-05-07 00:00:00 - 2017-06-06 23:00:00

收费方式： 收费

查看详情> 您不符合该活动报名条件 查看原因>

旅游团 聚划算-生活团

活动时间：2013-06-07 16:49:00 - 2022-06-30 16:49:00

报名时间：2013-06-07 16:49:00 - 2022-06-30 16:49:00

收费方式： 无费用

查看详情>

图 3-105 推荐活动

步骤 09：我们以“聚划算 – 生活团”为例，单击左下角的“查看详情”，如图 3-106 所示。

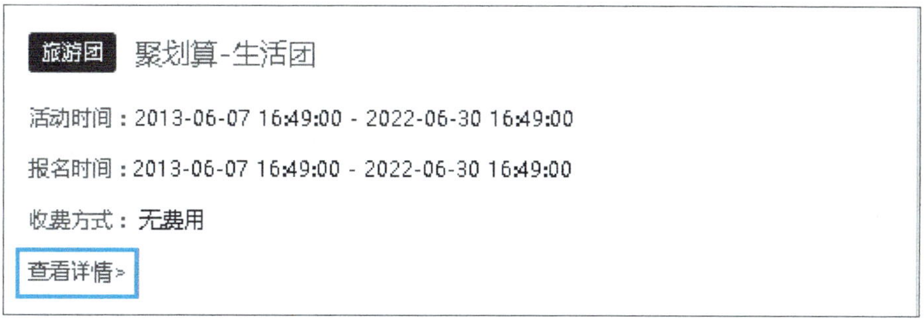

旅游团 聚划算-生活团

活动时间：2013-06-07 16:49:00 - 2022-06-30 16:49:00

报名时间：2013-06-07 16:49:00 - 2022-06-30 16:49:00

收费方式：无费用

查看详情 >

图 3-106　聚划算 – 生活团

步骤 10：在跳转的页面中有该活动的活动及费用介绍，坑位规划和报名要求的详情描述，单击页面右上角的“立即报名”按钮，如图 3-107 所示。

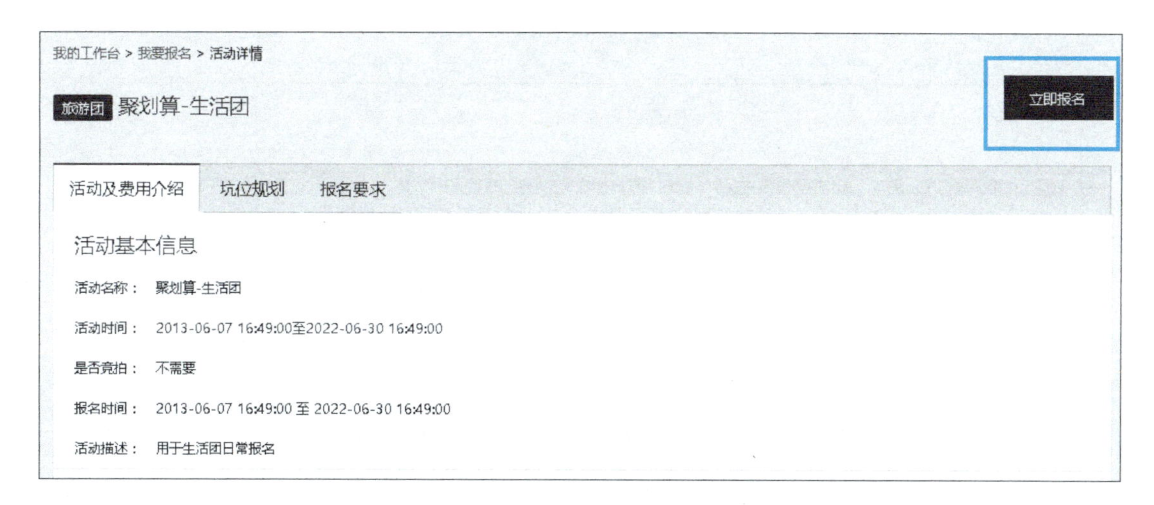

图 3-107　活动及费用介绍

步骤 11：仔细阅读营销平台的服务协议，并选中“本人已阅读并同意”复选框，然后单击“提交”按钮，如图 3-108 所示。

步骤 12：再认真阅读聚划算平台的服务协议，并选中“本人已阅读并同意”复选框，然后单击“提交”按钮，如图 3-109 所示。

步骤 13：在跳转的页面中提示要先签署支付宝代扣协议，签署成功后，刷新页面继续报名。单击“去签署”按钮，如图 3-110 所示。

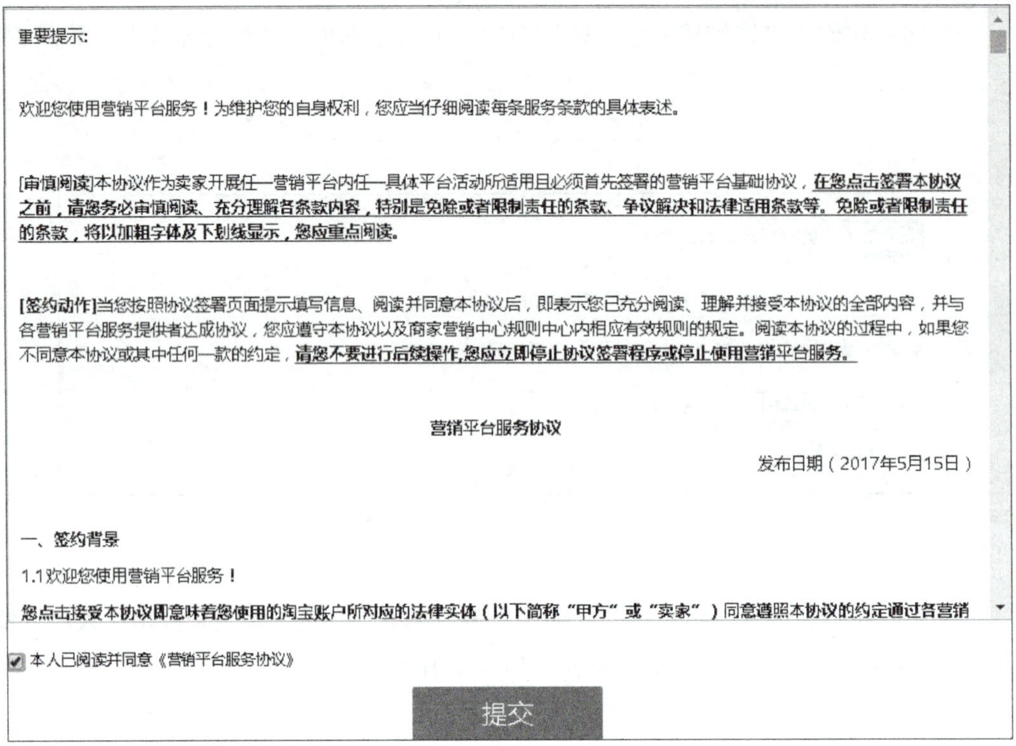

重要提示:

欢迎您使用营销平台服务！为维护您的自身权利，您应当仔细阅读每条服务条款的具体表述。

[审慎阅读]本协议作为卖家开展任一营销平台内任一具体平台活动所适用且必须首先签署的营销平台基础协议，**在您点击签署本协议之前，请您务必审慎阅读、充分理解各条款内容，特别是免除或者限制责任的条款、争议解决和法律适用条款等。免除或者限制责任的条款，将以加粗字体及下划线显示，您应重点阅读。**

[签约动作]当您按照协议签署页面提示填写信息、阅读并同意本协议后，即表示您已充分阅读、理解并接受本协议的全部内容，并与各营销平台服务提供者达成协议，您应遵守本协议以及商家营销中心规则中心内相应有效规则的规定。阅读本协议的过程中，如果您不同意本协议或其中任何一款的约定，**请您不要进行后续操作,您应立即停止协议签署程序或停止使用营销平台服务。**

营销平台服务协议

发布日期（2017年5月15日）

一、签约背景

1.1欢迎您使用营销平台服务！

您点击接受本协议即意味着您使用的淘宝账户所对应的法律实体（以下简称“甲方”或“卖家”）同意遵照本协议的约定通过各营销

☑ 本人已阅读并同意《营销平台服务协议》

提交

图 3-108　营销平台服务协议

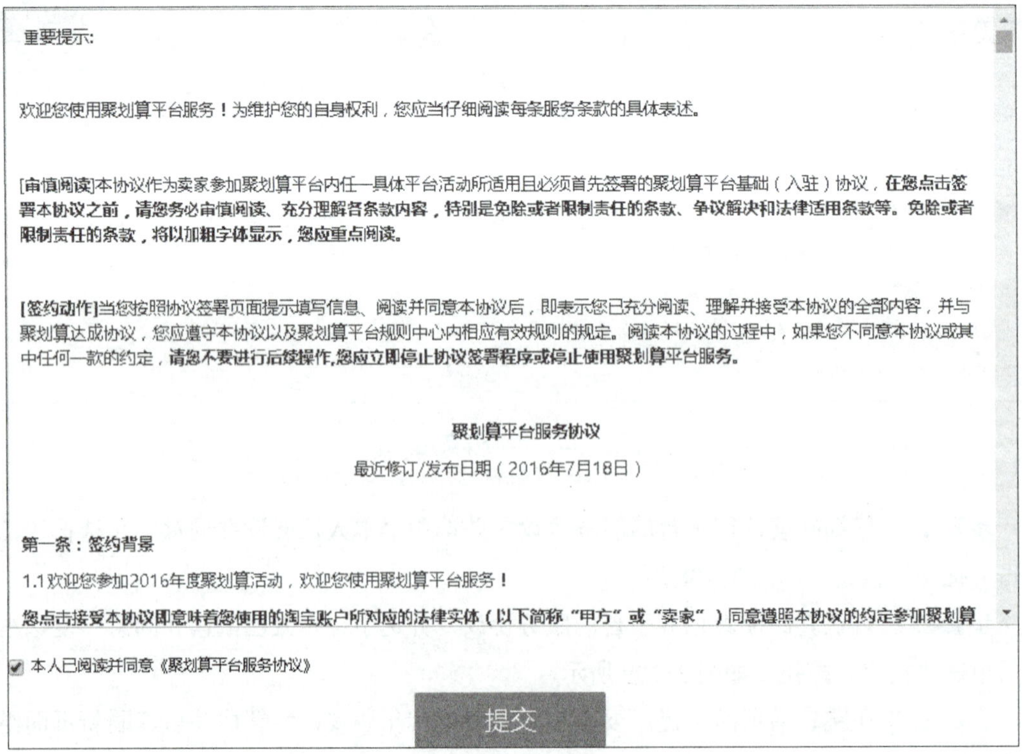

重要提示:

欢迎您使用聚划算平台服务！为维护您的自身权利，您应当仔细阅读每条服务条款的具体表述。

[审慎阅读]本协议作为卖家参加聚划算平台内任一具体平台活动所适用且必须首先签署的聚划算平台基础（入驻）协议，**在您点击签署本协议之前，请您务必审慎阅读、充分理解各条款内容，特别是免除或者限制责任的条款、争议解决和法律适用条款等。免除或者限制责任的条款，将以加粗字体显示，您应重点阅读。**

[签约动作]当您按照协议签署页面提示填写信息、阅读并同意本协议后，即表示您已充分阅读、理解并接受本协议的全部内容，并与聚划算达成协议，您应遵守本协议以及聚划算平台规则中心内相应有效规则的规定。阅读本协议的过程中，如果您不同意本协议或其中任何一款的约定，**请您不要进行后续操作,您应立即停止协议签署程序或停止使用聚划算平台服务。**

聚划算平台服务协议

最近修订/发布日期（2016年7月18日）

第一条：签约背景

1.1欢迎您参加2016年度聚划算活动，欢迎您使用聚划算平台服务！

您点击接受本协议即意味着您使用的淘宝账户所对应的法律实体（以下简称“甲方”或“卖家”）同意遵照本协议的约定参加聚划算

☑ 本人已阅读并同意《聚划算平台服务协议》

提交

图 3-109　聚划算平台服务协议

我的工作平台 > 活动报名

1.选择活动　2.提交报名信息　3.等待审核　4.止付费用　5.提交商品(素材)

● 请您先签署支付宝代扣协议，去签署；签署成功后，刷新页面继续报名！

图 3-110　支付宝代扣协议

步骤 14：在跳转的页面中按照提示填写支付宝相关信息，并仔细阅读协议，然后单击“同意协议并提交”按钮，如图 3-111 所示。

步骤 15：签署好支付宝代扣协议之后，刷新页面，页面跳转到聚划算卖家运费险协议（卖家版）界面，认真阅读该协议并选中“本人已阅读并同意”复选框，然后单击“提交”按钮。如图 3-112 所示。

步骤 16：再认真阅读“聚划算”商家退货运费险保险保障计划投保协议，并选中“本人已阅读并同意”复选框，然后单击“提交”按钮，如图 3-113 所示。

支付宝　帮助中心

开通“支付宝账户付款”服务

1、确认支付宝帐号　开通成功

* 支付宝账户：464021459@qq.com

* 支付密码：　忘记密码？

* 校验码：　kAXW　看不清 换一张

同意协议并提交

支付宝付款协议
商户名称：浙江天猫技术有限公司

支付宝代扣服务协议

第一条 总则

本服务协议（以下简称“本协议”）是支付宝（中国）网络技术有限公司（以下简称“支付宝”）与支付宝用户（以下简称“用户”或“您”）就代扣服务的使用等相关事项所订立的有效合约。用户通过网络页面点击确认或以其他方式选择接受本协议，即表示用户与支付宝已达成协议并同意接受本协议的全部约定内容（**尤其是加粗的文字部分**）。在接受本协议之前，请您仔细阅读本协议的全部内容。如果您不同意本协议的任意内容，或者无法准确理解支付宝对条款的解释，请不要进行后续操作。

支付宝代扣服务：是指用户授权特定第三方向支付宝发送扣款指令，并授权支付宝根据该特定第三方的指令从用户的支付宝账户中扣取指定款项至该特定第三方指定的支付宝账户中（以下简称“本服务”）。本协议中的特定第三方是指用户通过书面形式、或在本签约页面以网站确认等方式授权的可以向支付宝发送扣款指令的主体。

图 3-111　支付宝付款协议

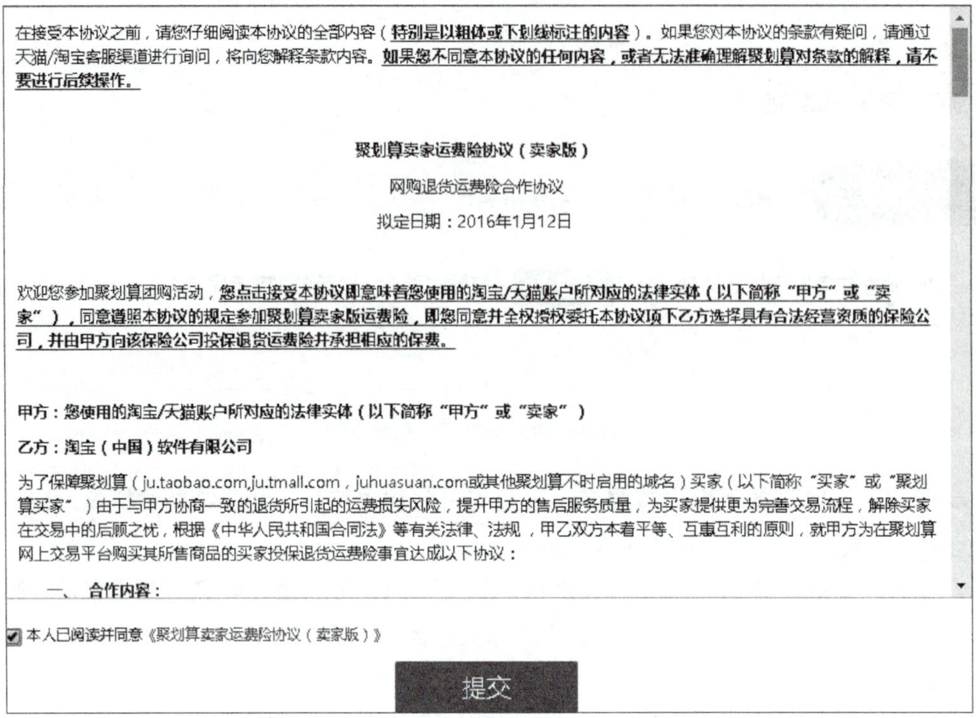

在接受本协议之前，请您仔细阅读本协议的全部内容（**特别是以粗体或下划线标注的内容**）。如果您对本协议的条款有疑问，请通过天猫/淘宝客服渠道进行询问，将向您解释条款内容。**如果您不同意本协议的任何内容，或者无法准确理解聚划算对条款的解释，请不要进行后续操作。**

聚划算卖家运费险协议（卖家版）

网购退货运费险合作协议

拟定日期：2016年1月12日

欢迎您参加聚划算团购活动，**您点击接受本协议即意味着您使用的淘宝/天猫账户所对应的法律实体（以下简称“甲方”或“卖家”），同意遵照本协议的规定参加聚划算卖家版运费险，即您同意并全权授权委托本协议项下乙方选择具有合法经营资质的保险公司，并由甲方向该保险公司投保退货运费险并承担相应的保费。**

甲方：您使用的淘宝/天猫账户所对应的法律实体（以下简称“甲方”或“卖家”）

乙方：淘宝（中国）软件有限公司

为了保障聚划算（ju.taobao.com,ju.tmall.com，juhuasuan.com或其他聚划算不时启用的域名）买家（以下简称“买家”或“聚划算买家”）由于与甲方协商一致的退货所引起的运费损失风险，提升甲方的售后服务质量，为买家提供更为完善交易流程，解除买家在交易中的后顾之忧，根据《中华人民共和国合同法》等有关法律、法规，甲乙双方本着平等、互惠互利的原则，就甲方为在聚划算网上交易平台购买其所售商品的买家投保退货运费险事宜达成以下协议：

一、**合作内容：**

本人已阅读并同意《聚划算卖家运费险协议（卖家版）》

提交

图 3-112　聚划算卖家运费险协议（卖家版）界面

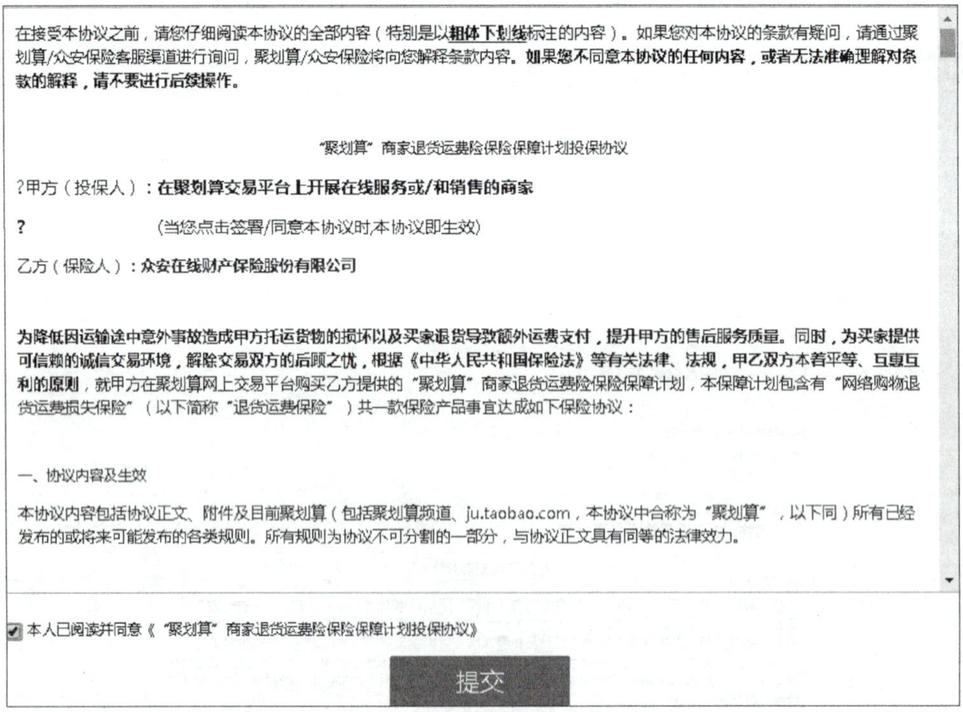

在接受本协议之前，请您仔细阅读本协议的全部内容（特别是以**粗体下划线**标注的内容）。如果您对本协议的条款有疑问，请通过聚划算/众安保险客服渠道进行询问，聚划算/众安保险将向您解释条款内容。**如果您不同意本协议的任何内容，或者无法准确理解对条款的解释，请不要进行后续操作。**

“聚划算”商家退货运费险保险保障计划投保协议

?甲方（投保人）：**在聚划算交易平台上开展在线服务或/和销售的商家**

?　　（当您点击签署/同意本协议时,本协议即生效）

乙方（保险人）：**众安在线财产保险股份有限公司**

为降低因运输途中意外事故造成甲方托运货物的损坏以及买家退货导致额外运费支付，提升甲方的售后服务质量。同时，为买家提供可信赖的诚信交易环境，解除交易双方的后顾之忧，根据《中华人民共和国保险法》等有关法律、法规，甲乙双方本着平等、互惠互利的原则，就甲方在聚划算网上交易平台购买乙方提供的“聚划算”商家退货运费险保险保障计划，本保障计划包含有“网络购物退货运费损失保险”（以下简称“退货运费保险”）共一款保险产品事宜达成如下保险协议：

一、协议内容及生效

本协议内容包括协议正文、附件及目前聚划算（包括聚划算频道、ju.taobao.com，本协议中合称为“聚划算”，以下同）所有已经发布的或将来可能发布的各类规则。所有规则为协议不可分割的一部分，与协议正文具有同等的法律效力。

本人已阅读并同意《“聚划算”商家退货运费险保险保障计划投保协议》

提交

图 3-113　“聚划算”商家退货运费险保险保障计划投保协议

步骤 17：再一次认真阅读聚划算生活服务团购活动合作协议，并单击“我已阅读并同意以上协议”按钮，如图 3-114 所示。

我的工作平台 > 活动报名

1.选择活动　2.提交报名信息　3.等待审核　4.止付费用　5.提交商品(素材)

- 请您先进行合同签约

聚划算生活服务团购活动合作协议

（本协议有效自2014年1月1日生效）

第一条：签约背景

1.1欢迎您参加聚划算生活服务团购活动！

您点击接受本协议即意味着您使用的淘宝账户所对应的法律实体（以下简称“甲方”）同意遵照本协议的规定参加聚划算生活服务团购活动。

1.2本协议由**甲方**（taobao.com或tmall.com的卖家）与**浙江天猫技术有限公司**（以下简称“乙方”）、**浙江天猫网络有限公司**（以下简称“丙方”）共同订立。

1.3乙方、丙方在本协议中可合称“淘宝”。

1.4“聚划算”是淘宝开展团购业务的独立品牌，依托淘宝平台在电子商务领域的优势，聚划算已日渐成为国内领先的团购服务平台。为了丰富网络团购业务的种类，淘宝有意开拓本地化生活服务市场。甲方在生活服务领域具有相关的业务经验，经过各方友好协商，在互惠互利的合作前提下，各方达成本协议。

第二条：合作内容概述

2.1甲方作为生活服务类的合作商家(包括运营商卖家、品牌商卖家、淘宝网/天猫卖家，其中品牌商卖家及淘宝网/天猫卖家可合称“非运营商”卖家)通过淘宝平台（包括但不限于taobao.com，及/或tmall.com,及/或ju.taobao.com以及其他淘宝开设的网络交易平台，统称为“淘宝平台”，以下同）开设

我已阅读并同意以上协议

图 3-114　聚划算生活服务团购活动合作协议

步骤 18：选择商品。在符合条件的商品后单击“提交”，如图 3-115 所示。然后根据提示填写商品详情后，即可完成报名。

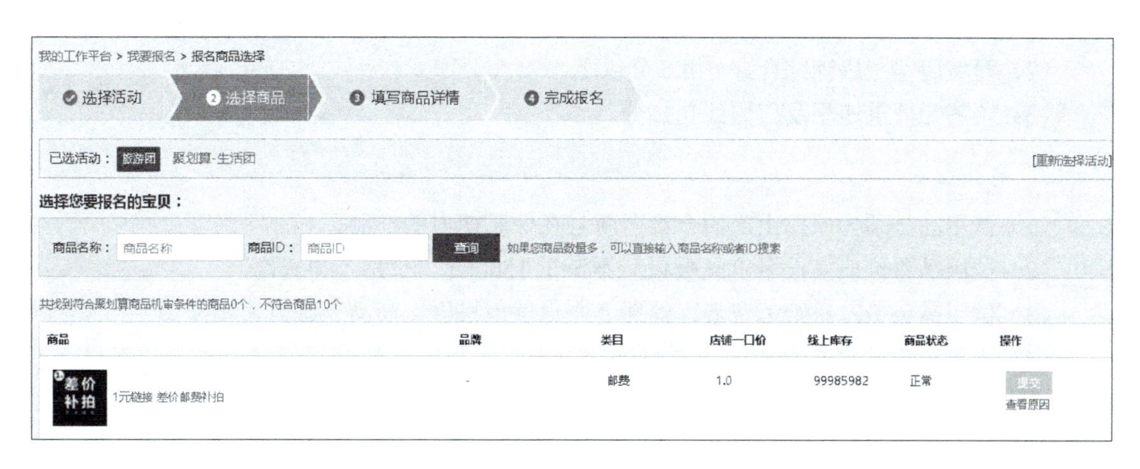

图 3-115　选择商品

分任务 3　认识阿里试用

阿里试用是比较大的免费试用中心以及比较专业的试客分享平台。试用中心聚集了上百万份试用机会以及亿万消费者对各类商品全面、真实、客观的使用体验报告，为消费者提供购买决策。试用中心作为集用户营销、活动营销、口碑营销、商品营销为一体的营销导购平台，为数百万商家提升了品牌价值与影响力。

商家要申请免费试用则需要提供总价值大于1500元的试用品，如此商家便也可以获得用户品牌推广及影响力的提升。大量的意向买家点进及收藏宝贝，产出极其真实和全面的优质使用报告。

一、阿里试用的营销价值

（1）试用报告复制营销：可以获得客观真实的试用报告，成为口碑推广的利器。

（2）优质商品展示机会：可以有机会展示店铺的最优质商品，提升店铺流量。

（3）大量的店铺潜在客户培养，增加微淘和店铺收藏量。

二、阿里试用的流程

（1）商家报名：提供试用，设定试用发放信息。

（2）系统审核：活动前3～7天内审核。

（3）试用品上架：精准用户申请试用，大量用户进店。

（4）申请结束：试用品名单确认，商家7日内发货。

（5）试用结束：产出优质试用报告，精准用户二次营销。

三、阿里试用活动的报名条件

1. 店铺要求

（1）集市店铺：一钻以上、店铺评分4.6以上、加入消保（消费者保障服务）协议。

（2）商城店铺：店铺综合评分4.6分以上。

（3）店铺无严重违规及售假处罚扣分。

2. 商品要求

（1）试用品必须为原厂出产的合格全新且在保质期内的产品。

（2）试用品总价值（报名价×数量）不低于1500元，价格不得虚高。

（3）试用品免费发送给消费者，消费者产出试用报告，商品无须返还卖家。

（4）大家电入驻菜鸟仓库、天猫物流宝及天猫国际的商品会采用名单发放的形式，不会生成订单，请商家按试用后台名单发货。

（5）凡是报名参加试用活动的商品，在无线端系统会自动设置收藏店铺申请条件，商家无须设置。PC端系统不做申请条件设置。

（6）如报名包含多个SKU的商品，系统会随机选择SKU下单，建议双方协商发货，如果协商不了，商家需按照报名的SKU发货。为避免损失，建议下架其余不期望参加活动的SKU，谨慎报名。

四、阿里试用活动的报名操作流程

步骤01：登录淘宝，进入卖家中心，单击页面右上角“卖家地图”，然后单击“营销&数据管理-淘宝试用报名”，如图3-116所示。

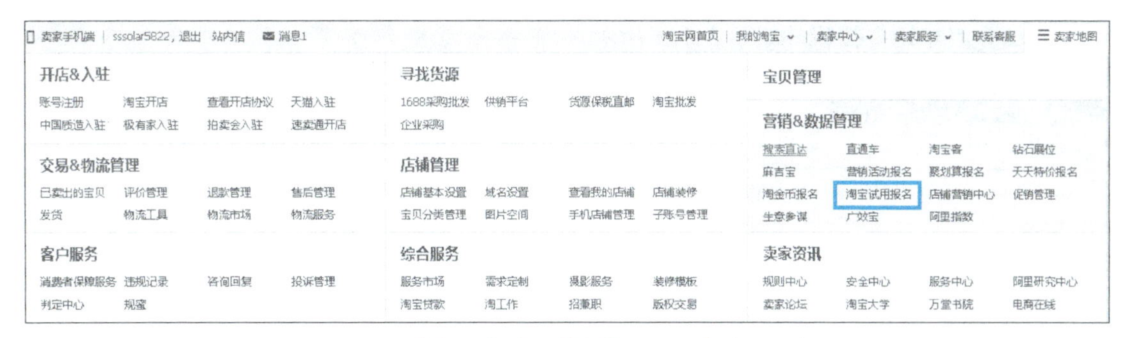

图 3-116　单击“营销 & 数据管理 - 淘宝试用报名”

步骤 02：进入阿里试用首页，单击导航栏右侧的“商家报名 - 我要报名试用”，如图 3-117 所示。

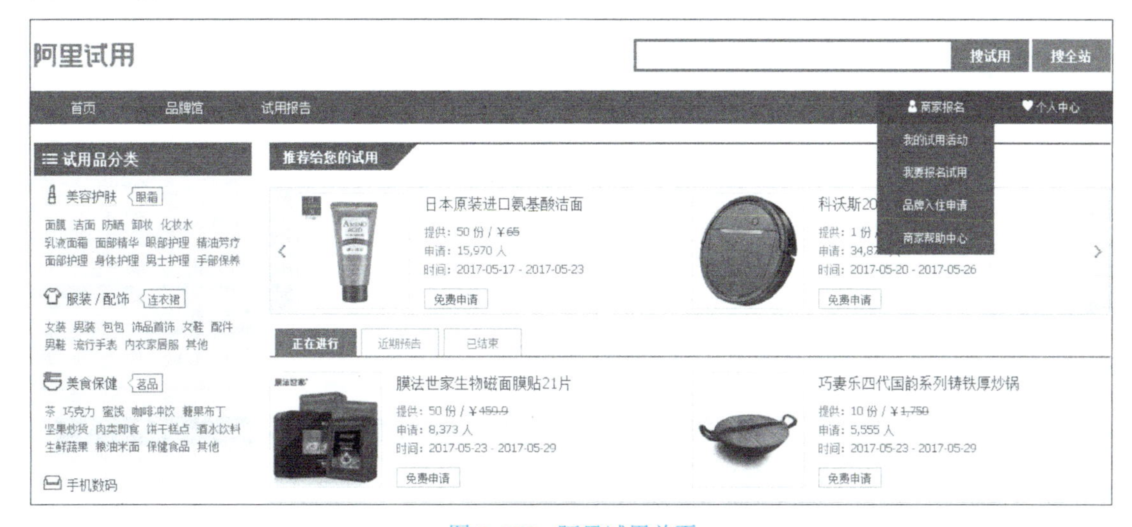

图 3-117　阿里试用首页

步骤 03：在跳转的页面中，单击页面上的“报名免费试用”按钮，如图 3-118 所示。

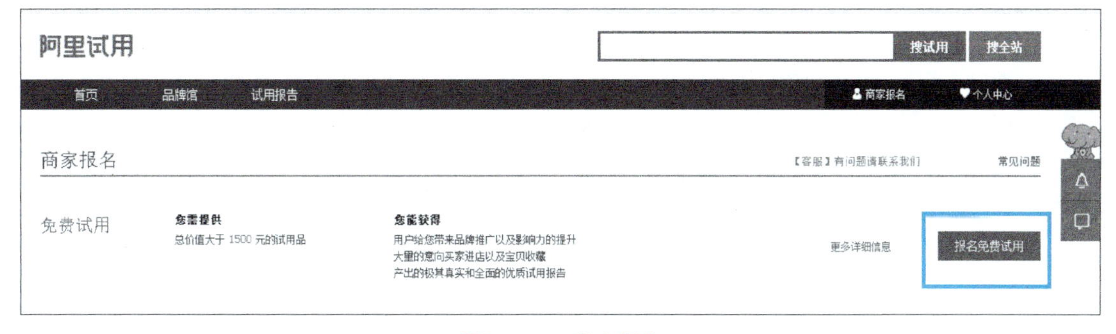

图 3-118　商家报名

步骤 04：选择排期。特殊情况下，排期会被调整，最终排期以短信通知为准，如图 3-119 所示。

步骤 05：选择好排期后单击“我要报名”按钮，如图 3-120 所示。

步骤 06：进入报名信息填写界面，按照提示认真填写信息，填写完成并确认无误后单击“提交报名申请”按钮，如图 3-121 所示。

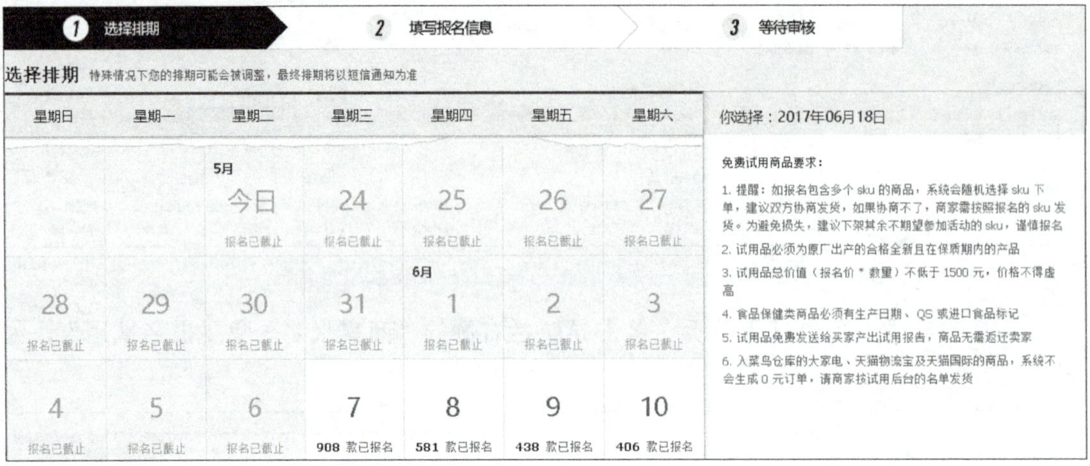

1 选择排期　2 填写报名信息　3 等待审核

选择排期 特殊情况下您的排期可能会被调整，最终排期将以短信通知为准

星期日	星期一	星期二	星期三	星期四	星期五	星期六
		5月 今日 报名已截止	24 报名已截止	25 报名已截止	26 报名已截止	27 报名已截止
28 报名已截止	29 报名已截止	30 报名已截止	31 报名已截止	6月 1 报名已截止	2 报名已截止	3 报名已截止
4 报名已截止	5 报名已截止	6 报名已截止	7 908 款已报名	8 581 款已报名	9 438 款已报名	10 406 款已报名

你选择：2017年06月18日

免费试用商品要求：

1. 提醒：如报名包含多个 sku 的商品，系统会随机选择 sku 下单，建议双方协商发货，如果协商不了，商家需按照报名的 sku 发货。为避免损失，建议下架其余不期望参加活动的 sku，谨慎报名
2. 试用品必须为原厂出产的合格全新且在保质期内的产品
3. 试用品总价值（报名价 * 数量）不低于 1500 元，价格不得虚高
4. 食品保健类商品必须有生产日期、QS 或进口食品标记
5. 试用品免费发送给买家产出试用报告，商品无需返还卖家
6. 入菜鸟仓库的大家电、天猫物流宝及天猫国际的商品，系统不会生成 0 元订单，请商家按试用后台的名单发货

图 3-119　选择排期

11 295 款已报名	12 315 款已报名	13 301 款已报名	14 262 款已报名	15 226 款已报名	16 203 款已报名	17 146 款已报名
18	19 100 款已报名	20 49 款已报名				

151 款已报名

我要报名

图 3-120　我要报名

首页　品牌馆　试用报告　商家报名　个人中心

1 选择排期　2 填写报名信息　3 等待审核

报名免费试用　报名状态查询

试用活动排期

活动时间：2017-06-18

试用活动基本信息

试用活动名称：取个吸引人的名字哦，3 ~ 15 个字

商品链接：黏贴参加试用的宝贝详情页 URL

提供数量：1

填写商家信息

联系旺旺：2 ~ 20 个字

报名进度将通过店铺主旺旺及此旺旺通知您

联系电话：2 ~ 20 个字

如紧急情况试用将通过这个手机号码联系您

提交报名申请

图 3-121　报名信息填写界面

步骤07：弹出“报名确认”的提示对话框，确认无误后单击“确认提交”按钮，如图3-122所示。之后便是等待审核了，审核通过，试用活动报名成功。

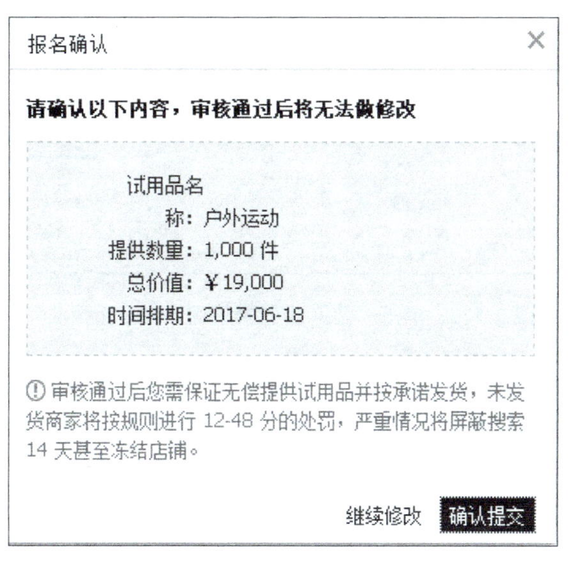

图3-122　报名确认

分任务4　认识淘金币营销

淘金币，作为淘宝官方的一种营销工具，于买家及卖家而言都有各自的好处。对于买家来说，淘金币相当于一张优惠券，也是可以进行重复消费的折扣卡。对于卖家而言，淘金币是一种营销手段，可以运用从买家手中赚过来的淘金币进行店铺收藏和淘金币抵钱等营销。

一、淘金币平台的四大优势

（1）品牌优势。集结1.8亿淘金币黏性用户，超高转化。

（2）资源优势。日均1500万UV（Unique Visitor，独立访客），全网第一大流量平台。

（3）独家优势。活动结束，平台继续输送已购用户回流店铺。

（4）政策优势。免收销售佣金，超低活动成本。

二、掌握淘金币活动的报名流程

（1）报名阶段：选择主题并签约；填写信息，提交报名。

（2）审核排期：系统审核+小二（淘宝官方客服）审核。

（3）小二排期：扣淘金币，冻结保证金。

（4）活动上线：锁定金币抵扣比例；商品上架展现。

（5）活动结束：抵扣比例解锁；保证金结算。

三、开通淘金币账户

步骤01：登录淘宝，进入卖家中心，单击页面右上角的“卖家地图”，然后单击“营

销 & 数据管理 - 淘金币报名”，如图 3-123 所示。

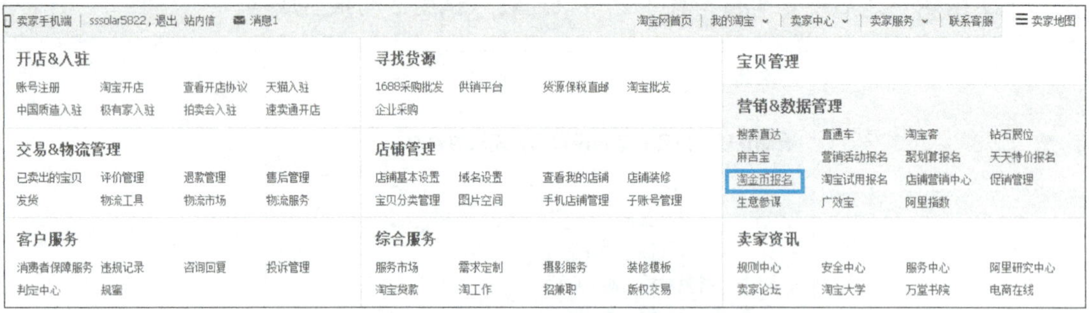

图 3-123 单击“营销 & 数据管理 - 淘金币报名”

步骤 02：进入淘金币卖家服务中心，单击“首页”，再单击首页下方的“点击开通金币卖家账户”，如图 3-124 所示。

图 3-124 淘金币卖家服务中心

步骤 03：跳转页面提示“您还没有淘金币账户，无法使用淘金币进行营销”，单击“立即申请淘金币账户”按钮，如图 3-125 所示。

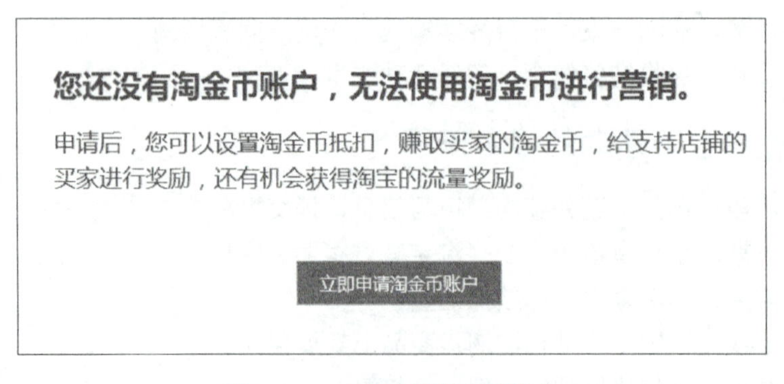

图 3-125 立即申请淘金币账户

步骤 04：阅读淘金币用户服务协议并单击“同意协议并申请账户”按钮，如图 3-126 所示。

欢迎您申请淘金币账户，同意《淘金币账户服务协议》即可申请淘金币账户

在接受本协议之前，请您仔细阅读本协议的全部内容（特别是以**粗体下划线**标注的内容）。**您通过网络页面点击确认或以其他方式选择接受本协议即意味着您与淘宝已达成协议并同意接受本协议的全部约定内容。**本协议自您点击确认之时起生效。如果您对本协议的条款有疑问，请通过淘宝客服渠道进行询问，淘宝将向您解释条款内容。如果您不同意本协议的任何内容，或者无法准确理解淘宝对条款的解释，请不要进行后续操作。

淘金币用户服务协议(卖家版)

最近修订日期（2013年7月30日）

第一条 签约背景

1.1 为了明确淘宝卖家开通淘金币用户服务（以下简称“淘金币服务”）的卖家权利和义务，提升消费者在卖家店铺中的购物体验及保障消费者合法权益，根据《淘宝服务协议》、淘宝规则、消费者保障服务相关协议和业务相关管理规则的有关内容拟定本协议。

第二条 签约主体

2.1 本协议是淘宝（中国）软件有限公司、浙江淘宝网络有限公司（以下合称“淘宝”）与卖家用户 (以下简称“卖家”或“您”)就卖家申请开通淘宝网淘金币服务等相关事项所订立的有效合约。

第三条 协议范围及生效

3.1 本协议内容包括协议正文、附件以及所有淘宝已经发布的或将来可能发布的各类规则、操作流程。所有规则为协议不可分割的一部分，与协议正文具有同等的法律效力。**淘宝有权根据需要不时地制订、修改本协议及/或及所有淘宝已经发布的或将来可能发布的各类规则、操作流程，并以网站公示的方式进行公告，不再单独通知您。变更后的协议和规则一经在淘宝网站公布后，立即自动生效。如您不同意相关变更，应当立即停止使用淘金币的相关服务。您继续使用任何淘金币服务，即表示您接受经修订的协议。**

第四条 定义

4.1 **淘金币**：指淘宝网特有的一种积分营销工具，持有淘金币的淘宝用户能够在淘宝网享有多种商品优惠（例如平台的卖家给予

同意协议并申请账户

图 3-126　淘金币用户服务协议

步骤 05：弹出“恭喜您，申请成功”提示信息，即申请成功，如图 3-127 所示，单击“确定”按钮。

恭喜您，申请成功。点击确定返回至淘金币账户首页

确 定

图 3-127　申请成功

四、掌握淘金币抵钱

开通淘金币账户后，即可开启全店支持淘金币抵扣功能，可以灵活设置店铺支持抵扣的有效时间，并能随时开启和关闭抵扣功能。

步骤 01：进入淘金币卖家服务中心，单击导航栏上的“金币工具”，如图 3-128 所示。

步骤 02：单击跳转页面中的“赚淘金币”，如图 3-129 所示。

步骤 03：单击淘金币抵钱界面中的“立即运行活动”按钮，如图 3-130 所示。

图 3-128　金币工具

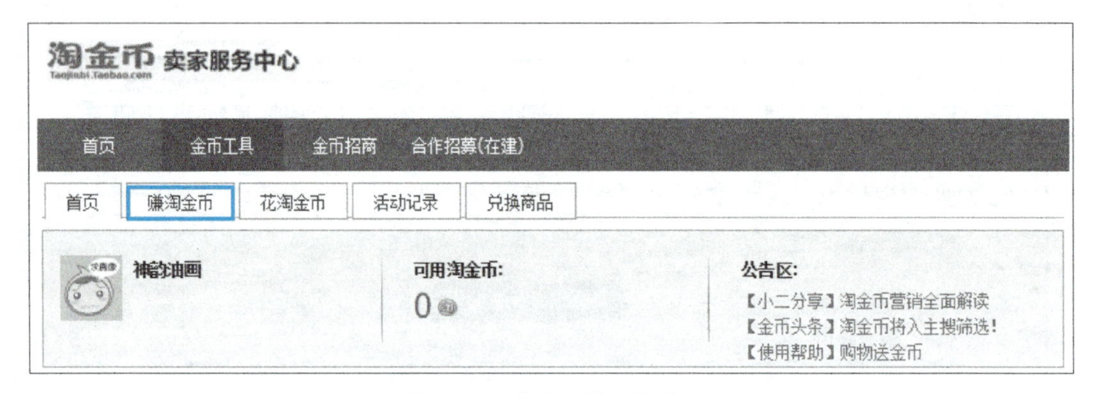

图 3-129　单击“赚淘金币”

首页　金币工具　金币招商　合作招募(在建)

首页　赚淘金币　花淘金币　活动记录　兑换商品

赚淘金币工具
淘金币抵钱
优惠券赚金币
充红包得淘金币
淘金币店铺兑换

淘金币抵钱

运行淘金币抵钱活动，即全店支持买家使用淘金币抵扣部分商品金额，买家用于抵扣的淘金币，70%存入你的卖家淘金币账户，供后期店铺营销活动发放使用。设置淘金币抵钱将有机会获得淘宝会员俱乐部的展示位。

立即运行活动

图 3-130　淘金币抵钱界面

步骤 04：认真阅读淘金币抵钱的规则介绍，如图 3-131 所示。提示：开通淘金币抵钱活动需要店铺星级大于等于 4 星。

淘金币抵扣规则升级公告

各位亲爱的卖家：

近期因淘金币业务升级调整，为了提升淘金币卖家抵扣工具使和消费者使用淘金币的体验，2019年12月30日起，将对“淘金币抵扣规则”进行升级

升级内容：

此次规则变更于2019年12月12日进行公示通知，将于2019年12月30日凌晨3点正式生效

变更前抵扣规则：日常买家在支持金币抵扣订单中可以在付款时按页面显示的金币抵扣比例，以100淘金币=1元的方式享受购物抵扣，抵扣计算方式为：商品各层级优惠扣减后的金额x金币抵扣比例

抵扣规则升级后具体内容如下：

日常买家在支持金币抵扣订单中可以在付款时按页面显示的金币抵扣比例，以100淘金币=1元的方式享受购物抵扣，升级为按优惠抵扣前的商品金额乘以抵扣比例的计算方式，

详细计算逻辑为：

1）商品详情页**单品优惠价格**x该商品的金币抵扣比例（2%、5%或10%），且可抵扣金币数不超过用户持有的金币数和商品可抵扣金币数二者的最小值。

举例：一个商品的详情页价格为100元，如商家设置了20元的单品优惠券，并设置了5%的淘金币抵扣，则该商品最高可抵扣金币的金额为：100*0.05=5元；若用户金币存量≥500，则最高可用金币抵扣的金额为5元，若用户金币存量＜500，则最高可用金币抵扣的金额为用户金币存量/100。

2）若订单商品可享优惠导致此笔订单实付金额不足0.01元时，此笔订单中可能无法享受金币抵扣，具体抵扣信息以提交订单页面和订单详情页展示为准。

特别注意：

- 本次调整只涉及淘金币优惠抵扣的计算方式，优惠的叠加、互斥逻辑均不发生变化
- 本次规则更新后，商家如不调整任何优惠门槛或额度，本次可能造成比原先更多让利，因此建议商家自查店铺内已设优惠，及时调整店铺内相关优惠力度，如满减满折的门槛或让利额度。
- 本次规则更新后，现有最低成交价规则保持不变。商家需重点关注店内是否存在店铺满减满折和商品优惠券叠加使用、且让利比之前更多的情况，该情况产生的成交价格会影响您的历史最低成交价，请及时做调整。

图 3-131　阅读淘金币抵扣规则升级公告

步骤 05：设置活动时间和全店抵扣比例，然后单击“开通抵扣”按钮，如图 3-132 所示。

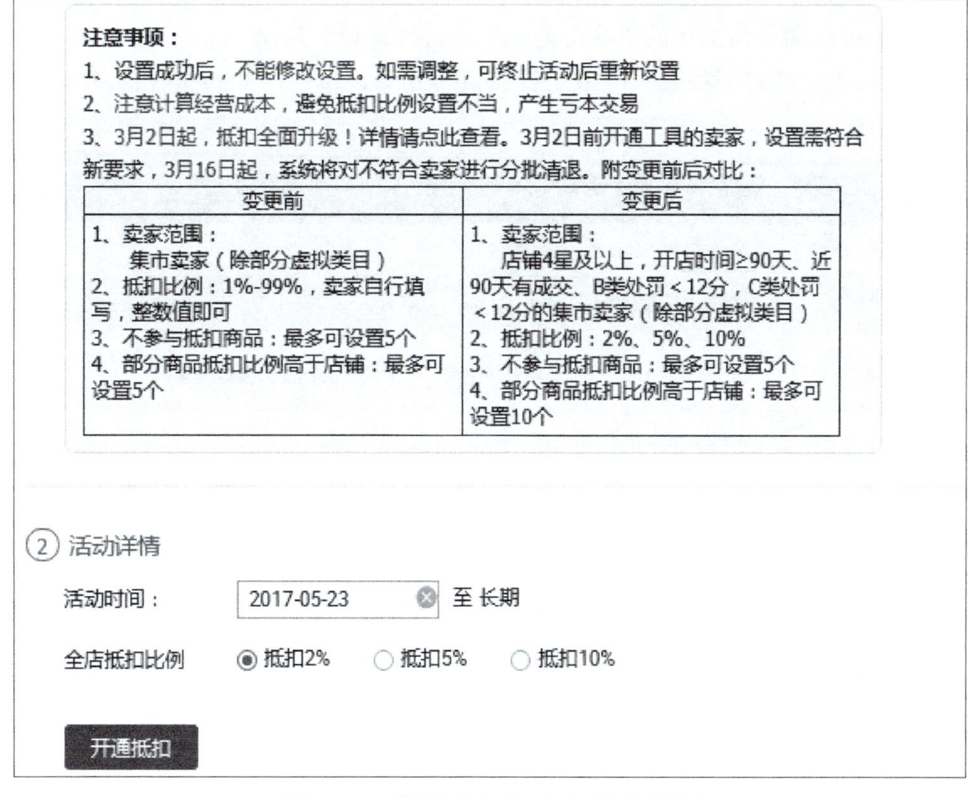

图 3-132　设置活动时间和全店抵扣比例

步骤 06：弹出开通成功的提示，并提醒可以设置更高抵扣和不参加抵扣的单品，如图 3-133 所示，单击“确认”按钮。

步骤 07：高抵扣设置和不抵扣设置。若要设置高抵扣或结束淘金币抵扣活动，可以随时在活动详情界面单击“终止活动”，如图 3-134 所示。

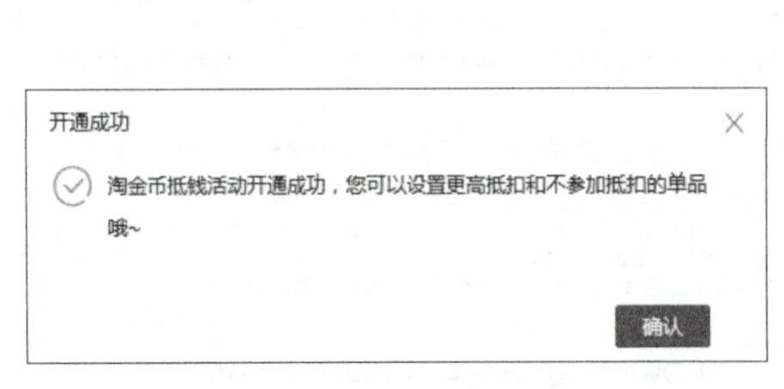

图 3-133 开通成功

图 3-134 高抵扣设置和不抵扣设置

五、收藏送淘金币

给收藏了店铺的买家赠送淘金币，促进买家对店铺的传播，提升社会营销能力。

步骤 01：进入淘金币卖家服务中心，单击导航栏上的“金币工具”，如图 3-128 所示。

步骤 02：单击跳转页面中的“花淘金币”，如图 3-135 所示。

步骤 03：在页面右侧找到“收藏店铺送淘金币”，单击“立即运行活动”按钮，如图 3-136 所示。

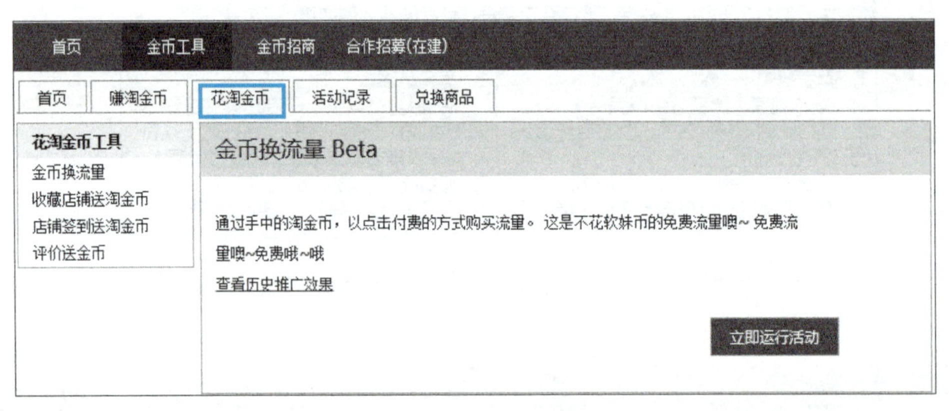

图 3-135 单击“花淘金币”

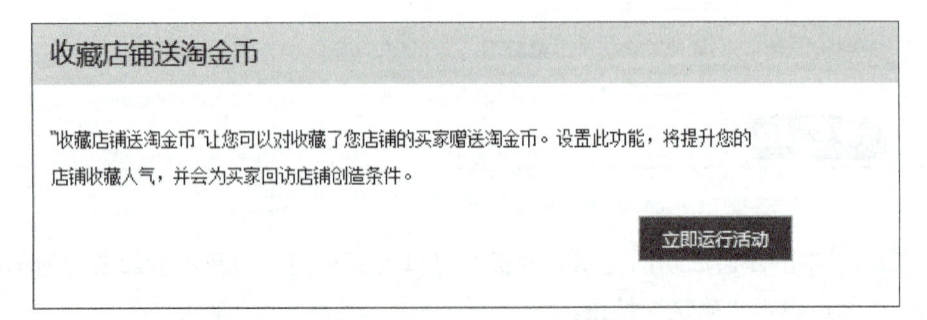

图 3-136 收藏店铺送淘金币活动

步骤 04：认真阅读收藏店铺送淘金币的各项规则条件，如图 3-137 所示。

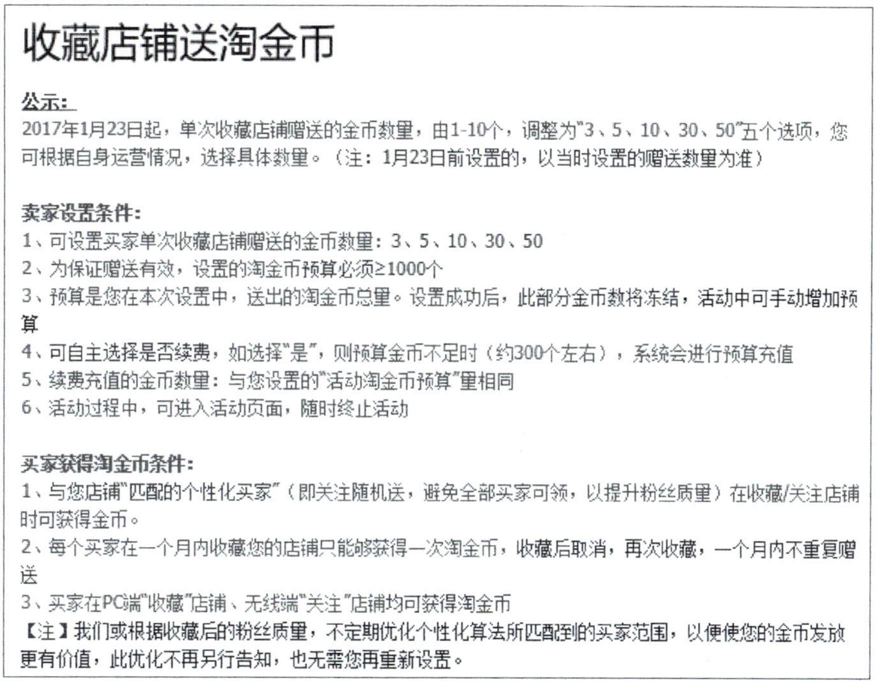

收藏店铺送淘金币

公示：

2017年1月23日起，单次收藏店铺赠送的金币数量，由1-10个，调整为"3、5、10、30、50"五个选项，您可根据自身运营情况，选择具体数量。（注：1月23日前设置的，以当时设置的赠送数量为准）

卖家设置条件：

1、可设置买家单次收藏店铺赠送的金币数量：3、5、10、30、50

2、为保证赠送有效，设置的淘金币预算必须≥1000个

3、预算是您在本次设置中，送出的淘金币总量。设置成功后，此部分金币数将冻结，活动中可手动增加预算

4、可自主选择是否续费，如选择"是"，则预算金币不足时（约300个左右），系统会进行预算充值

5、续费充值的金币数量：与您设置的"活动淘金币预算"量相同

6、活动过程中，可进入活动页面，随时终止活动

买家获得淘金币条件：

1、与您店铺"匹配的个性化买家"（即关注随机送，避免全部买家可领，以提升粉丝质量）在收藏/关注店铺时可获得金币。

2、每个买家在一个月内收藏您的店铺只能够获得一次淘金币，收藏后取消，再次收藏，一个月内不重复赠送

3、买家在PC端"收藏"店铺、无线端"关注"店铺均可获得淘金币

【注】我们或根据收藏后的粉丝质量，不定期优化个性化算法所匹配到的买家范围，以便使您的金币发放更有价值，此优化不再另行告知，也无需您再重新设置。

图 3-137　收藏店铺送淘金币的各项规则条件

步骤 05：设置活动淘金币预算、活动开始时间等，如图 3-138 所示，然后单击“确定开通”按钮。提示：活动开始后，设置的淘金币预算的这部分金币会被冻结。

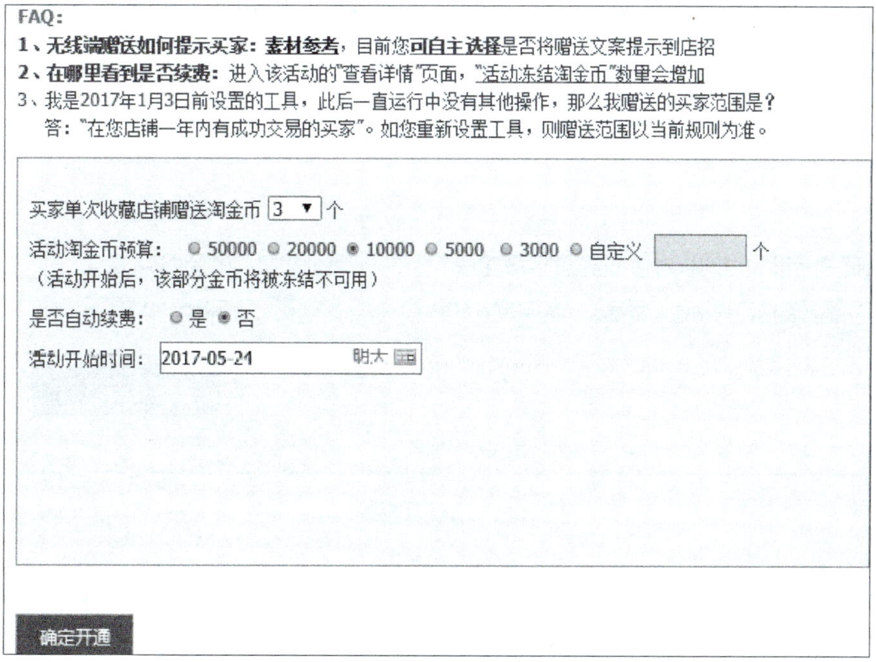

FAQ：

1、无线端赠送如何提示买家：素材参考，目前您**可自主选择**是否将赠送文案提示到店招

2、在哪里看到是否续费：进入该活动的"查看详情"页面，"活动冻结淘金币"数量会增加

3、我是2017年1月3日前设置的工具，此后一直运行中没有其他操作，那么我赠送的买家范围是？

答："在您店铺一年内有成功交易的买家"。如您重新设置工具，则赠送范围以当前规则为准。

买家单次收藏店铺赠送淘金币 3 ▼ 个

活动淘金币预算： ○ 50000 ○ 20000 ● 10000 ○ 5000 ○ 3000 ○ 自定义 [ ] 个

（活动开始后，该部分金币将被冻结不可用）

是否自动续费： ○ 是 ● 否

活动开始时间： 2017-05-24 明天

确定开通

图 3-138　设置活动淘金币预算、活动开始时间

步骤 06：弹出淘金币活动设置的详情，确认无误后，单击“确认开通”按钮，收藏送淘金币活动即可设置成功，如图 3-139 所示。

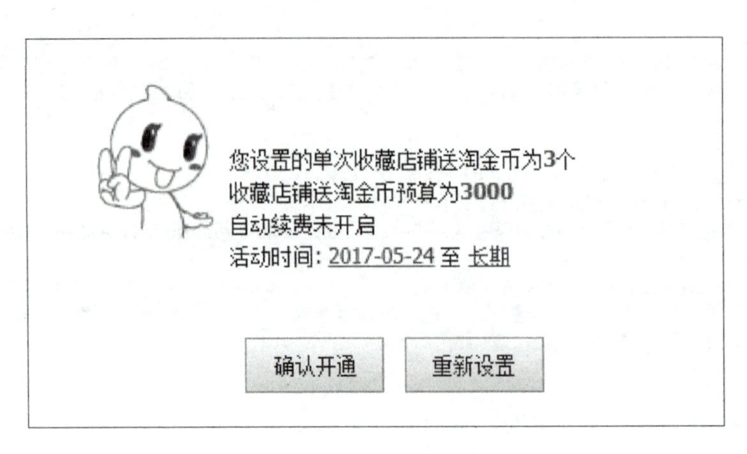

图 3-139　淘金币活动设置的详情

六、学会店铺签到送淘金币

给来店铺签到的忠实顾客赠送淘金币，可以抓住老客户。

步骤 01：进入淘金币卖家服务中心，单击导航栏上的“金币工具”，如图 3-128 所示。

步骤 02：单击跳转页面中的“花淘金币”，如图 3-135 所示。

步骤 03：在页面右侧找到“店铺签到送淘金币”，单击“立即运行活动”按钮，如图 3-140 所示。

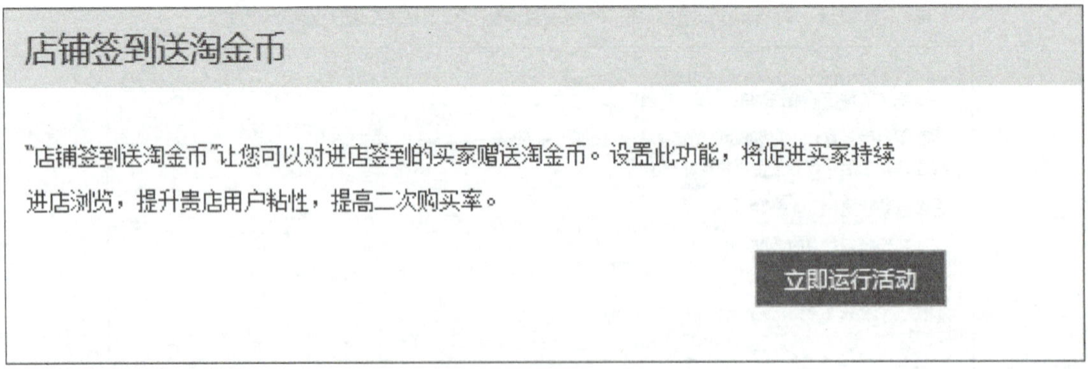

店铺签到送淘金币

"店铺签到送淘金币"让您可以对进店签到的买家赠送淘金币。设置此功能，将促进买家持续进店浏览，提升贵店用户粘性，提高二次购买率。

立即运行活动

图 3-140　店铺签到送淘金币

步骤 04：认真阅读店铺签到送淘金币的规则介绍和注意事项，如图 3-141 所示。

步骤 05：设置活动开通时间，金币预算、发放范围等，如图 3-142 所示，然后单击“确定开通”按钮。

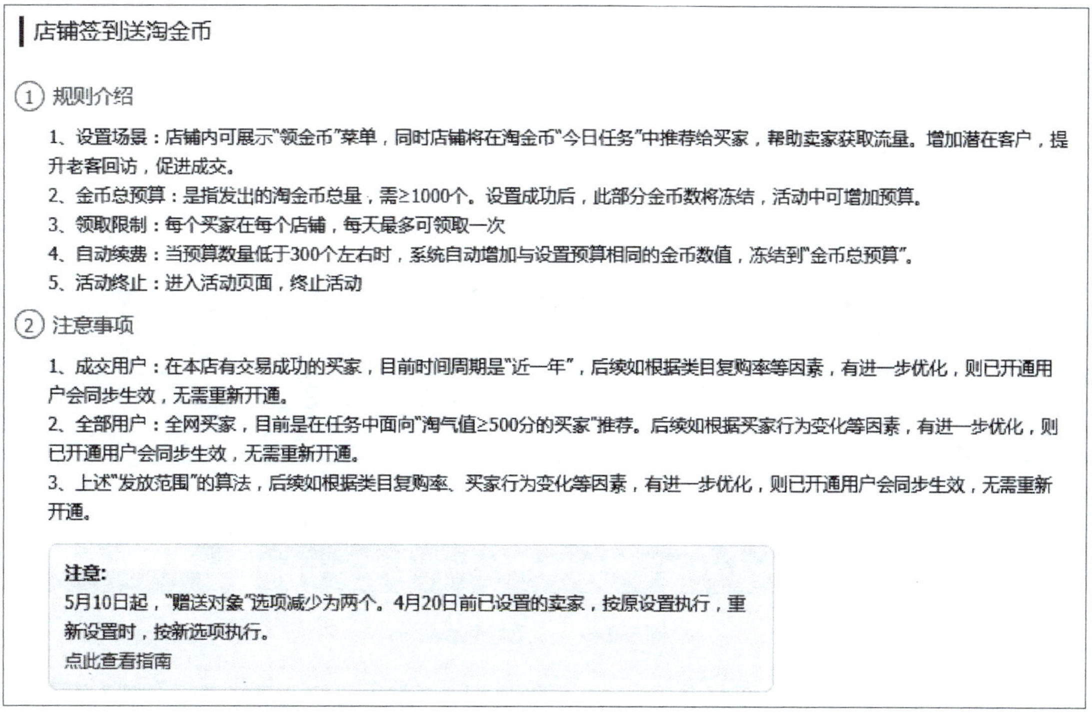

店铺签到送淘金币

① 规则介绍

1、设置场景：店铺内可展示"领金币"菜单，同时店铺将在淘金币"今日任务"中推荐给买家，帮助卖家获取流量。增加潜在客户，提升老客回访，促进成交。
2、金币总预算：是指发出的淘金币总量，需≥1000个。设置成功后，此部分金币数将冻结，活动中可增加预算。
3、领取限制：每个买家在每个店铺，每天最多可领取一次
4、自动续费：当预算数量低于300个左右时，系统自动增加与设置预算相同的金币数值，冻结到"金币总预算"。
5、活动终止：进入活动页面，终止活动

② 注意事项

1、成交用户：在本店有交易成功的买家，目前时间周期是"近一年"，后续如根据类目复购率等因素，有进一步优化，则已开通用户会同步生效，无需重新开通。
2、全部用户：全网买家，目前是在任务中面向"淘气值≥500分的买家"推荐。后续如根据买家行为变化等因素，有进一步优化，则已开通用户会同步生效，无需重新开通。
3、上述"发放范围"的算法，后续如根据类目复购率、买家行为变化等因素，有进一步优化，则已开通用户会同步生效，无需重新开通。

注意:
5月10日起，"赠送对象"选项减少为两个。4月20日前已设置的卖家，按原设置执行，重新设置时，按新选项执行。
点此查看指南

图 3-141　店铺签到送淘金币的规则

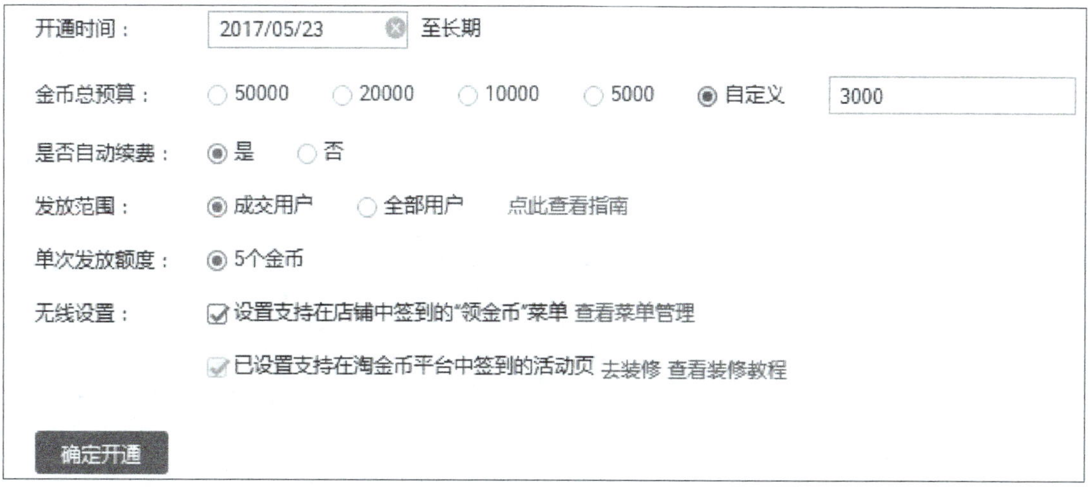

开通时间：　2017/05/23　至长期

金币总预算：　○ 50000　○ 20000　○ 10000　○ 5000　◉ 自定义　3000

是否自动续费：　◉ 是　○ 否

发放范围：　◉ 成交用户　○ 全部用户　点此查看指南

单次发放额度：　◉ 5个金币

无线设置：　☑ 设置支持在店铺中签到的"领金币"菜单 查看菜单管理

☑ 已设置支持在淘金币平台中签到的活动页 去装修 查看装修教程

确定开通

图 3-142　设置活动开通

七、掌握淘金币营销活动报名的操作流程

淘金币营销活动是为帮助卖家进行营销的活动，不同的营销活动由不同的报名要求。

步骤 01：登录淘宝，进入卖家中心，单击页面右上角的“卖家地图”，然后单击“营销 & 数据管理－淘金币报名”，如图 3-123 所示。

步骤 02：进入淘金币卖家服务中心－金币招商板块，单击“报名活动”按钮，如图 3-143 所示。

图 3-143　金币招商板块

步骤 03：进入商家淘金币报名界面，在页面右侧有“点击日期选择活动报名哦”的提示，如图 3-144 所示。

图 3-144　商家淘金币报名

步骤 04：选择一个日期单击，页面右侧会出现很多活动类目的介绍，如图 3-145 和图 3-146 所示，主要有两类，一类是日常活动，另一类是主题活动。可以根据店铺需要选择自己要参加的活动。

图 3-145 日常活动

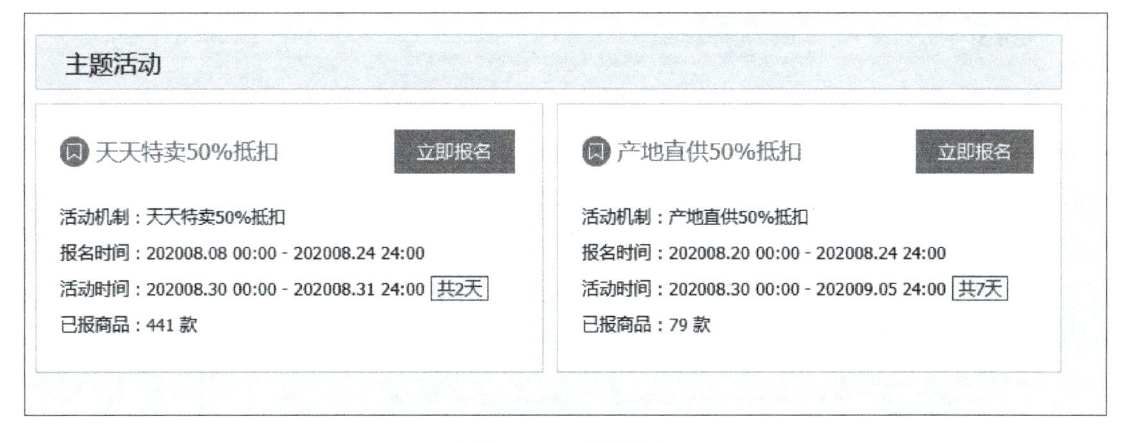

图 3-146 主题活动

步骤 05：我们以日常活动中的“每日币抢”为例，单击“立即报名”按钮，如图 3-147 所示。

步骤 06：在跳转的页面中，详细阅读活动信息中的基础信息，如图 3-148 所示。

步骤 07：认真阅读活动公告，然后单击“确认报名”按钮，如图 3-149 所示。

每日币抢　立即报名

活动机制：3万金币起，展示在首页商品列表中
报名时间：201705.15 00:00 - 201705.24 24:00
活动时间：201705.30 00:00 - 201705.30 24:00 共1天
已报商品：1002 款

图 3-147　每日币抢

① 活动信息

基础信息

活动名称	招商店铺类型	报名商品价格区间	报名商品库存区间	金币抵扣比例	单个活动报名数量上限	活动报名时间	活动时间
每日币抢-美妆洗护	集市店铺	1 元 - 不限	100 件 - 不限	2 % - 49 %	10 款	2017-05-15 00 - 2017-05-25 00	2017-05-30 00 - 2017-05-31 00
每日币抢-玩乐	集市店铺	1 元 - 不限	100 件 - 不限	2 % - 30 %	10 款	2017-05-15 00 - 2017-05-25 00	2017-05-30 00 - 2017-05-31 00
每日币抢-女装	集市店铺	1 元 - 不限	100 件 - 不限	2 % - 30 %	10 款	2017-05-15 00 - 2017-05-25 00	2017-05-30 00 - 2017-05-31 00
每日币抢-内衣	集市店铺	1 元 - 不限	100 件 - 不限	2 % - 30 %	10 款	2017-05-15 00 - 2017-05-25 00	2017-05-30 00 - 2017-05-31 00

图 3-148　活动信息

② 活动公告

淘金币-每日币抢

简介：
商品展示在淘金币手淘和PC端商品区，每天共享千万级流量、每个店铺可报10款商品。
商品每获取一个点击扣除卖家70个金币，设置数量越多，获取流量也就越多。
日常招商类目：服饰内衣、数码家电、零食冲饮、母婴用品、洗护美妆、居家百货、鞋包配饰、生鲜滋补，户外运动。

店铺要求
1、淘宝卖家：
（1）符合《淘宝网营销规则》
（2）店铺开通卖家淘金币账户，并设置全店抵扣
（3）店铺淘金币数量≥0
（4）符合淘宝各类目的行业资质标准
（5）因出售假冒商品（C类）被处罚的卖家，不得报名
（6）店铺内非虚拟交易占比≥90%，虚拟类目（如：本地生活、房产、卡券类等）除外
2、天猫商家、天猫国际商家：
（1）符合《天猫营销活动报名基准规则》
（2）符合天猫各类目的行业资质标准
（3）因虚假交易被违规扣分达48分及以上的卖家及商品，永久限制参加营销活动；其他因虚假交易被违规处理的卖家及商品，限制参加营销活动90天

报名商品要求
1、基本资质：
2、淘金币抵扣比例（淘宝）：≥1%
3、活动结束后的15天内，不得以低于参与淘金币活动的折扣价（淘金币抵扣后）报名其他营销活动或在店铺内进行促销
4、商品图片、标题与详情
5、5、图片像素：报名商品图片为450*450像素，1M以内，仅支持JPG、JPEG格式格式。需上传二张图片，其中一张图片背景必须为白底图片，不允许出现水印、logo、文字信息等任何牛皮癣，只突出商品本身，要求高精度强质感。
6、标题要求利益点+标题（如：满2件减10元XXXXXX），详情页突出淘金币活动氛围。
p.s:建议报名宝贝具有价格优势、应季、优质、热卖等优质的特点

确认报名

图 3-149　活动公告

步骤 08：进入商品报名界面，按照提示和要求认真填写商品信息，如图 3-150 所示。

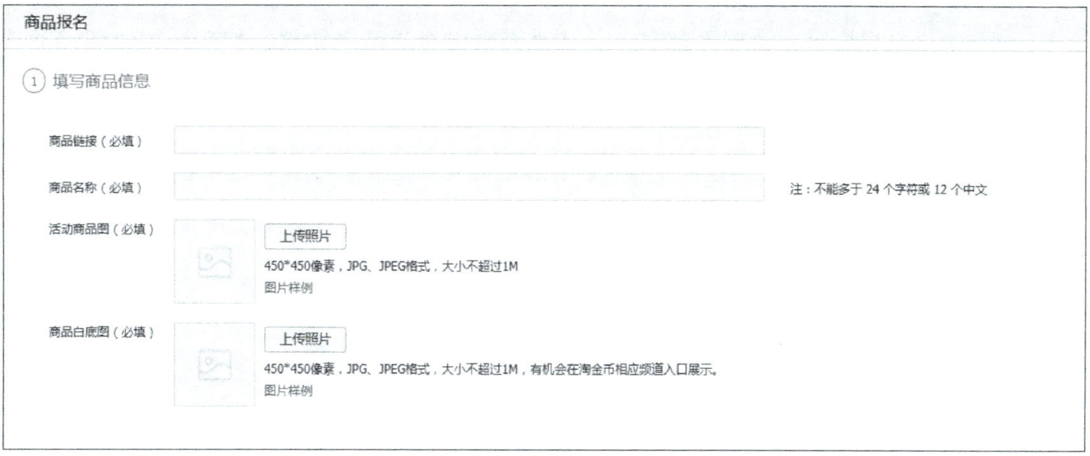

商品报名

① 填写商品信息

商品链接（必填）

商品名称（必填）　　注：不能多于 24 个字符或 12 个中文

活动商品图（必填）　上传照片
450*450像素，JPG、JPEG格式，大小不超过1M
图片样例

商品白底图（必填）　上传照片
450*450像素，JPG、JPEG格式，大小不超过1M，有机会在淘金币相应频道入口展示。
图片样例

图 3-150　商品报名界面

步骤 09：按照提示和要求填写活动价与库存、参加活动的条件，如图 3-151 所示。

② 活动价与库存

30天最低价　元

商品活动价（必填）　元

金币抵扣比例%（必填）　%

商品抵扣后价格

活动库存（必填）　件

限购件数（必填）　件

③ 参加活动的条件

收费方式　淘金币换流量　注：什么是淘金币换流量

我的淘金币　金币不够？赚金币

点击单价　金币/次　注：商家获取一个点击UV扣除??淘金币，同一用户在活动当日的重复点击不收费

金币预算　金币

玩法细则：
1. 从提交报名到活动结束期间，该部分金币将被冻结不可用
2. 请酌情设置金币预算，该预算金币数消耗完后，商品将不再展示，如需展示需及时追加金币
3. 活动开始前取消报名或档期活动金币未消耗完，冻结解除

图 3-151　填写活动价与库存、参加活动的条件

步骤 10：如实填写商家联系信息，并认真查看淘金币活动协议，然后选中“我已阅读并愿意遵守淘金币活动协议”复选框，全部编辑完成并确认无误后单击“提交报名”按钮，如图 3-152 所示，即可完成报名。

④ 填写商家联系信息

联系人姓名（可选）

手机号（必填）

旺旺（必填）

邮箱（可选）

□ 我已阅读并愿意遵守淘金币活动协议。查看协议

提交报名

图 3-152　填写商家联系信息

学生演练

参考步骤：

根据二维码中的示例步骤，学生们自主练习。

实训 3-3　天天特价活动报名

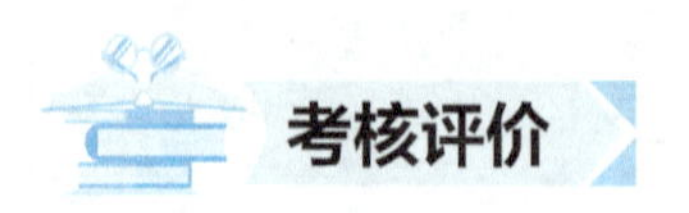

考核评价

表 3-3　天天特价活动报名考核评价表

序号	评价内容	得分 / 分			综合得分 / 分
		自评	组评	师评	
1	学会选择天天特价活动的主题				
2	掌握如何参加天天特价报名活动				
3	操练天天特价实施与提交				
合计					

任务4 掌握站内引流

任务分析

本任务重点讲解淘宝的站内引流方法，包括玩转淘宝论坛、直通车、认识钻展（钻石展位）、加入淘宝客推广和开通阿里V任务。通过本任务的学习，同学们可掌握淘宝站内的引流方法。

情境引入

当淘宝店铺策划了一场折扣力度大的活动时，可以吸引很多买家来到我们的店铺，并对产品产生兴趣甚至购买，但淘宝上卖家店铺众多，如何引导买家进入我们的店铺呢？这就需要引流。作为新店铺，零信誉零销量，通过搜索带来一些流量非常少，对于资金有限的新手卖家，还需要通过其他的免费引流推广来提高店铺流量。

教师点拨

分任务1 玩转淘宝论坛

一、概念

淘宝论坛是最具人气的淘宝店铺推广社区论坛。以淘宝网为依托，提供论坛资讯信息，力求给客户一个简洁舒适的快速阅读门户页面和交流板块。它是提供给网友发布信息的平台，板块围绕淘宝网开展，有淘宝买家的购物攻略、防骗技巧，淘宝卖家的店铺促销等。

二、发表帖子

在淘宝社区中发表的帖子被加入精华帖，不仅可以获取更多的浏览量，还可以获得社区的“银币”奖励，下面讲解发表帖子的方法。

步骤 01：打开淘宝论坛网页（https://index.bbs.taobao.com/home.html），登录淘宝，如图 3-153 所示。也可以通过单击“淘宝首页”-“卖家中心”-导航栏上的“卖家论坛”进入淘宝论坛。

图 3-153　淘宝论坛网页

步骤 02：进入淘宝论坛首页后，在论坛的导航栏上的不同的板块上选择你要发帖的板块。这里以“卖家经验”为例，如图 3-154 所示。

图 3-154　导航栏板块

步骤03：进入“卖家之声”板块后，单击页面右上角的“发帖”按钮，如图3-155所示。

卖家之声　最新讨论　置顶热帖　精华热帖　发帖

全部　营销风景　网商家事　政策回声　经验分享　水煮网商　心情驿站　原创推荐　版务公告　唇枪舌战　卖家培训　请你评理　商道之旅　实操案例

话题	发表	主题	点击/回复	最后回复
热 精 【官方招募】2018卖家之声论坛团队火热纳新优秀管理成员，期待您的加入！	生态农业生产基地 2018-03-29 09:00	版务公告	168571/666	c测试账号458 2020-03-31
热 精 【唇枪舌战】网商大环境下的实体店商如何绝处逢生！	闲中忙1 2015-12-10 15:18	唇枪舌战	10697/143	上海那鸟实业有限公司 2019-06-03
热 精 【唇枪舌战】网店经营遇到买家讲价你如何处理？	花开有时2 2012-11-04 23:26	唇枪舌战	228112/1913	周会文 2019-06-03
热 精 【唇枪舌战】如何把握新产品上线时间，抢占先机？	xuqiufen520 2013-08-14 16:13	唇枪舌战	165208/1567	周会文 2019-06-03
热 精 【唇枪舌战】如何避免货到付款的相关处罚？	花开有时2	唇枪舌战	178159/1092	周会文

图3-155　发帖页面

步骤04：进入帖子编辑页面，在版面下拉列表中选择内容选项，如图3-156所示。

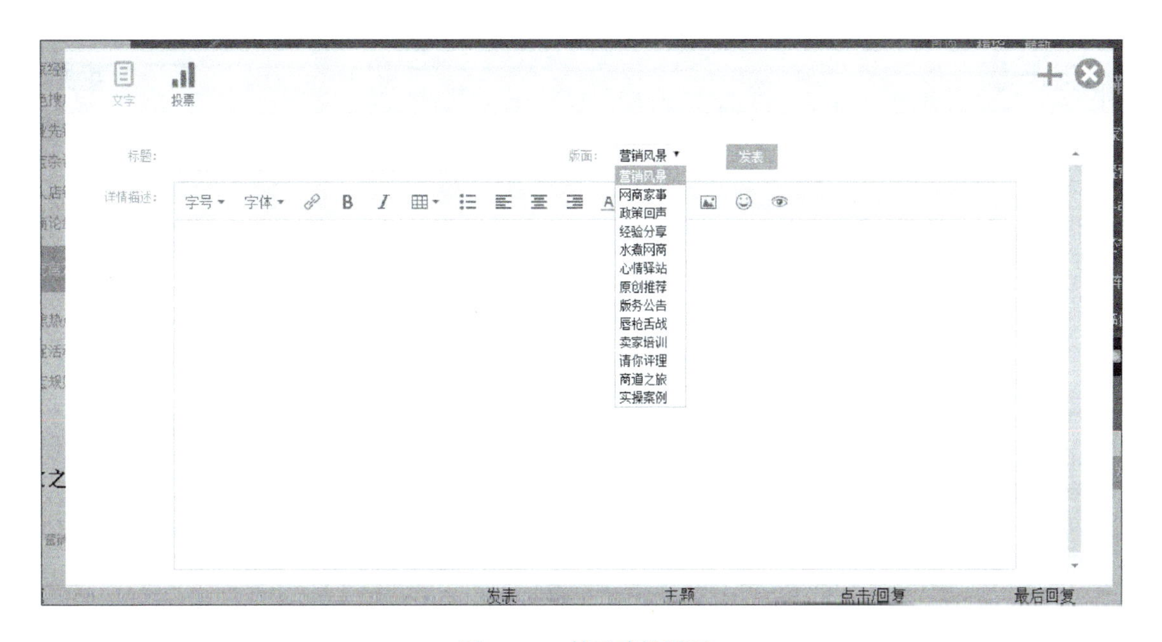

图3-156　帖子编辑页面

步骤05：编辑帖子。按照提示输入帖子标题及帖子正文，正文可以插入图片、表情等内容，如图3-157所示。

步骤06：全部编辑完成后，单击“发表”，会有发表成功的系统提示，单击“关闭”按钮，页面自动跳转到编辑好的浏览页面，如图3-158所示。

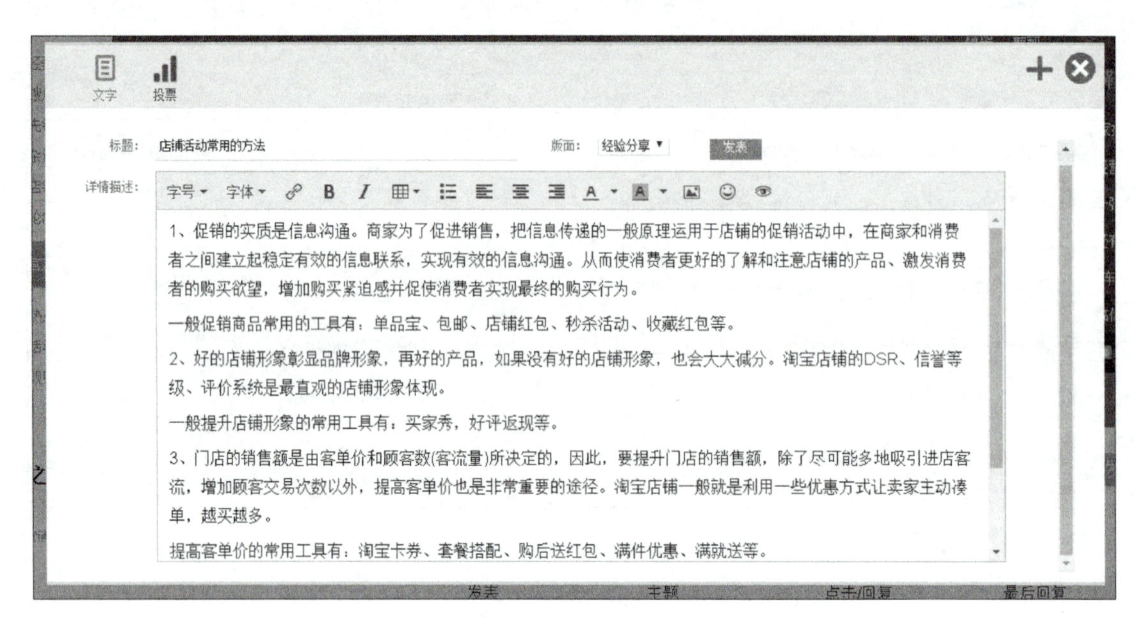

图 3-157　编辑帖子

图 3-158　浏览页面

提示：非管理员每天最多能发 3 篇帖子，每篇帖子间隔时间必须在 20 分钟以上。

三、回复帖子

除了发表新帖外，还可以对别人所发的帖子进行回复。

单击想看的帖子的标题进入，可在文章结尾的右下角单击“回复本帖”按钮进行回复，也可以直接在页面右上角出现的浮动工具栏中单击“回复”按钮进行回复，如图3-159所示。

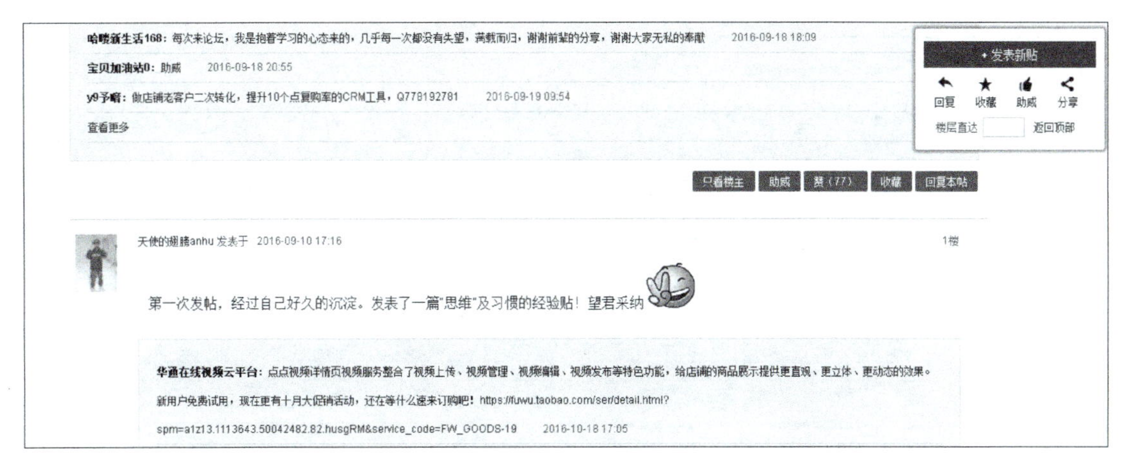

图 3-159　回复帖子

页面底部会弹出立即回复框，如图 3-160 所示。在文本框中输入回复内容，内容填写完成后单击“立即回复”按钮即可完成帖子的回复。

图 3-160　回复框

分任务 2　学会直通车推广

淘宝直通车是一款帮助卖家推广商品或店铺的营销工具。通过对买家搜索的关键词的展现位置出价，从而将宝贝展现在高流量的直通车展位上，也可自行选择在哪些买家跟前展现，让宝贝在众多商品中脱颖而出。

一、进入直通车

步骤 01：登录淘宝，进入卖家中心页面，在“营销中心”中单击“我要推广”，如图 3-161 所示。

步骤 02：然后在右侧单击“淘宝 / 天猫直通车”按钮。如图 3-162 所示，若未订购直通车，则直接跳转到订购页面；若已订购，则进入直通车操作平台首页。

图 3-161　营销中心页面

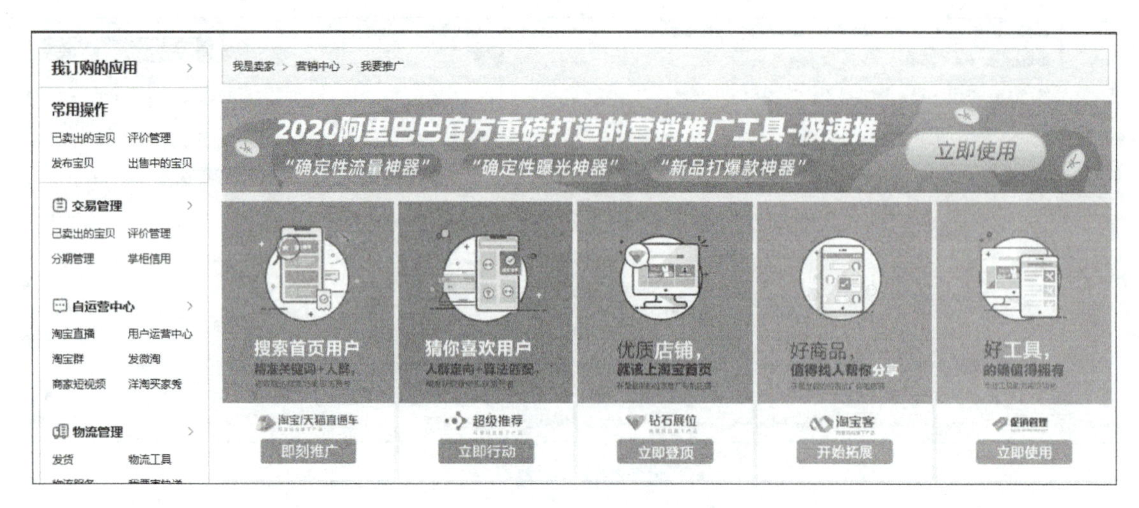

图 3-162 单击“淘宝 / 天猫直通车”按钮

注意：目前申请加入直通车，如图 3-163 所示，店铺需要同时满足以下条件。

（1）信用等级≥ 2 心，店铺动态评分各项大于等于 4.4 分。

（2）店铺主营商品所属的类目需要先加入消保，并缴纳保证金。

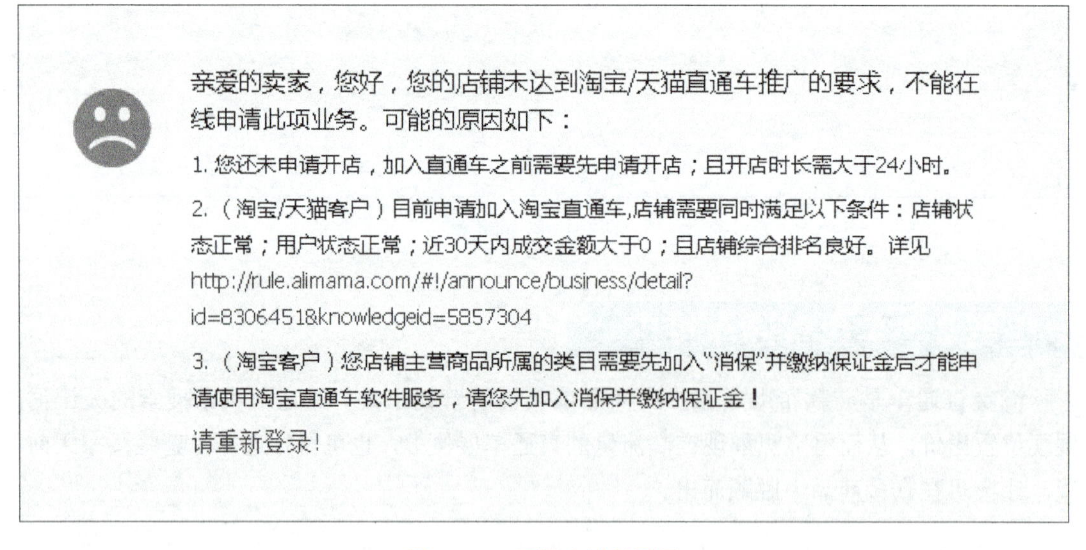
亲爱的卖家，您好，您的店铺未达到淘宝/天猫直通车推广的要求，不能在线申请此项业务。可能的原因如下：

1. 您还未申请开店，加入直通车之前需要先申请开店；且开店时长需大于24小时。

2. （淘宝/天猫客户）目前申请加入淘宝直通车,店铺需要同时满足以下条件：店铺状态正常；用户状态正常；近30天内成交金额大于0；且店铺综合排名良好。详见 http://rule.alimama.com/#!/announce/business/detail?id=8306451&knowledgeid=5857304

3. （淘宝客户）您店铺主营商品所属的类目需要先加入“消保”并缴纳保证金后才能申请使用淘宝直通车软件服务，请您先加入消保并缴纳保证金！

请重新登录！

图 3-163 不能申请的原因

二、掌握直通车的推广方式及宝贝的展示位置

被直通车推广的宝贝在淘宝网多处位置显示广告，流量巨大，可以大大提高宝贝的曝光率，为卖家带来更多潜在客户。

1. 搜索推广

搜索营销的原则是按词推广，精准匹配。通过关键词搜索，在搜索结果页面右侧有 12 个竖着的“掌柜热卖”展示位，页面底部有横着的 5 个“掌柜热卖”展示位。例如，搜索“女装”“七夕情人节礼物”，搜索结果如图 3-164 和图 3-165 所示，搜索页面可一页一页往后翻，展示位以此类推。类目搜索结果页面的展示位置同样如此。

图 3-164 搜索推广 1

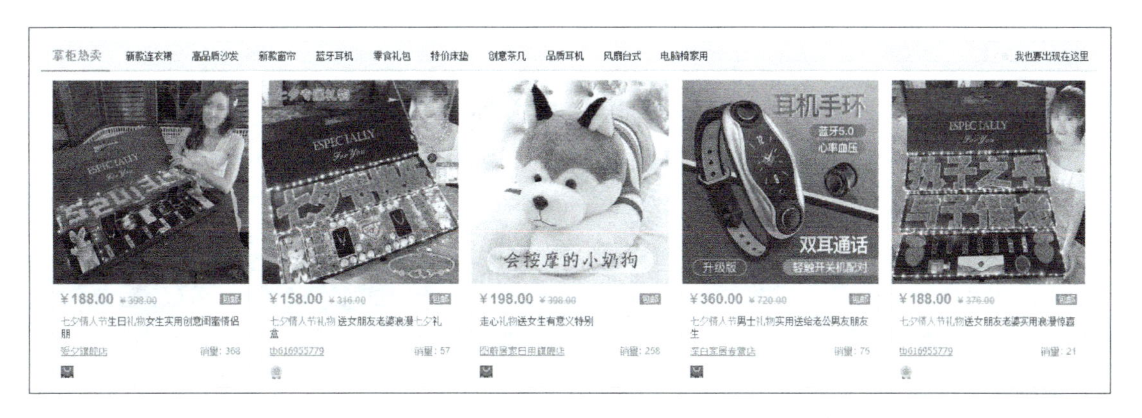

图 3-165 搜索推广 2

2. 店铺推广

店铺推广是基于搜索营销推出的一种新的通用推广方式，可以向具有较模糊购买意向的买家推广店铺中的多个匹配宝贝，店铺推广的展示位有站内和站外两种。其中，第一种是淘宝关键词搜索页面右侧“掌柜热卖”下方的“店家精选”区域的展示位，如图 3-166 所示。而站外推广的展示位就要看你选择投放的是哪些网站、平台了。

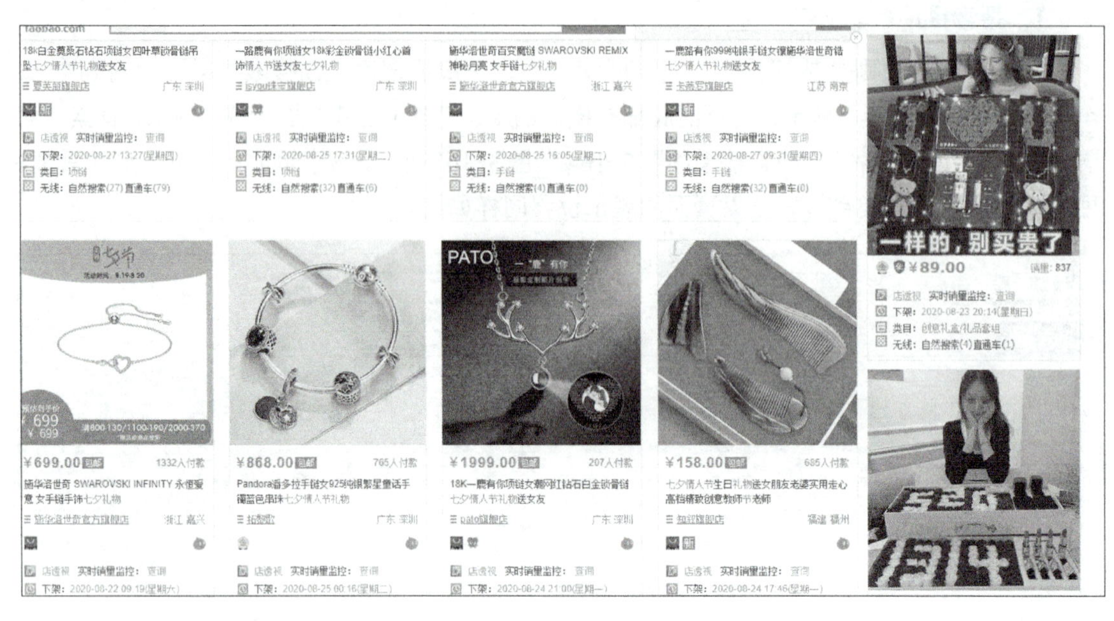

图 3-166　店家精选

3．活动推广

淘宝网首页最下面“热卖单品”区域有 12 个展示位，如图 3-167 所示。热卖单品活动采用人群定投的原理，根据买家兴趣类目展现宝贝，展现的概率与宝贝的出价及点击率高低相关。

图 3-167　热卖单品

4．定向推广

定向推广是一种人群定向，通过从细分类目中抓取那些特征与买家兴趣点匹配的推广宝贝，展现在目标客户浏览的网页上，帮助锁定潜在买家，实现精准营销。

定向推广的展示位主要分布在旺旺买家版每日焦点的“热卖”部分、我的淘宝“已买到的宝贝”页面下方的“热卖单品”区域、物流详情页的“热卖单品”区域、收藏列表页的“热卖单品”等。如图3-168所示为我的淘宝“已买到的宝贝”页面下方的“热卖单品”区域。

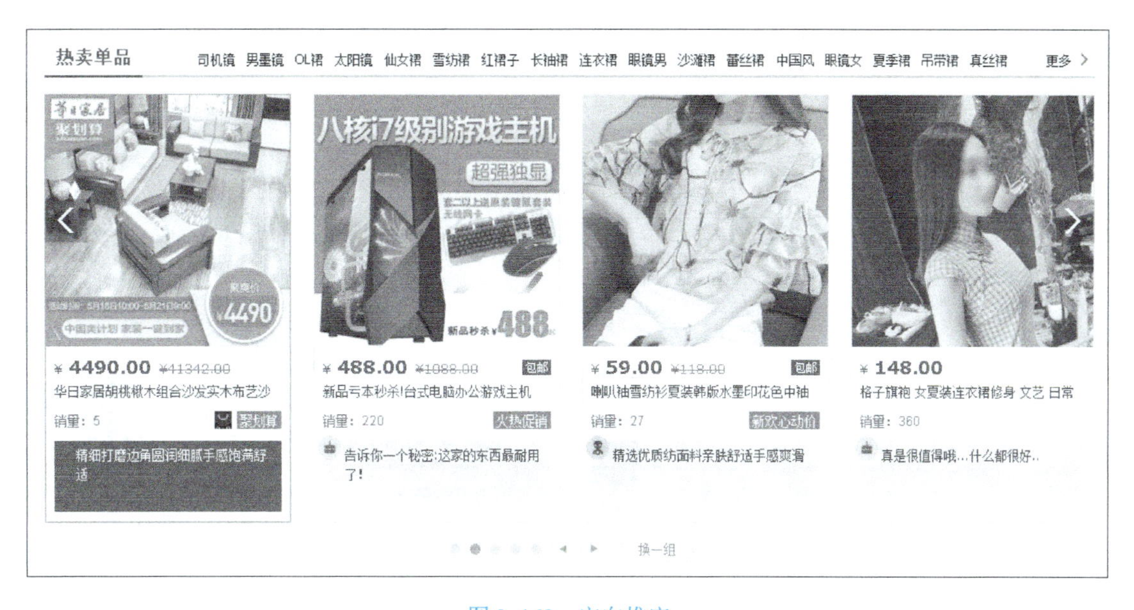

图3-168　定向推广

5．明星店铺

当你已经拥有较为成熟的品牌或店铺营销能力，希望能进一步做好品牌营销，可以考虑申请明星店铺功能。

天猫和集市都有明星店铺，买家搜索不同关键词时，显示分别对应的店铺。同时店铺的搜索关键词也是不同的。明星店铺对天猫旗舰店用户的最新要求是，天猫旗舰店用户的品牌词须与对应店铺名称保持完全一致。搜索关键词即店铺名称。

明星店铺在集市目前仅对获得字号保护的店铺开放，搜索关键词即对应的字号。

举例说明：我有两家店铺，即“淘小宝旗舰店”（天猫）和“淘小宝小店”（淘宝网，字号是“淘小宝”），则“淘小宝旗舰店”对应的搜索关键词是“淘小宝旗舰店”，“淘小宝小店”对应的搜索关键词是“淘小宝”。

开通了明星店铺的卖家，通过对其推广信息设置关键词和出价，当买家在淘宝网搜索相关关键词时，在搜索结果正下方的位置就会展现你明星店铺的创意，包括店铺LOGO、店铺名称、进入店铺的文字链接、品牌创意banner（横幅广告）、店铺宝贝图片等，单击可以直接进入店铺。如图3-169和图3-170所示。

图 3-169　明星店铺 1

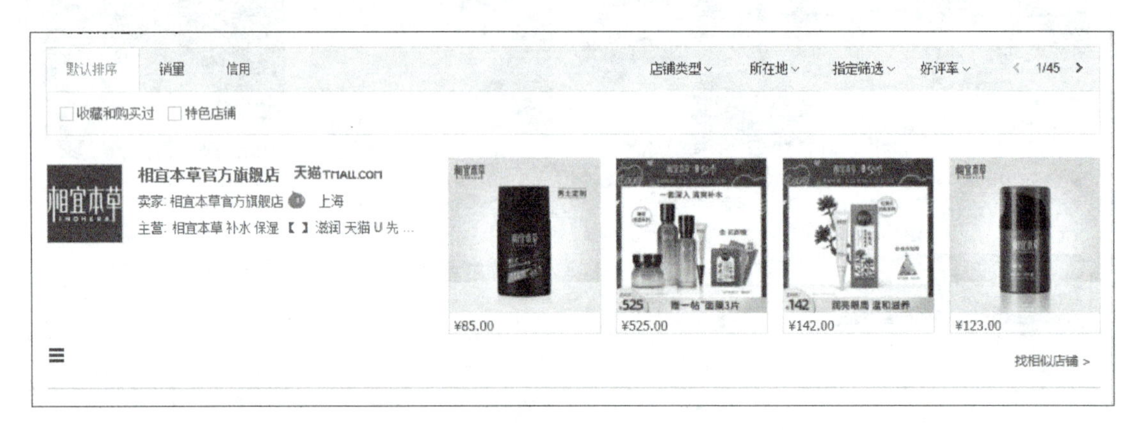

图 3-170　明星店铺 2

6. 站外投放

直通车外投就是把你推广的商品投放在淘宝以外的网站上，以 banner、文字链接、搜索栏等形式展现，并根据系统对数据的分析搜索人群，匹配相应的宝贝，从而将外部消费者吸引到专门展现直通车宝贝的页面。

可以在直通车客户操作系统后台设置投放平台，打开“网站列表”查看到部分合作网站，如图 3-171 所示。

三、学会淘宝直通车推广步骤

步骤 01：进入淘宝直通车首页，如图 3-172 所示。

步骤 02：单击页面左侧导航栏处的“推广计划 - 标准推广”，再单击“新建推广计划”按钮，如图 3-173 所示。

步骤 03：输入新建推广计划的名称，如“test 推广计划”，然后单击“提交”按钮，如图 3-174 所示。

图 3-171　站外投放

图 3-172　淘宝直通车首页

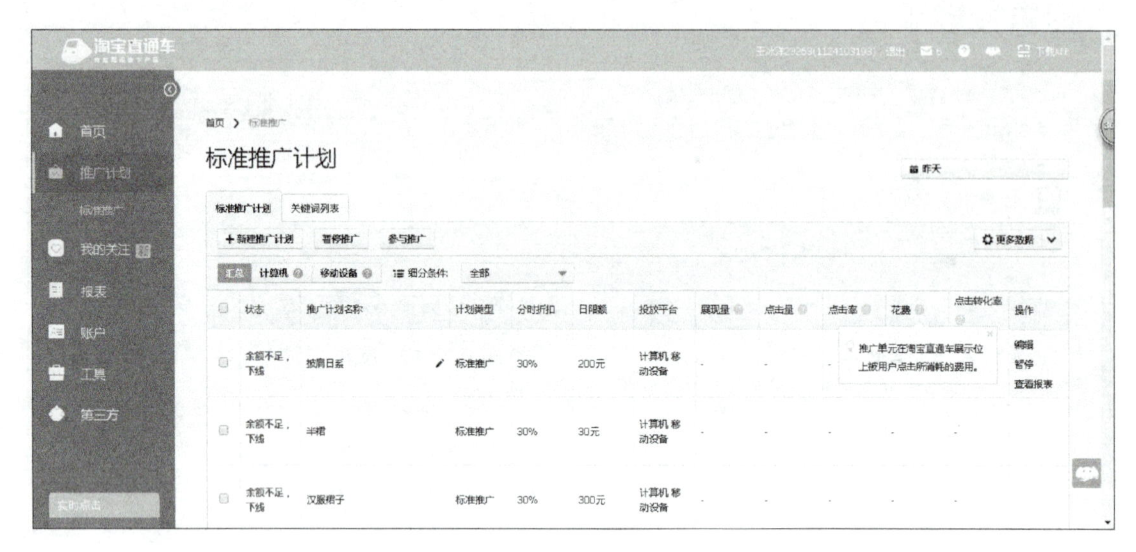

图 3-173　单击“新建推广计划”按钮

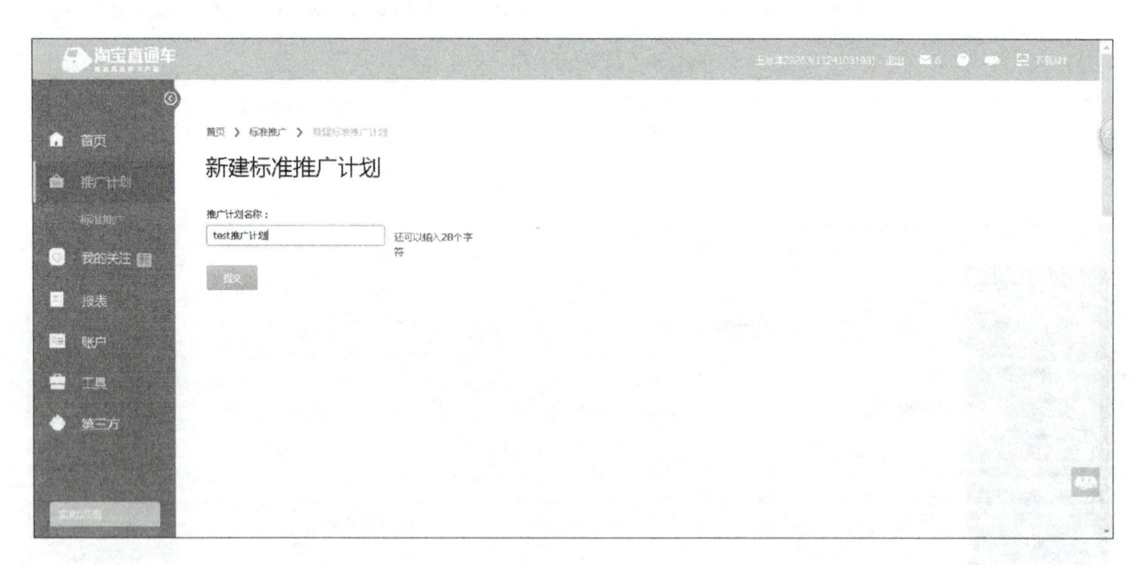

图 3-174　test 推广计划

步骤 04： 显示“已成功创建推广计划”，并提示还可以创建 / 设置管理推广计划或新增宝贝推广，如图 3-175 所示。

步骤 05： 返回标准推广计划页面，可以看到刚刚创建的计划已经显示在界面上。单击刚创建好的计划“test 推广计划”，如图 3-176 所示。

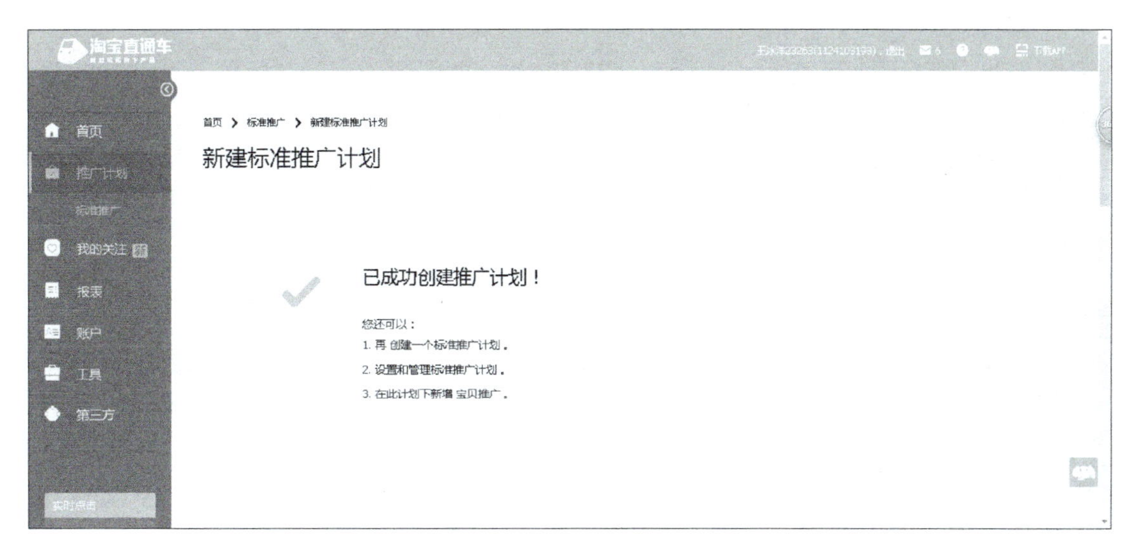

图 3-175　已成功创建推广计划

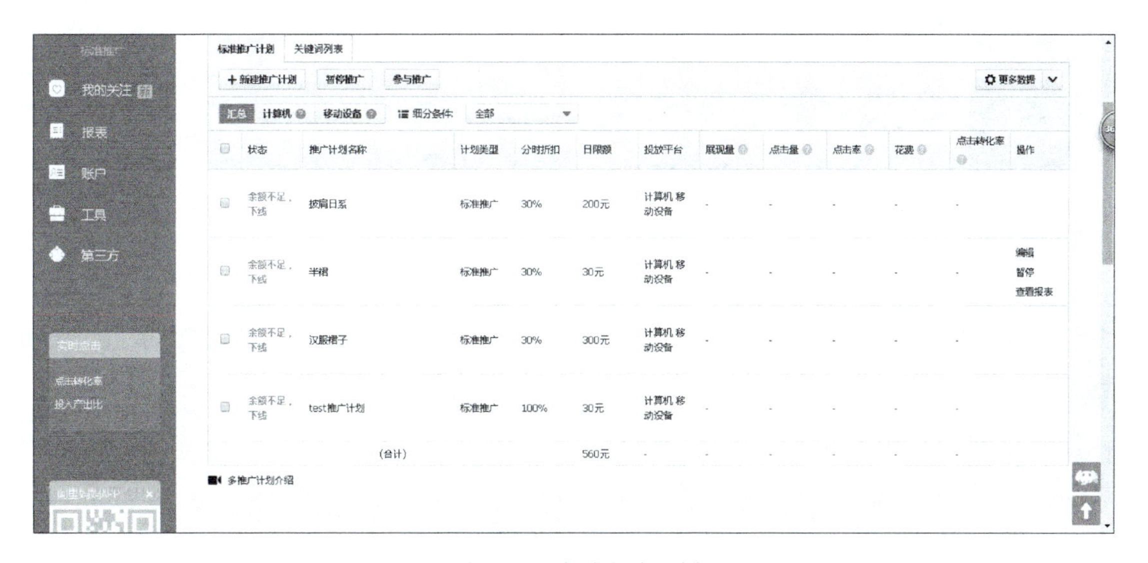

图 3-176　标准推广计划

步骤 06：进入 test 推广计划页面，单击“新建宝贝推广”按钮，如图 3-177 所示。

步骤 07：进入新建宝贝推广页面，可以看到店铺的宝贝列表，单击选择要推广的宝贝，如图 3-178 所示。

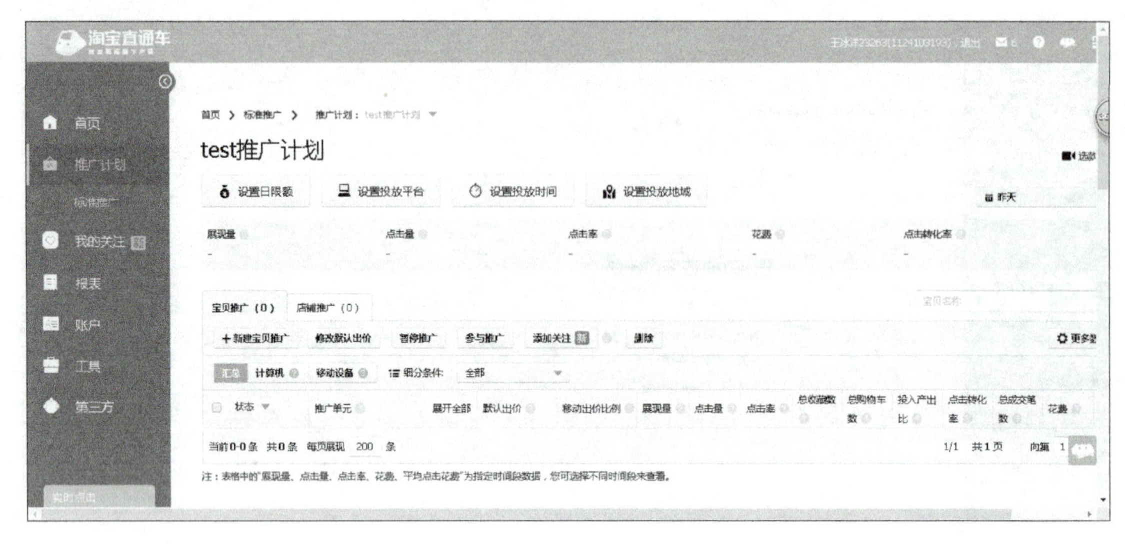

图 3-177 新建宝贝推广

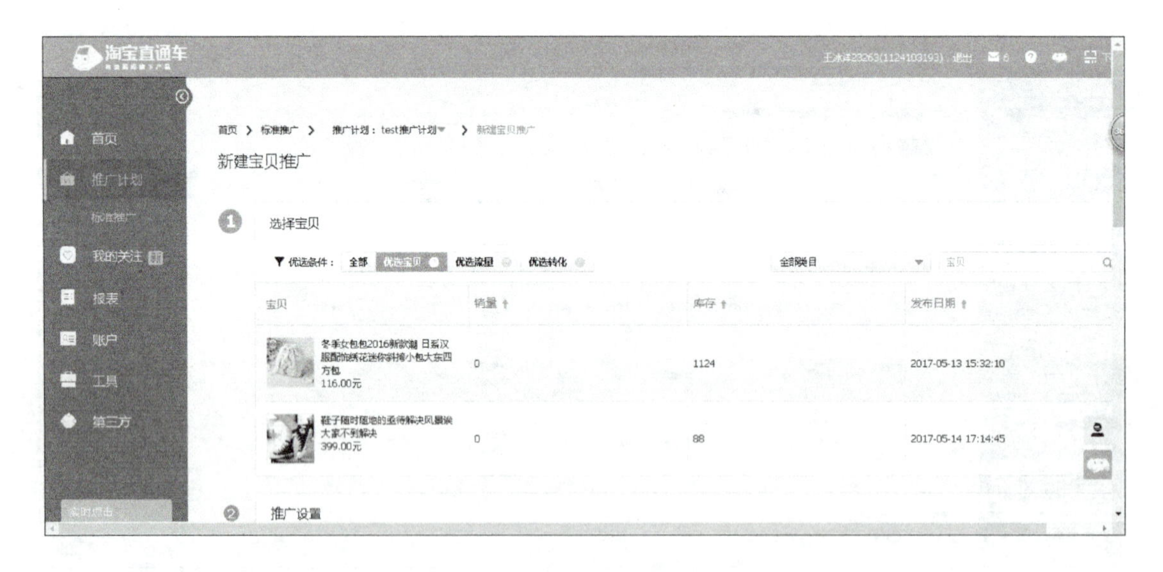

图 3-178 宝贝列表

步骤 08：选择宝贝的推广目标。宝贝的推广目标有 3 个：日常销售、宝贝测款、自定义目标，如图 3-179 所示。我们这里以宝贝测款为例。

步骤 09：接下来就是要设置推广方案了。首先要添加创意，单击“编辑创意”，选择创意图片，编辑宝贝标题，选择投放设备，如图 3-180 所示，编辑完成后单击“确定”按钮，宝贝创意添加完成。

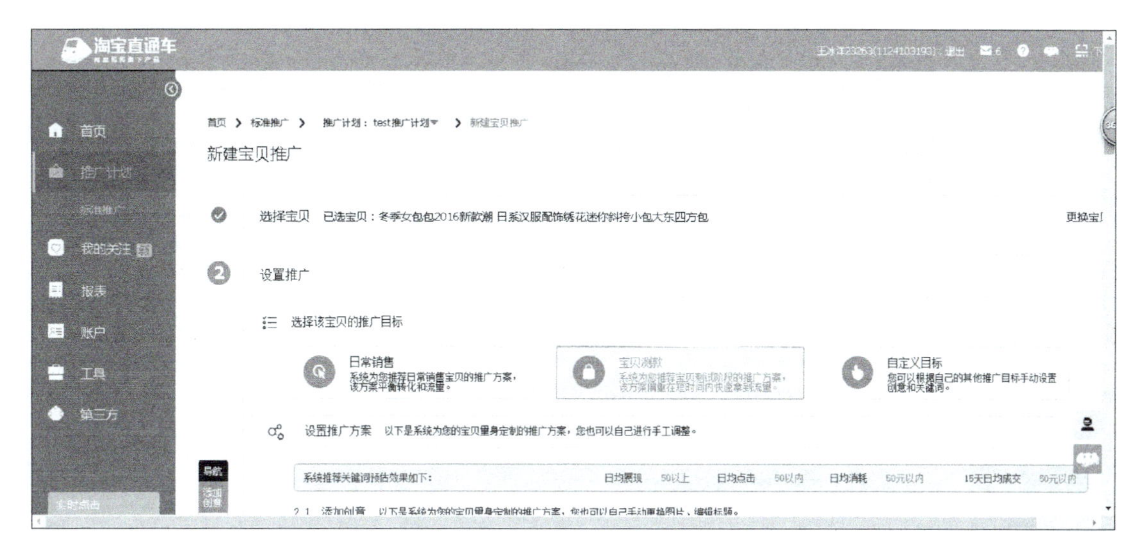

图 3-179　推广目标

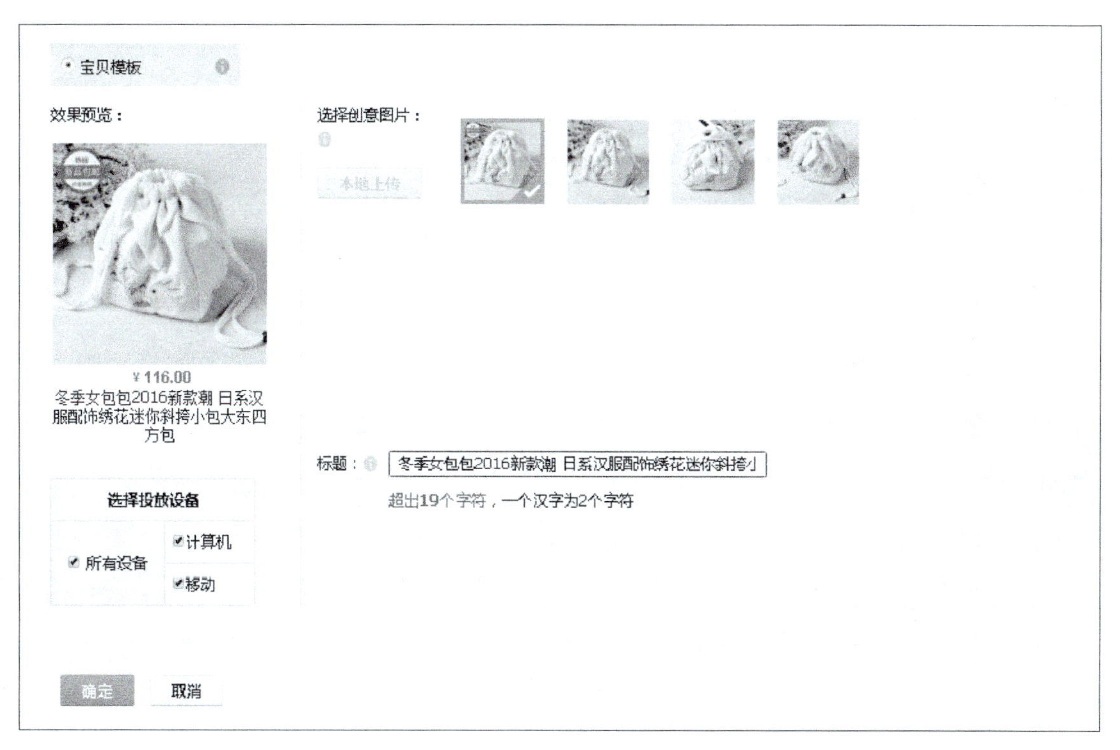

图 3-180　推广方案

步骤 10：买词出价，设置添加关键词，如图 3-181 所示。

步骤 11：添加精选人群，如图 3-182 所示。

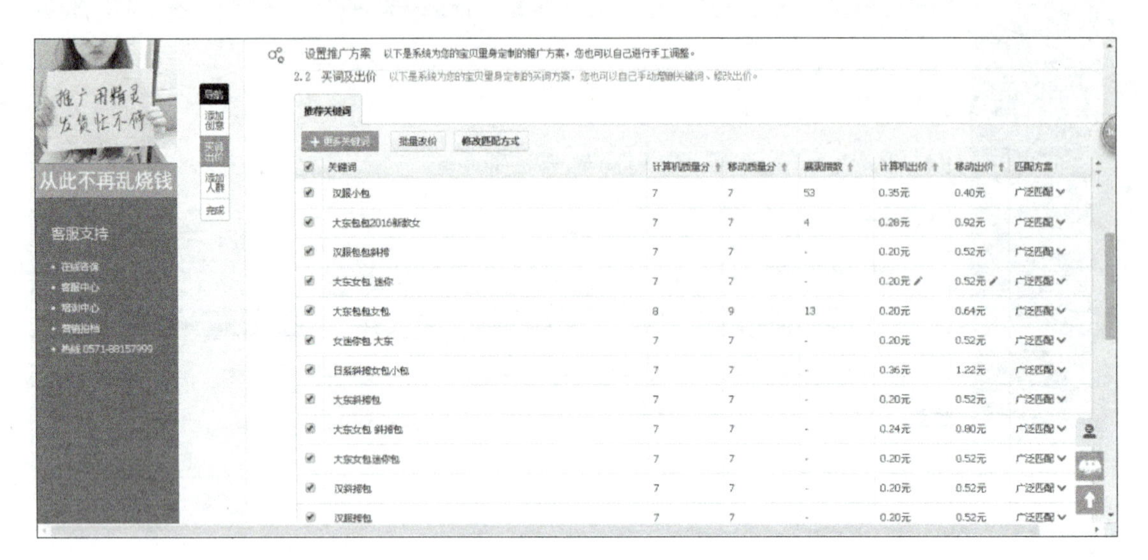

图 3-181　设置添加关键词

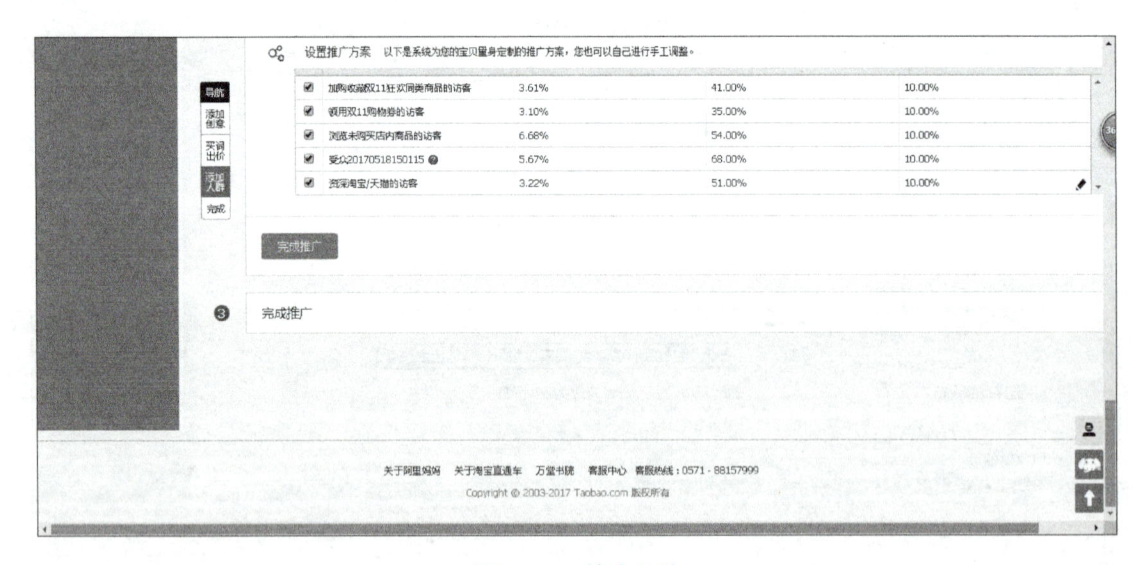

图 3-182　精选人群

步骤 12：全部设置完成后，单击“完成推广”按钮，显示“恭喜，新建宝贝推广完成！”，如图 3-183 所示。

步骤 13：返回 test 推广计划页面，查看新建好的宝贝推广，如图 3-184 所示。

图 3-183　完成推广

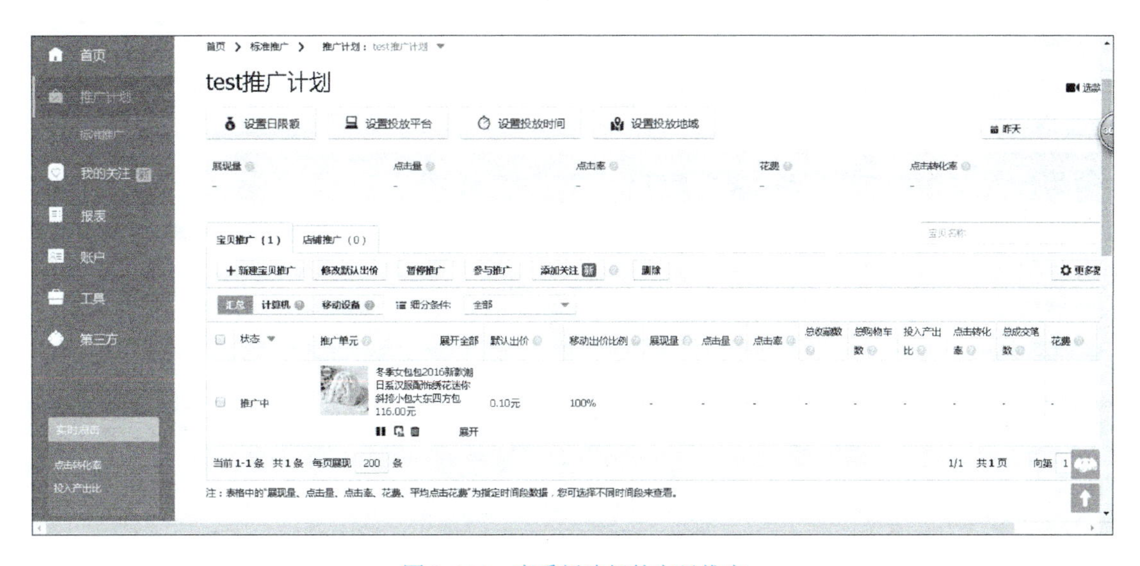

图 3-184　查看新建好的宝贝推广

步骤 14：单击宝贝，进入宝贝的关键词推广界面，可以修改关键词的出价，它有计算机出价和移动出价两种，如图 3-185 所示。设置完成，单击“确定”按钮即可。

步骤 15：也可以单击“修改匹配方式”来修改关键词的匹配方式。匹配方式也是有广泛匹配和精确匹配两种，如图 3-186 所示。操作：选择要修改的关键词，单击修改匹配方式按钮，选择匹配方式，单击“确定”按钮。

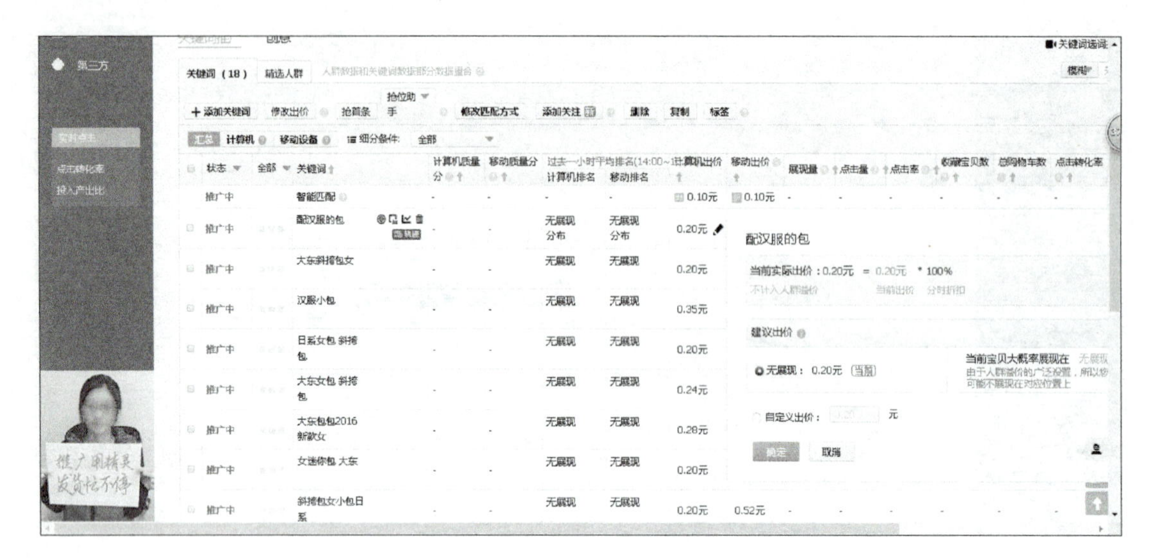

图 3-185　修改关键词的出价

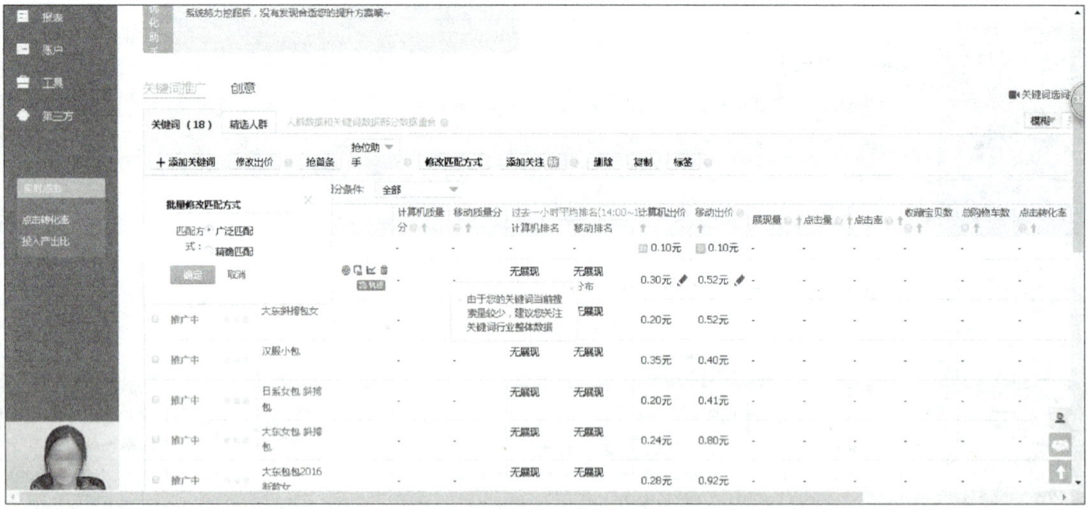

图 3-186　修改匹配方式

步骤 16：设置关键词标签，关键词的标签有核心、优化、重点 3 种，如图 3-187 所示。操作：选择要修改的关键词，然后单击“标签”按钮，在弹出的下拉列表中选择要添加的标签，单击“添加”按钮。

步骤 17：设置人群定位。操作：单击关键词旁的“精选人群”按钮，单击“+ 人群”按钮添加访客人群，如图 3-188 所示，然后选择要添加的人群，并修改溢价，如图 3-189 所示，全部设置后单击“确定”按钮。

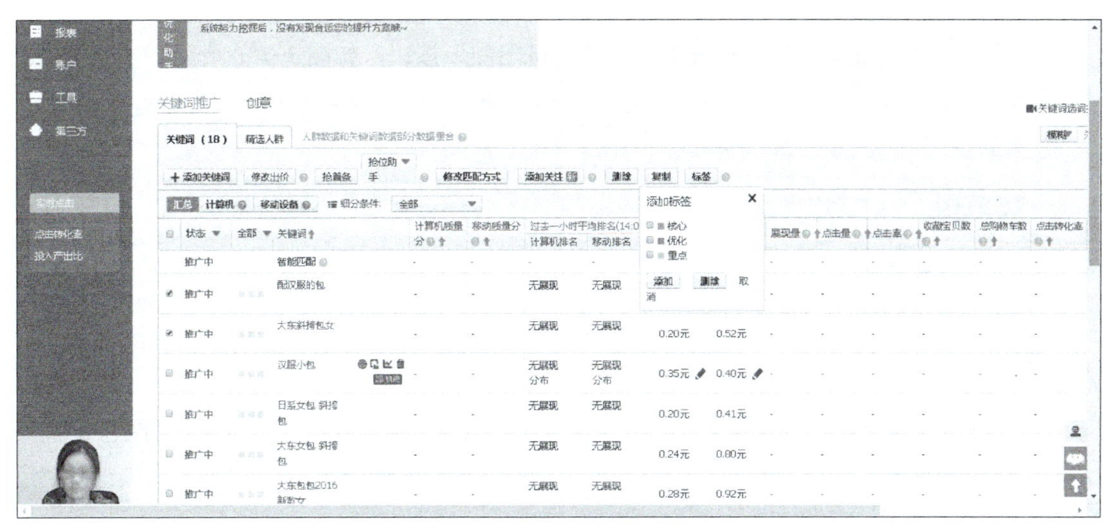

图 3-187　设置关键词标签

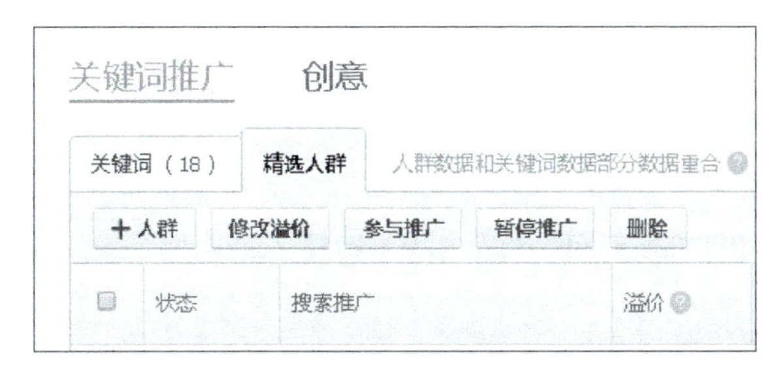

图 3-188　设置人群定位

图 3-189　添加访客人群

步骤 18：单击 test 推广计划页面的“设置日限额”按钮，如图 3-190 所示。

图 3-190　单击“设置日限额”按钮

步骤 19：进入设置日限额界面，设置预算，如图 3-191 所示，然后单击“保存设置”按钮，日限额设置完成。

图 3-191　设置日限额

步骤 20：单击 test 推广计划页面的“设置投放平台”按钮，进入设置投放平台界面，如图 3-192 所示。设置完成后单击“保存设置”按钮，设置完成。

步骤 21：单击 test 推广计划页面的“设置投放时间”按钮，进入设置投放时间界面，如图 3-193 所示。设置完成后单击“保存设置”按钮，设置完成。

设置投放平台

- 您可通过点击 来设置是否投放，"⚠" 表示暂不可投放
- 您只有投放淘宝站内的定向推广后，才能选择投放淘宝站外的定向推广，了解详情 >>

计算机设备:

淘宝站内

搜索推广：投放

定向推广：暂不可投放 ⚠

淘宝站外　网站列表 >>

搜索推广： 不投放 投放

定向推广： 暂不可投放 ⚠

投放价格 = 淘宝站内投放价格 * 站外折扣

站外折扣：100 %

1　100　200

移动设备:　无线直通车技巧

淘宝站内

推广： 不投放 投放

投放价格= 计算机淘宝站内投放价格 * 移动折扣

淘宝站外

推广： 不投放 投放

投放价格=

计算机淘宝站内投放价格 * 站外折扣 * 移动折扣

移动折扣：100 %

1　200　400

保存设置

图 3-192　设置投放平台

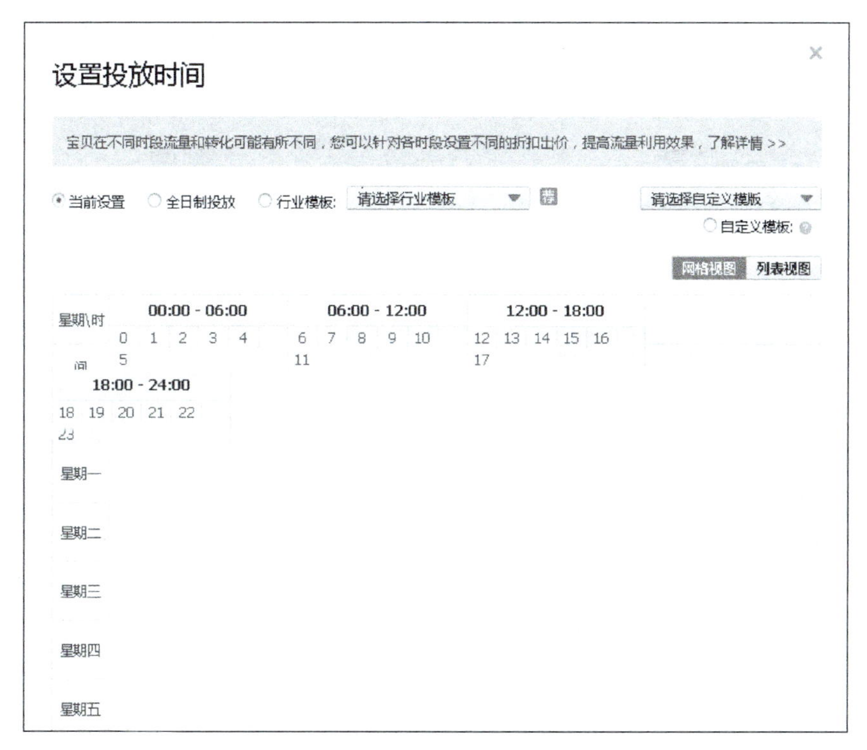

图 3-193　设置投放时间

步骤 22：单击 test 推广计划页面的“设置投放地域”按钮，进入设置投放地域界面，如图 3-194 所示。设置完成后单击“保存设置”按钮，设置完成。至此全部推广设置完成，直通车已经开始跑起来啦。

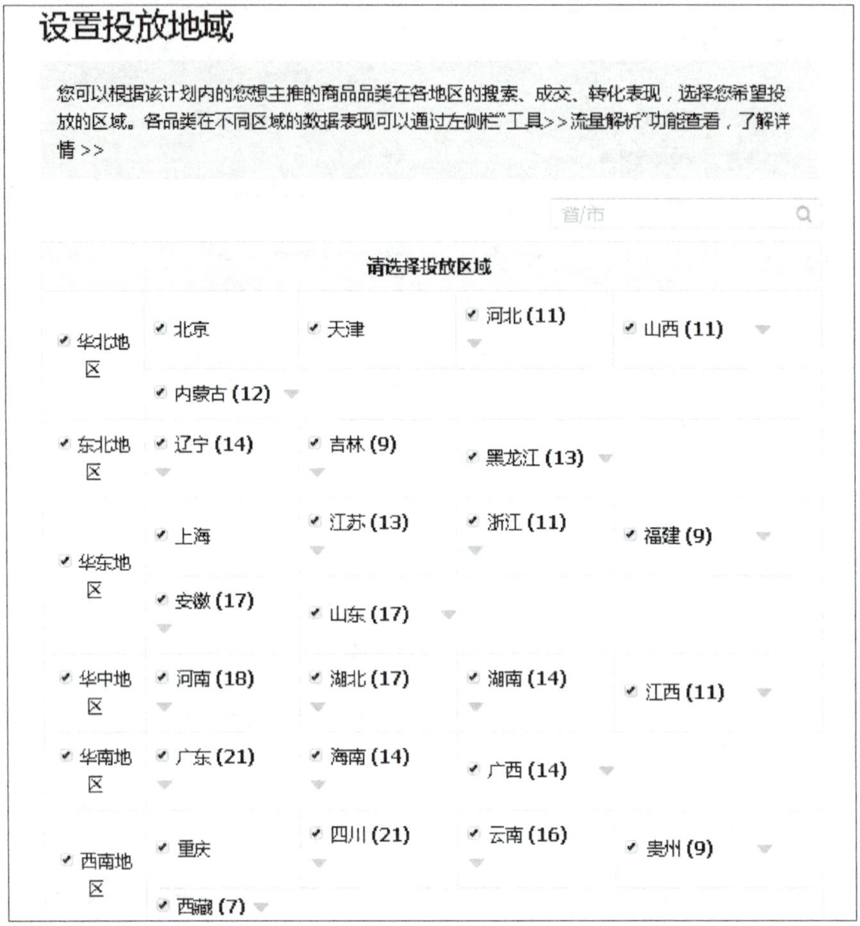

设置投放地域

您可以根据该计划内的您想主推的商品品类在各地区的搜索、成交、转化表现，选择您希望投放的区域。各品类在不同区域的数据表现可以通过左侧栏“工具>>流量解析”功能查看，了解详情 >>

省/市

请选择投放区域

华北地区	北京	天津	河北 (11)	山西 (11)
	内蒙古 (12)			
东北地区	辽宁 (14)	吉林 (9)	黑龙江 (13)	
华东地区	上海	江苏 (13)	浙江 (11)	福建 (9)
	安徽 (17)	山东 (17)		
华中地区	河南 (18)	湖北 (17)	湖南 (14)	江西 (11)
华南地区	广东 (21)	海南 (14)	广西 (14)	
西南地区	重庆	四川 (21)	云南 (16)	贵州 (9)
	西藏 (7)			

图 3-194　设置投放地域

四、熟悉直通车质量得分

1. 质量得分简介

质量得分是搜索推广中衡量关键词与宝贝推广信息和淘宝网用户搜索意向三者之间相关性的综合性指标。质量分分为计算机质量分和移动质量分，其以 10 分制的形式来呈现，分值越高，可以获得更理想的推广效果。

而对于移动质量分，建议将关键词移动质量分优化到 6 分以上，可以获得在手机淘宝网和淘宝客户端搜索结果中的展现机会。

2. 质量得分的分类

质量得分可以分为以下 3 个维度。

（1）创意质量：推广创意近期的关键词动态点击反馈。

（2）相关性：关键词与宝贝类目、属性及文本等信息的相符程度。

（3）买家体验：根据买家在店铺的购买体验和账户近期的关键词推广效果给出的动态得分。

3. 查看质量得分

质量得分如图 3-195 和图 3-196 所示。

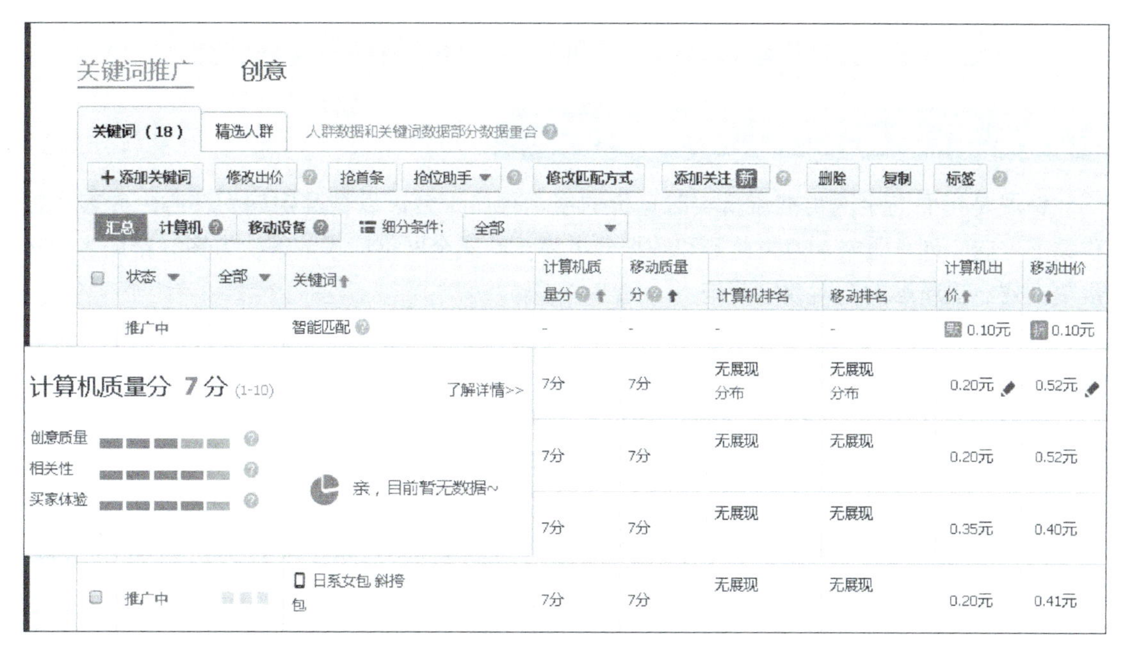

图 3-195　计算机质量分

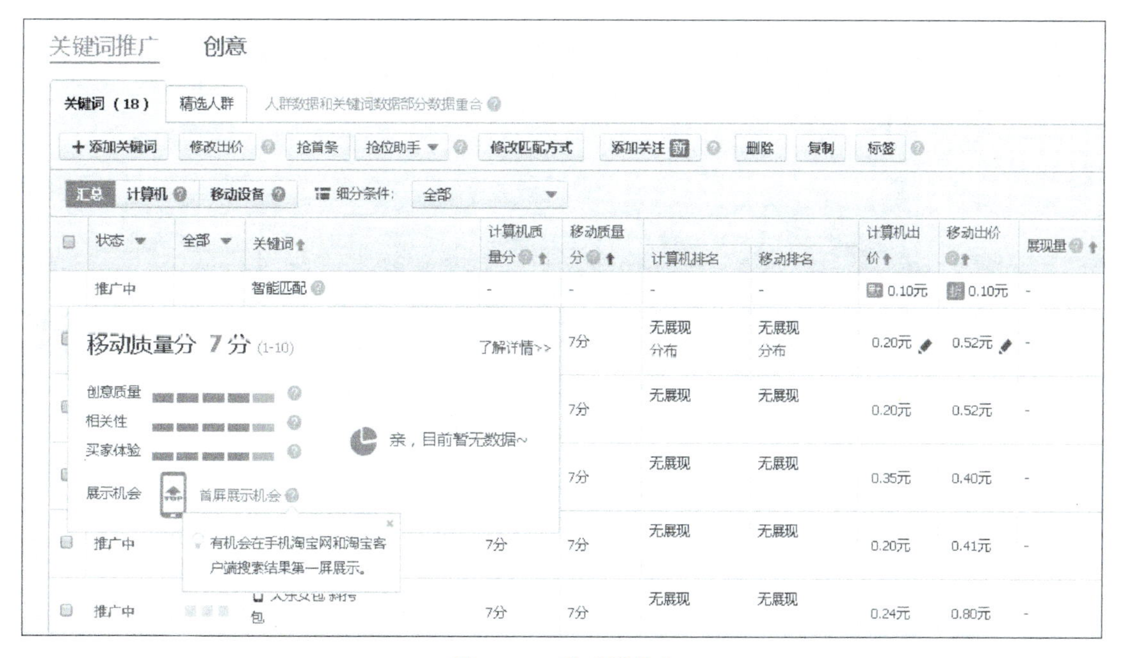

图 3-196　移动质量分

4．质量得分的优化

（1）创意质量优化。推广创意是我们呈现推广产品最主要的核心内容，建议上传多张创意，目前创意最多可以上传 4 张，并使用创意流量分配功能来进行创意的测试。

（2）相关性。类目相关性：检查宝贝发布的类目是否正确，权衡关键词的相关性对宝贝的价值与贡献。

关键词相关性：建议使用系统推荐词，最相关的关键词多设置。

（3）买家体验。建议从客服、宝贝详情页、关联营销等来提升点击转化。

分任务 3　认识钻展（钻石展位）

钻展是指面向全网精准流量实时竞价的展示推广平台，以精准定向为核心，为客户提供精准定向、创意策略、效果监测和数据分析等一站式全网推广投放解决方案，帮助客户实现更高效、更精准的全网数字营销。

一、认识广告位

钻石展位是面向全网精准流量实时竞价的展示广告平台，现有淘宝首页、各频道页、一淘首页、旺旺每日焦点、各功能页、搜索页和促销名店页等广告位。

1．淘宝首页

对于资金雄厚的大卖家来说，淘宝首页拥有巨大的流量，可以带来更多顾客，如图 3-197 所示。

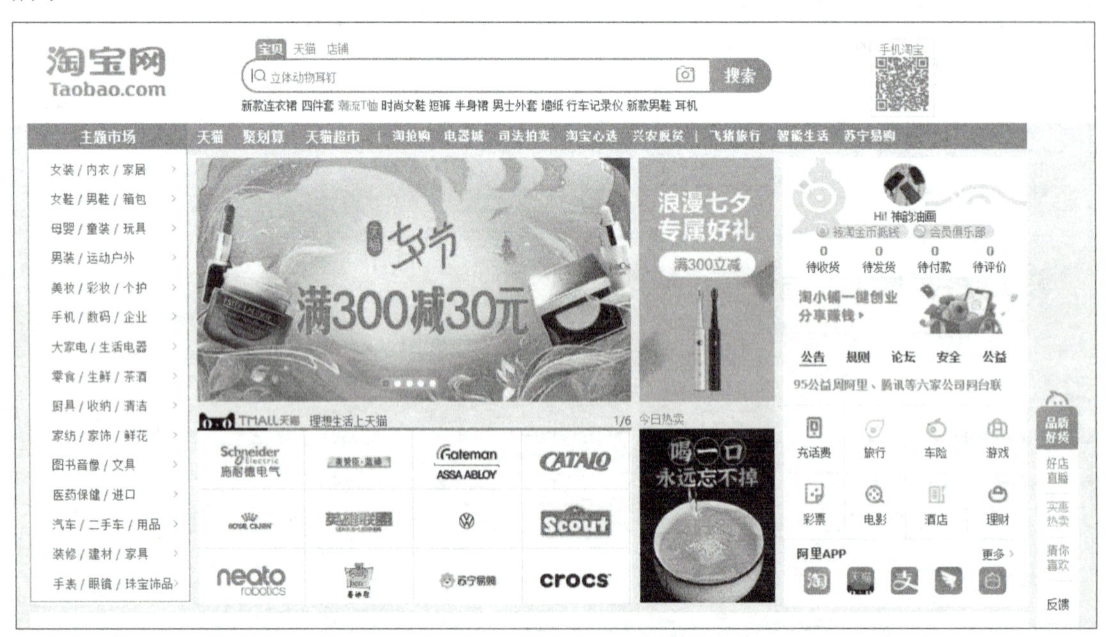

图 3-197　淘宝首页

2．收藏夹底部的小图和通栏

淘宝收藏夹页面底部的小图和通栏是钻石展示广告位，如图 3-198 所示。

图 3-198　收藏夹页面底部

3．背投、各频道焦点图和通栏

钻石展位只要展示了就要收费，所以最好选择和自己产品相匹配的垂直频道进行投放。如图 3-199 所示的是淘宝数码类目首页一屏四轮播焦点图。

图 3-199　家电类目首页

二、认识钻展收费

1．区别直通车和钻展

与直通车不同，钻展不是按点击计费，而是按照流量竞价售卖广告位的，计费单位是“CPM（每千次浏览单价）”，即广告所在的页面被打开 1000 次所需要收取的费用。

注意：千次浏览不是 1000 个点击，而是 1000 个 PV（Page View，页面浏览量）。

流量到点击量的换算方法如下。

做钻展花钱要合理，花多少可以自己预算：

$$总预算 \div 千次浏览价 \times 1000 = 购买总流量$$

购买总流量 × 点击率 = 点击数

总预算 ÷ 点击数 = 单个点击成本

举例：准备1000元预算，竞拍一个点击率是2%的位置，千次浏览价的成交价格是5元，那么能买到的总流量200000（PV）能产生的总点击数是4000个，每个点击所要花的成本是0.25元。

2．竞拍规则

用户竞拍的是某个广告位某个时段的流量使用优先权。CPM出价高的用户的广告投放结束后，下一位的广告才会投放。

竞价展示按小时排序，每小时都会有新排序，如9～10点出价过低导致没有排名，那么广告在此时间段就不会展示。每小时内系统按照用户出价高低顺序投放广告。

原钻展系统每日竞价截止时间为15点，次日生效。新系统中，客户调整完出价后，立即生效，每一次PV系统都会重新排列计划展示顺序。每日21～24点为系统维护，无法修改价格。

竞拍结算价格，按照该用户下一位的出价加0.1元进行结算。

分任务4　加入淘宝客推广

淘宝客是一种按成交计费的推广模式，也指通过推广赚取收益的一类人，淘宝客只要从淘宝客推广专区获取商品代码，任何买家（包括您自己）经过您的推广（链接、个人网站、博客或社区发的帖子）进入淘宝卖家店铺完成购买后，就可以得到由卖家支付的佣金。简单地说，淘宝客就是指帮助卖家推广商品并获取佣金的人。

一、认识淘宝客的推广步骤

下面介绍设置淘宝客推广的步骤。

提示：加入淘宝客推广需要店铺动态3项评分大于等于4.5分，否则不能申请此业务，如图3-200所示。

很抱歉，您的店铺暂未达到淘客宝推广的准入标准，不能在线申请此业务。加入淘宝客推广需要：店铺动态3项评分均≥4.5。

您的店铺目前动态评分：

商品与描述相符：0分

卖家的服务态度：0分

卖家发货的速度：0分

欢迎您提升店铺质量后再来参加加入淘宝客推广。点击查看详情

图3-200　店铺动态评分

步骤01：登录淘宝，进入卖家中心，单击“营销中心－我要推广”，如图3-201所示。

步骤 02：找到淘宝客，单击“开始拓展”按钮，如图 3-202 所示。

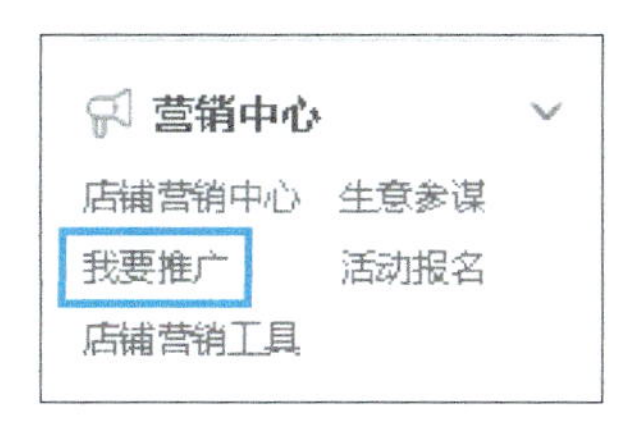

图 3-201　单击“营销中心 - 我要推广”

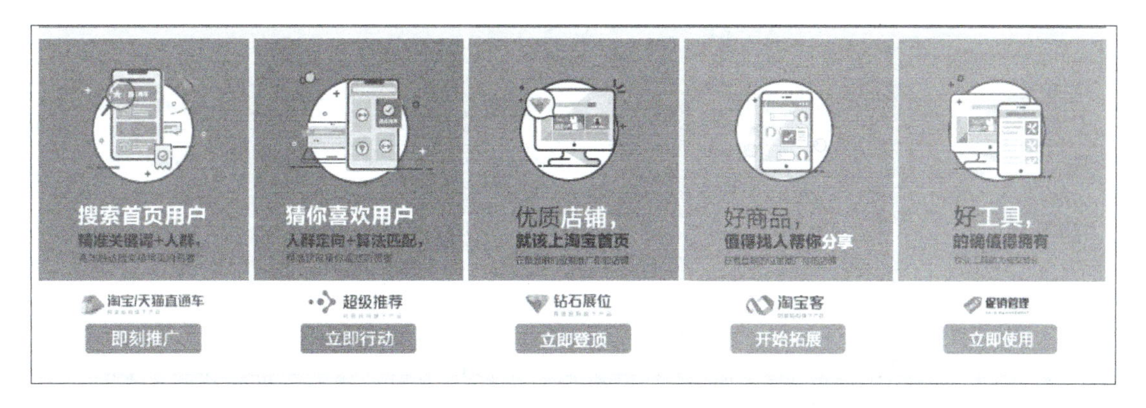

图 3-202　单击“开始拓展”按钮

步骤 03：进入淘宝客页面。进入后，默认是计划管理页面，如图 3-203 所示。

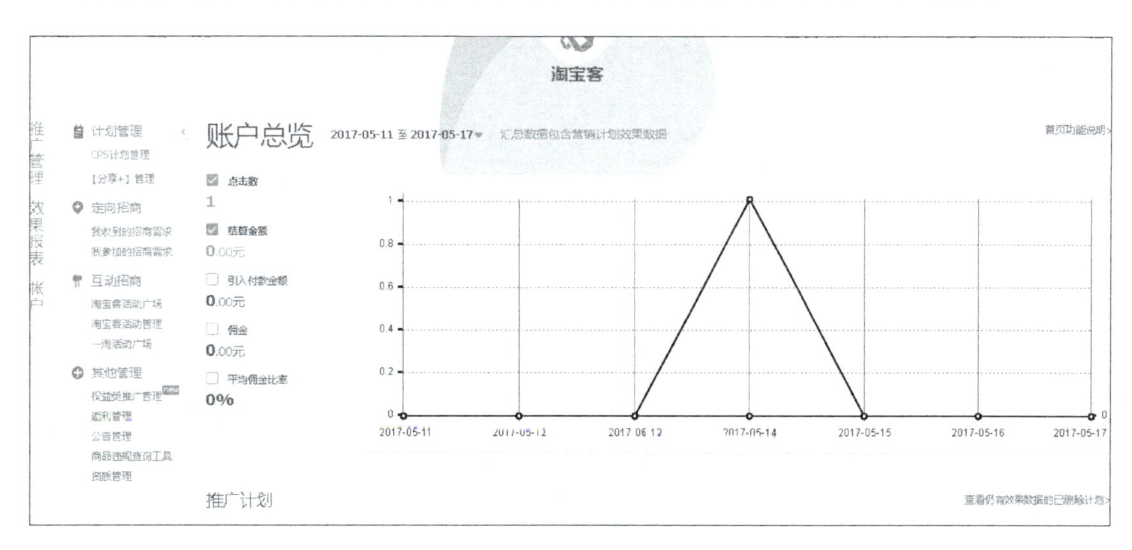

图 3-203　计划管理页面

步骤 04：将页面下拉到最下方，显示正在参加的推广计划，如图 3-204 所示。其中，通用计划是所有参加淘宝客推广的店铺必须加入的，其他计划可以按照自己的情况申请加入。我们以通用计划为例，单击“通用计划”。

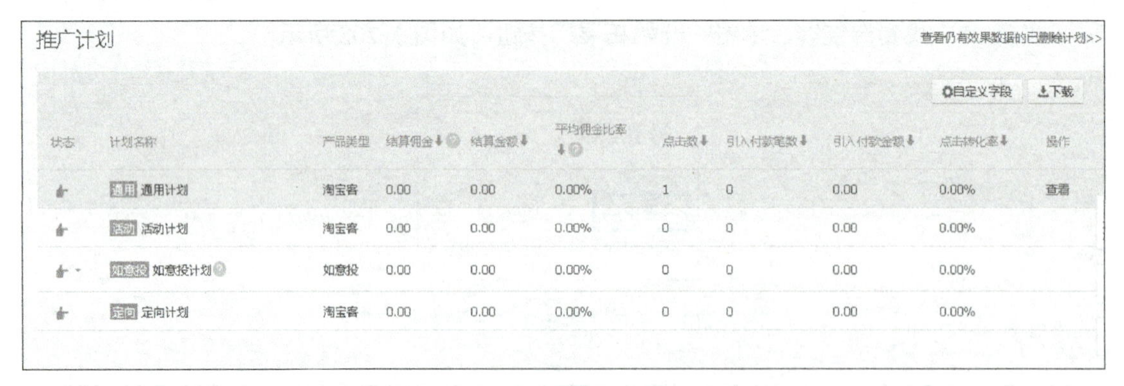

图 3-204　正在参加的推广计划

步骤 05：进入佣金管理页面，单击“新增主推商品”按钮，如图 3-205 所示。

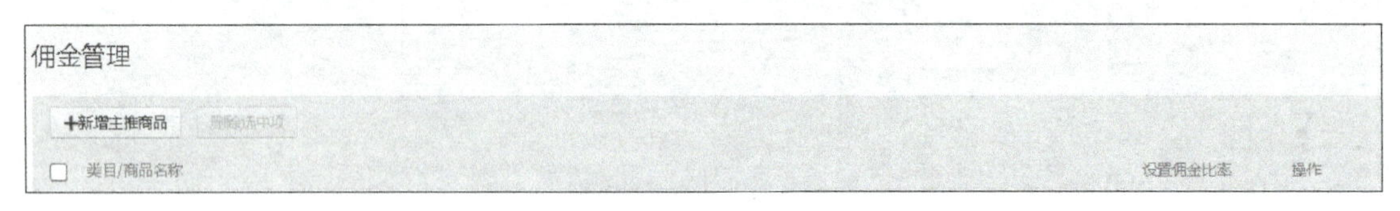

图 3-205　新增主推商品

步骤 06：选择主推商品，商品选择好之后，可以单击右下角的“批量设默认佣金”修改商品佣金，添加完成后，单击“完成添加”按钮，如图 3-206 所示。

图 3-206　完成添加

步骤 07：商品添加完成后，佣金管理页面上就会显示所有已添加的商品及其佣金比率，如图 3-207 所示。

图 3-207　佣金管理页面

步骤 08：如果要修改某个或某些商品的佣金比，可以单击该商品右侧的“编辑佣金比”，在文本框中直接输入想要设置的佣金数值，如图 3-208 所示。

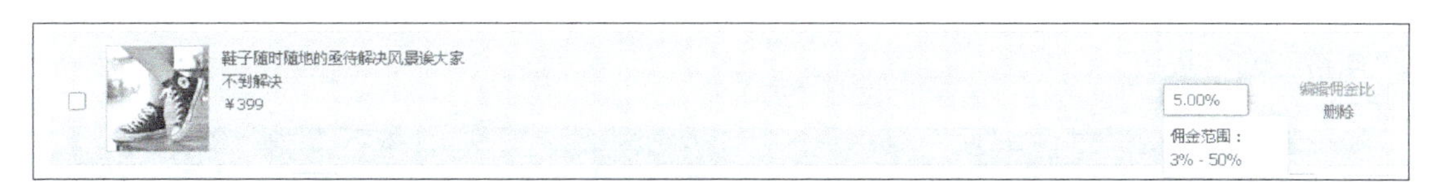

图 3-208　修改佣金比

步骤 09：在跳出的修改佣金的提示对话框中单击“确定”按钮，如图 3-209 所示，佣金比修改完成。

图 3-209　单击“确定”按钮

分任务 5　开通阿里 V 任务

在如今这个移动电商时代，内容运营已经成为运营主流。连最新版的手淘搜索导航栏上，都专门为达人推广留了搜索入口【淘秘籍】。每个卖家都渴望能找到那么一两个达人来推广自己店铺的宝贝。那么，我们应该如何操作才能最快找到合适的淘宝达人呢？最好的方法就是阿里 V 任务。

阿里 V 任务是阿里巴巴集团官方的内容推广平台，旨在为阿里平台上的品牌商家和优质原创达人提供符合现在的内容化营销趋势的双向合作交易平台。

一、认识阿里 V 任务的 5 个流程

阿里 V 任务的 5 个流程如图 3-210 所示。

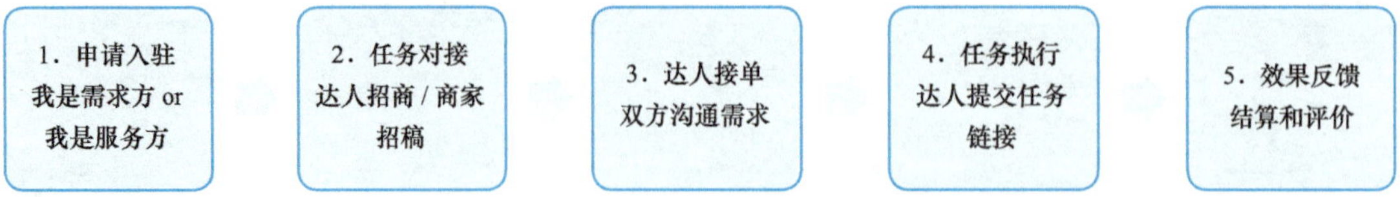

1. 申请入驻 我是需求方 or 我是服务方 → 2. 任务对接 达人招商 / 商家招稿 → 3. 达人接单 双方沟通需求 → 4. 任务执行 达人提交任务链接 → 5. 效果反馈 结算和评价

图 3-210　阿里 V 任务的 5 个流程

二、开通阿里 V 任务

（1）使用卖家主账号，登录阿里 V 任务首页（da.taobao.com），如图 3-211 所示。单击“申请开通”按钮。

图 3-211　申请开通阿里 V 任务

（2）选择“我是商家”，然后单击“申请开通”按钮（请注意，V 任务平台有商家和达人两种角色，一旦选择其中一个角色，就不能更改），如图 3-212 所示。

淘宝商家可直接发布任务或到招商广场去报名达人发布的任务。

而天猫商家需先绑定运营号才能发布任务。因为天猫店铺账号对应的支付宝没有支付功能（即不支持对外付款），即天猫主账号在阿里 V 任务平台不能支付就不能成功发布任务找达人合作了。所以天猫店铺还需要绑定运营号。

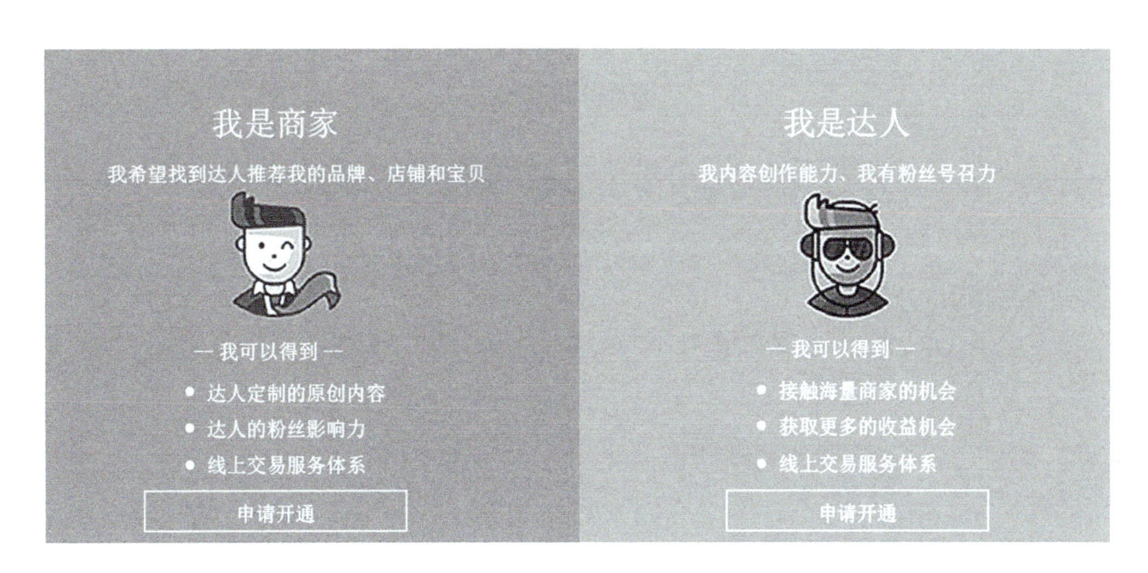

图 3-212　选择“我是商家”

三、绑定运营号的操作步骤

步骤 01：天猫商家使用店铺主账号登录阿里 V 任务平台（da.taobao.com），单击“管理中心”，即可看到一个绑定运营号的入口，单击“绑定运营号”，如图 3-213 所示。

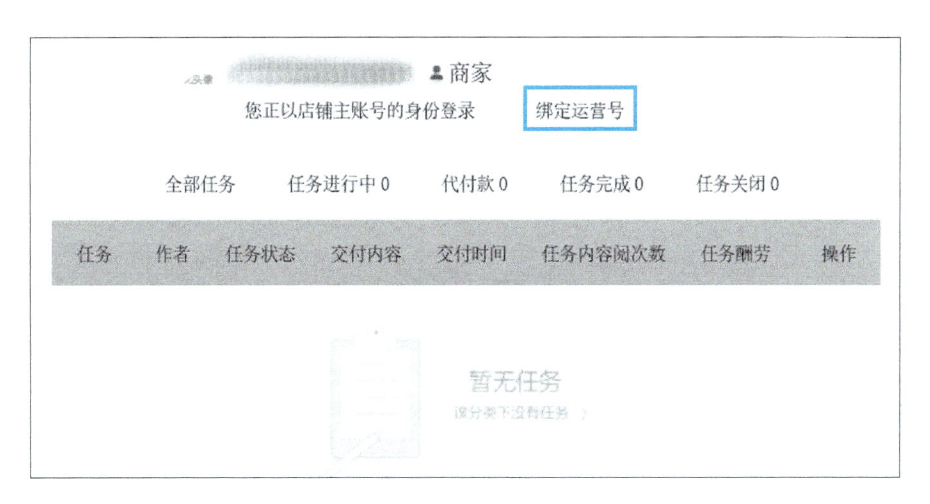

图 3-213　绑定运营号

步骤 02：进入页面后，输入需要绑定的运营号的旺旺昵称（注意是旺旺昵称，强调：运营号不是店铺主账号，也不是店铺子账号，是日常的淘宝小号并绑定可对外付款的支付宝），如果符合要求，下面校验项中的绿色箭头会勾上，如图 3-214 所示。然后单击“确认添加”按钮就可以发送邀请，等待对方确认了，如图 3-215 所示。

运营号绑定

亲爱的商家测试帐号38，您的店铺对应的支付宝无支付功能，请绑定一个运营号（淘宝账号）进行阿里V任务的操作。一旦操作成功，运营号将代您进行以下操作

发布任务　¥支付酬劳　评价任务　查看任务

请输入您想绑定的运营号

该账号需要满足以下的条件：

✓绑定支付宝

✓支付宝开通实名认证

✓支付宝开通余额支付功能

✓该账号必须未绑定天猫店铺

✓该账号必须未开通商家号、达人号和运营号

亲，运营号需通过以上5项检测，您才可申请绑定

确认添加

图 3-214　填写要绑定的运营号

绑定运营号

邀请已发送，等待对方确认

图 3-215　发送邀请

步骤 03：退出主账号登录，使用刚刚绑定的运营号登录阿里 V 任务（da.taobao.com），登录成功后，会弹出如图 3-216 所示的信息。

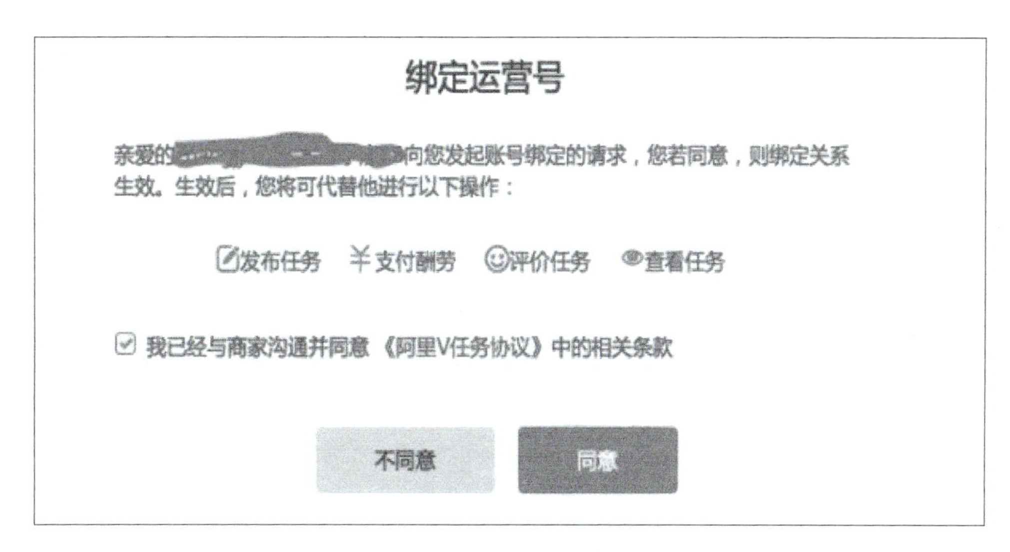

图 3-216　提示信息

步骤 04：单击“同意”按钮，即可使用绑定的运营号发布任务，找达人合作了，如图 3-217 所示。

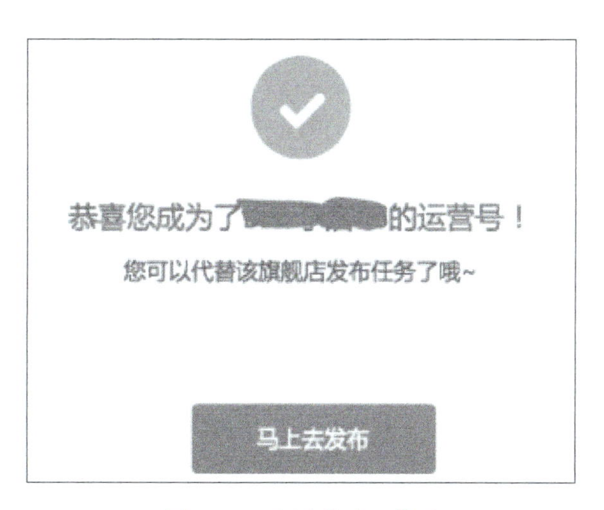

图 3-217　同意绑定运营号

四、解绑运营号的操作步骤

运营号是可以解绑且重新绑定新的运营号的。但前提是，原有运营号所发布的任务全部结束后，才可以解绑，因此请慎重选择运营号。

步骤 01：使用主账号登录阿里 V 任务（da.taobao.com），单击“更换运营号”，如图 3-218 所示。

步骤 02：进入如图 3-219 所示的页面，单击“解绑”按钮。

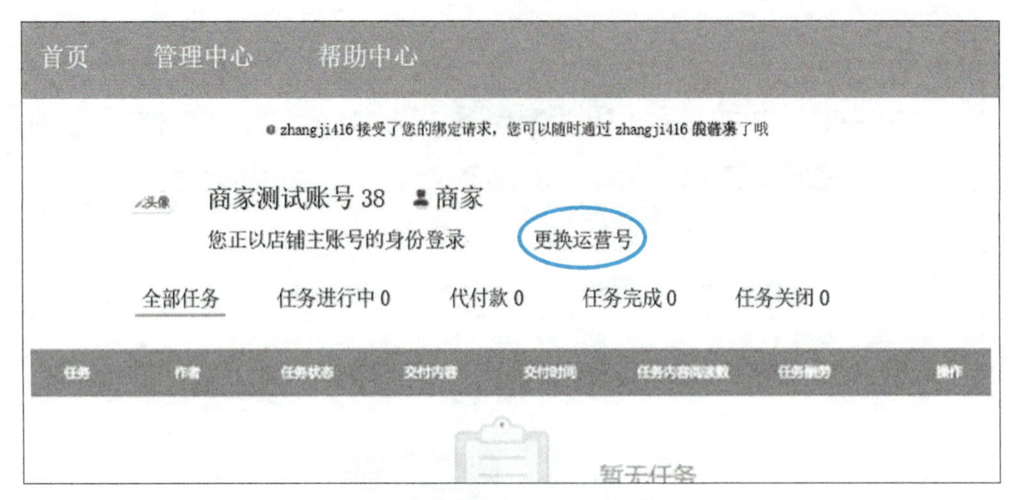

图 3-218　更换运营号

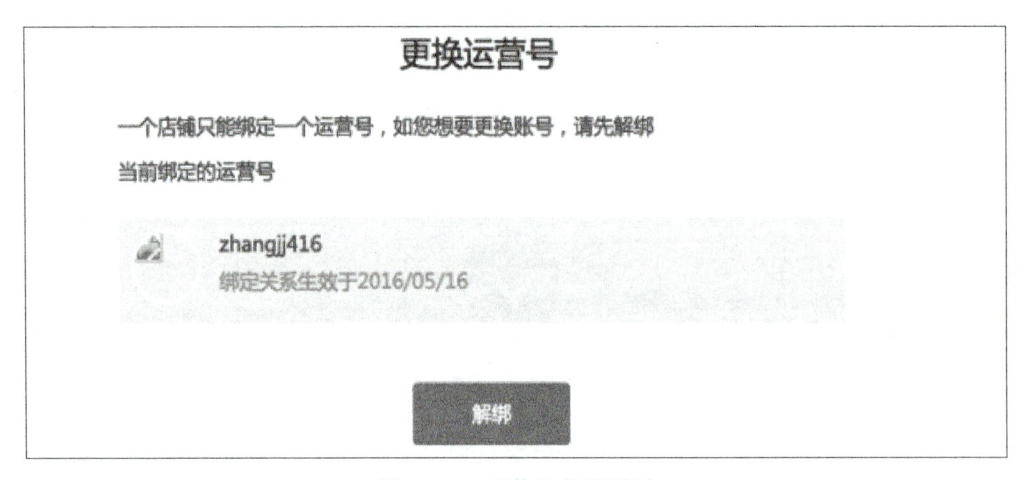

图 3-219　更换运营号页面

步骤 03：在弹出的对话框中单击“确定解绑”按钮，如图 3-220 所示。

图 3-220　确定解绑

步骤 04：解绑成功，如图 3-221 所示。

图 3-221　解绑成功

五、发布阿里 V 任务

目前，阿里 V 任务有两种任务模式：普通任务和招商任务。

普通任务有两种，一种是指定达人发布任务，另一种是发布到招商广场。

1. 普通任务——指定达人发布的步骤

步骤 01：用卖家账号登录 http://da.taobao.com，单击“我要发任务”按钮，如图 3-222 所示。

图 3-222　发布任务

步骤 02：进入设置任务页面，详细填写任务要求，如图 3-223 所示。

步骤 03：选择你想要的达人，如图 3-224 所示。

步骤 04：确认信息，提交订单。付款成功后，系统会即时给达人派单，并且通过短信通知达人尽快来接单，如图 3-225 所示。

①任务要求

- 请填写任务要求，再指定接任务

* 任务标题：

请输入任务标题，如xx店铺商品推广

* 任务要求：

请描述您的任务要求，如
1. 您要推广的商品或品牌特征、适合的风格等
2. 您期望达人以什么样的内容类型展现商品（如帖子、视频、直播）
3. 您是否期望达人提供真人实拍（是否提供样品、是否包邮）
4. 您期望文章类型（如测评报告类、使用心得、经验分享等）

......以上仅为举例，请按照您的真实情况填写任务要求。

* 推送时间：

2016/04/26 12:04:00　请选择您期望文章推送到微淘的时间

任务附件：

添加附件

图 3-223　填写任务要求

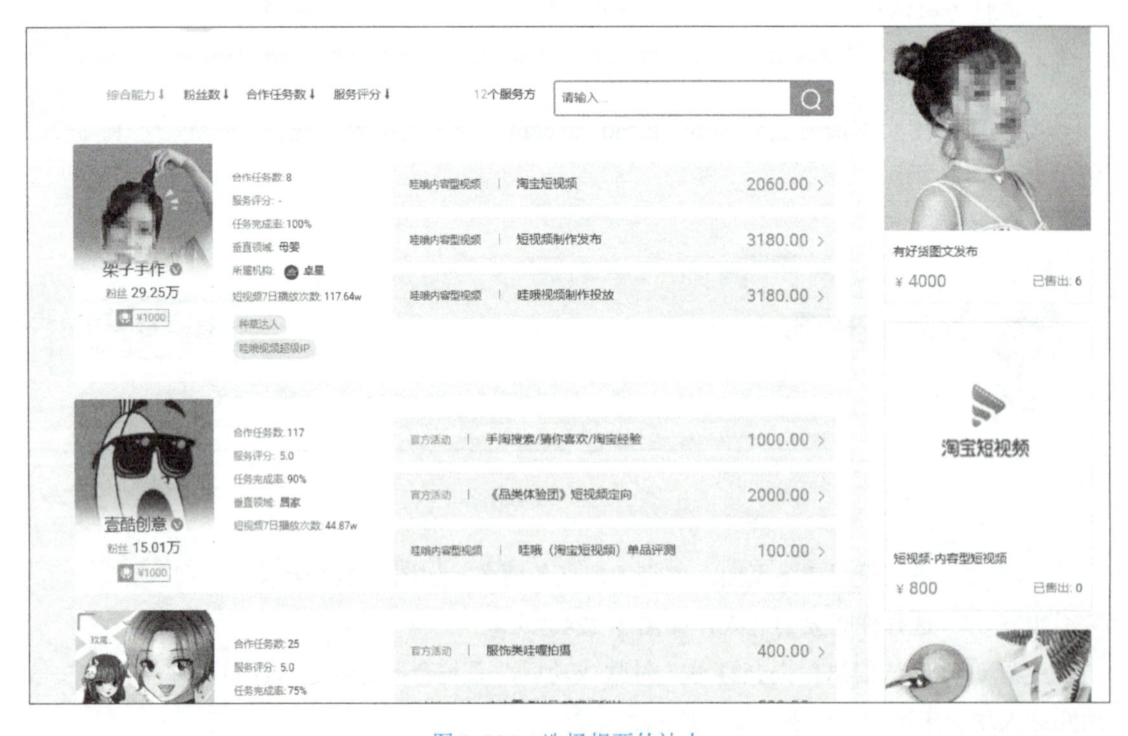

图 3-224　选择想要的达人

图 3-225　提交订单

2. 普通任务——招商广场发布的步骤

步骤 01：根据页面提示，设置合作需求。“需求描述”，即希望达人发布什么类型内容。需求详情中不允许出现 qq、微信等非阿里官方联系方式信息，如图 3-226 所示。设置完成后，单击“发布任务到广场”按钮。

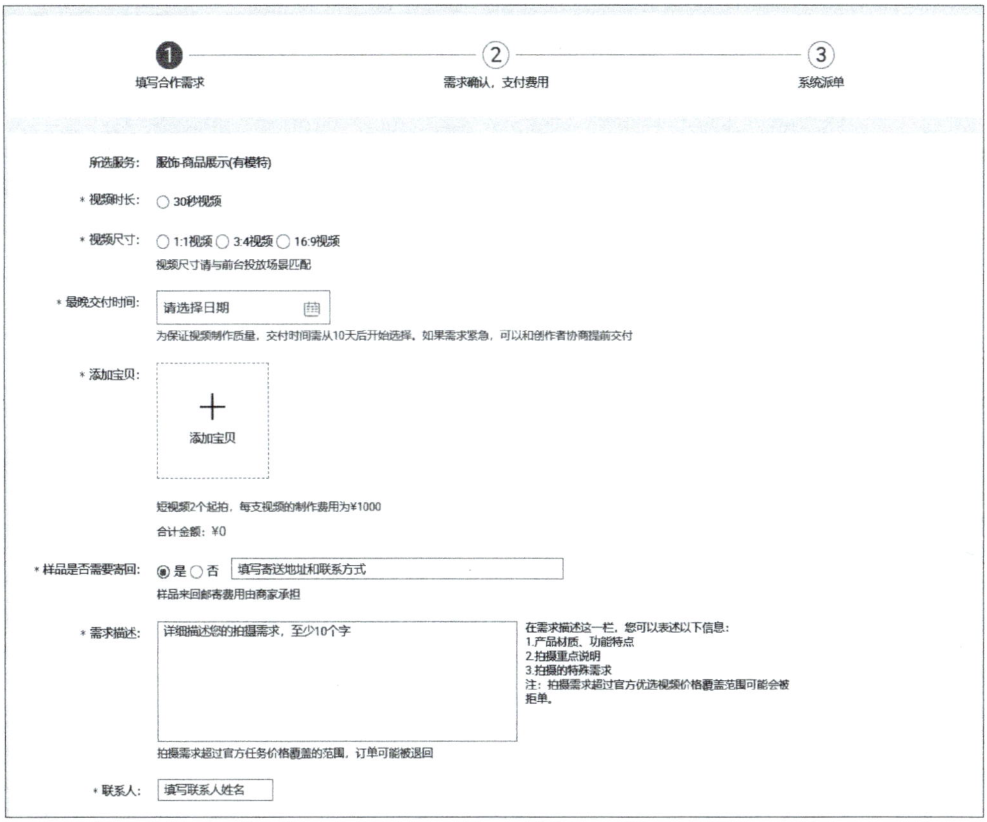

1 填写合作需求　2 需求确认，支付费用　3 系统派单

所选服务：服饰-商品展示(有模特)
* 视频时长：○ 30秒视频
* 视频尺寸：○ 1:1视频 ○ 3:4视频 ○ 16:9视频
视频尺寸请与前台投放场景匹配
* 最晚交付时间：请选择日期
为保证视频制作质量，交付时间需从10天后开始选择，如果需求紧急，可以和创作者协商提前交付
* 添加宝贝：添加宝贝
短视频2个起拍，每支视频的制作费用为¥1000
合计金额：¥0
* 样品是否需要寄回：◉ 是 ○ 否　填写寄送地址和联系方式
样品来回邮寄费用由商家承担
* 需求描述：详细描述您的拍摄需求，至少10个字
在需求描述这一栏，您可以表述以下信息：
1.产品材质、功能特点
2.拍摄重点说明
3.拍摄的特殊需求
注：拍摄需求超过官方优选视频价格覆盖范围可能会被拒单。
拍摄需求超过官方任务价格覆盖的范围，订单可能被退回
* 联系人：填写联系人姓名

图 3-226　填写合作需求

步骤 02：设置可报名达人的条件。单任务价格：需要支付给单个达人的任务酬劳，如图 3-227 所示，单击“发布到广场”按钮。

- 设定报名条件 -

为了更好的筛选达人和方便达人报名，请设定报名条件，建议设定达人的领域

* 单任务价格：100

请填写单个任务参与者的酬金

* 报名截止日期：2016-07-07 04:00:00

报名截止日期必须要选，您在截止后还有24小时时间可以审核

达人领域：美妆老师

如果您对领域有要求，可以选择一个

附加说明：有直播经验的优先

8/200

上一步 发布到广场

图 3-227 可报名达人的条件

步骤 03：发布到广场后，达人就可以看到并报名，如图 3-228 所示。

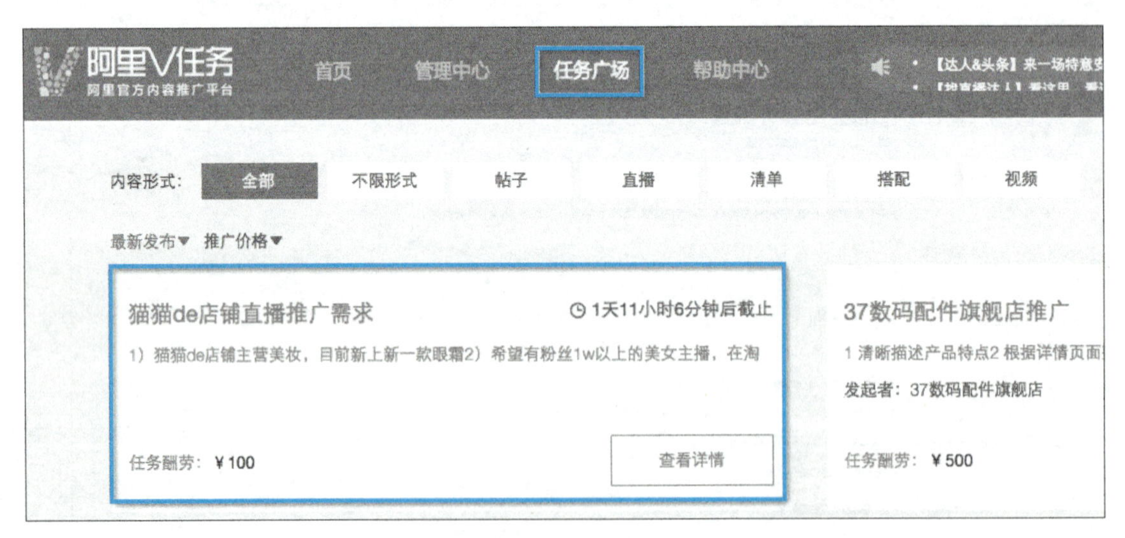

图 3-228 任务广场

3. 发布招商任务的步骤

招商任务是达人发布任务，商家报名任务的内容交易形式，整体交易流程如图 3-229 所示。

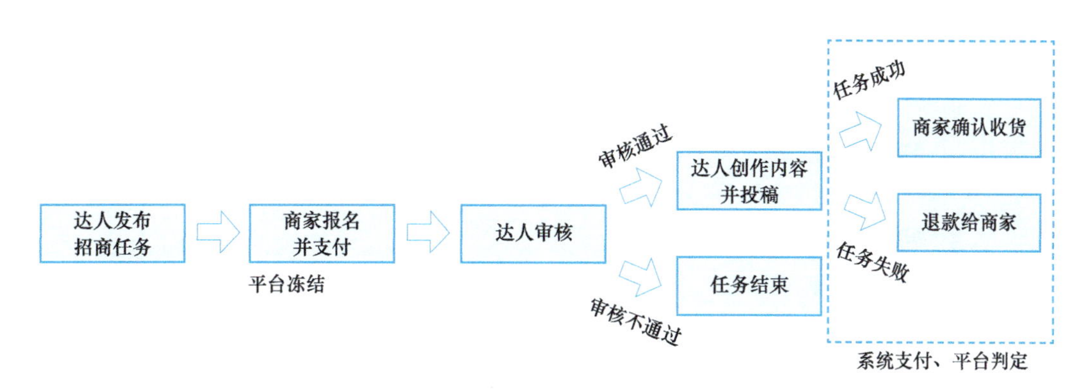

图 3-229　招商任务的整体交易流程

步骤 01：登录 da.taobao.com，进入“招商广场”，所有达人发布的招商任务都在该页面中。可以通过筛选展现渠道、内容类型、达人领域、卖家类型快速找到符合要求的任务。如果已有合作意向的达人，还可以输入达人的昵称进行搜索，如图 3-230 所示。

图 3-230　招商广场

步骤 02：进入任务详情，认真查看任务详情，判定是否符合您的需求，若符合单击页面底部的“马上报名”按钮，如图 3-231 所示。

步骤 03：提交报名信息，如图 3-232 所示。一旦报名成功，无法修改。

步骤 04：填完以上信息，单击“确认”按钮，跳转到支付页面，完成支付。

步骤 05：进入阿里 V 任务的“管理中心”，可以查看报名的所有任务及进度，如图 3-233 所示。

达人执行任务，提交任务链接，系统智能判定达人是否完成任务。若系统判定任务完成，商家可以确认收货并评价。商家不主动确认，系统则在 10 天后自动打款。若系统判定任务未完成，则自动退款给商家。

可报名商家

若是双11会场招商，需满足双11会场招商要求

不限

直播时间

2016/09/27 14:00- 2016/09/27 19:00

可提交宝贝数

30

任务描述

请达人介绍自己的资质，及本次活动可以提供的服务。

当前已有0个商家报名

马上报名

图 3-231　任务详情

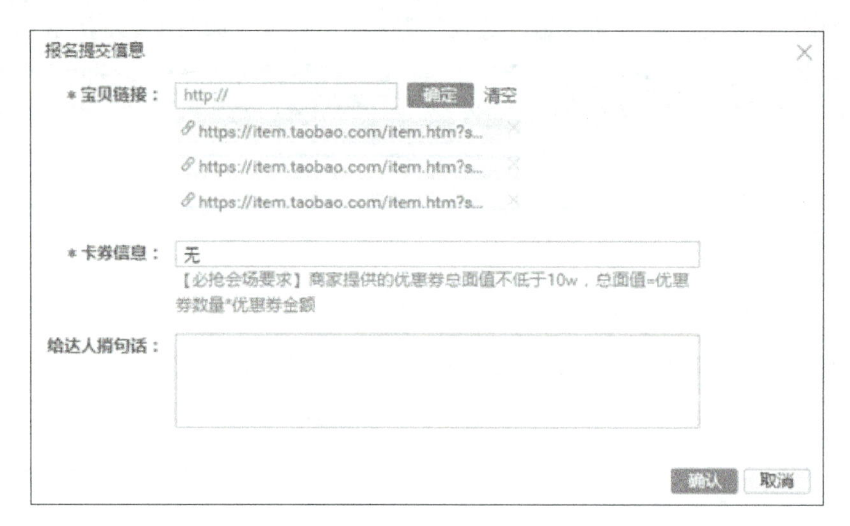

图 3-232　报名信息

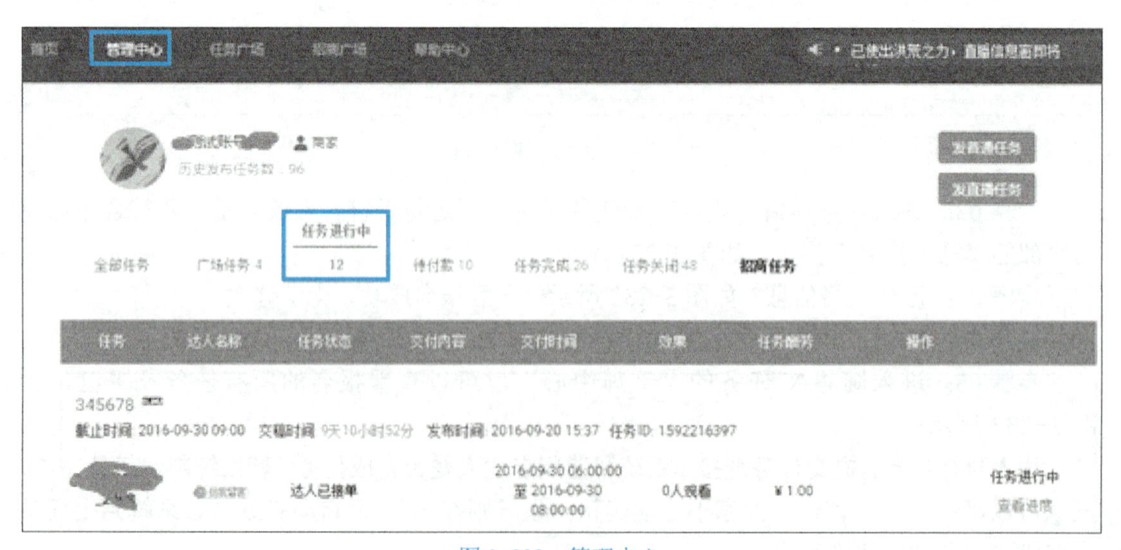

图 3-233　管理中心

学生演练

参考步骤：

根据二维码中的示例步骤，学生们自主练习。

实训 3-4　钻展运营

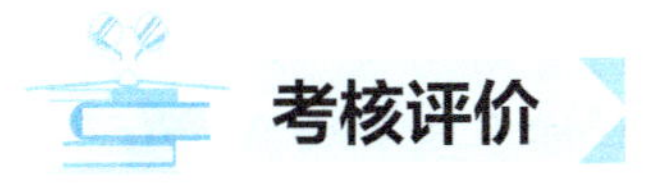

考核评价

表 3-4　钻展运营考核评价表

序号	评价内容	得分 / 分			综合得分 / 分
		自评	组评	师评	
1	基本掌握编辑发布宝贝链接的方法				
2	学会如何制作主题海报				
3	掌握上传钻展图的方法				
4	了解开通阿里 V 任务的方法				
合计					

任务 5　认识淘宝特色市场

任务分析

本任务重点讲解淘宝特色市场。通过介绍时尚爆料王、品质生活家和特色玩味控这 3 种类目特色市场，学生们能够有更多的促销渠道。本任务可以使同学们掌握淘宝站内的特色市场。

情境引入

淘宝官方为了针对不同人群和商家做出划分，结合产品和类目分类，设定了多个具有特色的类目特色市场，其中以服饰为主的 iFashion，以海外代购，进口为主的全球购，以女性化妆美妆为核心的美妆秀，以家居为主的极有家等，这些都是非常具备特色的类目市场。

教师点拨

1. 商家入驻淘宝特色市场的优势

（1）淘宝平台小二重点关注扶持，卖家问题快速解决通道。通过在平台提交真实有效的店铺特色经营信息，可获得淘宝平台重点培育成长与扶持，并且能增加店铺的吸引力和特色。

（2）成为淘宝网特色卖家重点运营对象，优先获得针对性营销产品工具支持、日常活动、大促活动重点推广，卖家将进入成长的快车道。

（3）优先推荐进入淘宝行业特色市场入驻，帮助卖家完成卖家角色身份入驻，获得淘宝行业营销活动长期扶持。

（4）信息提交审核通过的卖家，将在微淘、有好货、清单、猜你喜欢、每日好店等导购场景获得优先展现的机会，大波流量涌入店铺。

（5）淘客、外部媒体和达人重点推广。

2. 淘宝特色市场的四大模块

淘宝特色市场主要有四大模块，分别是：

（1）时尚爆料王。

（2）品质生活家。

（3）特色玩味控。

（4）实惠专业户。

3. 淘宝特色市场前端的流量入口

步骤 01：登录淘宝，把鼠标指针移到页面右上角的“网站导航”，在弹出的页面中显示了特色市场的搜索入口链接，单击相关链接即可进入想要的特色市场页面，如图 3-234 所示。

神韵油画 · 消息 · 手机逛淘宝　　我的淘宝 · 购物车1 · 收藏夹 · 商品分

主题市场				特色市场			阿里APP		
女装	男装	内衣	鞋靴	iFashion	爱逛街	美妆秀	淘宝	天猫	支付宝
箱包	婴童	家电	数码	全球购	腔调	淘女郎	聚划算	飞猪	蚂蚁聚宝
手机	美妆	珠宝	眼镜	星店	汇吃	格调	旺信	闲鱼	阿里钱盾
手表	运动	户外	乐器	运动派	极有家	特色中国	钉钉	高德地图	点点虫
游戏	动漫	影视	美食	潮电街	拍卖会	淘宝众筹	虾米音乐	淘票票	菜鸟裹裹
鲜花	宠物	农资	房产	中国质造	质+	飞猪	爱逛街	拍卖会	阿里云
装修	建材	家居	百货	亲宝贝	闲鱼	桃花源	网商银行	阿里邮箱	阿里众包
汽车	二手车	办公	企业购	农资	天天特价	清仓			
定制	教育	卡券	本地	俪人购	聚名品	淘抢购			
				生活汇	全球精选	非常大牌			
				试用	量贩团	阿里翻译			

图 3-234　登录淘宝

步骤 02：将淘宝首页往下拉，可以看到特色市场的几大模块的展示界面，如图 3-235 ～图 3-238 所示。

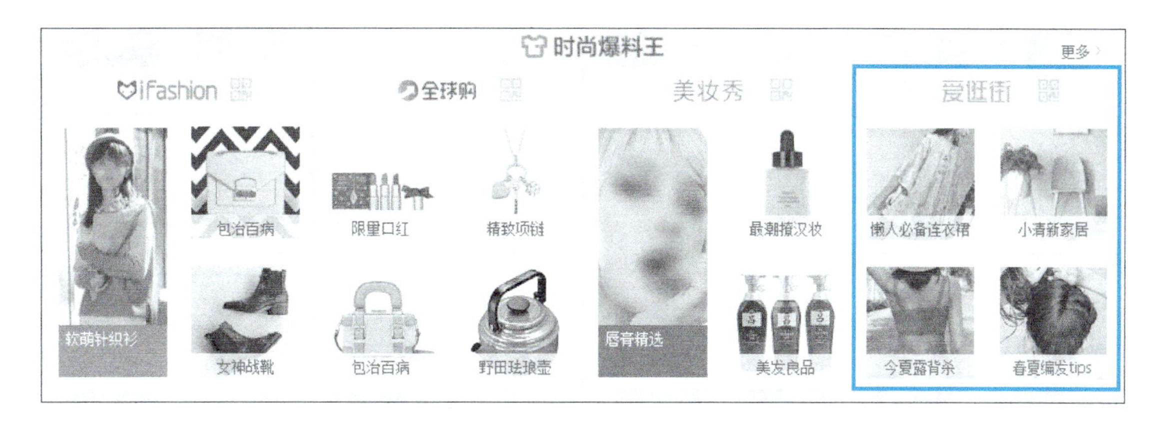

图 3-235　展示界面 1

图 3-236　展示界面 2

图 3-237　展示界面 3

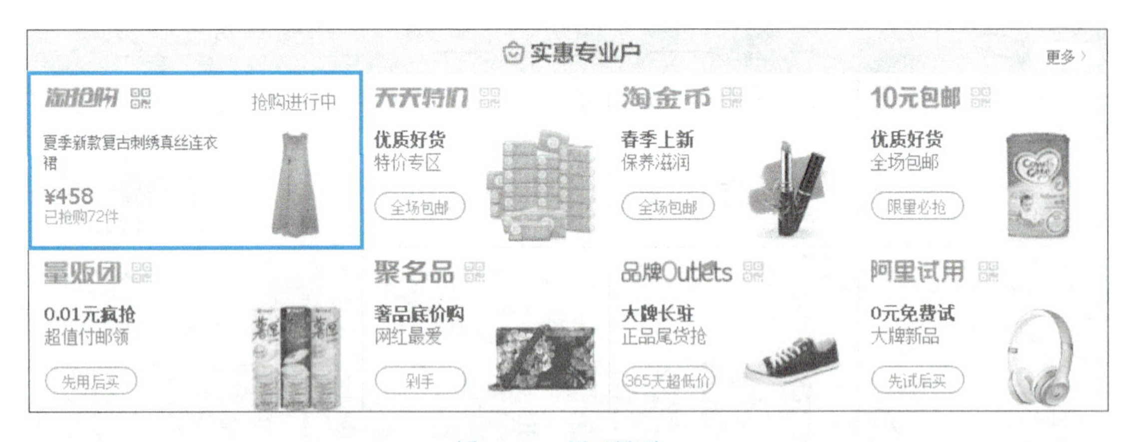

图 3-238　展示界面 4

步骤 03：也可以单击淘宝首页最右侧的竖着排列的导航条，单击相应的模块便可以快速找到相应的流量入口，如图 3-239 所示。

步骤 04：也可以单击首页界面上展示的某个特色模块上右上角的“更多”按钮，如图 3-240 所示。

步骤 05：进入淘宝特色市场汇总页面，如图 3-241 所示，单击相应的特色市场便可进入相应的特色市场页面。

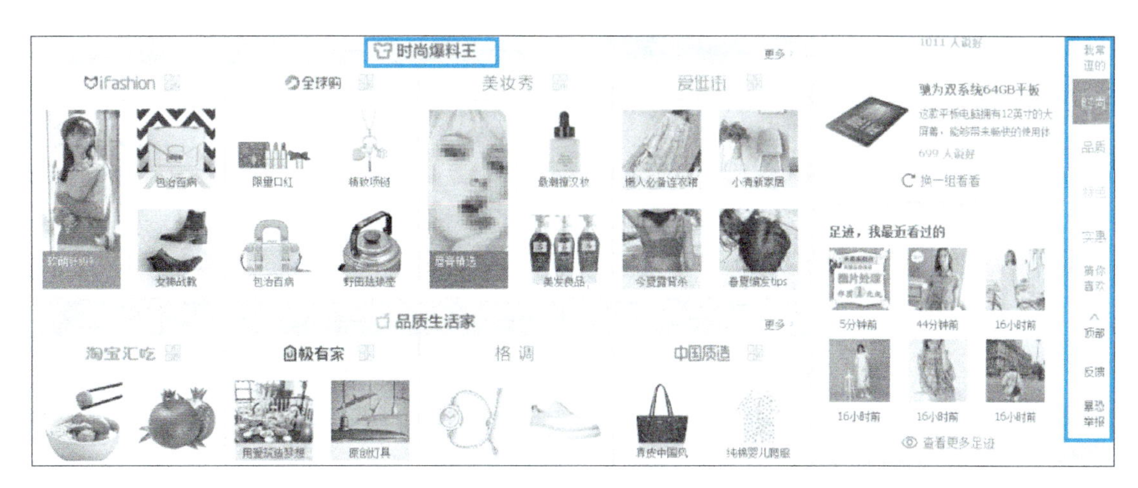

图 3-239　流量入口

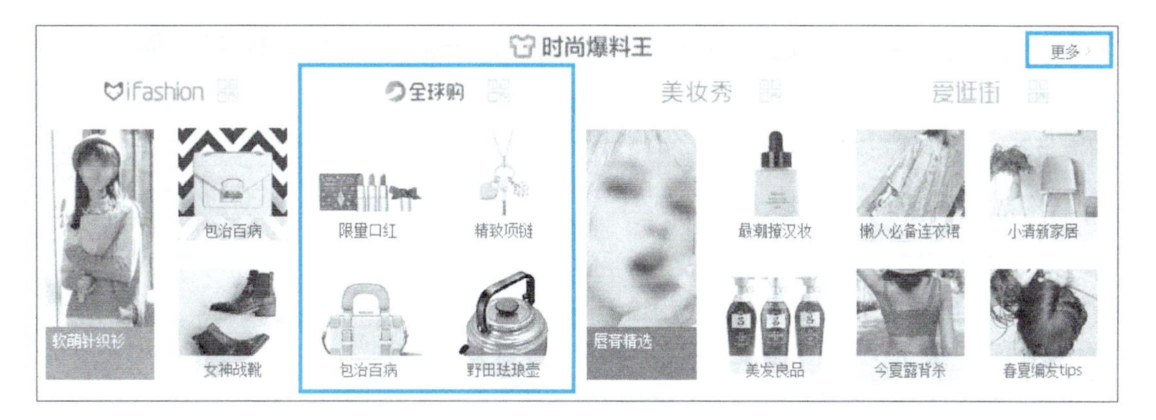

图 3-240　“更多”按钮

主题市场
女装 男装 内衣 鞋靴
箱包 婴童 家电 数码
手机 美妆 珠宝 眼镜
手表 运动 户外 乐器
游戏 动漫 影视 美食
鲜花 宠物 农资 房产
装修 建材 家居 百货
汽车 二手车 办公 定制
教育 卡券 本地

特色市场
爱逛街 美妆秀 全球购
腔调 淘女郎 星店
极有家 阿里拍卖 淘宝众筹
飞猪 亲宝贝 闲鱼
农资 天天特卖 Outlets
俪人购 聚名品 淘抢购
全球精选 非常大牌 试用
量贩团 阿里翻译

阿里APP
淘宝 天猫 支付宝
聚划算 飞猪 蚂蚁聚宝
旺信 闲鱼 阿里钱盾
钉钉 高德地图 点点虫
虾米音乐 淘票票 菜鸟裹裹
爱逛街 拍卖会 阿里云
网商银行 阿里邮箱 阿里众包

精彩推荐集
余额宝 大牌捡宝
淘公仔 浏览器
淘宝香港 淘宝台湾
淘宝全球 淘宝东南亚
闺蜜淘货 大众评审
淘工作 阿里巴巴认证

图 3-241　特色市场页面

分任务 1　认识时尚爆料王

时尚爆料王包括 iFashion、爱逛街、美妆秀、全球购、星店、淘女郎、腔调等版块，如图 3-242 所示。

图 3-242　时尚爆料王

一、iFashion

iFashion 是淘宝面向年轻人群体打造的一个潮流购物平台，覆盖淘宝网女装、男装、女鞋、美妆等类目，是重要的流量入口，如图 3-243 所示。

图 3-243　iFashion

1. 入驻 iFashion 对卖家的价值

（1）专属标志。标签卖家认证，活动平台主推。

（2）整合营销。品牌推广，每月超过千万级流量活动。

（3）流量扶持。新的常态流量入口，精准流量导入。

（4）新型阵地。内容运营平台，粉丝运营互动平台。

2. iFashion 账号的发布机制

（1）淘宝账号均可发布，不限制发布者。

（2）所有子账号都可发布，账号名称只显示子账号。

（3）所有图片必须带商品链接。

3. iFashion 的奖惩规则

（1）奖励规则。卖家在 iFashion 平台发布的看图购、潮流志，根据择优推优的原则，将获得热点推荐、排序加权等奖励。

（2）处罚规则。卖家在 iFashion 平台发布的看图购、潮流志，如出现重发、乱发、盗发、侵权、恶意攻击、刷评论等违规问题，iFashion 平台将对违规卖家做出相应的处罚措施。

4. iFashion 平台入驻的流程

步骤 01：登录淘宝，进入淘宝特色市场汇总页面，单击“iFashion”，如图 3-244 所示。

图 3-244　单击“iFashion”

步骤 02：进入 iFashion 首页，拉到页面最底部，单击“立即入驻”的海报页面，如图 3-245 所示。

图 3-245　进入 iFashion 首页

步骤 03：进入 iFashion 平台介绍页面，了解入驻的规则，然后选择入驻的角色，如单击“服饰配件”，如图 3-246 所示。

图 3-246　iFashion 平台介绍页面

步骤 04：进入卖家报名入口。若要报名则需要达到报名的要求，才能有报名的资质。可单击“详情”查看报名资质如图 3-247 所示。

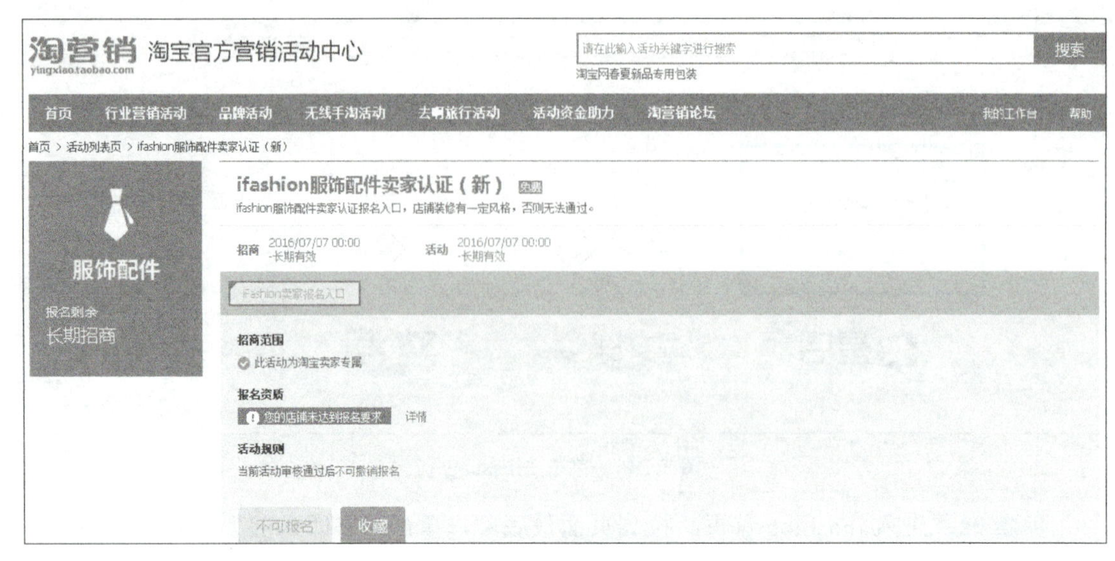

图 3-247　卖家报名入口

步骤 05：单击“详情”查看报名该活动对店铺的要求，以及了解店铺不符合要求的原因，如图 3-248 所示。

对店铺的要求

你的资质	资质名称	活动要求	操作
不符合	要求最近30天微淘发布feed数在规定范围内	要求最近30天微淘发布feed数在规定范围内需在5条以上；您的情况： 您的要求最近30天微淘发布feed数在规定范围内为0条，活动要求需在5条以上	--
符合	未因虚假交易被限制参加营销活动	你的店铺未因虚假交易被限制参加营销活动;	查看
符合	未因出售假冒商品被限制参加日常营销活动	店铺未因出售假冒商品被限制参加营销活动;	查看
符合	未因活动中扰乱市场秩序被限制参加营销活动	您的店铺在活动中，不得存在利用非正当手段扰乱市场秩序的行为，包含但不仅限于虚构交易、虚构购物车数量、虚构收藏数量等行为。;	查看
符合	要求店铺未因为违禁或品控B类6分严重违规处罚被限制参加本年度营销活动	要求卖家店铺未因为违禁或品控B类6分严重违规处罚被限制参加本年度营销活动;	查看
符合	物流服务	店铺物流服务需在4.6分及以上;	查看
符合	廉正调查	要求店铺未涉及廉正调查;	--
不符合	要求主营率在规定范围之内	在类目"服饰配件皮带帽子围巾"上值的范围"[60-100]"; 您的情况： 您的店铺主营率不在规定范围之内。 要求主营率在规定范围之内: 您的店铺为"0.0"，规则要求为"[60-100]"	--
符合	未因出售假冒商品被限制参加大型营销活动	要求店铺未涉及出售假货违规处罚;	查看
不符合	要求主营类目在规定范围之内	要求卖家店铺的主营类目在以下范围之内:[类目:[服饰配件/皮带/帽子/围巾]]; 您的情况： 您的主营类目不在规则要求的主营类目中，要求的类目是: 类目:[服饰配件/皮带/帽子/围巾]， 您的主营类目是类目:[个性定制/设计服务/DIY],类目:[其他]	--
符合	描述相符	店铺描述相符需在4.6分以上;	查看

图 3-248　查看报名要求

步骤 06：店铺调整升级并符合要求后，确认自己的店铺风格，并找相应的风格馆报名。接着便是等待审核，审核通过后，前端自动生成 iFashion+腔调标签，如图 3-249 所示。

图 3-249　审核通过

5．iFashion 的发布流程

（1）看图购的发布流程。

步骤 01：进入 iFashion 首页，把鼠标指针移到页面右侧的“我的 Fashion”上单击，在弹出的下拉列表中选择“发布看图购”选项，如图 3-250 所示。

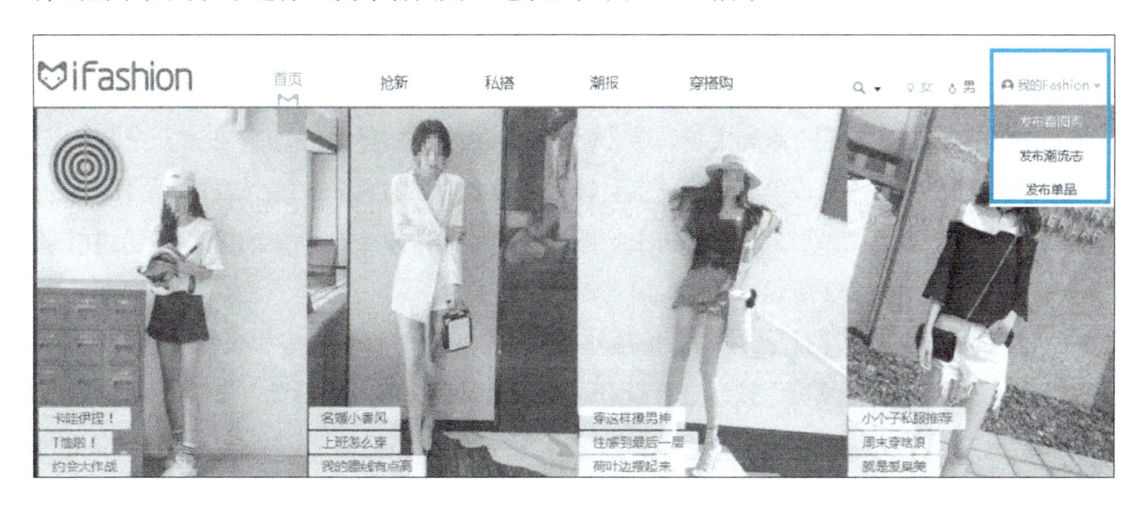

图 3-250　选择“发布看图购”选项

步骤 02：在打开的页面中，单击“上传图片”按钮，上传的图片要求是宽度不低于 1200 像素，高度不低于 1600 像素，图片上传后单击“下一步”按钮，如图 3-251 所示。

1 上传图片 > 2 添加宝贝、定义标签 > 3 提交看图购

上传图片 *：

1. 点击图片示例替换图片(jpg、png格式)，单张请勿超过2M，图片比例(宽:高=3:4)，图片尺寸不小于1200*1600px；

2. 添加宝贝：在第一张图片上，点击图片里的单品，添加该单品对应的宝贝链接（最多可添加6个，最少2个）；且相同叶子类目的商品最多可以添加1个，例如女装T恤是一个叶子类目，同一个看图购不能添加两个女装T恤宝贝；

3. 添加标签：请选择与图片内容相关度最高的标签（最多可添加3个，最少1个）；

4. 添加描述：简要描述图片，让读者更了解你的搭配，请不要超过140字；

5. 补充图片：可以同时上传本看图购中的其他图片，进行更丰富全面的表达，图片要求与第一张图相同，（最多补充8张图片）；

6. 请仔细阅读 发布规则，发布内容违规可能会被处以删除内容、禁止发布权限等处罚。

图 3-251　上传图片

步骤 03：页面跳转到“添加宝贝、定义标签”界面，首先是添加宝贝，在第一张图片上，单击图片中的单品，添加该单品对应的宝贝链接（最多可添加 6 个，最少 2 个），且相同叶子类目的商品最多可以添加 1 个。单击上传图片中的单品，如上衣，则会出现输入图中宝贝链接的提示，如图 3-252 所示。

步骤 04：添加宝贝图片描述、上传额外展示图、设置是否买家秀和模特信息等，设置添加完成后，可单击“预览”按钮进行查看，确认无误后，单击“提交”按钮，如图 3-253 所示。

看图购发布完成，前端展示效果如图 3-254 和图 3-255 所示。

图 3-252 “添加宝贝、定义标签”

图片描述 *：(简要描述图片，让用户更了解你的搭配，140字以内)

少女感满满的一套搭配哟~上身T恤简洁不失时尚，锁骨处带子点缀了脖子处的空缺，荷叶边的袖子活泼可爱，胸前字母印花简约时尚，下身搭配一条减龄的背带短裙，百褶设计活力十足，朝气满满~

88/140

友情提醒 *：您可以同时上传该看图购的额外展示图片，最多8张，图片要求同首图

是否买家秀 *：(若图片中的人物与商品宝贝中的模特不同，请选是)

不是买家秀　是买家秀

模特信息：(非必填，请填写完整身高体重尺码全部模特信息，或直接空白)

模特身高(cm)

模特体重(kg)

尺码：(单选，请填写模特穿着服装尺码；若出现整套搭配尺码不同则按照日常尺码为主)

均码　XXS　XS　S　M　L　XL　XXL

同步到微淘

您今天可以同步1条内容到微淘，同步内容占用店铺当天在微淘发布数

预览　提交　存草稿

图 3-253 添加宝贝信息

图 3-254　看图购前端展示效果 1

图 3-255　看图购前端展示效果 2

（2）潮流志的发布流程。

步骤 01：进入 iFashion 首页，把鼠标指针移到页面右侧的“我的 Fashion”上单击，在弹出的下拉列表中选择“发布潮流志”选项，如图 3-256 所示。

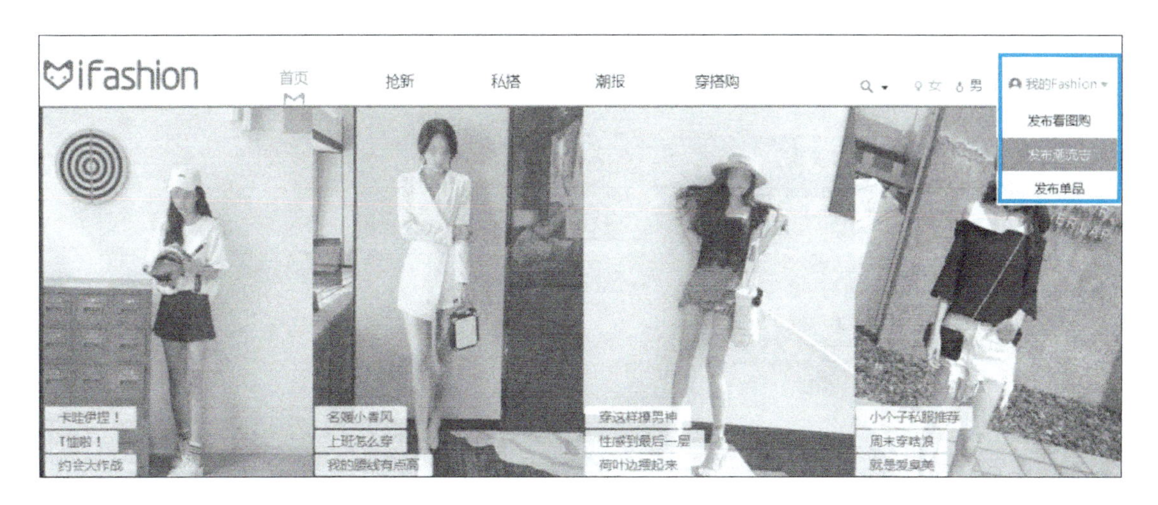

图 3-256　选择“发布潮流志”选项

步骤 02：上传潮流志封面。

首先是上传 PC 端封面图，单击“上传图片”按钮，单张图片不超过 2MB，图片尺寸不小于 1200 像素 ×1600 像素，如图 3-257 所示。

图 3-257　上传 PC 端封面图

步骤 03：上传手机端封面图，单张图片不超过 2MB，图片尺寸不小于 1500 像素 ×640 像素，并添加图片描述，如图 3-258 所示。

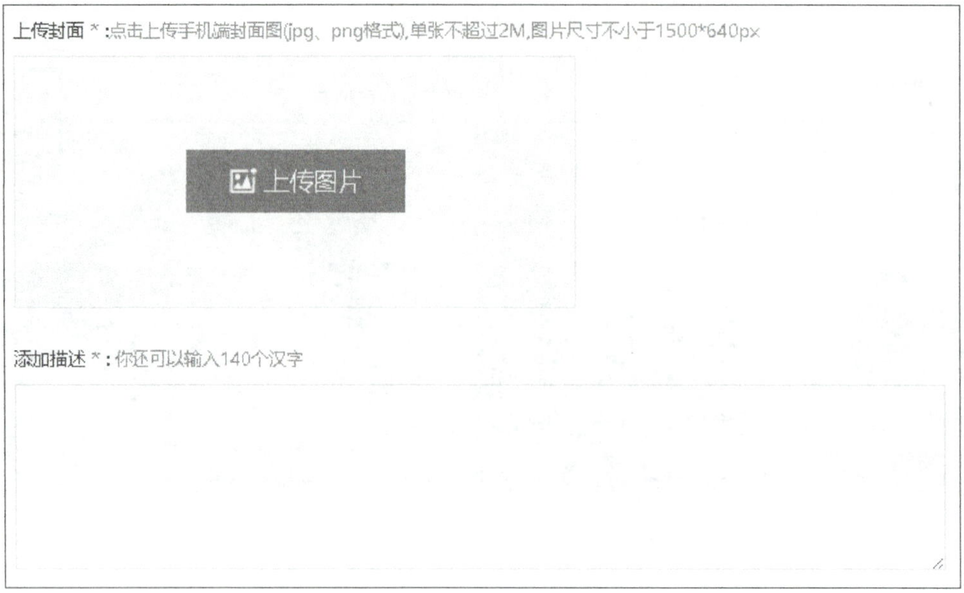

上传封面 * :点击上传手机端封面图(jpg、png格式),单张不超过2M,图片尺寸不小于1500*640px

上传图片

添加描述 * : 你还可以输入140个汉字

图 3-258　上传手机端封面图

步骤 04：潮流志发布。在文本编辑框中，输入潮流志标题并在正文中输入文字和插入潮流志图片及插入商品，建立购物清单。编辑完成后，可单击“预览”按钮查看，确认无误后，单击“提交”按钮，如图 3-259 所示。

潮流志发布 * :

文本编辑：插入图片　插入商品

请输入潮流志标题（1~14汉字）

请输入正文……小提示：1、点击插入潮流志图片；2、点击插入商品，建立您的购物清单；3、文章中请至少关联7个以上的宝贝，至少有1个图片；4、潮流志关联的商品数>=7；当商品数<7时，弹框提示：请在文中至少添加7个宝贝；5、富文本的内容要求至少有1个图片

同步到微淘

您今天可以同步1条内容到微淘，同步内容占用店铺当天在微淘发布数

预览　提交　存草稿

图 3-259　潮流志发布

提示：文章中至少关联 7 个以上的宝贝，至少有 1 张图片。

潮流志发布完成，前端展示效果如图 3-260 所示。

图 3-260　潮流志前端展示效果

（3）发布单品的发布流程。

步骤 01：进入 iFashion 首页，把鼠标指针移到页面右侧的“我的 Fashion”上单击，在弹出的下拉列表中选择“发布单品”选项，如图 3-261 所示。

图 3-261　选择“发布单品”选项

步骤 02：上传宝贝。添加宝贝链接，封面上自动显示链接过来的宝贝图片，若需要修改则可以单击“修改封面”，如图 3-262 所示。

图 3-262　上传宝贝

步骤 03：填写推荐理由，如图 3-263 所示，输入的文字不超过 26 个字，且文字中不能出现打折促销、卖家联系方式等内容。

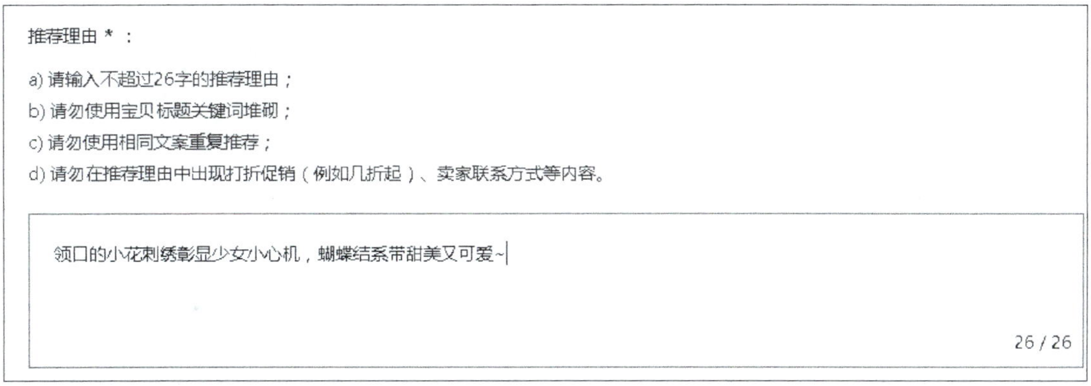

推荐理由 * ：

a) 请输入不超过26字的推荐理由；
b) 请勿使用宝贝标题关键词堆砌；
c) 请勿使用相同文案重复推荐；
d) 请勿在推荐理由中出现打折促销（例如几折起）、卖家联系方式等内容。

领口的小花刺绣彰显少女小心机，蝴蝶结系带甜美又可爱~

26 / 26

图 3-263　填写推荐理由

步骤 04：添加图片标签，如图 3-264 所示，在推荐的标签中选择 1 ～ 3 个标签。

图 3-264　添加图片标签

步骤 05：可同时上传商品的白底图，争取获得更多个性化流量展现，如图 3-265 所示。全部编辑完成后，可单击“预览”按钮查看，确认无误后，单击“提交”按钮。

单品发布完成，前端展示效果如图 3-266 所示。

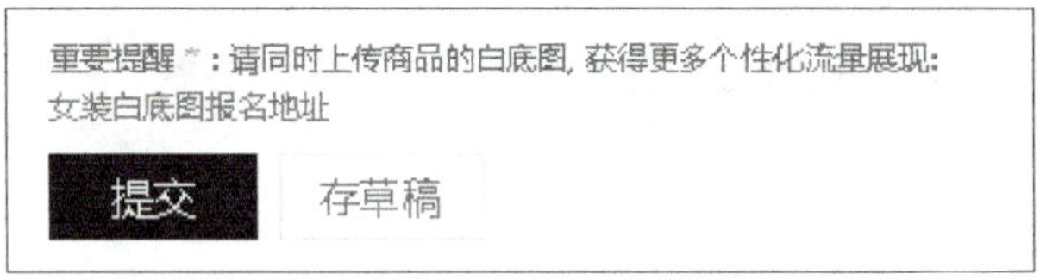

重要提醒*：请同时上传商品的白底图，获得更多个性化流量展现：
女装白底图报名地址
提交　存草稿

图 3-265　上传商品的白底图

图 3-266　单品前端展示效果

二、全球购

图 3-267　全球购

全球购是淘宝首个海外精品折扣站，汇集了众多淘宝销售海外优质商品（含我国港澳台地区）的卖家，以真正实现会员“足不出户，淘遍全球”的需求，如图 3-267 所示。

1. 全球购的优势

（1）优质商家。百分百海外精品，认证商家。频道内所有买家都是经过严格筛选的海外（含我国港澳台地区）认证卖家。

（2）消保商品。全部商品加入消费者保障协议，保障买家高品质的需求。

（3）海外直供。海外直供各大牌、潮牌、特色品牌，汇聚各品牌经典款、限量款、收藏款。

（4）折扣价格。同步海外底价，全年折扣跟踪，享受海外一线大牌的星级会员待遇。

（5）安心便捷。购买任何国家商品都可以用人民币通过支付宝支付。

2. 全球购的购物小贴士

（1）全球购商品为什么优质：全球购商品分品牌类和特色类商品。品牌类商品没有原单、尾单、外贸、跟单、余单、外销、出口等商品。特色商品也均由分布世界各地的卖家搜寻而来。

（2）购买海外商品，邮费和时间怎么算：卖家提供多种邮寄方式：国内统一发货（2～

3 天），国际直邮（1 周左右），邮资、最终到货时间视卖家具体所在地而定。

（3）我想代购的商品在卖家店铺中没找到，怎么办：卖家有时并不会一一陈列所有的商品。若您想代购的商品没有在卖家店铺中找到，建议可找寻代理该品牌的卖家咨询；或者查找品牌是哪个国家或地区的，再找该国家或地区的代购卖家咨询。

3. 全球购买手入驻的流程

步骤 01：进入淘宝特色市场汇总页面，单击“全球购”，如图 3-268 所示。

图 3-268　单击“全球购”

步骤 02：进入全球购首页，单击“赶紧加入”，如图 3-269 所示。

图 3-269　单击“赶紧加入”

步骤 03：进入全球买手招募令界面，了解成为全球买手的一些相关信息，如图 3-270 所示。

图 3-270　全球买手招募令界面

步骤 04：用手机淘宝扫描页面上的二维码进行报名操作，如图 3-271 所示。

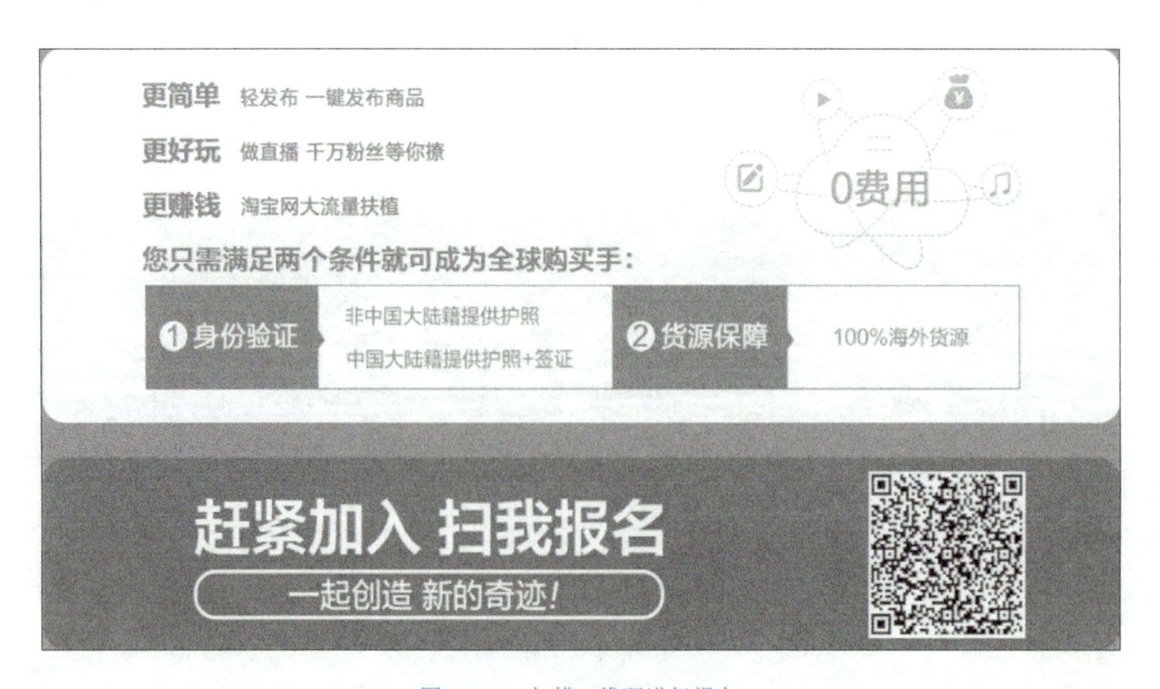

图 3-271　扫描二维码进行报名

步骤 05：扫描二维码，手机界面进入入驻买手的校验资质页面，入驻全球购买手需要两个身份，即开通淘宝店铺以及入驻淘宝达人，如图 3-272 所示。

图 3-272　入驻买手的校验资质页面

步骤 06：校验资质通过后，则进入提交身份证明页面如图 3-273 所示，因为全球购买手是常在国外，所以需要提交身份证明：上传护照、签证等相关证件的清晰照片，并如实填写个人的相关信息，编辑完成后单击“开通店铺”按钮。

步骤 07：接下来便是等待审核了，如图 3-274 所示。一般情况下，7 天以内会审核完毕。因为后台申请数量比较多，可能会有所延迟。审核通过则成功入驻全球购买手。

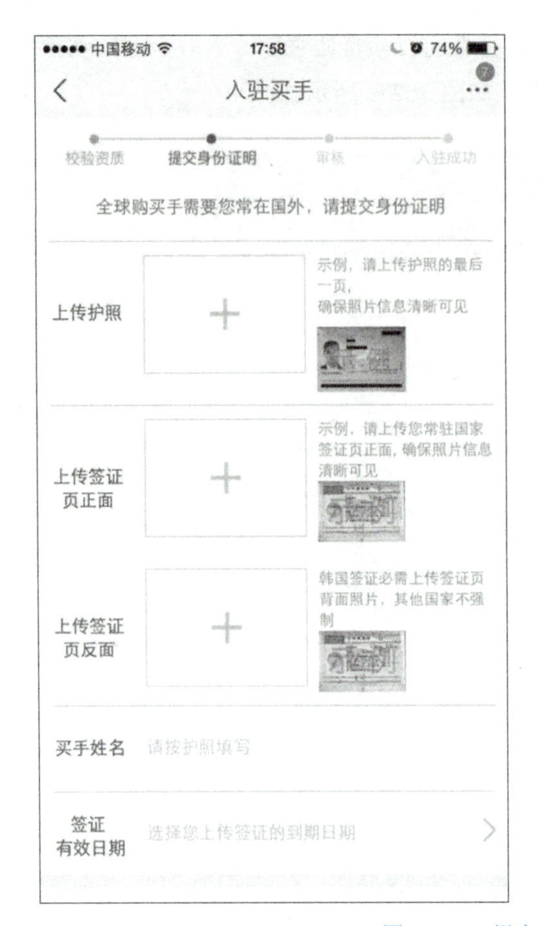

图 3-273　提交身份证明页面

图 3-274　等待审核

分任务 2 认识品质生活家

品质生活家包括淘宝汇吃、中国质造、淘宝房产、极有家、格调、亲宝贝、阿里汽车、运动派、质 +、网上营业厅、飞猪，涵盖人们衣食住行玩等方方面面，如图 3-275 所示。

图 3-275 品质生活家

一、中国质造

淘宝网“中国质造”市场（以下简称“中国质造”）品牌商店铺，是指登记为淘宝网店铺、不具备生产型企业经营资质或关联生产型企业、有自主注册商标或持有品牌权利人的一级授权文件、通过中国质造市场审核，经营品牌商品的店铺，如图 3-276 所示。

图 3-276 淘宝网“中国质造”市场

1. 中国质造商家入驻的条件

淘宝网“中国质造”市场品牌商店铺的入驻采用邀约制，收到邀约的淘宝网卖家须先通过品牌商质控能力实地认证，且同时满足以下条件，方可申请成为淘宝网“中国质造”市场品牌商店铺。

（1）开通淘宝网店铺并处于正常经营状态，非“中国质造”入驻店铺或授权店铺。

（2）加入淘宝网消费者保障服务。

（3）近 730 天内，未因虚假交易违规行为扣分满 48 分及以上，且近 90 天内，不存在虚假交易违规行为。

（4）近 365 天内，未因严重违规行为扣分满 12 分及以上（出售假冒商品除外）。

（5）本自然年度内，未因发布违禁信息或假冒材质成分严重违规行为扣分满 6 分及以上。

（6）本自然年度内不存在出售假冒商品违规的行为，且上一自然年度内未因出售假冒商品违规行为扣分满 24 分及以上。

（7）未在搜索屏蔽期间内。

（8）本自然年度内，店铺商品抽检不达标累计次数小于 3 次，且未因抽检不合格一般违规行为扣分满 12 分及以上。

（9）符合淘宝网“中国质造”市场品牌商店铺指定店铺主营类目要求及综合运营能力，见表 3-5。另外，需要注意的是淘宝更新迭代速度快，入驻条件也会根据时下各类目的情况进行调整，因此入驻前一定要去了解平台最新的规则。

表 3-5 店铺主营类目要求及综合运营能力

店铺主营类目	3C 数码配件	箱包皮具 / 热销女包 / 男包
近 90 天支付宝成交金额（开店未满 90 天的，从开店之日起至申请入驻之日的支付宝成交额）	≥ 15 万元	≥ 50 万元
近 30 天品质退款率	低于店铺所在主营类目的均值	低于店铺所在主营类目的均值 50% 及以上
近 28 天内日均支付宝成交笔数	≥ 10 笔	≥ 10 笔
店铺当前在线商品数	≥ 20 个	≥ 20 个

2. 中国质造店铺的专属标识

（1）宝贝详情页上的店招及店铺介绍页面标注，如图 3-277 所示。

（2）宝贝描述页面的“中国质造”专享服务承诺，如图 3-278 所示。

图 3-277 宝贝详情页

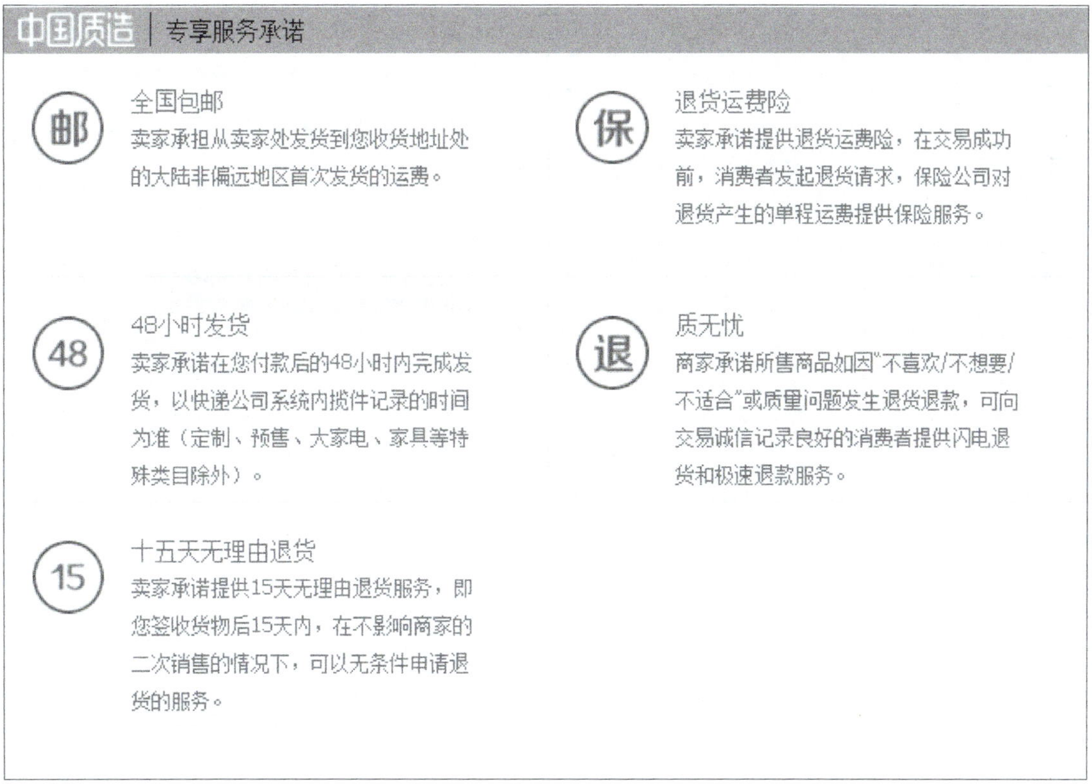

中国质造 | 专享服务承诺

邮 全国包邮
卖家承担从卖家处发货到您收货地址处的大陆非偏远地区首次发货的运费。

退货运费险
卖家承诺提供退货运费险，在交易成功前，消费者发起退货请求，保险公司对退货产生的单程运费提供保险服务。

48 48小时发货
卖家承诺在您付款后的48小时内完成发货，以快递公司系统内揽件记录的时间为准（定制、预售、大家电、家具等特殊类目除外）。

质无忧
商家承诺所售商品如因"不喜欢/不想要/不适合"或质量问题发生退货退款，可向交易诚信记录良好的消费者提供闪电退货和极速退款服务。

15 十五天无理由退货
卖家承诺提供15天无理由退货服务，即您签收货物后15天内，在不影响商家的二次销售的情况下，可以无条件申请退货的服务。

图 3-278　专享服务承诺

3. 中国质造商家入驻的流程

步骤 01：进入淘宝特色市场汇总页面，单击“中国质造”，如图 3-275 所示。

步骤 02：进入中国质造首页，把鼠标指针移到页面右侧的“商家中心”上单击，在弹出的下拉列表中选择“商家入驻”选项，如图 3-279 所示。

图 3-279　“商家入驻”选项

步骤 03：在打开的页面中，选择要入驻的省份，如图 3-280 所示。

步骤 04：例如，选择“福建省”，页面右侧显示福建省各市区的产业带，如图 3-281 所示。

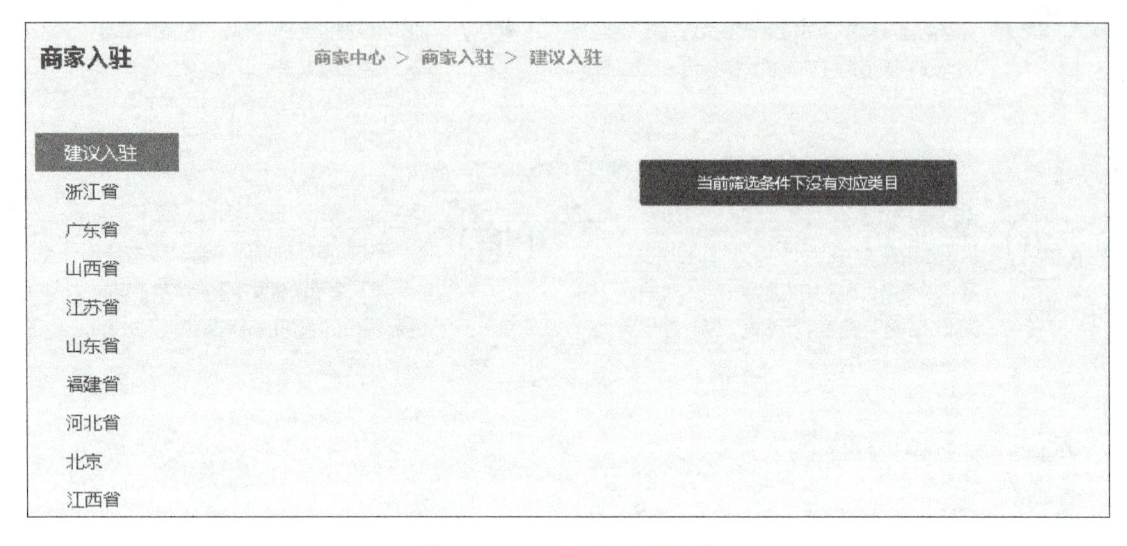

图 3-280　选择要入驻的省份

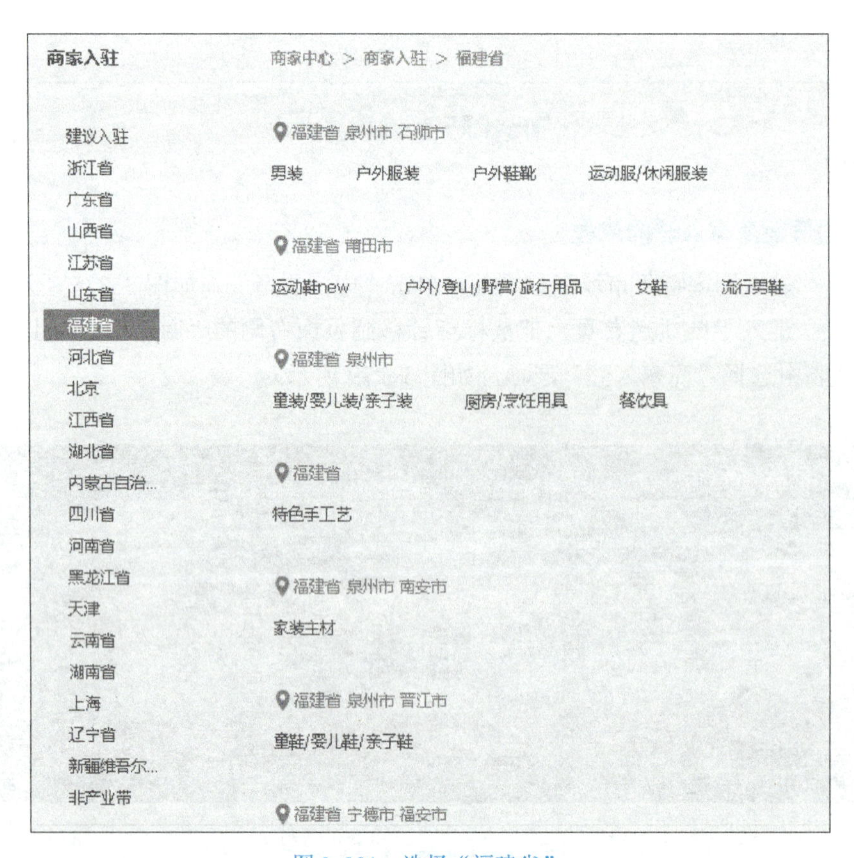

图 3-281　选择“福建省”

步骤 05：例如，选择“福建省泉州市石狮市－户外服装”，如图 3-282 所示。

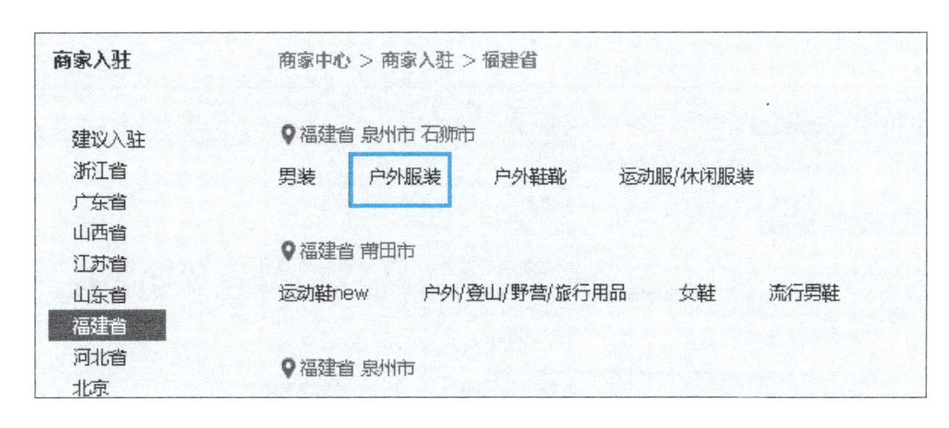

图 3-282　选择“福建省泉州市石狮市－户外服装”

步骤 06：页面跳转到淘营销中心商家入驻通道，如图 3-283 所示。但是要入驻需要达到报名的要求，才能有报名的资质。可单击“详情”查看。

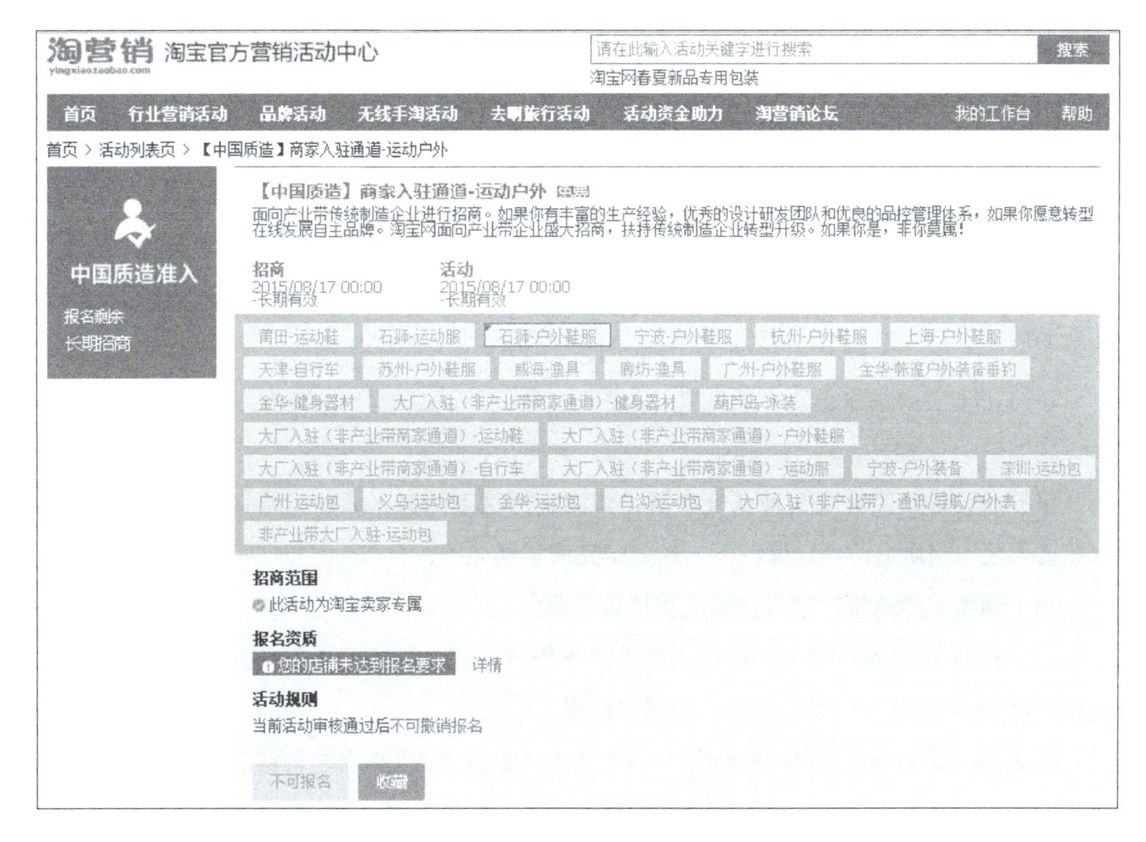

图 3-283　商家入驻通道

步骤 07：单击“详情”查看报名该活动对店铺的要求，以及了解店铺不符合要求的原因，如图 3-284 所示。

对店铺的要求

你的资质	资质名称	活动要求	操作
符合	未因虚假交易被限制参加营销活动	你的店铺未因虚假交易被限制参加营销活动;	查看
符合	廉正调查	要求店铺未涉及廉正调查;	--
不符合	要求主营类目在规定范围之内	要求卖家店铺的主营类目在以下范围之内:[类目:[户外/登山/野营/旅行用品]]; 您的情况： 您的主营类目不在规则要求的主营类目中，要求的类目是:类目:[户外/登山/野营/旅行用品]， 您的主营类目是类目:[个性定制/设计服务/DIY],类目:[其他]	--
符合	要求您不在中国质造入驻/清退再入驻限制期间内	要求您不在中国质造入驻/清退再入驻限制期间内;	查看
符合	消保类型	开通如下消保服务:[如实描述];	--
符合	要求不是中国质造品牌已授权卖家	要求不是中国质造品牌已授权卖家;	查看
不符合	要求店铺已通过生产能力认证	要求店铺已通过生产能力认证; 您的情况： 您的店铺还未通过生产能力认证，请查看认证说明并进行生产能力认证后再报名	查看
符合	要求店铺未因为违禁或品控B类6分严重违规处罚被限制参加本年度营销活动	要求卖家店铺未因为违禁或品控B类6分严重违规处罚被限制参加本年度营销活动;	查看
符合	未因出售假冒商品被限制参加大型营销活动	要求店铺未涉及出售假货违规处罚;	查看
符合	要求店铺具有一定综合竞争力	要求店铺具有一定的综合竞争力;	--

图 3-284 查看报名要求

步骤 08：店铺调整升级并符合要求后，重新选择入驻的地区和类目，提交入驻申请表并签署协议。

步骤 09：等待淘宝审核入驻资质。

步骤 10：实地认证。

审核通过后，需提交实地认证申请，请淘宝网官方派员来企业考察认证。淘宝集市卖家想要入驻中国质造，可选择以下方式之一完成实地认证。

（1）新增实地认证，请直接购买实地认证服务。

（2）1688 深度验厂卖家，请购买文件审核服务，联系服务商提供补充材料，并让服务商帮助将 1688 深度验厂报告转换为中国质造报告格式。

步骤 11：报名活动。认证成功后，可报名参与“中国质造”平台的营销活动，如品质资讯、质主题、产地直供、质精选、质抢购、爆款直送等。另外，淘抢购、天天特价、淘金币等重要营销通路也将向这些优质产品进行倾斜，如图 3-285 和图 3-286 所示。

图 3-285　参与中国质造平台的营销活动 1

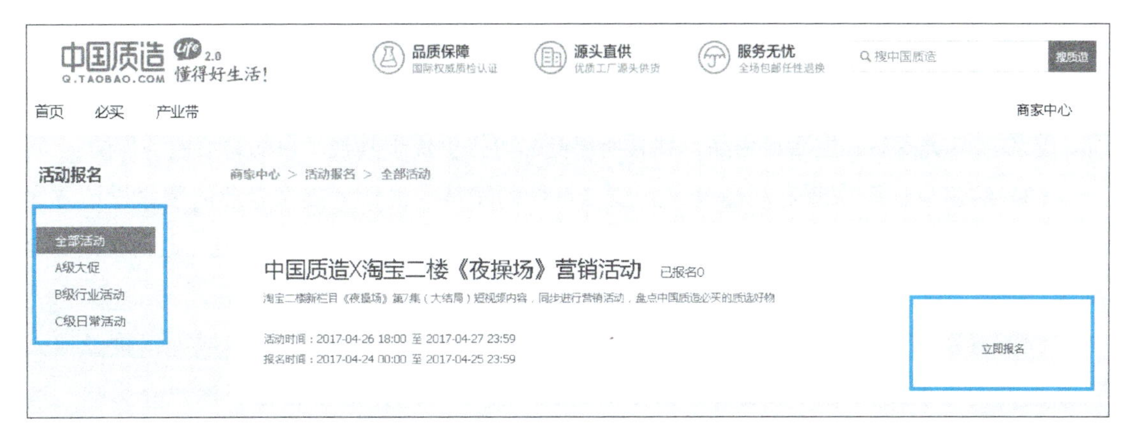

图 3-286　参与中国质造平台的营销活动 2

二、极有家

极有家是阿里巴巴集团旗下的一站式家装家居电商平台，如图 3-287 所示。在极有家，消费者可以完成从探索装修灵感，到挑选室内设计师、装修公司，再到搭配并购买家具家纺家饰，补充生活百货的全部家装需求。

图 3-287　极有家

1. 入驻极有家的优势

（1）角色入驻，专属标志，认证店铺。

（2）增加曝光，持续稳定的流量扶持政策。

（3）权益保障，快速成长，一手信息获取，恶意投诉急速处理。

（4）品牌推广，整合营销，汇聚淘宝系内外优质资源。

2. 入驻须知

（1）极有家暂未授权任何机构进行代理招商服务，目前入驻极有家不收取任何报名费用。

（2）极有家将结合各行业发展动态、国家相关规定及消费者购买需求，不定期更新招商标准。

（3）目前针对淘宝集市店铺卖家账号、未开淘宝店但有实体线下店的买家账号以及其他买家账号 3 类形态进行招商。

（4）入驻成功后的极有家商家，系统会自动按极有家风格调整淘宝店部分装修样式。

3．极有家入驻角色的要求

极有家对入驻角色精挑细选，须符合以下其中 1 种类型才可以入驻。

（1）品牌类商家。经营行业知名品牌，且是品牌方或品牌方授权商家。允许未开淘宝店但有线下实体门店的商家报名入驻（提示：用卖家账号报名即可）。

（2）商品商家。销售消费者家装过程中所需采购的商品，如建材类商品、家纺布艺类商品、家饰家具类商品、生活日用品，并且所售商品可提供优于其他平台的售后服务保障。

（3）装修设计商家或定制品商家。装修设计商家是为消费者提供专业的装修设计方案或直接给消费者做房屋装修服务商品的商家。而定制品商家是出售定制橱柜、定制衣柜等定制类商品的商家。该角色允许未开淘宝店但有线下实体门店的商家报名入驻。

（4）导购专家及媒体。导购专家是不直接出售商品或服务，仅有偿或无偿推荐他人商品给消费者或提供上门软装搭配指导的角色类型。而媒体是以自己资深媒介影响力有偿或无偿提供业内流行趋势，或为消费者推荐商品和专题。该角色都是只允许淘宝普通买家入驻。

4．极有家店铺的专属标识

（1）宝贝搜索展示页面，如图 3-288 所示。

图 3-288　宝贝搜索展示页面

（2）宝贝详情页店招部分和宝贝标题描述部分，如图 3-289 所示。

图 3-289　宝贝详情页店招部分和宝贝标题描述部分

（3）宝贝详情描述界面极有家专享服务承诺，如图 3-290 所示。

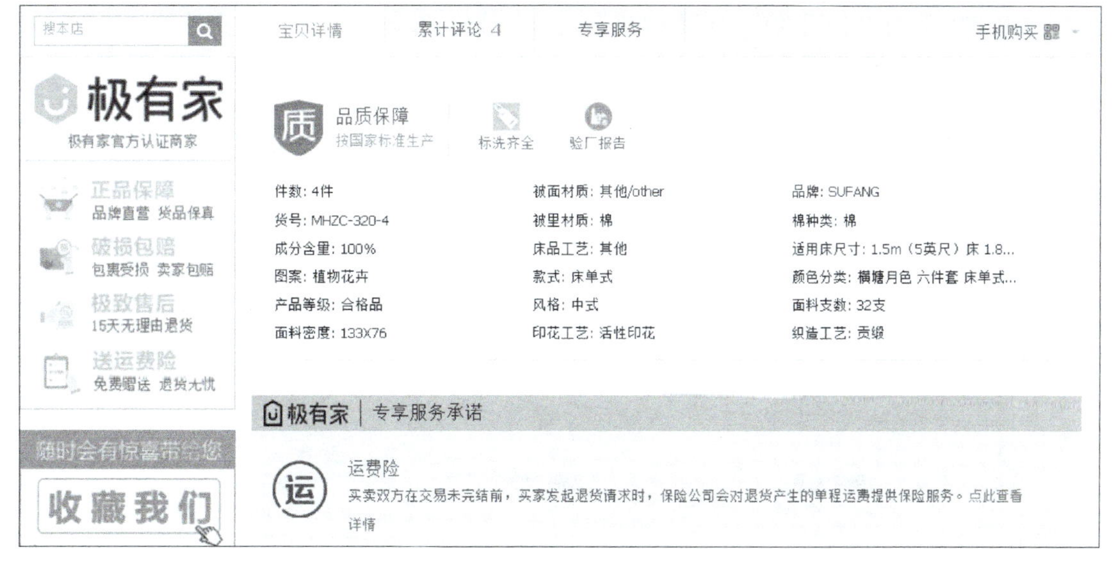

图 3-290　专享服务承诺

5. 极有家商家入驻的流程

步骤 01：进入淘宝特色市场汇总页面，单击“极有家”，如图 3-275 所示。

步骤 02：进入极有家首页，将页面往下拉至最底部，单击“进入商户中心”按钮，如图 3-291 所示。

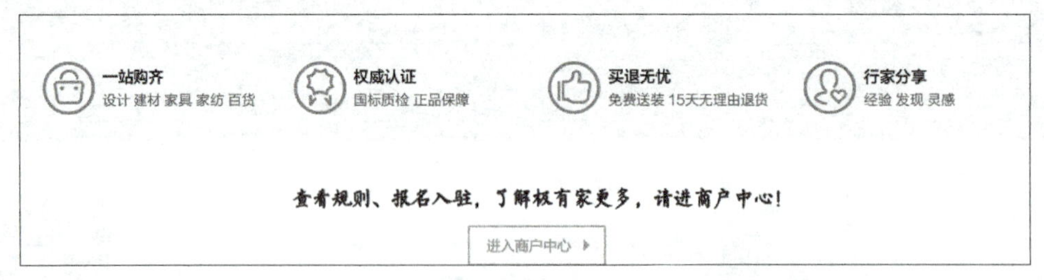

图 3-291　单击“进入商户中心”按钮

步骤 03：进入极有家商户中心，单击“立即入驻”按钮，如图 3-292 所示。

图 3-292　单击“立即入驻”按钮

步骤 04：在打开的页面中，查看角色定义及入驻规则，然后选择一种合适的角色入驻，如图 3-293 所示。

图 3-293　选择一种合适的角色入驻

步骤 05：提交入驻申请材料，并等待小二审核，审核通过即申请入驻成功。

6．极有家商品的发布流程

（1）发布灵感图。

步骤 01：进入极有家商户中心，把鼠标指针移到页面右上角的“我的极有家”上单击，在弹出的下拉列表中选择“发布灵感图”选项，如图 3-294 所示。

图 3-294　选择“发布灵感图”选项

步骤 02：进入灵感图发布界面，按照页面提示填写美图信息，添加美图标签，如图 3-295 所示。

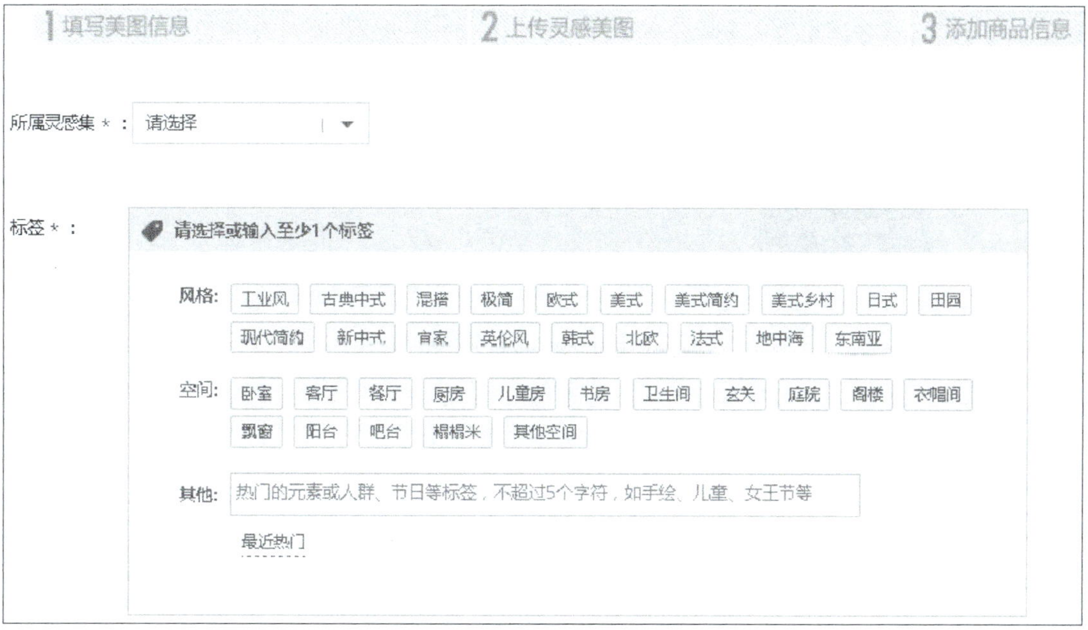

1 填写美图信息　2 上传灵感美图　3 添加商品信息

所属灵感集 *：请选择

标签 *：请选择或输入至少1个标签

风格：工业风　古典中式　混搭　极简　欧式　美式　美式简约　美式乡村　日式　田园　现代简约　新中式　宜家　英伦风　韩式　北欧　法式　地中海　东南亚

空间：卧室　客厅　餐厅　厨房　儿童房　书房　卫生间　玄关　庭院　阁楼　衣帽间　飘窗　阳台　吧台　榻榻米　其他空间

其他：热门的元素或人群、节日等标签，不超过5个字符，如手绘、儿童、女王节等

最近热门

图 3-295　填写美图信息

步骤 03：单击“点击上传图片”按钮上传灵感美图并添加商品描述信息，如图 3-296 所示，全部编辑完成后，单击“发布”按钮即发布完成。

灵感美图 *：一张清晰大图（jpg、png格式），宽度不低于400px，高度不低于400px，大小不超过2M。

点击上传图片

描　　述 *：还可输入140字

发布

图 3-296　上传美图

（2）发布推荐商品。

步骤 01：进入极有家商家中心，把鼠标指针移到页面右上角的“我的极有家”上单击，在弹出的下拉列表中选择“推荐商品”选项，如图 3-297 所示。

步骤 02：进入发布推荐商品的编辑页面，如图 3-298 所示，按照页面提示填写商品信息、推荐理由并选择商品标签，全部编辑完成后，单击“发布”按钮，则发布完成。

图 3-297　选择“推荐商品”选项

商品信息＊：粘贴商品链接到这里　确定

推荐理由＊：还可输入140字

标签＊：请选择或输入至少1个标签

风格：工业风　古典中式　混搭　极简　欧式　美式　美式简约　美式乡村　日式　田园　现代简约　新中式　宜家　英伦风　韩式　北欧　法式　地中海　东南亚

材质：陶瓷　骨瓷　粗陶　搪瓷　实木　棉麻　纯棉　亚麻　蚕丝　羽绒　乳胶　玻璃　铁艺　不锈钢　金属　树脂　塑料　草编　藤编　竹编　水晶　硅胶　真皮

品类：所推荐商品的子品类，不超过5个字符，如四件套、老虎凳、碗、抱枕等

其他：热门的元素或人群、节日等标签，不超过5个字符，如手绘、儿童、女王节等

最近热门

图 3-298　编辑页面商品信息

（3）发布装修日志。

步骤 01：进入极有家商家中心，把鼠标指针移到页面右上角的“我的极有家”上单击，在弹出的下拉列表中选择“发布日记”选项，如图 3-299 所示。

图 3-299　选择“发布日记”选项

步骤 02：进入发布日志的编辑页面，先按照提示在弹出的“添加日记”对话框中输入相应的信息，如图 3-300 所示，然后单击“保存”按钮。

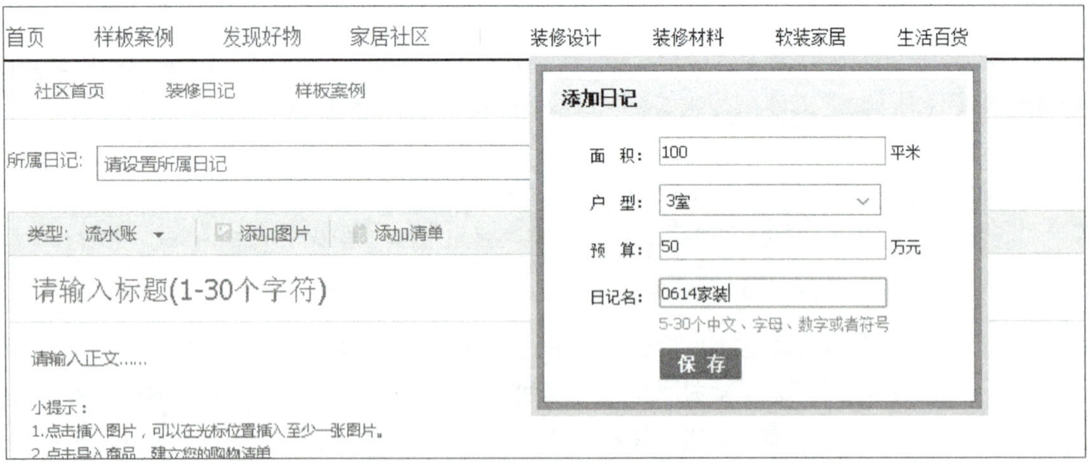

图 3-300　发布日记的编辑页面

步骤 03：编辑日记正文。先选择日记的类型：流水账、求指点、毕业啦、吐槽。然后在正文编辑框中输入日记标题及正文内容，可插入图片，并建立购物清单，如图 3-301 所示，全部编辑完后，单击“发布”即完成发布。

所属日记：0614家装

类型：流水账　添加图片　添加清单

流水账
求指点
毕业啦
吐槽

请输（1-30个字符）

请输入

小提示：
1.点击插入图片，可以在光标位置插入至少一张图片。
2.点击导入商品，建立您的购物清单

图 3-301　选择日志的类型

分任务 3　认识特色玩味控

特色玩味控包括特色中国、潮电街、淘宝花鸟、闲鱼拍卖、淘宝农资、淘宝教育、乡甜等，涉及了各行各业，如图 3-302 所示。

图 3-302　特色玩味控

下面以潮电街为例进行介绍。

潮电街，是阿里巴巴集团旗下极致潮流智能商品发现地，全国第一家主打智能商品的商城。其主要以潮流产品与智能商品为主，同时展示其他类目的各种潮流设计的科技产品。潮电街在淘宝首页有较大的访问流量，是淘宝网的核心市场，如图 3-303 所示。

图 3-303　潮电街

1. 潮电街的卖家类别

潮电街卖家包括科技创客、原创设计、优质潮店 3 种主要类别。

（1）科技创客：经营智能硬件相关产品的新创品牌或成熟品牌的新业务。

（2）原创设计：优质的科技类原创设计品牌或工匠性质的科技类自营店铺。

（3）优质潮店：品牌的授权分销店铺，海外潮品的买手店铺或其他经营特色科技产品的优质淘宝店铺。

所有潮电街的入驻通道分为创客入驻和普通商家入驻。

2. 创客入驻

潮电街创客入驻，是指智能硬件或有创新创意设计的科技类产品的原创团队（包括成熟企业的新创部门或子品牌）或创客孵化机构（要求已注册公司或品牌，已注册淘宝自营店铺），通过自营店铺报名申请入驻。

创客入驻的优势如下。

（1）新品首发推广资源。针对创客未上市或刚上市的优秀新产品，通过潮电街、手机淘宝、聚划算等多个渠道进行推介。

（2）专属活动报名资格。后续潮电街 & 淘宝大型活动、创客专题活动等，创客的活动资源要求必须已通过入驻审核的店铺方可报名。

（3）其他扶持政策。

1）淘宝众筹优先推荐。

2）潮电街创客专属信贷及投资对接机会。

3）优先参与潮电街组织的线上线下活动。

4）优先入驻潮电街线下体验馆。

3. 潮电街入驻的条件

淘宝网卖家须同时满足以下条件方可入驻淘宝网“潮电街”市场。

（1）已经开通淘宝网店铺且处于正常经营状态。

（2）加入淘宝网消费者保障服务。

（3）本自然年度内不得存在出售假冒商品违规的行为。

（4）除出售假冒商品外，严重违规行为扣分满 12 分及以上的，自处罚生效之日起 365 天不允许入驻。

（5）近半年店铺非虚拟交易的 DSR 评分（即买家对店铺的动态评分，包括宝贝与描述、卖家的服务态度及物流服务的质量，评分取连续六个月所有买家给予评分的算术平均值）三项指标分别不低于 4.6（开店不足半年的自开店之日起算）。

（6）近 30 天纠纷退款率低于店铺所在主营类目的均值。

（7）店铺信用等级 1 钻及以上（科技创客店铺除外）。

（8）店铺主营产品属于数码家电类目的优先，其他由电力驱动的科技类产品需满足有创新、创意、特色等要求。

（9）科技创客、原创设计店铺要求必须为品牌自营店铺，报名店铺需提供商标注册证或商标注册申请受理通知书。以独家授权形式入驻的，须获得品牌方直接授权。

（10）获得过国内外创意设计、工业设计、科技创新、知名展会等相关奖项，或成功参加过科技类产品众筹的，优先入驻。

（11）有明星代言或粉丝运营能力（微淘 / 微博等）的品牌，优先入驻。

（12）同等条件下，店铺信用等级高的优先入驻。

4．潮电街入驻的流程（以普通商家入驻为例）

潮电街发现潮品库是商家入驻潮电街的基础通道。只有商家通过报名潮品后才能进一步申请潮电街的首页流量、闪购活动、专辑及潮电街相关的所有营销活动。

步骤 01：进入淘宝特色市场，单击“潮电街”，如图 3-302 所示。

步骤 02：进入潮电街首页，页面往下拉，最下方有卖家申请入驻的链接，单击“申请入驻潮电街”按钮，如图 3-304 所示。

图 3-304　单击“申请入驻潮电街”按钮

步骤 03：登录潮电街商家入驻界面，单击右侧的“普通商家入驻”，然后单击“潮品提交”（创客卖家优先进行店铺入驻，非创客卖家直接以普通店铺形式入驻报名即可），如图 3-305 所示。

步骤 04：进入潮品报名界面，单击“同意报名协议”后，如图 3-306 所示，系统会自动对卖家资质进行校验，符合相关要求的商品将直接浮现在前台。

步骤 05：填写商品信息。根据报名指引，上传图片并填写相应的内容，全部编辑完成后单击“提交”按钮即可，如图 3-307 和图 3-308 所示。

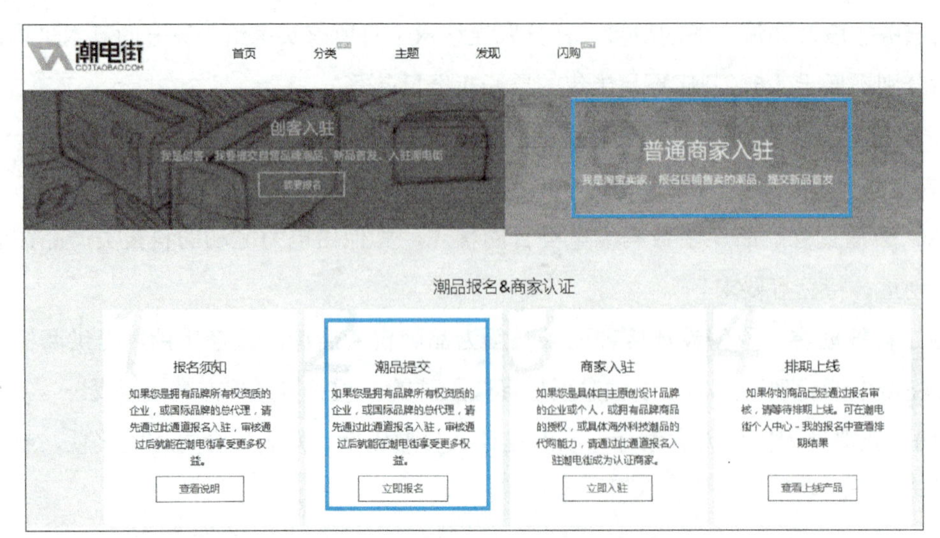

图 3-305　商家入驻界面

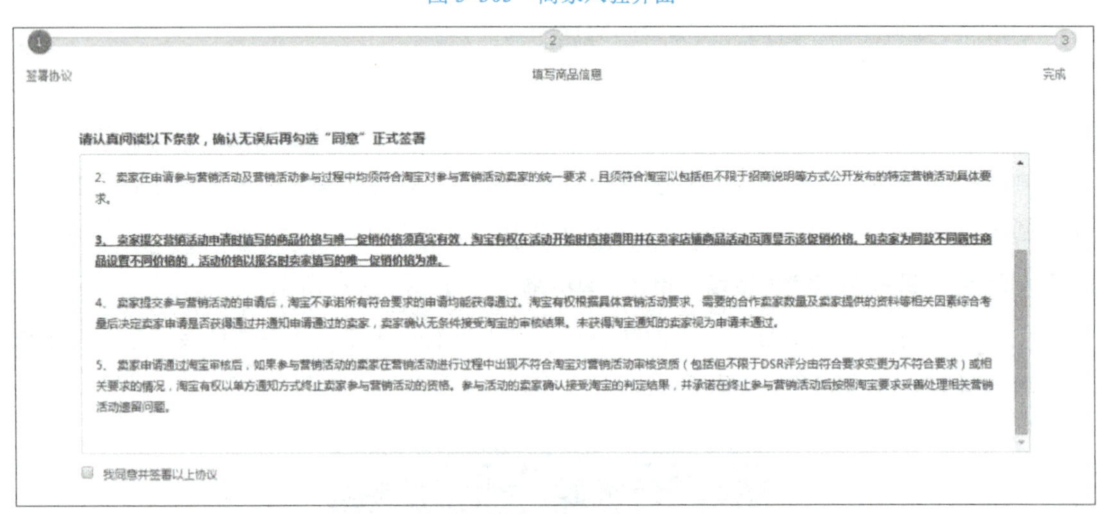
签署协议　　填写商品信息　　完成

请认真阅读以下条款，确认无误后再勾选“同意”正式签署

2、卖家在申请参与营销活动及营销活动参与过程中均须符合淘宝对参与营销活动卖家的统一要求，且须符合淘宝以包括但不限于招商说明等方式公开发布的特定营销活动具体要求。

3、卖家提交营销活动申请时填写的商品价格与唯一促销价格须真实有效，淘宝有权在活动开始时直接调用并在卖家店铺商品活动页面显示该促销价格。如卖家为同款不同属性商品设置不同价格的，活动价格以报名时卖家填写的唯一促销价格为准。

4、卖家提交参与营销活动的申请后，淘宝不承诺所有符合要求的申请均能获得通过。淘宝有权根据具体营销活动要求、需要的合作卖家数量及卖家提供的资料等相关因素综合考量后决定卖家申请是否获得通过并通知申请通过的卖家，卖家确认无条件接受淘宝的审核结果。未获得淘宝通知的卖家视为申请未通过。

5、卖家申请通过淘宝审核后，如果参与营销活动的卖家在营销活动进行过程中出现不符合淘宝对营销活动审核资质（包括但不限于DSR评分由符合要求变更为不符合要求）或相关要求的情况，淘宝有权以单方通知方式终止卖家参与营销活动的资格。参与活动的卖家确认接受淘宝的判定结果，并承诺在终止参与营销活动后按照淘宝要求妥善处理相关营销活动遗留问题。

我同意并签署以上协议

图 3-306　相关协议

协议　　填写商品信息　　完成

测试商品请不要拍下，拍下不发货14

1.基本信息

* 宝贝名称：潮电街商品
* 潮品品牌：潮电街品牌
* 品牌所在地：中国大陆　美国　日本　德国　法国　韩国　中国香港　意大利　英国　荷兰　瑞士　奥地利　澳大利亚　比利时　俄罗斯　芬兰　加拿大　瑞典　泰国　新加坡　新西兰　印度　中国台湾
* 潮品型号：BETA1

潮电街产品链接：

* 推荐理由：
* 生产厂商：

图 3-307　填写商品信息 1

* 宝贝原价：¥23.00 查看宝贝当前价格

3.上传资料

* 潮品图片 1：上传图片
图片尺寸：宽800像素 x 高800像素 图片大小：3072KB以内 图片格式：JPG，GIF，PNG
建议为氛围图或白底图。要求无牛皮癣无文字。范例说明可查看论坛说明贴

* 潮品图片 2：上传图片
图片尺寸：宽800像素 x 高800像素 图片大小：3072KB以内 图片格式：JPG，GIF，PNG
要求必须为白底图，无牛皮癣无文字。范例说明可查看论坛说明贴

潮品图片 3：上传图片
图片尺寸：宽800像素 x 高800像素 图片大小：3072KB以内 图片格式：JPG，GIF，PNG
建议为氛围图或白底图。要求无牛皮癣无文字。范例说明可查看论坛说明贴

潮品图片 4：上传图片
图片尺寸：宽800像素 x 高800像素 图片大小：3072KB以内 图片格式：JPG，GIF，PNG
建议为氛围图或白底图。要求无牛皮癣无文字。范例说明可查看论坛说明贴

潮品图片 5：上传图片

图 3-308　填写商品信息 2

学生演练

参考步骤：

根据二维码中的示例步骤，学生们自主练习。

实训 3-5　淘宝数据分析

考核评价

表 3-6　淘宝数据分析考核评价表

序号	评价内容	得分 / 分			综合得分 / 分
		自评	组评	师评	
1	掌握淘宝运营数据导出方法				
2	学会淘宝数据分析与解读				
3	了解如何制定相应运营管理决策				
4	基本认识淘宝特色市场				
合计					

技能回顾

- 掌握店铺的促销与引流
  - 了解店内商品营销技巧
    - 认识秒杀活动
    - 认识店铺红包活动
    - 认识收藏送红包
    - 认识淘宝卡券
    - 认识满就送活动
    - 认识满减优惠
    - 掌握单品宝
    - 学会套餐搭配
  - 掌握店铺活动
    - 认识店铺活动
    - 制订天猫粉丝节活动策划方案
    - 制订淘宝双十一活动策划方案
  - 认识淘宝站内活动
    - 认识天天特价
    - 认识聚划算
    - 认识阿里试用
    - 认识淘金币营销
  - 掌握站内引流
    - 玩转淘宝论坛
    - 学会直通车推广
    - 认识钻展（钻石展位）
    - 加入淘宝客推广
    - 开通阿里V任务
  - 认识淘宝特色市场
    - 认识时尚爆料王
    - 认识品质生活家
    - 认识特色玩味控

项目 4 掌握店铺数据的分析及优化技巧

淘宝的千牛工作台中有一个数据中心—— 生意参谋，它能够分析所有淘宝产品排名及单品分析或关键词、热销词等。店铺的销量、转化率、访客等，都是从生意参谋中分析数据得来的。每个想成为高级电商运营岗位的人，熟练掌握店铺数据分析是很关键的。

项目分析

本项目主要从生意参谋对店铺数据分析来讲解，使学生能够掌握店铺生意参谋的运用和数据分析优化产品的技巧，了解电商运营的相关岗位以及从事该岗位需要具备的基本知识和技能。

项目目标

- 认识生意参谋。
- 熟练掌握生意参谋。
- 利用生意参谋上的数据分析实施单品优化。

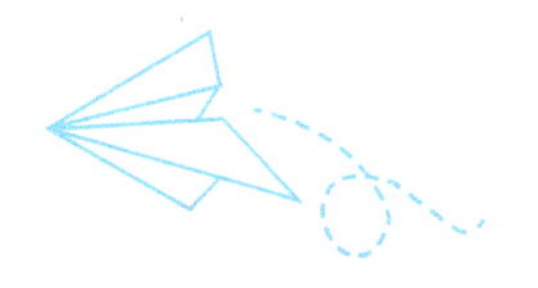

任务　认识淘宝数据

任务分析

本任务重点讲解淘宝数据分析方法，包括认识生意参谋入口、了解生意参谋界面和利用数据分析单品并优化。通过本任务的学习，学生们可掌握淘宝数据的具体分析方法。

情境引入

如今网店运营渐渐走向规模化、技术化、系统化，也有越来越多的店家在网店的营销上愿意投入更多的资金，以吸引更多的客户。然而网店的运营，从选择行业、开始进货，到货物上架、设定价格，再到爆款的打造、库存的管理等，都离不开相应的数据分析。

教师点拨

分任务 1　认识生意参谋

生意参谋是监控营销效果工具，是量子恒道的升级版本。集成了量子恒道的海量数据及生意参谋的店铺经营思路，不仅整合了量子恒道的大部分功能，还新增了自助取数、单品分析、商品温度计和实时直播大屏等新功能。生意参谋基础版免费开放给商家使用。

一、了解生意参谋入口

步骤 01：登录淘宝，进入卖家中心，单击“卖家地图 - 营销 & 数据管理 - 生意参谋”，如图 4-1 所示。

步骤 02：进入生意参谋首页，如图 4-2 所示。

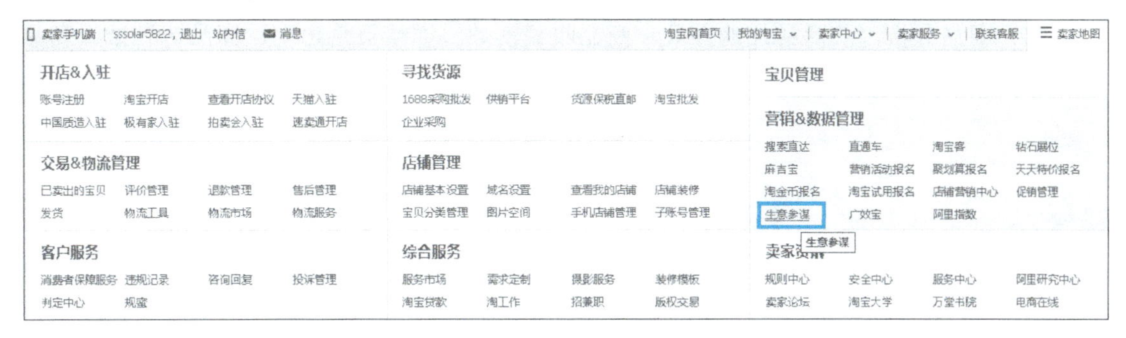

图 4-1　单击“生意参谋”

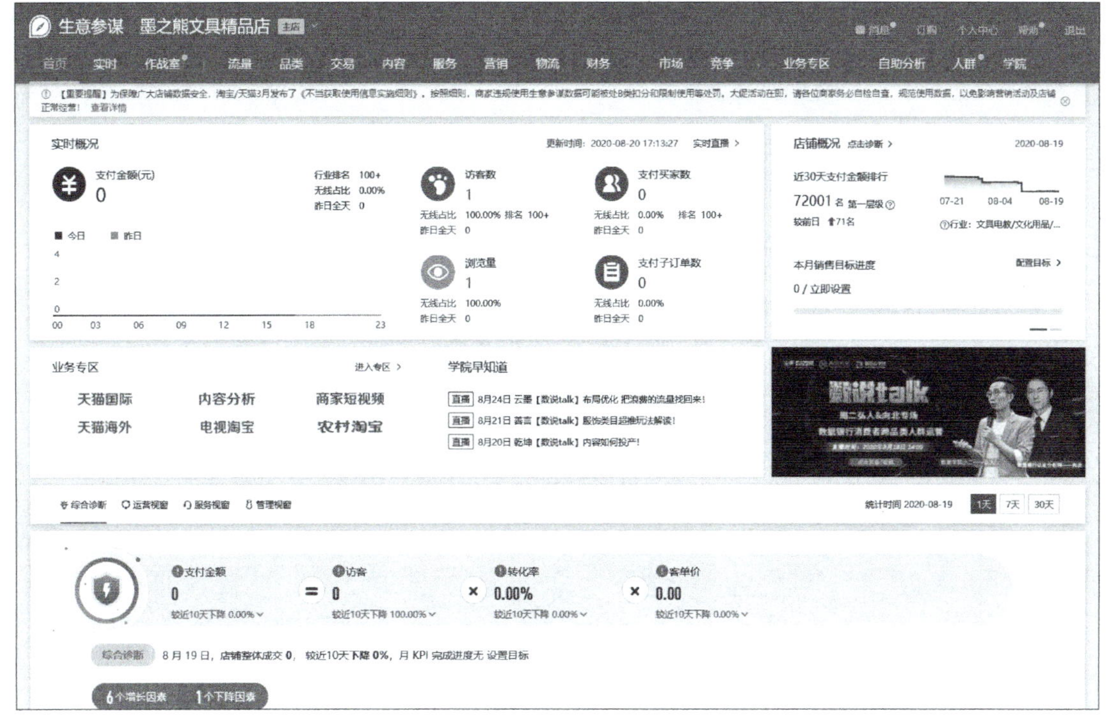

图 4-2　生意参谋首页

二、认识生意参谋界面

1. 首页数据界面介绍

（1）实时指标，指从 0 点截至当前时间访问某店铺页面或宝贝详情页的访客数、支付金额与支付买家数、浏览量、支付子订单数，如图 4-3 所示。

（2）行业排名，指最近 30 天的支付金额在对应层级的排名，如图 4-4 所示。

（3）核心指标，包括访客数、浏览量、支付金额、支付转化率、客单价、售中申请退款金额、服务态度评分，如图 4-5 所示，用曲线图展示最近 30 天的值，并与同行业平均值相比较，从而了解店铺的经营概况。

（4）流量分析，分析一个店铺近期流量的变化情况，从店铺的跳失率、人均浏览量、平均停留时长、PC 流量来源 TOP5 和无线流量来源 TOP5 等内容分析店铺流量，如图 4-6 和图 4-7 所示。

（5）商品分析，从商品加购件数、商品收藏次数、详情页跳出率、商品访客数、商品浏览量来分析商品，如图 4-8 所示。

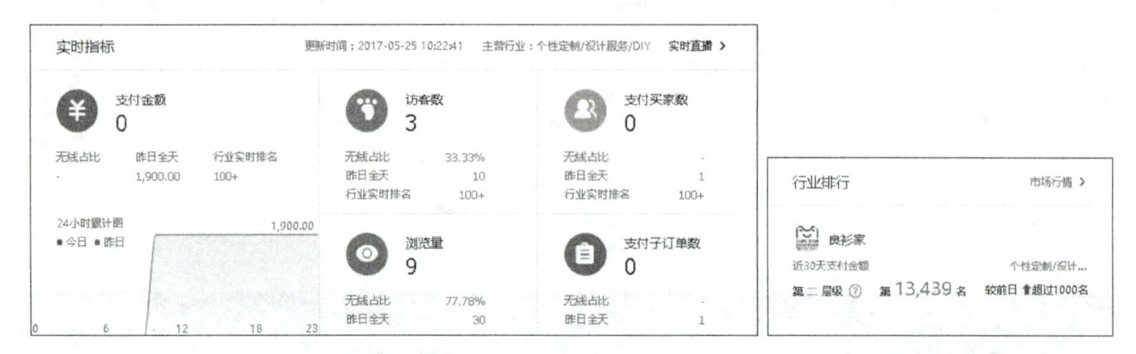

图 4-3　实时指标　　　　图 4-4　行业排名

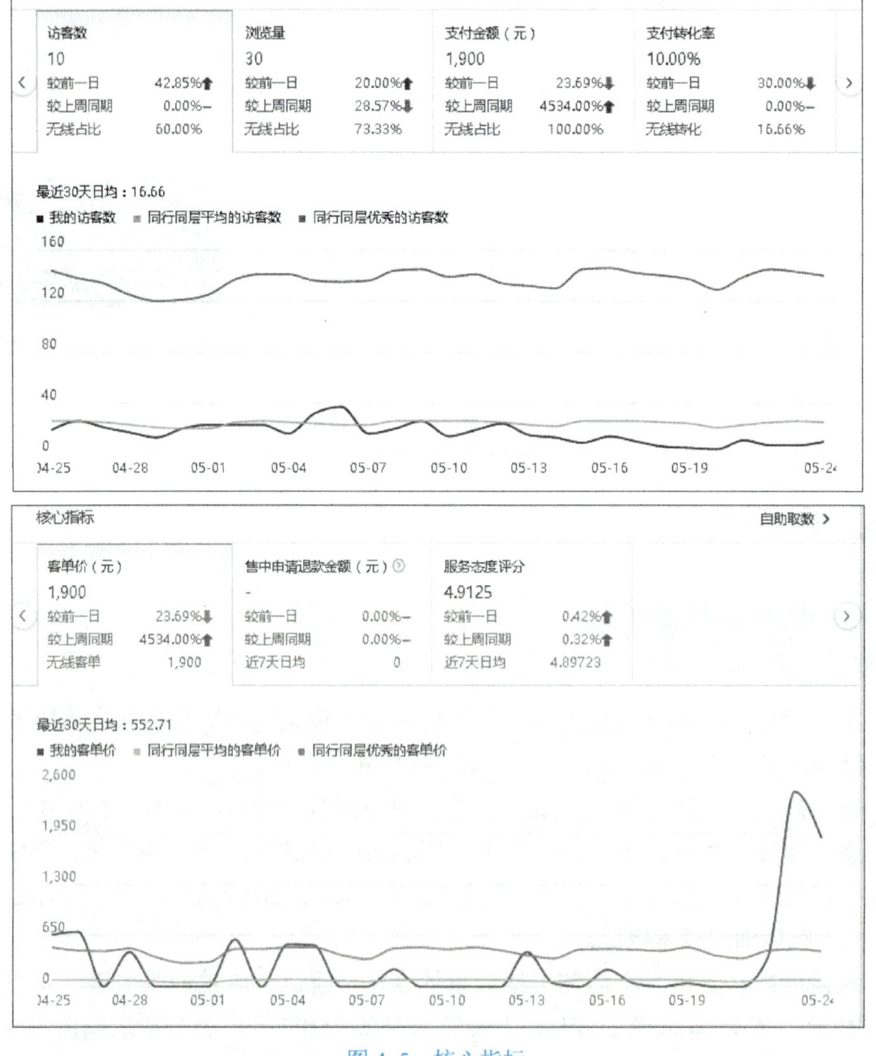

图 4-5　核心指标

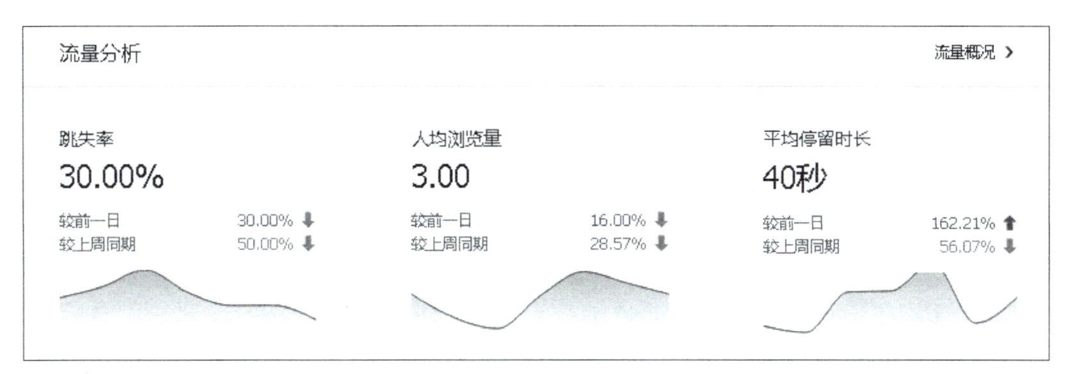

图 4-6 流量分析 1

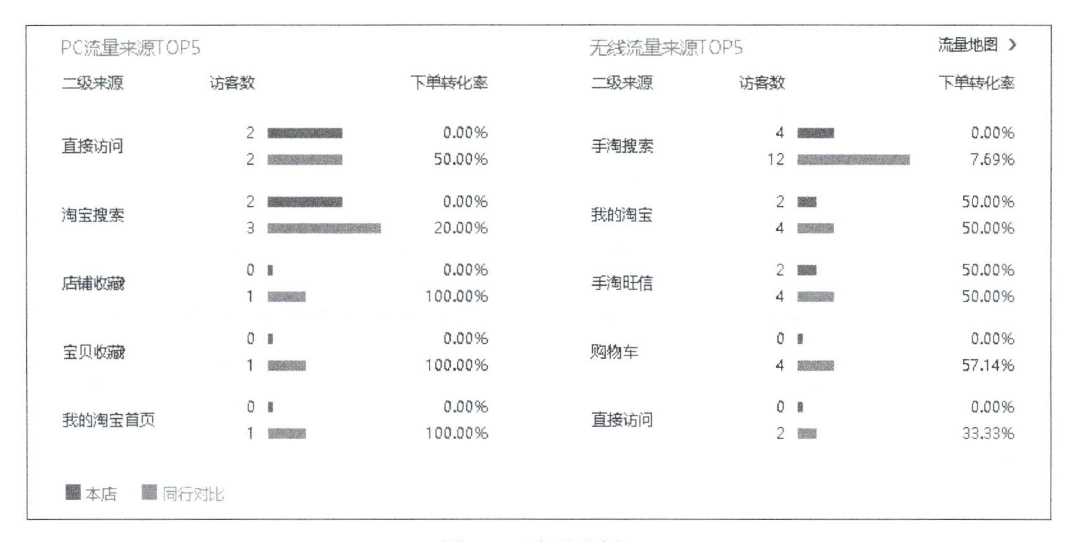

图 4-7 流量分析 2

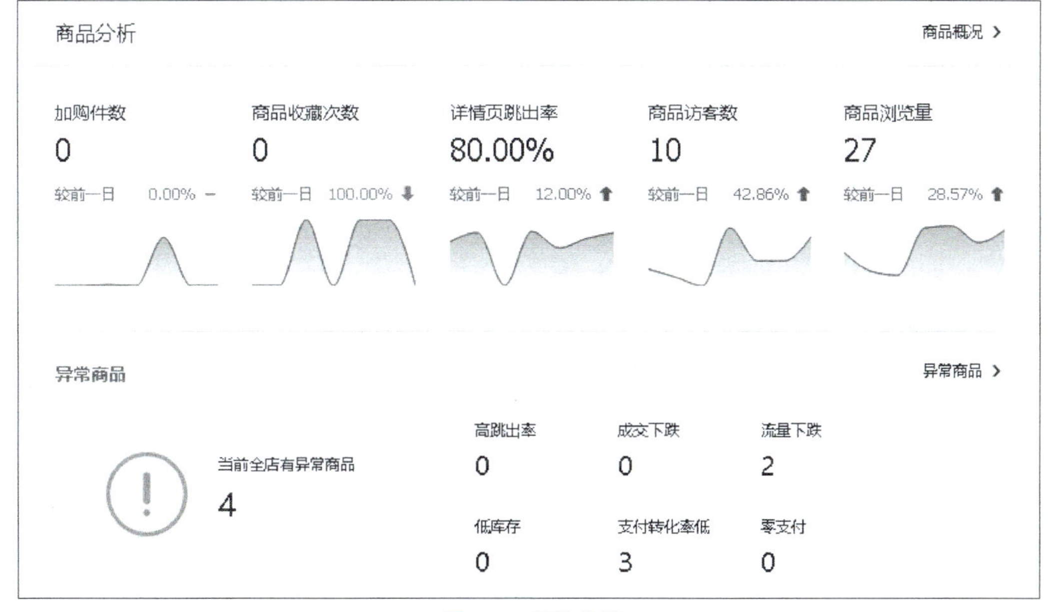

图 4-8 商品分析

（6）售后服务分析，从退款率、退款时长、描述相符评分、卖家服务评分、物流服务评分来分析售后的服务质量，如图 4-9 所示。

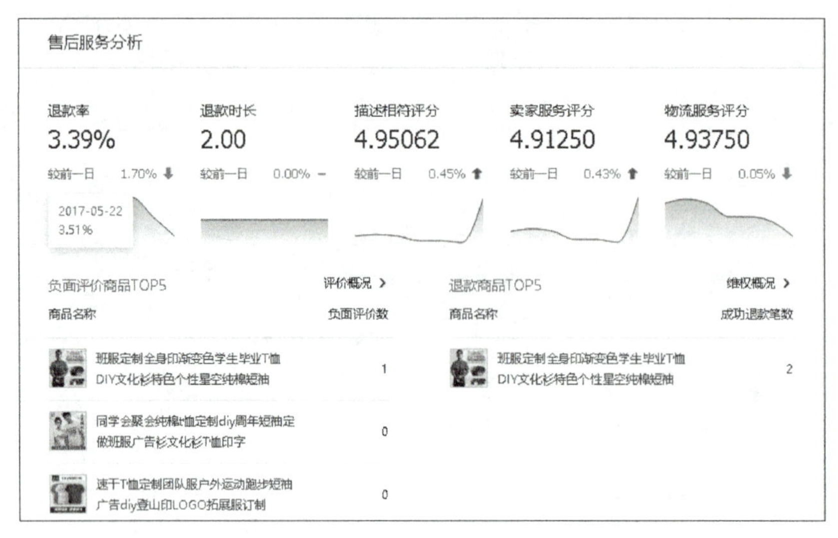

图 4-9　售后服务分析

（7）物流分析，主要从发货包裹数、揽收包裹数、派送包裹数、平均支付－发货时长、物流差评率等内容来分析物流，还可以单击该模块右上角的“物流概况”进行详细了解，如图 4-10 所示。

图 4-10　物流分析

2. 实时直播

生意参谋提供店铺数据的实时直播，主要有数据的实时概况、实时来源、实时榜单、实时访客、实时催付宝等，所有数据都分无线端和 PC 端，如图 4-11 所示。

图 4-11　实时直播

3. 数据作战室

数据作战室是阿里巴巴的生意参谋团队研发的一款面向淘宝系头部商家，满足其数据创新领域的全局指挥和打造影响力需求的创新产品，提供核心数据大屏监控，助力商家全局指挥，如图 4-12 所示。

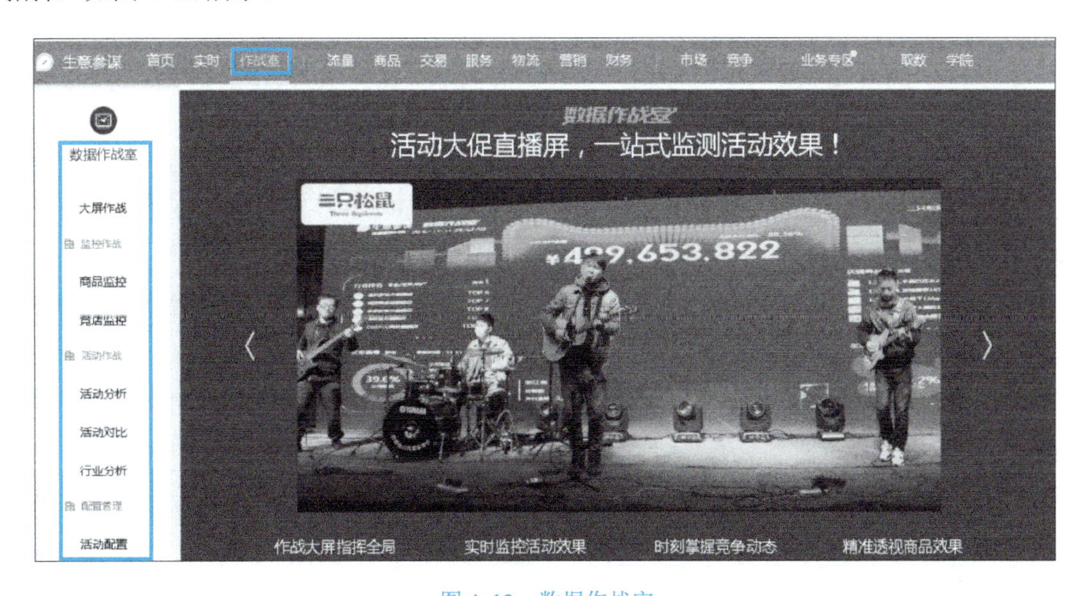

图 4-12　数据作战室

（1）数据作战室的核心价值：①实时全局指挥监控，助力企业品牌建设；②全店商品监控预警，助力精细运营商品；③竞店竞品排名异动，助力轻松超越对手。

（2）数据作战室的应用场景：①大促狂欢：实时监控争分夺秒，大促狂欢提升士气；②品牌宣传：数据化企业品牌宣传，助力商家品牌建设；③日常运营：全局掌控助力决策，及时响应形成合力。

4. 自助取数

自助取数满足广大商家个性化的数据提取需求，对自己店铺和商品的数据可以自由选择自然天、自然周和自然月的汇总周期进行查询。其主要有“我要取数”“我的报表”“推荐报表”“BI 分析”4 项功能，如图 4-13 所示。

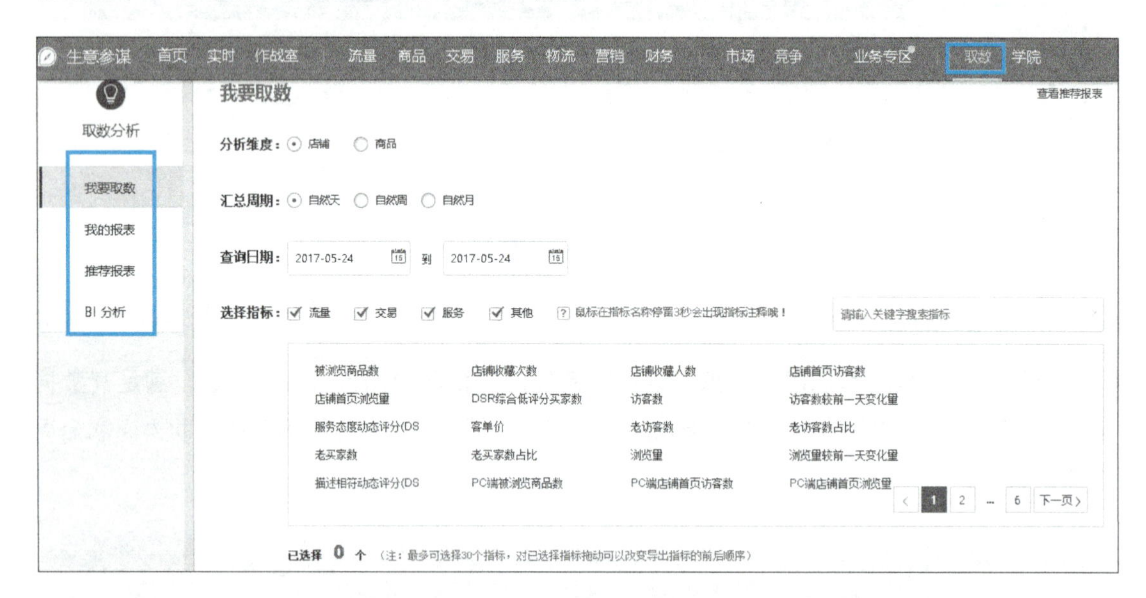

图 4-13　我要取数

（1）我要取数。为用户提供从店铺 / 商品维度的各种指标的自由日期的查询，以及保存为报表的功能服务。

（2）我的报表。为用户展示已经加入报表的取数模板，提供已有查询模板的快速查询服务，如图 4-14 所示。

（3）推荐报表。由官方推荐的一些常用的取数查询模板，提供对预设指标的快速查询入口，如图 4-15 所示。

（4）BI 分析。BI（business intelligence）即商务智能，它是一套完整的解决方案，用来将企业中现有的数据进行有效的整合，快速准确地提供报表并提出决策依据，帮助企业做出明智的业务经营决策。这个模块目前仅对邀约的客户开放，如图 4-16 所示。

图 4-14　我的报表

图 4-15　推荐报表

图 4-16　BI 分析

5．营销分析

该模块包括营销工具和营销效果。营销工具提供创意营销和爱上聚划算两个功能。创意营销分为单品营销、多品套餐和全店优惠。系统会根据店铺的浏览、收藏、下单、支付、宝贝本身的特征等数据为卖家推荐合适的营销方式，如图 4-17 所示。

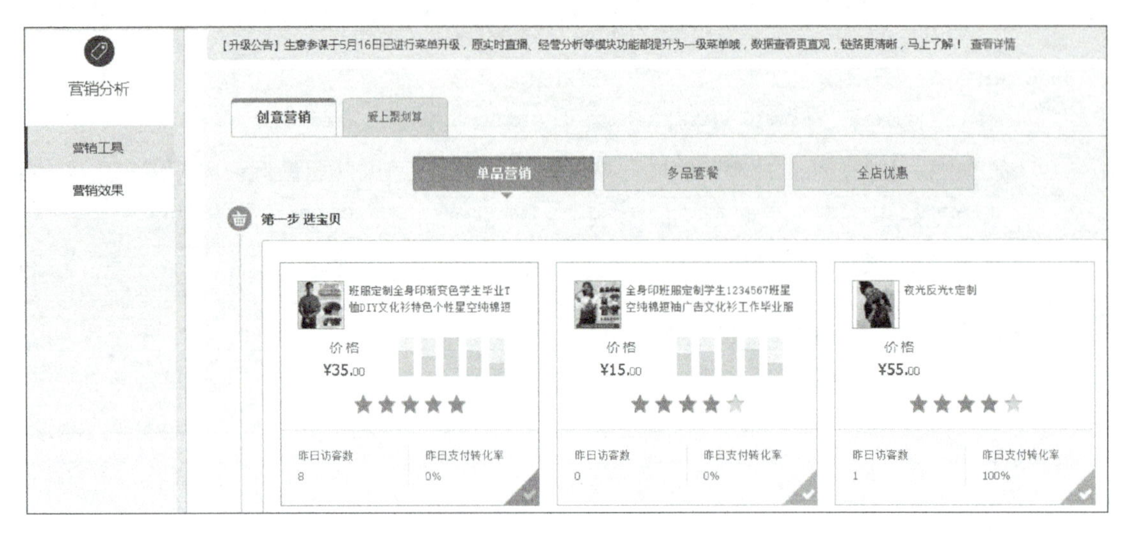

图 4-17　营销

6．市场行情

市场行情服务是收费的，其主要从行业大盘、商品店铺榜、行业热搜词、人群画像等方面来分析，如图 4-18 和图 4-19 所示。

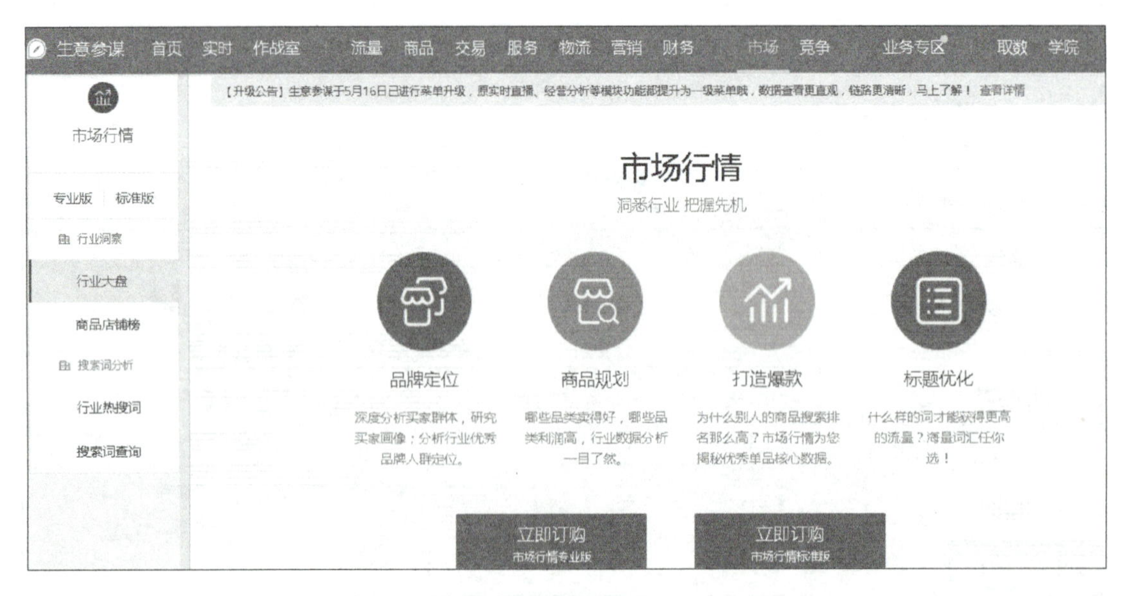

图 4-18　市场行情

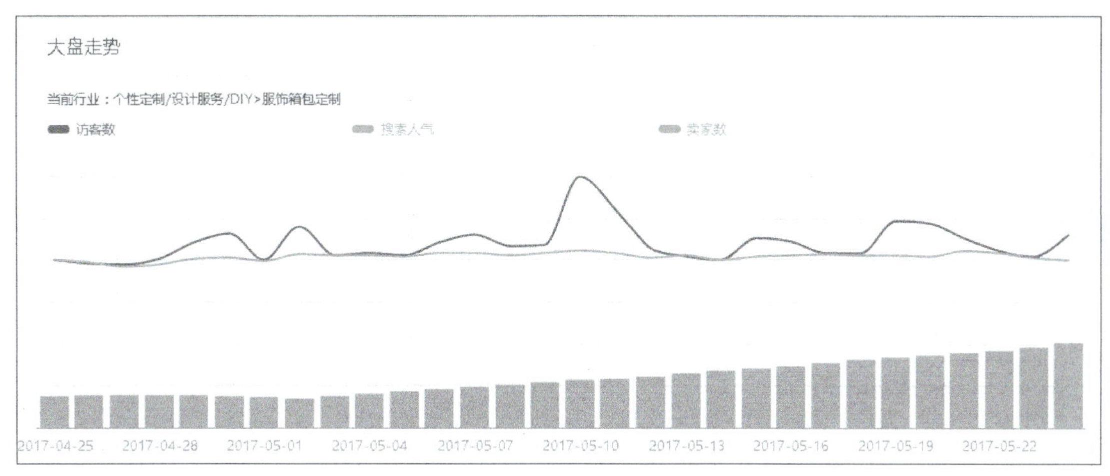

图 4-19　大盘走势

7. 竞争情报

竞争情报服务也是收费的，其主要包括竞争分析、竞争监控、配置管理三大模块，且会显示昨日购买流失和昨日流失店铺的数据，如图 4-20 所示。

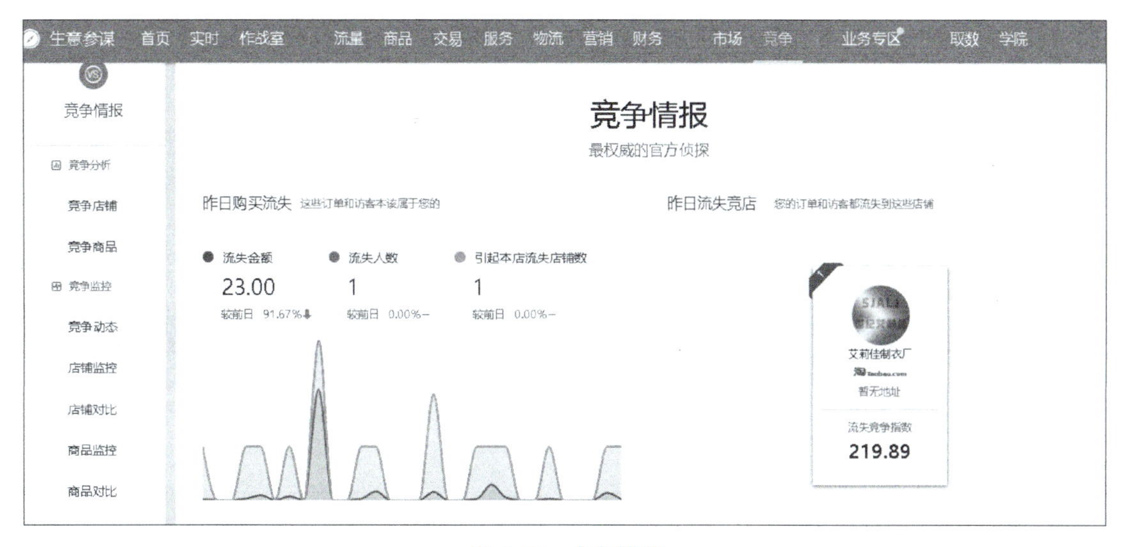

图 4-20　竞争情报

分任务 2　掌握数据优化单品

一、店铺经营数据分析

在上一个分任务中，通过生意参谋对店铺经营数据进行分析，找出淘宝店铺运营中的薄弱环节，本任务讲述优化单品，提升店铺运营的技巧与经营业绩。

1. 支付转化率

支付转化率低是指支付转化率（支付买家数 / 商品访客数）低于同类商品的平均水平。此时应优化商品标题和描述，通过促销优惠提升买家下单转化。如图 4-21 所示，图中显示了店铺主推的 3 款宝贝支付转化率低。

图 4-21 支付转化率

2. 高跳出率

跳出率是指商品的浏览量中，没有进一步访问店铺其他页面的浏览量占比，高跳出率商品是指跳出率高于同类商品的平均水平。优化商品标题和描述，通过一定的营销方式引流，同时利用促销优惠提升买家下单转化。

图 4-22 中的主推产品面临着高跳出率的问题。

首页 实时 作战室 流量 品类 交易 内容 服务 营销 物流 财务 市场 竞争 业务专区 取数 人群 学院 消息
统计时间 2020-07-29
7天 30天 日 周 月
全量商品排行
请输入商品名称、ID、URL或货号
我的关注 全部标准类目 全部导购类目 所有终端 下载
访问类
选择 5/5 重置
商品访客数 商品浏览量 平均停留时长 商品详情页跳出率 商品加购人数 商品加购件数 商品收藏人数
搜索引导访客数 商品标签 商品状态
转化类
下单买家数 下单件数 下单金额 下单转化率 支付买家数 支付件数 支付金额
支付转化率 支付新买家数 支付老买家数 老买家支付金额 聚划算支付金额 访客平均价值 月累计支付金额
年累计支付金额 月累计支付件数 搜索引导支付买家数 搜索引导支付转化率
服务类
售中售后成功退款金额
亲，部分指标仅支持付费用户使用哦，如需使用赶紧去 订购吧。
【人群推荐】爆款潜力人群圈选-应用-再追踪，精准营销提升宝贝转化。了解详情

商品	商品访客数	商品浏览量	平均停留时长	商品详情页跳出率	商品状态	操作
较上周同期	16 -5.88%	24 -25.00%	25.22 -4.02%	93.75% +13.84%	当前在线 -	详情 关注
较上周同期	13 -40.91%	19 -70.31%	132.15 +404.36%	92.31% +19.46%	当前在线 -	详情 关注
较上周同期	13 -7.14%	22 +10.00%	20.60 +15.47%	92.31% +84.62%	当前在线 -	详情 关注

图 4-22 高跳出率

3．支付下跌

图 4-23 中可以看到，生意参谋显示出该款商品属于支付下跌商品，且该商品近 7 天支付金额较上一个周期 7 天下跌 30% 以上。而生意参谋针对这款下跌的商品给出的优化建议是，优化商品标题和描述来加强引流，同时利用促销优惠提升买家下单转化。

图 4-24 所示的数据可以发现，根据生意参谋给出的建议进行优化调整后，整个店铺的支付金额上升迅猛，支付买家和商品件数、转化率都有了很大的提升，综合店铺数据一直上升。因此可以得出，生意参谋给予店铺的优化思路和方向，让用户更清晰地认识了店铺运营中的不足，有利于整店利润的提升和宝贝整体的优化。

图 4-23　支付下跌

统计日期	访客数	浏览量	支付金额	支付买家数	支付件数	支付转化率	加购件数
6.21	9381	16278	8,272.00	78	78	0.83%	131
6.22	9492	17289	10,203.00	96	88	1.01%	234
6.23	8782	15262	11,539.00	109	92	1.24%	212
6.24	9290	17627	12,529.00	118	105	1.27%	187
6.25	9040	21902	12,993.00	123	107	1.36%	210
6.26	9271	16722	13,629.00	129	111	1.39%	229

图 4-24　报表数据预览

二、单品优化分析

下面就针对一款单品如何在生意参谋上面进行优化分析。

通过上述情况该店铺主打的 3 款宝贝还是有很多方面需要改善，但是具体到细节该如何操作？从“页面性能”来分析数据，如图 4-25 所示。

从生意参谋的专题工具可以通过商品温度计对单品进行全面的分析，如图 4-26 所示。

从图 4-27 可以分析出店铺 PC 端和无线端的前一日的访问人数、下单单数、收藏、购买人数等，进而分析此款宝贝转化率。

同时对主推单品从 7 个方面进行全面诊断。图 4-26 显示的这个页面问题太多，需要马上优化。可以根据分析的 7 个方面进行具体优化从而完善整个宝贝的页面展现效果，提高转化率和点击率。

（1）标题方面，反馈了宝贝标题的优缺点和优化方案，根据上述分析进行优化，如图 4-27 所示。

1）标题中没有空格，建议在保持标题的合理性下充分利用标题文字突出商品卖点。

2）标题中未突出访客需求的卖点：穿衣镜全身、落地穿衣镜大、大镜子壁挂，建议参考来访关键词和行业热门修饰词优化。

3）标题中未突出访客的优惠偏好：包邮、宝贝优惠券、搭配套餐、限时打折、购物车营销等，建议参考本店访客优惠偏好，突出卖点，优化标题。

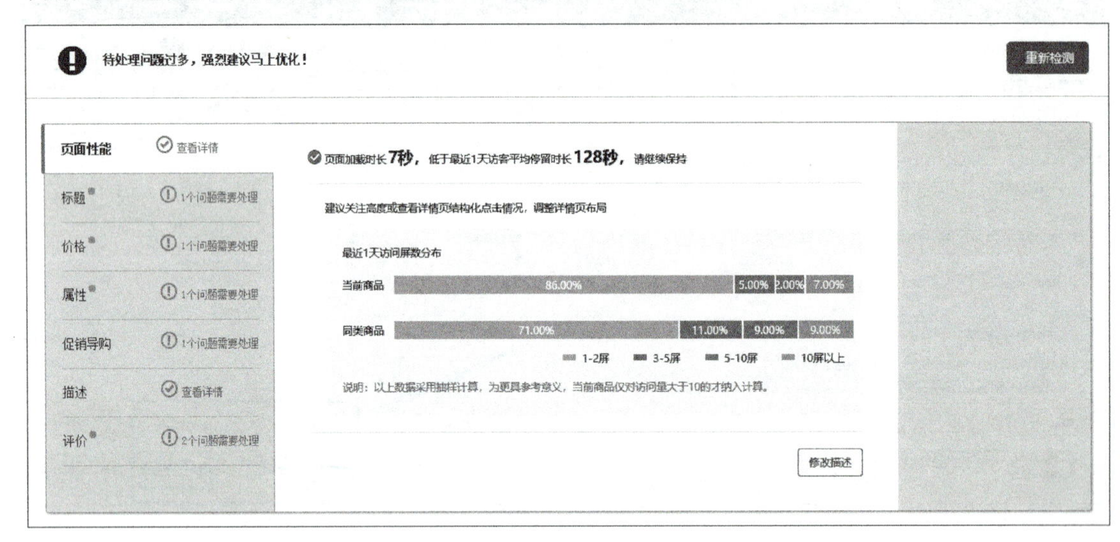

图 4-25　单品优化分析

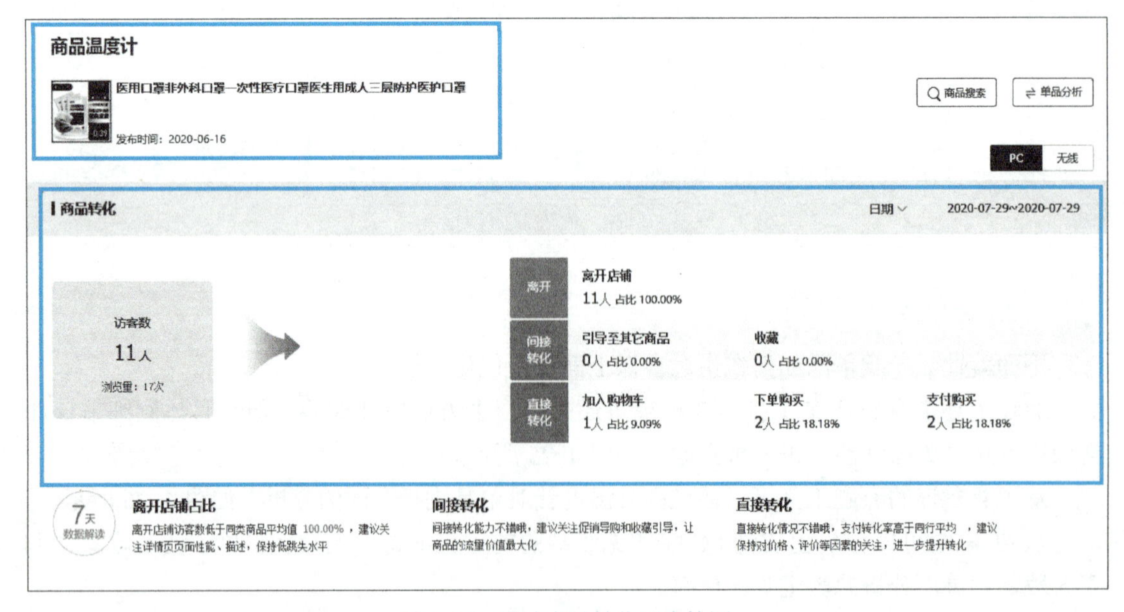

图 4-26　影响商品转化因素检测

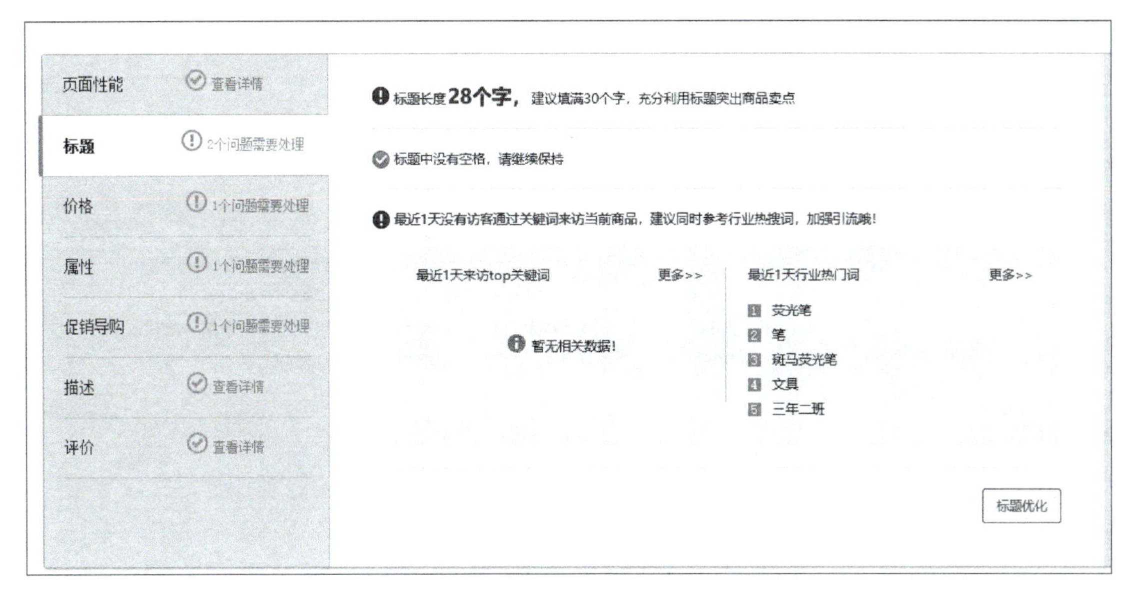

图 4-27　标题方面

（2）宝贝价格方面，根据市场数据分析，找到宝贝的一口价定位，从而引进更多有效流量找到更适合宝贝的价格，从而提高转化，如图 4-28 所示。

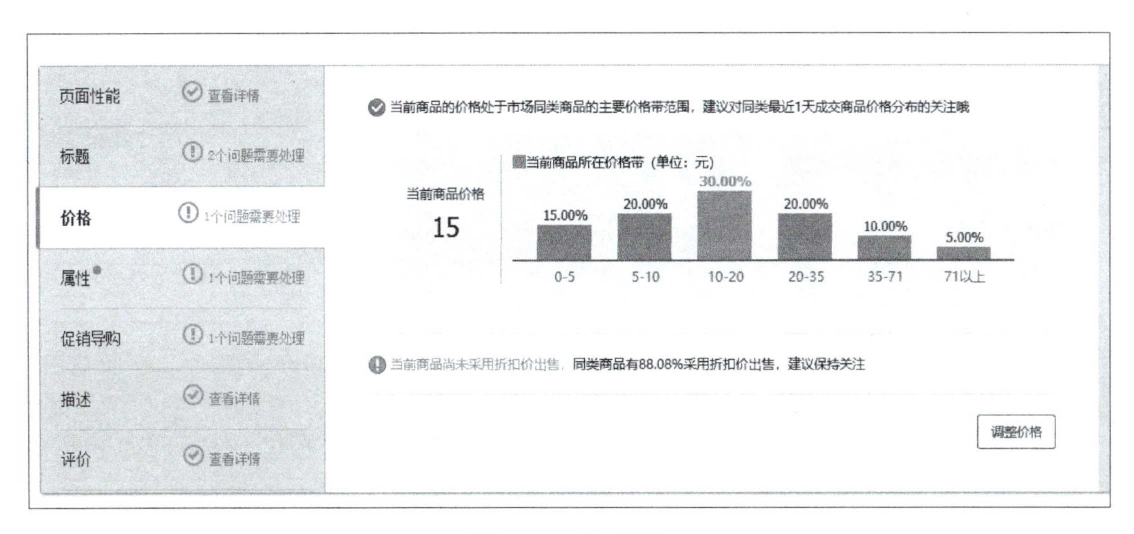

图 4-28　宝贝价格

分析：当前商品的价格低于市场同类商品的主要价格带范围，建议对同类最近 7 天成交商品价格的分布进行关注。

（3）宝贝属性根据当前同类商品的热门属性和市场热门属性进行优化，可以对自然搜索和宝贝搜索提高其排名，从而提高自然流量排名，如图 4-29 所示。

（4）宝贝描述对宝贝的图片结构、综合买家的购买习惯进行分析，对宝贝图片数量和尺寸进行分析，给予指导，从而可以通过优化，在更完善地体现宝贝的品质、优势的同时适应更多的买家，如图 4-30 所示。

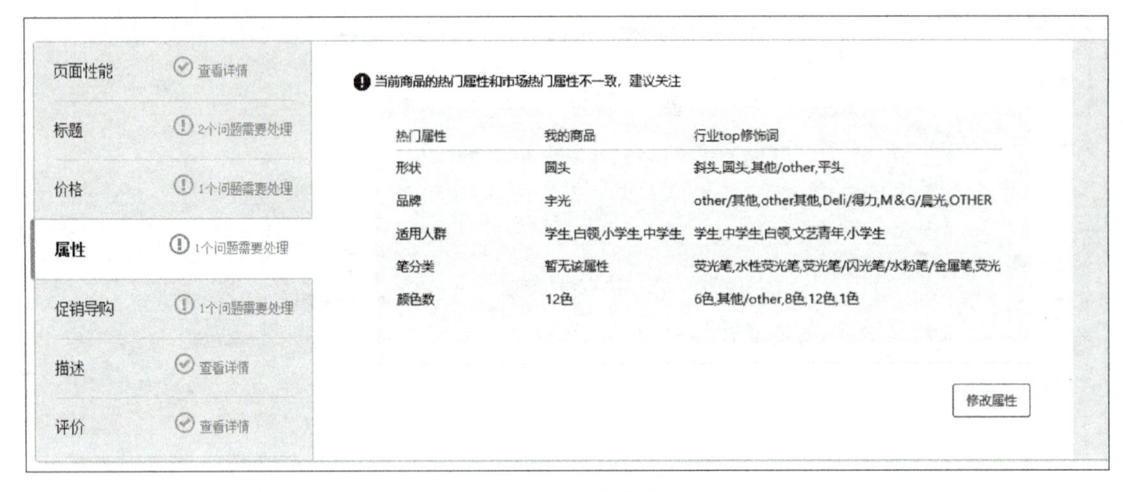

图 4-29　宝贝属性

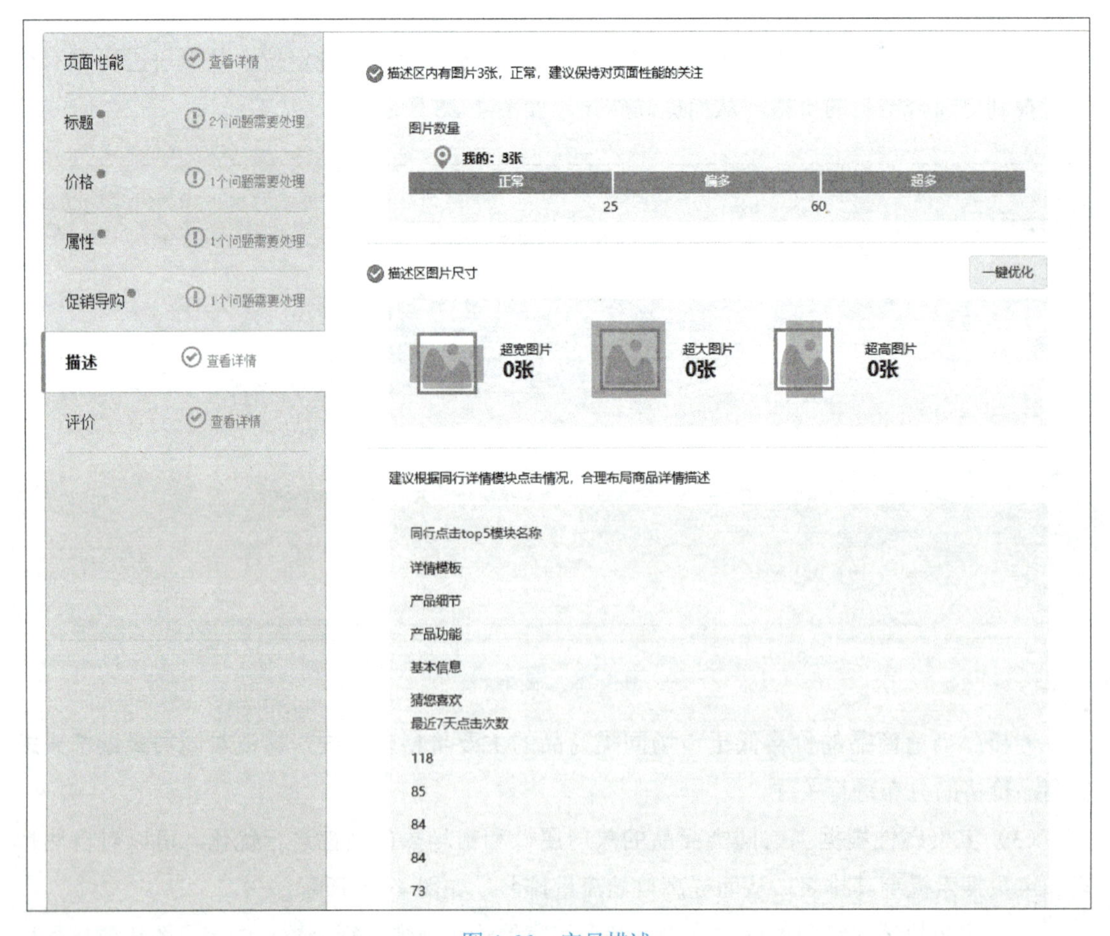

图 4-30　宝贝描述

（5）商品评价方面，通过与行业比较，找到可以优化的地方，综合评价从而提高店铺的动态评分，优化店铺不足，同时可以根据优化建议，采取好评优惠政策来提高整店的好评率，如图 4-31 所示。

如图 4-32 是单品宝贝经过上述方案持续优化之后的数据变化，可以清晰地看到支付商品件数翻倍，访客数和金额支付转化都有了明显提升，从而形成阶梯式的增长。

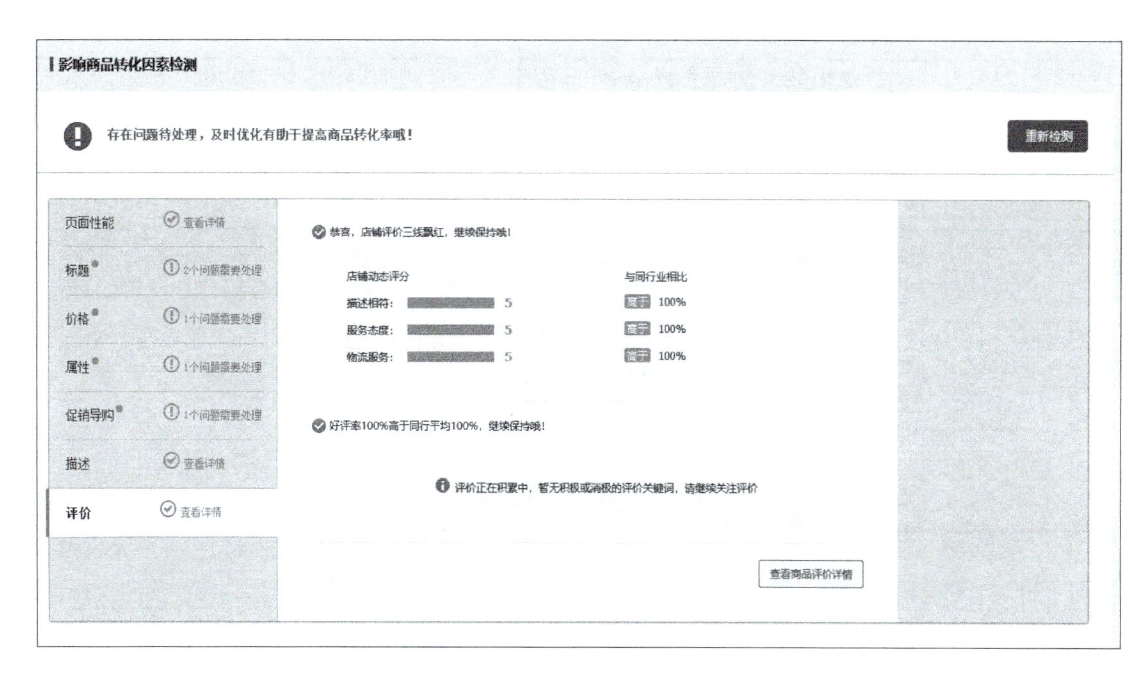

图 4-31 商品评论

访客数	浏览量	PC端访客数	PC端浏览量	支付金额（元）	支付买家数	支付商品件数
402	625	53	60	474.16	2	2
1,193	2,030	351	457	2,348.10	15	15
1,221	2,11	312	421	2,634.84	17	17
1,602	3,037	283	368	7,166.60	42	42
2,332	4,850	260	366	9,091.44	59	59
4,896	10,961	324	540	20,520.07	123	123

图 4-32 数据变化

学生演练

实训 4-1 淘宝特色市场

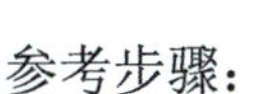

参考步骤：

根据二维码中的示例步骤，学生们自主练习。

考核评价

表 4-1　淘宝特色市场考核评价表

序号	评价内容	得分 / 分			综合得分 / 分
		自评	组评	师评	
1	学会如何分析与定位淘宝特色市场				
2	在专题市场分享宝贝、宣传店铺				
3	了解如何加入相应专属版块				
4	基本了解生意参谋的操作方式				
合计					

技能回顾

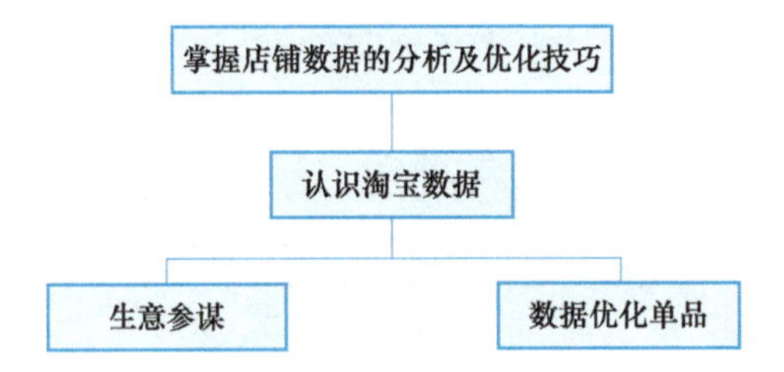

参考文献

[1] 六点木木. 淘宝开店从新手到皇冠 [M]. 北京：电子工业出版社，2015.

[2] 李昕. 淘宝天猫店铺运营实战 [M]. 北京：电子工业出版社，2018.

[3] 企鹅工作室，张云霞. 淘宝网开店与交易技巧总动员 [M]. 北京：清华大学出版社，2011.

[4] 张易轩. 淘宝开店一点通 [M]. 北京：中国商业出版社，2014.

[5] 语墨. 淘宝店这样开才赚钱 [M]. 北京：电子工业出版社，2015.